Kakuro

1

Kakuro

1

Written and compiled by
Dan Lindop and Andy Johnston

www.kakuro.info

NEW HOLLAND

First published in 2005 by New Holland Publishers (UK) Ltd
London • Cape Town • Sydney • Auckland

10 9 8 7 6 5 4 3 2

www.newhollandpublishers.com

Garfield House, 86–88 Edgware Road, London W2 2EA, UK

80 McKenzie Street, Cape Town 8001, South Africa

14 Aquatic Drive, Frenchs Forest, NSW 2086, Australia

218 Lake Road, Northcote, Auckland, New Zealand

ISBN 1 84537 509 2

Publishing Manager: Jo Hemmings
Project Editor: Kate Parker
Design and cover design: Alan Marshall
Production: Joan Woodroffe

Cover reproduction by Pica Digital Pte Ltd
Printed and bound by Tri-Graphic Printing Co, Canada

Contents

Introduction

How to Play Kakuro 6
Solving a Kakuro Puzzle 7
Unique Combinations 10
Further Logic Methods 11
General Tips 13

Puzzles

Easy 15
Moderate 27
Difficult 83

Solutions 119
Table of Unique Combinations 174

Introduction

Unless you've been living in a cave, there's no doubt you'll have heard of sudoku. The Japanese number puzzle has seen its popularity explode since its arrival in the United States and you can find it almost anywhere.

Kakuro is the next big thing to hail from Japan. This brainteaser already has millions of followers in its native country and looks set to capture a legion of fans here, too.

Like all of the best puzzles, kakuro has a simple set of rules, yet it can be fiendishly challenging. This means that it's easy to pick up for beginners but can still pose a problem to seasoned puzzlers. At its heart is basic addition and subtraction, but this is a test of logic, not arithmetic.

Also known as kakro or cross sums, kakuro offers more of a challenge than its cousin sudoku but is just as enjoyable and even more addictive. You don't need to be told that, though–you can find out for yourself…

How to Play Kakuro

Kakuro grids can vary in size and are divided into horizontal and vertical *runs* of two to nine squares. *Clue squares,* split by a diagonal line, are found to the left of horizontal runs and at the top of vertical runs. These clue squares contain the *target number* for each run.

The object of the puzzle is to fill in the blank squares using the numbers 1 to 9. The sum of each run has to match the target number given in the clue square. The catch is that you are not allowed to use any number twice in a run. For example, a target of 6 over a run of two squares cannot be made using the digits 3 and 3. The only combinations allowed are 1 and 5 or 2 and 4.

Here's an example puzzle :

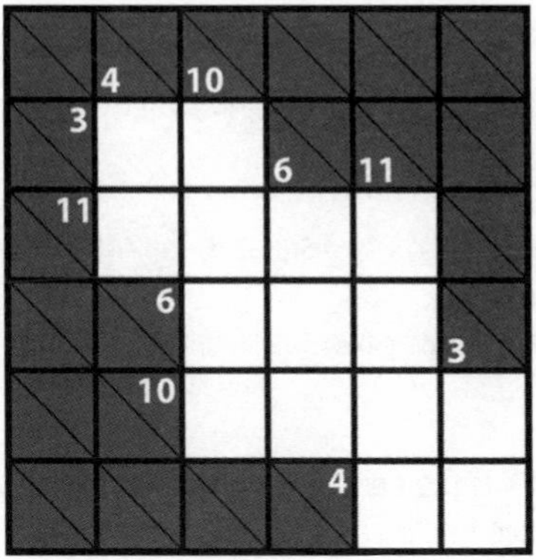

To summarize:

• You have to fill in the grid using only the numbers 1 to 9.
• The numbers in each run must add up to the target number given in the clue square.
• You cannot use the same number more than once in any run.

Sound easy? Read on…

Solving a Kakuro Puzzle

Let's take a look at a section of a simple puzzle in order to get a better idea of how to tackle kakuro.

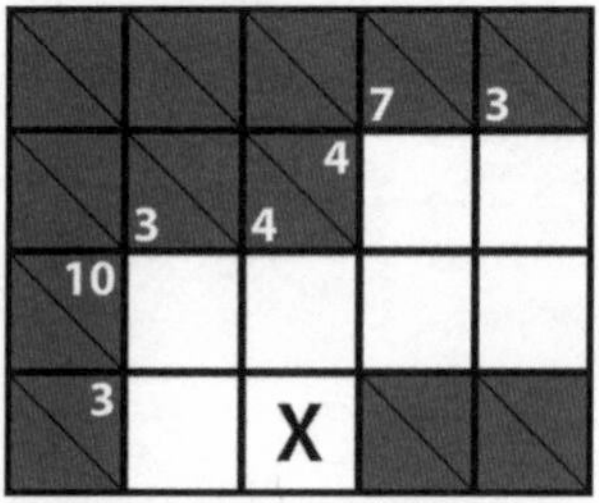

Armed with the knowledge that you're not allowed to use a digit twice in a run, you can look at the grid above and make the following assumptions:

• To make a sum of 4 over two squares, the only possible combination is 1 and 3.
• To make a sum of 3 over two squares, the only possible combination is 1 and 2.

The box marked X is the point where these two runs intersect. From this we can deduce that box X must contain a 1. This is because the run totaling 4 can only be made with 1 and 3. If we were to put a 3 in box X that would mean we'd have to put a 0 in the box to the left, in order to make the horizontal 3. Since we're only allowed to use the numbers 1 to 9, this would be wrong.

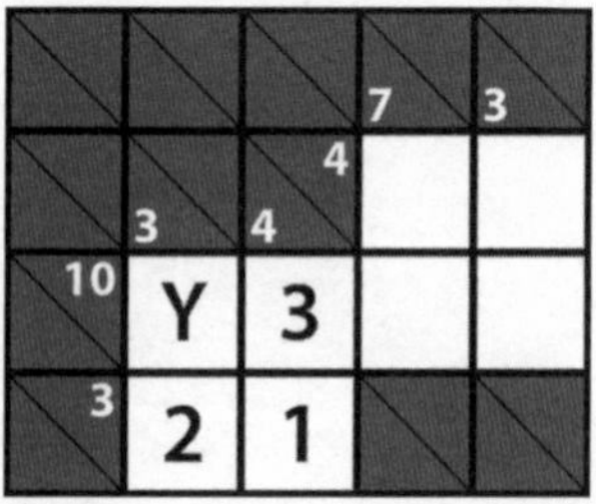

In the picture above, you can see that we've now filled in the two runs using the common 1. We can also fill in box Y, as this must be a 1 in order to make the vertical total of 3.

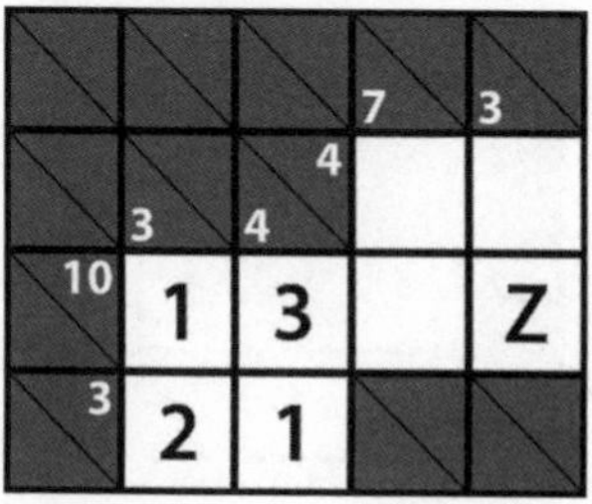

Now, box Z must be filled with a 2 because its vertical total is 3 and the only possible combination is 2 and 1. We cannot put a 1 in box Z, as the horizontal run with a target of 10 already has a 1.

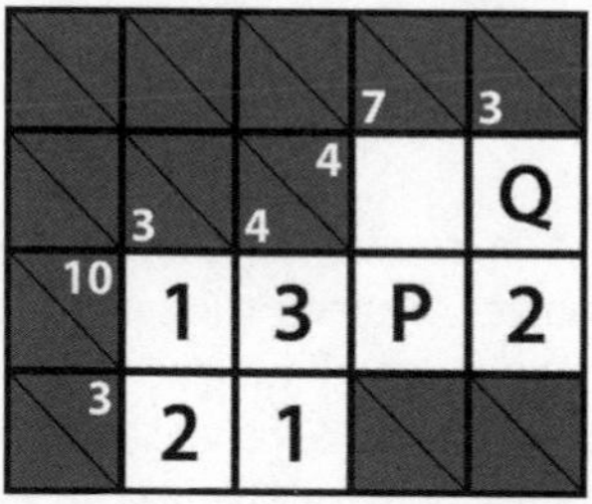

We can now fill in boxes P and Q by using basic math to work out the totals. Box P must be filled with a 4, since the total for the horizontal run is 10. If we subtract the numbers already entered (1, 2, and 3) we're left with 4. Similarly, box Q must be filled with a 1, as 3 (the vertical target) – 2 (the number already in place) = 1.

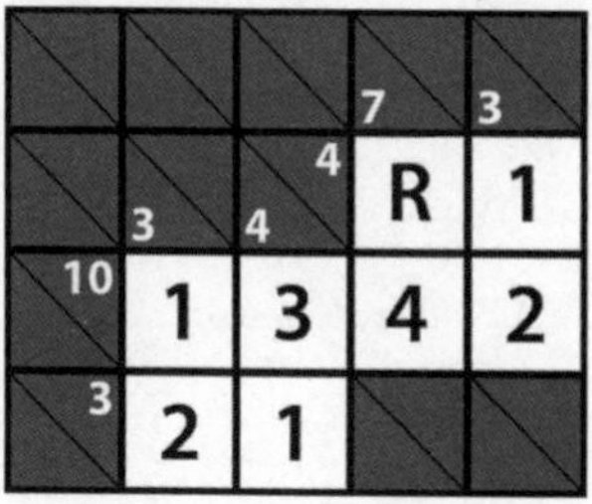

Finally, box R can be filled in using simple math.

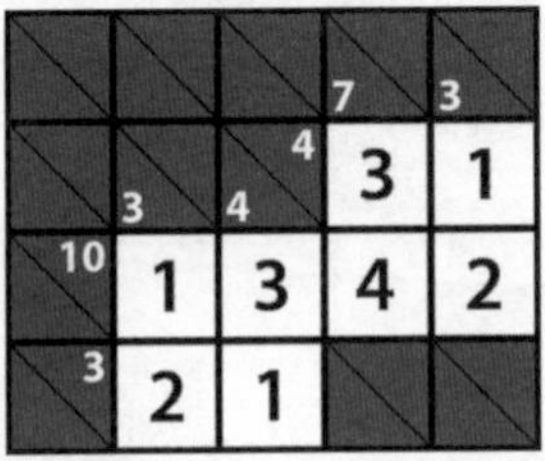

This exercise should demonstrate that the key to solving kakuro puzzles is to identify runs that contain unique number combinations–and that a logical approach can work wonders!

Unique Combinations

Unique combinations are sets that have only a single possible combination of numbers. Whenever you spot one, you know that you only have to concern yourself with the order of the digits, because the numbers used are the only ones allowed.

Along with the simple two-digit combinations we saw in the example, there are other unique combinations for sets of two to nine squares. The table below shows a few of them:

Number of Squares	Clue Target	Unique Combination
2	3	1, 2
2	4	1, 3
2	16	7, 9
2	17	8, 9
3	6	1, 2, 3
3	7	1, 2, 4
3	23	6, 8, 9
3	24	7, 8, 9

You can find a full list of these unique combinations in the table at the back of this book. Learning to spot them is the key to solving kakuro puzzles.

Further Logic Methods

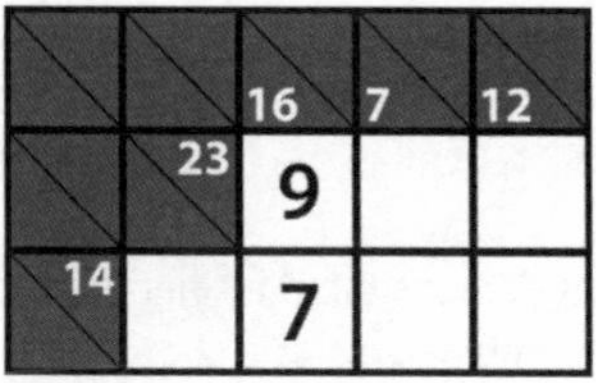

In the above puzzle, we can deduce that the 9 and 7 must be put in the boxes shown because:

- A target of 16 over two squares can only be made using 9 and 7.
- A target of 23 over three squares can only be made using 6, 8, and 9.

As the 9 appears in both of these sets, it has to appear in the top square. The 7 cannot be the number in the top square because it is not part of the horizontal unique combination, which totals 23.

Next, we can add the 6 and 1 to make the target of 7. The 6 has to appear in the unique combination of 23. The only other possible digit would be 8, which is greater than the vertical target of 7.

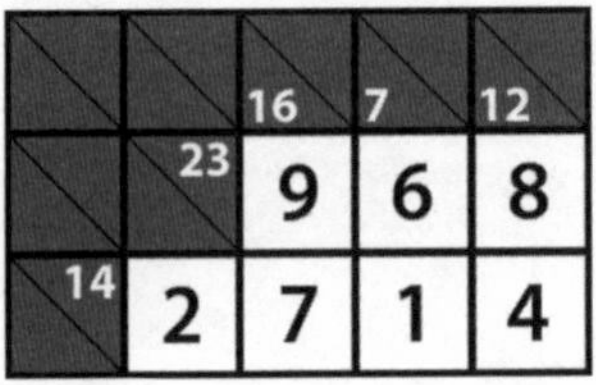

Now the 8 can be added to complete the target of 23. The vertical set can now be finished with a 4 using simple math. Finally we're left with an easy calculation to fill in the final box, which in this case requires a 2.

This example has demonstrated further the technique of spotting intersecting unique combinations as a starting point. You can also see the effect that just filling in a couple of boxes can have!

General Tips

Here's a list of some basic tips you can use when tackling kakuro puzzles:

• Always look out for unique combinations, as discussed earlier. See the table in the back of this book for a complete list.

• Watch out for two unique combinations that intersect each other. This will help you to determine the order of the numbers required by looking for digits common to both sets.

• A good way to spot unique combinations is to look for either very low or very high targets for the number of squares.

• You may find it useful to use a pencil when attempting trickier puzzles. That way you can pencil numbers into the top corners of boxes as temporary markers. Just remember to keep an eraser handy!

Easy...

EASY 1

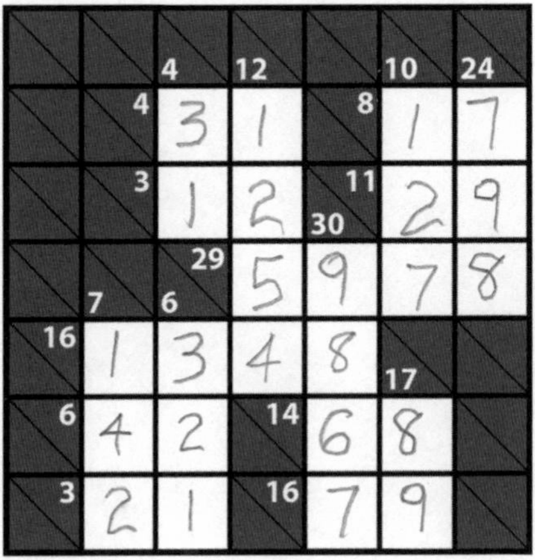
4 12 10 24
4 3 1 8 1 7
3 1 2 11 30 2 9
29 7 6 5 9 7 8
16 1 3 4 8 17
6 4 2 14 6 8
3 2 1 16 7 9

EASY 2

EASY 3

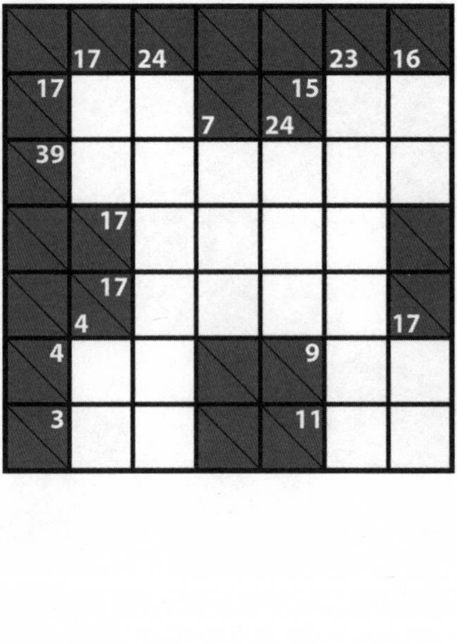

EASY 4

EASY 5

■	■	35\	17\	13\	■	■
■	7\24				35\	■
\34						23\
\6			■	\17		
\9			15\	17\14		
■	\35					
■	■	\23				■

EASY 6

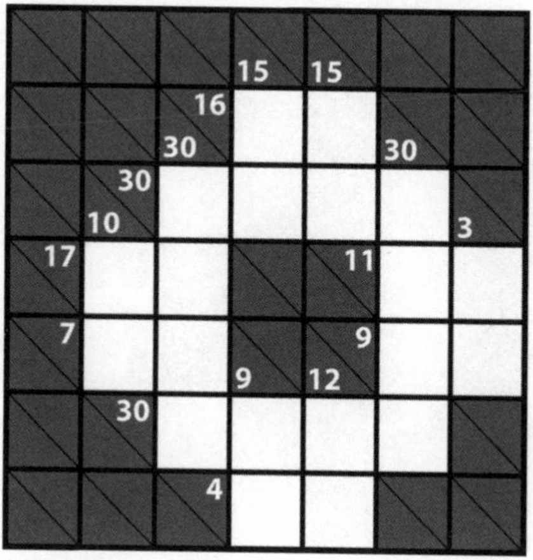

EASY 7

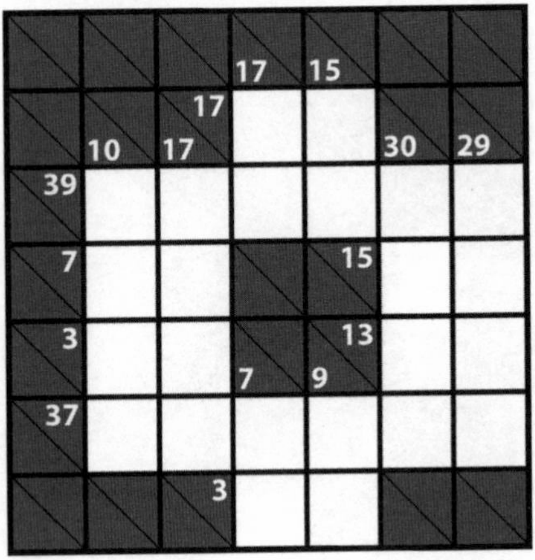

EASY 8

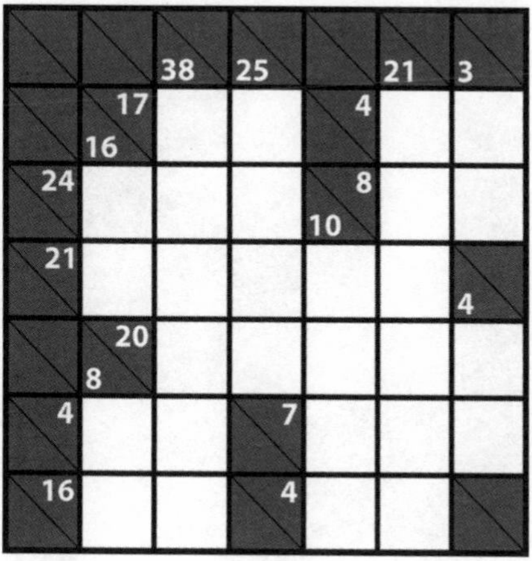

EASY 9

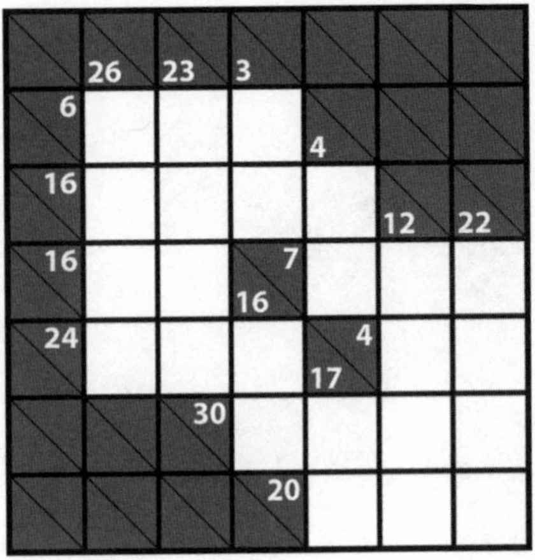

EASY 10

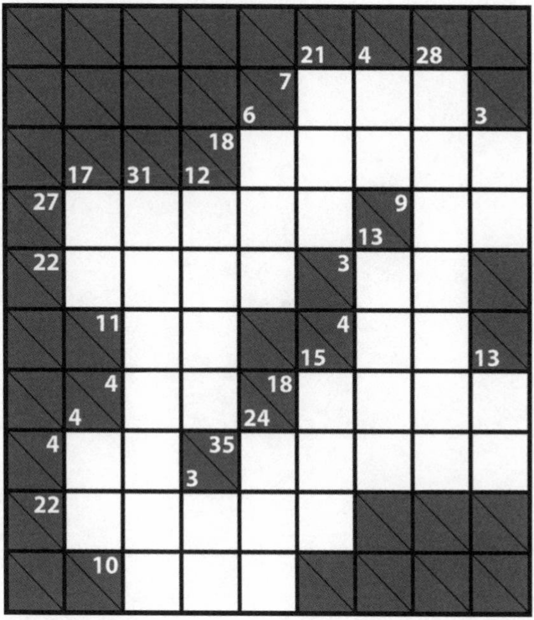

Moderate...

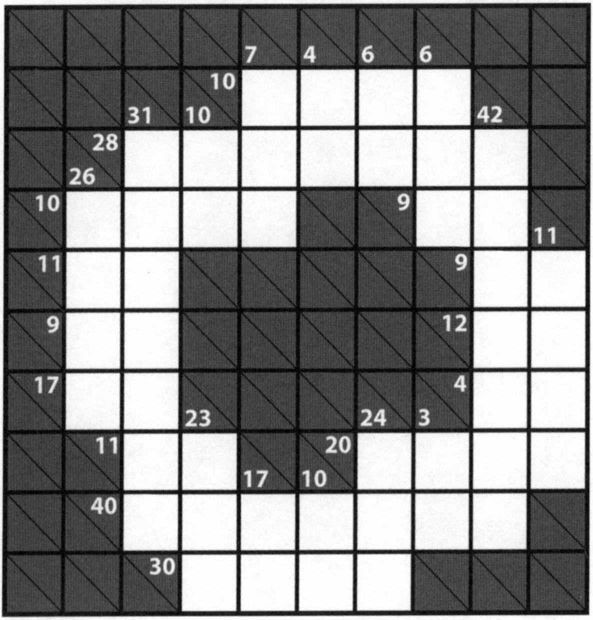
7 4 6 6
10 31 10 42
28 26
10 9 11
11 9
9 12
17 23 24 4 3
11 20 17 10
40
30

MODERATE 2

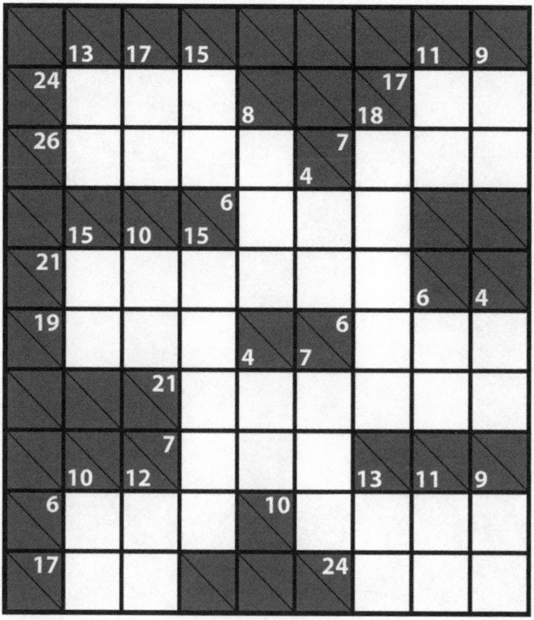
13 17 15 11 9
24 17 8 18
26 7 4
6 15 10 15
21 6 4
19 6 4 7
21
7 10 12 13 11 9
6 10
17 24

24 16
17
16
19 12 3 15
24 4
7 4 6
6 11
3
7 4 3
4 4
10 7
7
4 6
11
3
13

MODERATE 4

23 24 5 17 30
13 17 13
15 23
16 8 24 11 7
35
11 8 20 10
22 6
3 15 3 10
16 6
16 13

MODERATE 5

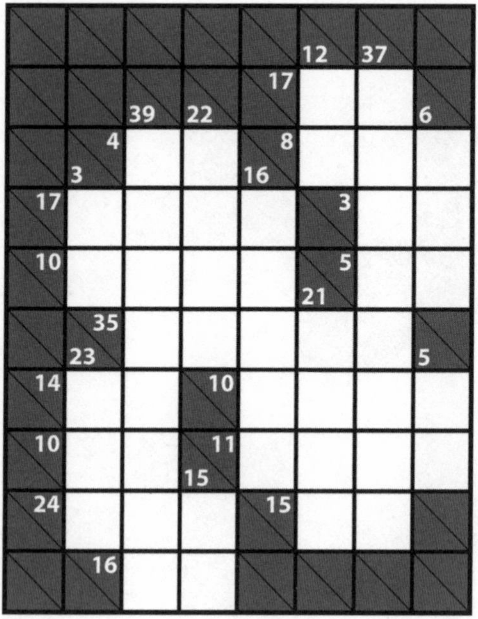

MODERATE 6

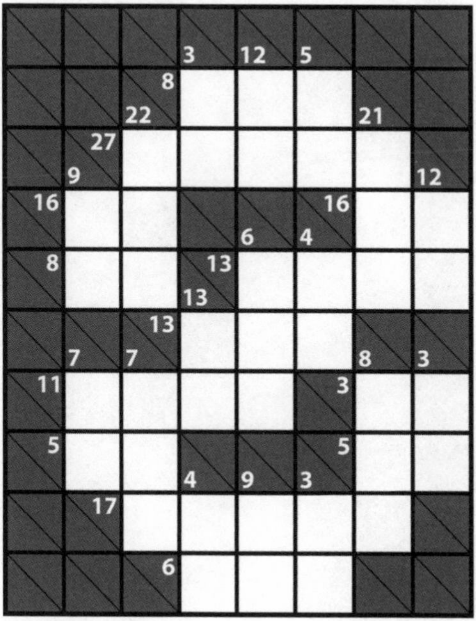

MODERATE 7

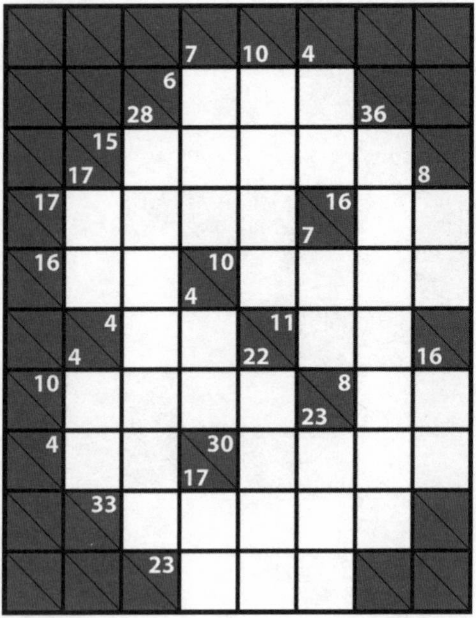

MODERATE 8

24 13 18 20
16 4 16 7 7
33
11 10 7
6 35 3 8
8 7 4 24
6 16 6 23 16
20 16 9
42
9 12

MODERATE 9

MODERATE 10

■	■	■	↓16	↓24	↓10	↓11	■	■	■
■	■	→23 ↓17					↓7	↓3	■
■	→36 ↓18								■
→4			→9 ↓15			→4 ↓4			■
→24				→7 ↓3			↓4	↓13	↓14
→19					→20 ↓28				
■	■	↓4	→5 ↓9			→6 ↓13			
■	→4			→16 ↓17			→4 ↓11		
■	→31								■
■	■	■	→29					■	■

MODERATE 11

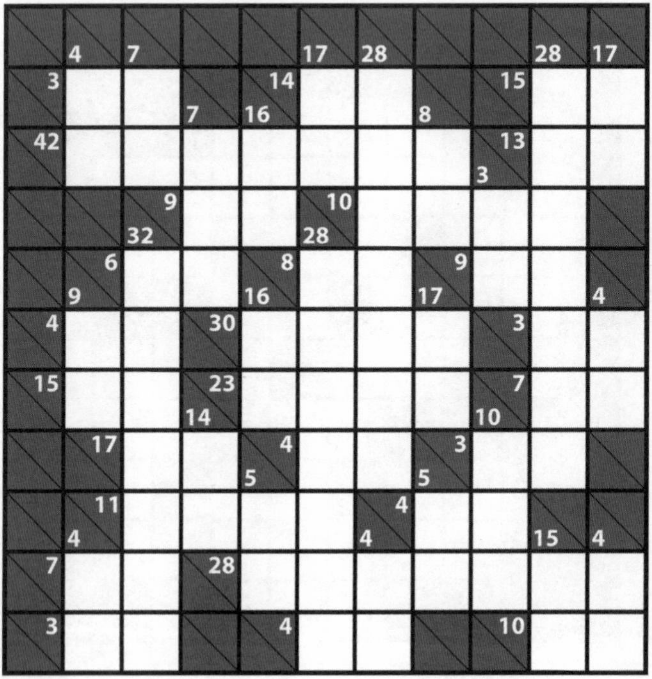

MODERATE 12

■	16\	20\	■	■	12\	4\	■	■	7\	17\
\7			12\	\6			17\	30\10		
\6				22\38						
\30					10\	\16			24\	12\
\12			7\4			■	39\18			
■	■	\7				10\30				
■	21\	9\23						3\11		
\15			11\15						■	■
\10					\7				10\	14\
\11				17\	\11			17\3		
■	8\	7\14			14\	16\24				
\38							\15			
\3			■	\15			■	\7		

■	■	■	■	■	26\	7\	■	■
■	■	31\	17\	\10			27\	■
■	\16			38\7				6\
■	7\19					\6		
\10			\10			\4		
\9			\9			17\8		
\5			3\30					■
■	\9				\16			■
■	■	\11			■	■	■	■

MODERATE 14

■	■	30\	16\	■	8\	14\	25\	■
■	22\16			\10				24\
\24				\29				
\17			6\	■	3\	16\17		
\12				4\25				
■	7\	17\10					11\	7\
\10					\6			
\5			10\	17\	■	8\5		
\17					\15			
■	\24				\3			■

MODERATE 15

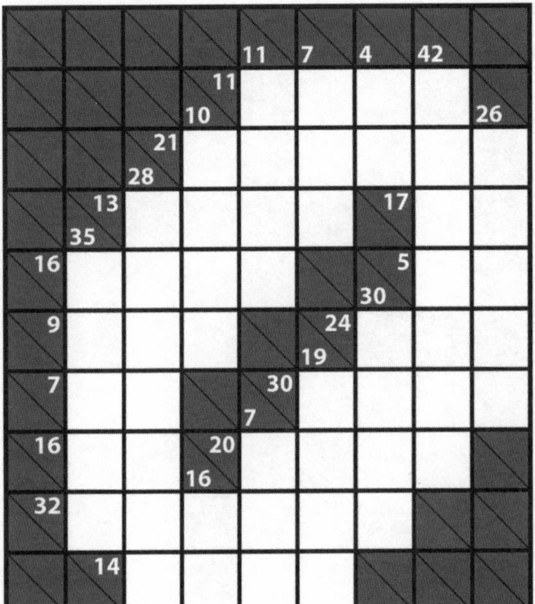

■	■	44\	10\	■	■	24\	8\	■	■
■	6\3			16\	\4			44\	7\
\23					15\18				
\8			4\24				\8		
\10				\16			13\4		
■	20\10			11\	9\	\16			8\
\15			\4			16\17			
\12			11\22				17\5		
\20					\27				
■	■	\4			■	\13			■

MODERATE 17

MODERATE 18

MODERATE 19

29
11
14
10
5
35
5
13
10
14
11
16
19
12
13
10
11
7
17
3
11
15
5
13
16
7
7
18
20
7
8

MODERATE 20

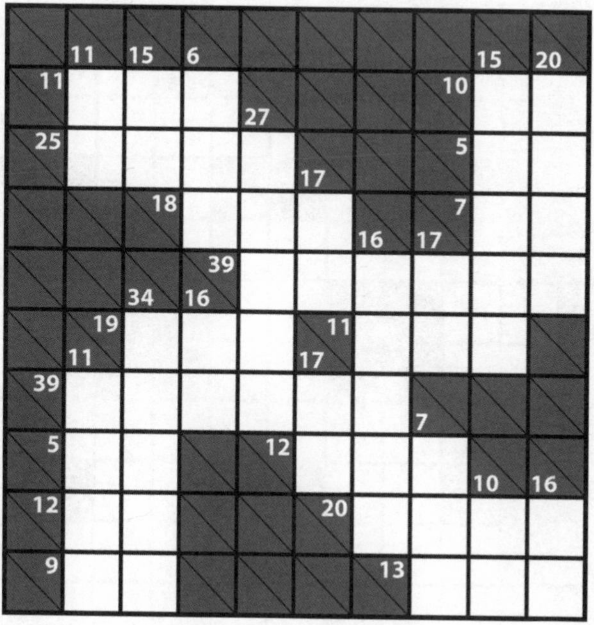
11
15
6
15
20
11
10
27
25
5
17
18
7
16
17
39
34
16
19
11
11
17
39
7
5
12
10
16
12
20
9
13

MODERATE 21

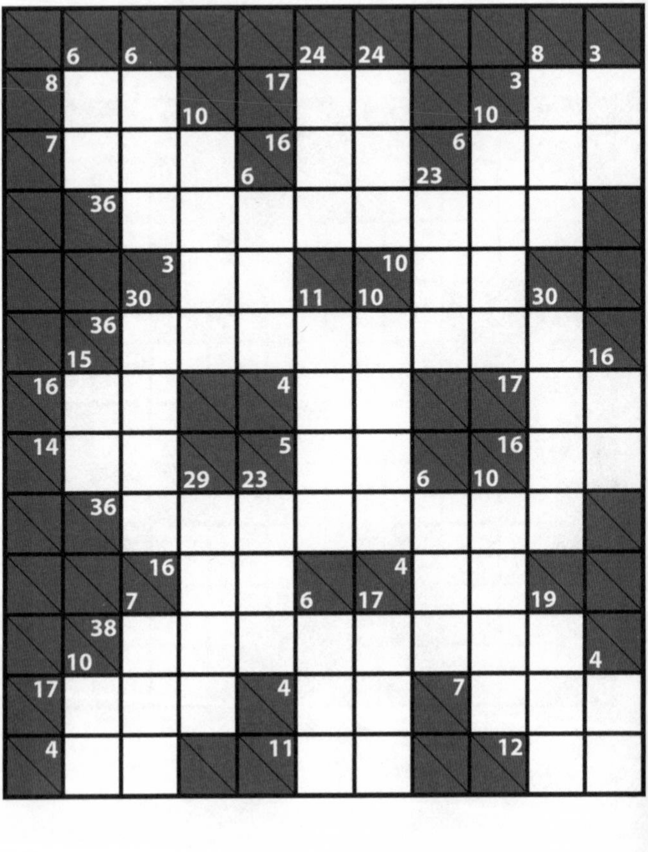
6 6 24 24 8 3
8 10 17 3 10
7 16 6 6 23
36
3 30 11 10 10 30
36 15 16
16 4 17
14 29 5 23 6 16 10
36
16 7 6 4 17 19
38 10 4
17 4 7
4 11 12

MODERATE 22

MODERATE 23

\	6\	10\	\	14\	34\	9\	\	24\	22\
\5			\6				\14		
\4			15\24				20\17		
\15						17\24			
\	\3			18\24				11\	15\
\	\	11\42							
\	\23					6\	31\10		
\	8\6				21\7				\
\3			24\	17\11					\
\39								11\	\
\	11\	19\23				8\11			6\
\24				3\19					
\9			\7				\4		
\4			\10				\3		

MODERATE 24

■	6\	16\	25\	■	■	30\	30\	■
\7				■	\17			17\
\9				■	10\23			
\14				11\27				
■	\39							■
■	■	30\	25\3			24\	16\	■
■	16\21							8\
\24					\19			
\24				■	\14			
■	\17			■	\6			

33
17
23
31
17
16
7
24
21
16
9
10
24
15
22
10
17
4
7
11
18
11
6
13
4
4
7
6
20
3

MODERATE 26

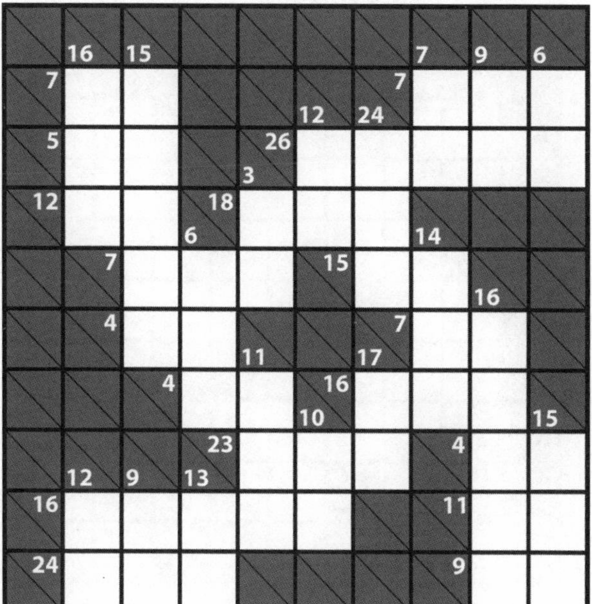
16 15 7 9 6
7 12 24 7
5 26 3
12 18 6 14
7 15 16
4 11 7 17
4 16 10 15
12 9 23 13 4
16 11
24 9

MODERATE 27

■	4\	36\	■	12\	10\	■	44\	8\
\8			16\4			\3		
\19						11\13		
■	4\39							7\
\4			6\	16\11				
\10					8\	4\15		
■	17\22							12\
\14			\15					
\10			\11			\17		

MODERATE 28

4
29
24
3
11
17
28
39
4
40
16
16
23
3
7
37
8
25
4
27
37
12
12
4
17
3
15
4
43
10

28 6 13 11 23 8
4 17 21 16 14
36
6 3 15 4
7 4 21 4 36
5 19 3
6 7 5 17
20 17
3 7 4 16 7
3 7 16 6 17
37
7 17 7

MODERATE 30

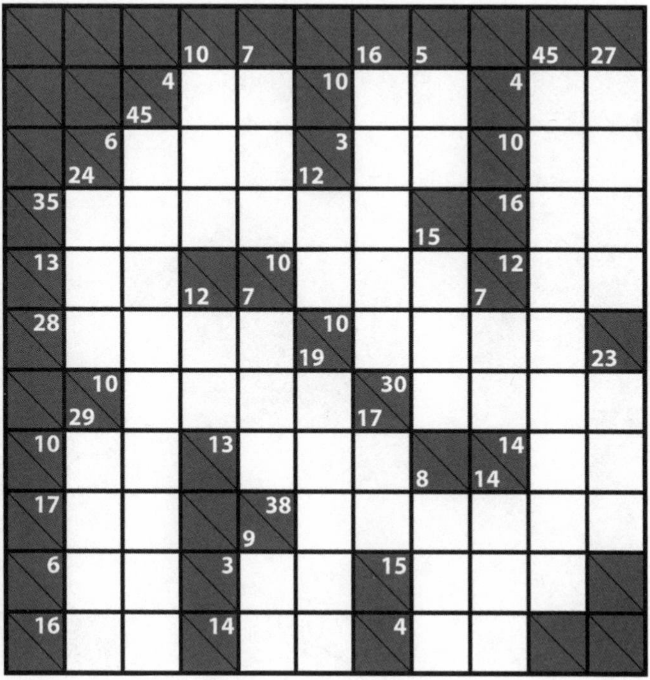
10 7 16 5 45 27
4 45 10 4
6 24 3 12 10
35 15 16
13 10 12 7 12 7
28 10 19 23
10 29 30 17
10 13 8 14 14
17 38 9
6 3 15
16 14 4

■	■	■	33\	7\	■	■	14\	7\	■	■
■	■	6\4			24\	\3			30\	■
■	\23					3\14				23\
■	\45									
■	\5			17\10			6\	21\16		
■	19\	23\15			■	\23				
\30					8\	6\3			6\	■
\17			19\	24\5			8\4			■
\45										■
■	\11				\11					■
■	■	\16			■	\4			■	■

MODERATE 32

45 5 10 45
4 13 13 4 20 17
44
10 5 24 14 22
39
16 22 16 16
39 12 4
17 16 7 12 16
43
3 9

MODERATE 33

10 16 9 4
10 16 7
22 10 8
20 4 11
10 4 15 4 3 17
7 6 17
11 8 19 24 13
4 24 22 24 12
10 3 13 10
10 6 24 4
21
10

MODERATE 34

18 16 17 8 35 16
9 9 3 17 9
24 33 11
4 15 14 6 11
11 8 11 30
4 34 14
17 9 15 11 15 16
15 15 5
10 9 18 8
8 8 4 17 8 13
18 7
12 11 12

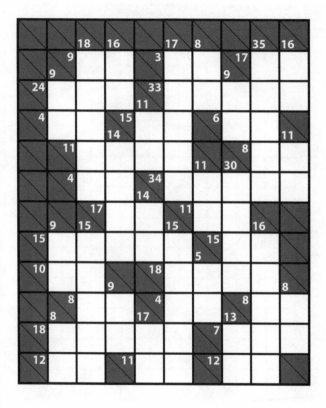

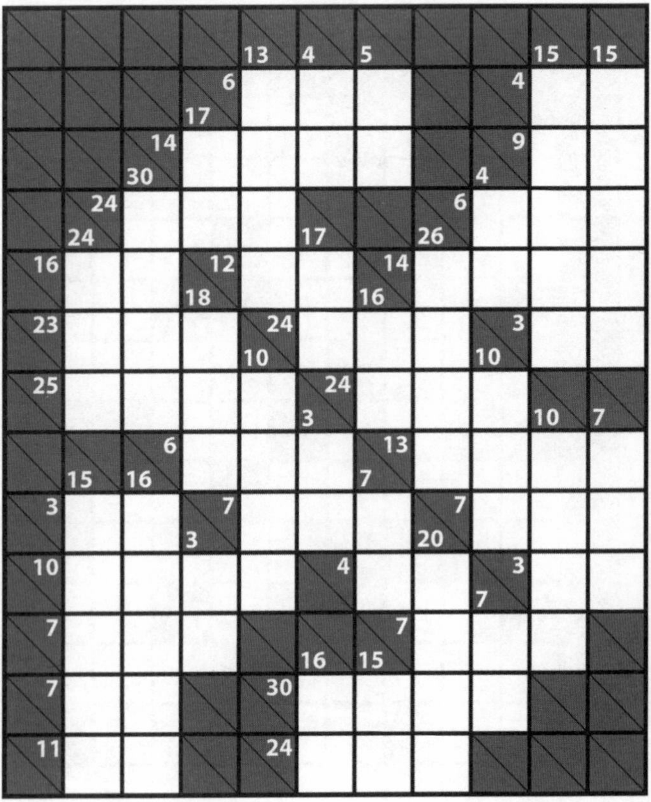
13 4 5 15 15
6 17 4
14 30 9 4
24 24 17 6 26
16 12 18 14 16
23 24 10 3 10
25 24 3 10 7
6 15 16 13 7
3 7 3 7 20
10 4 3 7
7 7 16 15
7 30
11 24

MODERATE 36

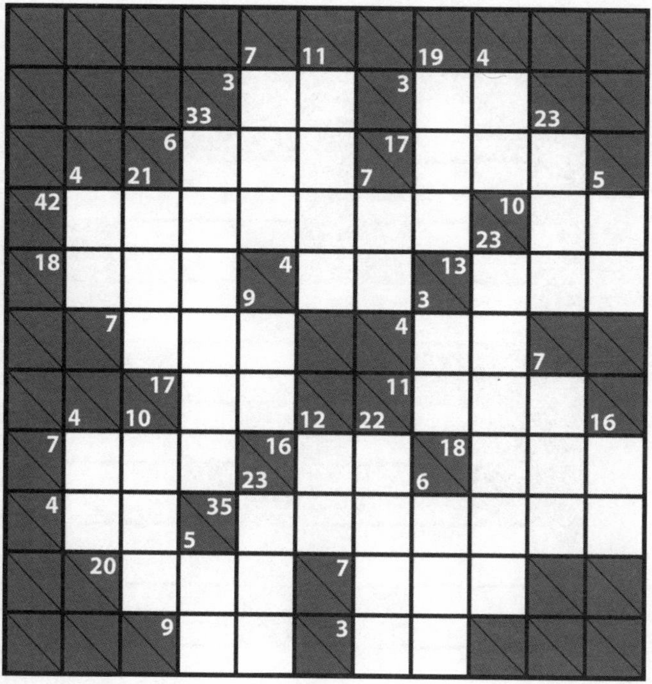
7 11 19 4
3 33 3 23
6 4 21 17 7 5
42 10 23
18 4 9 13 3
7 4 7
17 4 10 11 12 22 16
7 16 23 18 6
4 35 5
20 7
9 3

MODERATE 37

X	X	25\	4\	X	12\	22\	3\	X
X	12\8			\6				X
\6				17\7				X
\4			35\23				19\	X
\28					16\4			7\
X	\17			11\25				
X	X	4\24				16\3		
X	\8				\19			
X	\11				\10			X

32 15 3 21
16 10 17 6 8 12 7
45
16 17 4 4
7 8 24 18 9
18
16 9 34
33 7 29
9 14 12 6 9 3
10 6 4 5 4
45
6 10

■	■	■	■	10\	10\	■	18\	3\	■	■
■	■	21\	16\10			11\10			17\	■
■	\44									9\
■	4\16			\6				21\4		
\5			7\	15\4			8\23			
\13					11\7				13\	9\
■	10\	23\17				24\23				
\10				17\4			■	17\4		
\16			4\17				10\11			■
■	\40									■
■	■	\8			\16			■	■	■

MODERATE 41

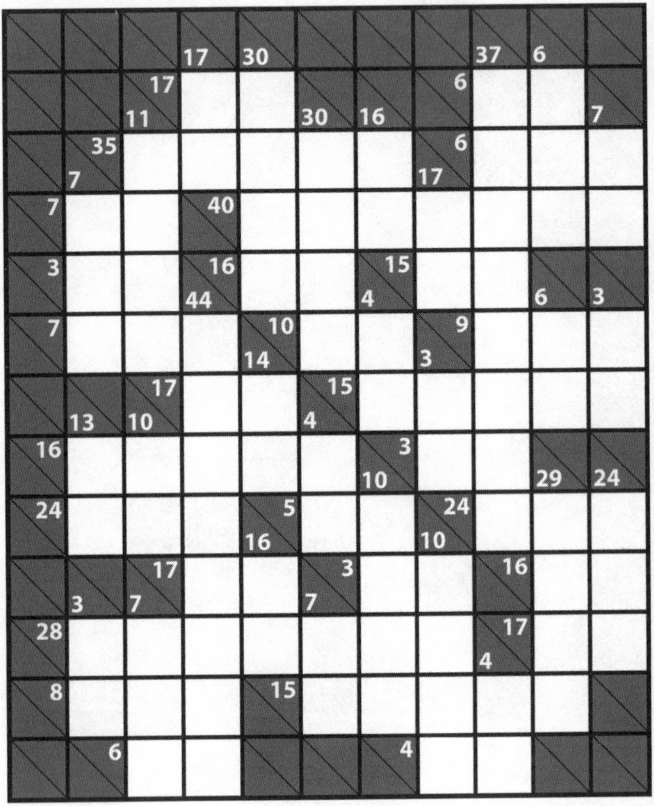

MODERATE 42

MODERATE 43

7
6
33
16
4
12
4
15
16
15
9
3
6
27
24
3
3
17
10
24
44
28
12
8
9
13
10
17
5
15
11
4
4

MODERATE 44

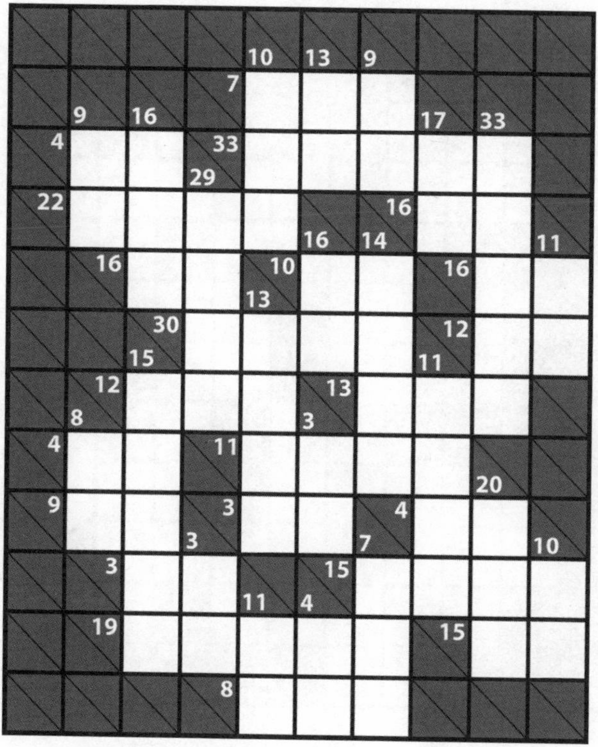

MODERATE 45

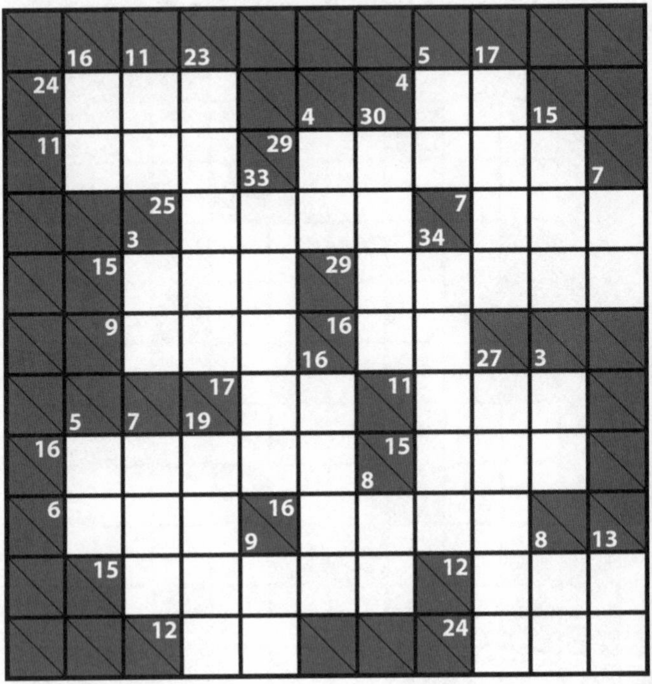
16
11
23
5
17
24
4
4
30
15
11
29
33
7
25
3
7
34
15
29
9
16
16
27
3
17
5
7
19
11
16
15
8
6
16
9
8
13
15
12
12
24

■	■	■	■	■	10\	20\	14\	■
■	■	■	3\	16\24				11\
■	4\	12\21						
\11					34\9			
\8			\21				■	■
■	■	■	11\6			■	13\	4\
■	15\	15\12				13\9		
\15				4\18				
\38							■	■
■	\7				■	■	■	■

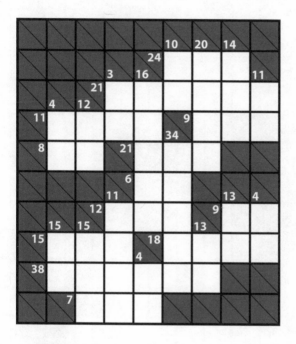

MODERATE 47

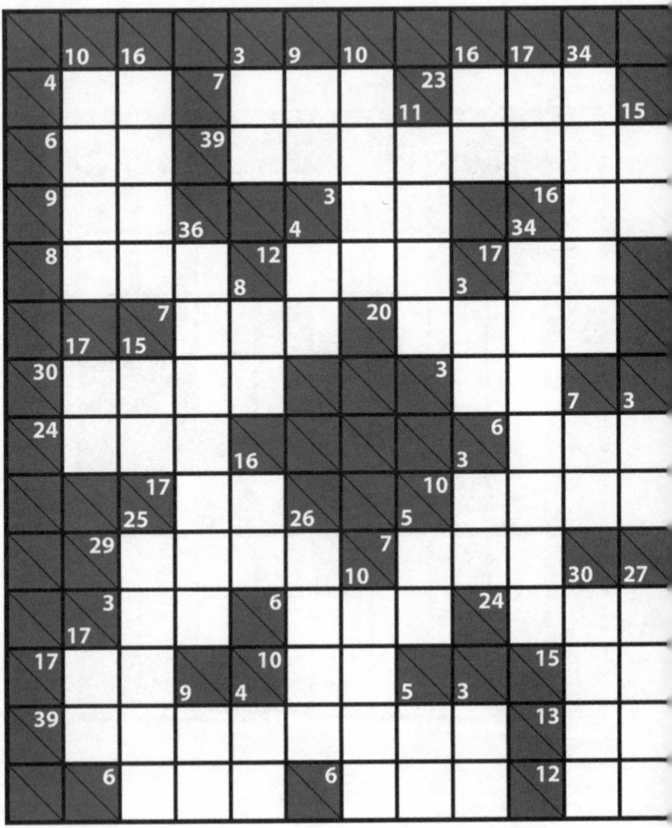

MODERATE 48

\	\	41\	5\	\	\	\	12\	4\	\
\	10\9			\	3\	10\9			\
\7				15\16					\
\15			8\10				11\	39\	\
\	7\23				22\	10\16			6\
\6				16\16					
\11			4\24				6\4		
\26						11\7			
\	\3			7\	4\18				4\
\	\	10\	17\8				8\5		
\	\22					\8			
\	\13			\	\	\14			\

MODERATE 49

23 44 4 9 10
16 5 12 12
15 10 4
14 16 4 15
3 11 4 7 10 40
11 34 11
10 3 10 5
5 17 28 16 9
24 12 4
5 9 7 24 14
15 6 19 11
21 23
6 17

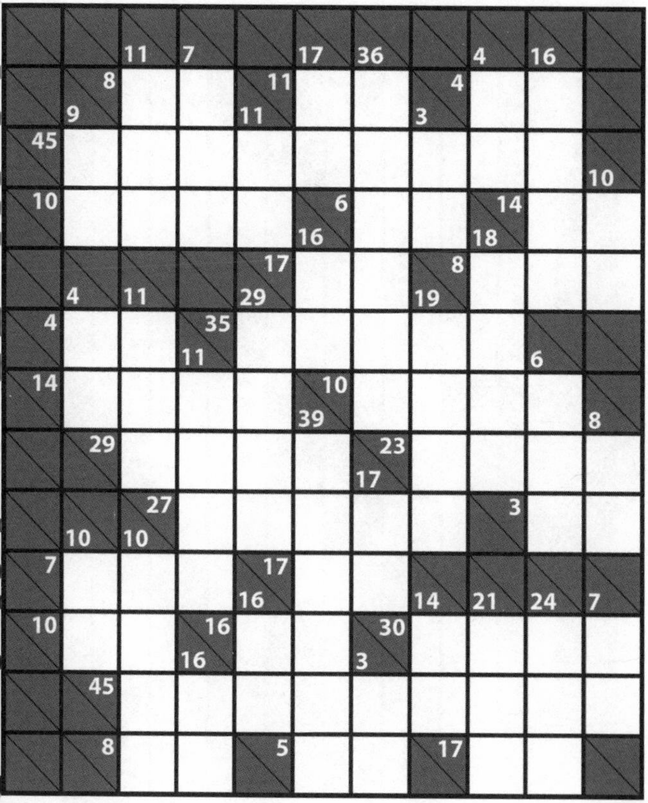
11 7 17 36 4 16
8 9 11 11 4 3
45 10
10 6 16 14 18
4 11 17 29 8 19
4 35 11 6
14 10 39 8
29 23 17
10 27 10 3
7 17 16 14 21 24 7
10 16 16 30 3
45
8 5 17

MODERATE 51

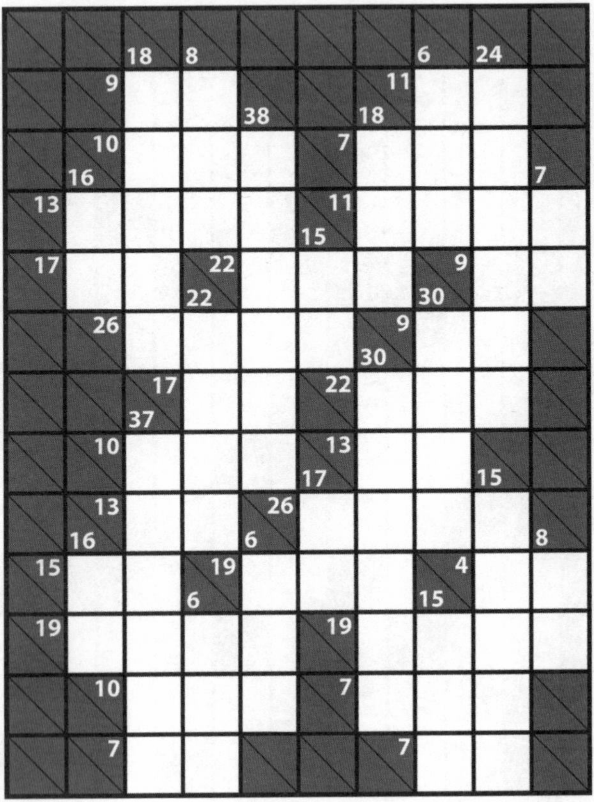
18
8
6
24
9
11
38
18
10
7
16
7
13
11
15
17
22
9
22
30
26
9
30
17
22
37
10
13
17
15
13
26
16
6
8
15
19
4
6
15
19
19
10
7
7
7

MODERATE 52

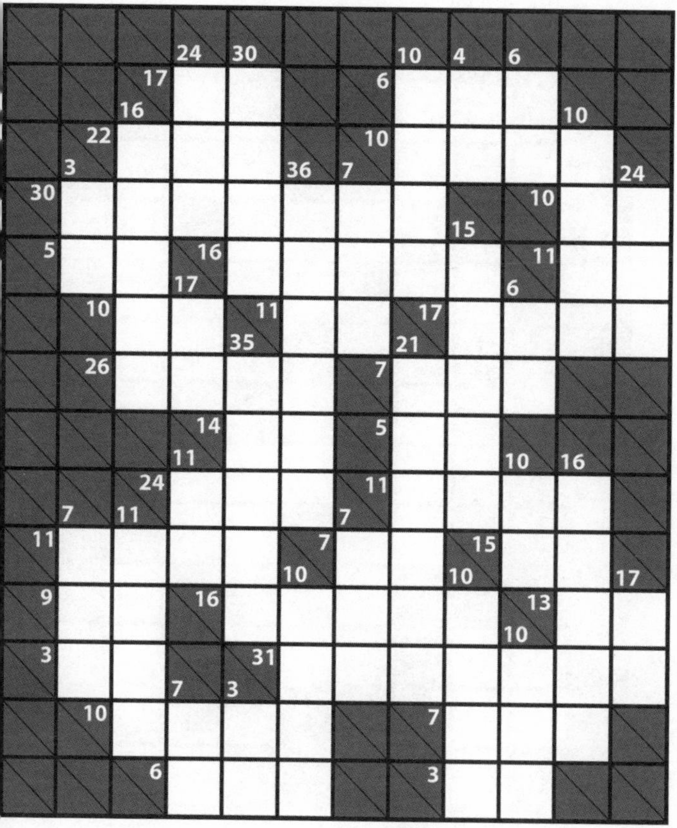

MODERATE 53

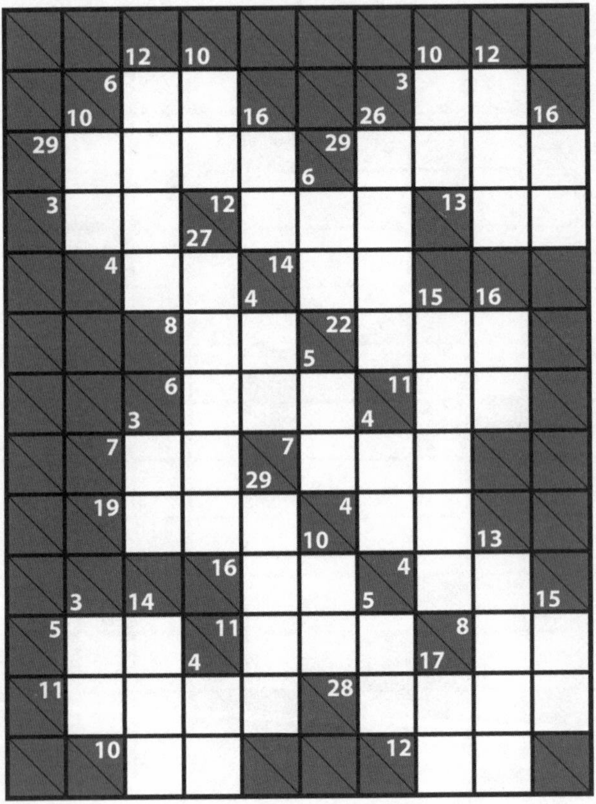
12 10 10 12
6 10 16 3 26 16
29 29 6
3 12 27 13
4 14 4 15 16
8 22 5
6 3 11 4
7 7 29
19 4 10 13
3 14 16 4 5 15
5 11 4 8 17
11 28
10 12

MODERATE 54

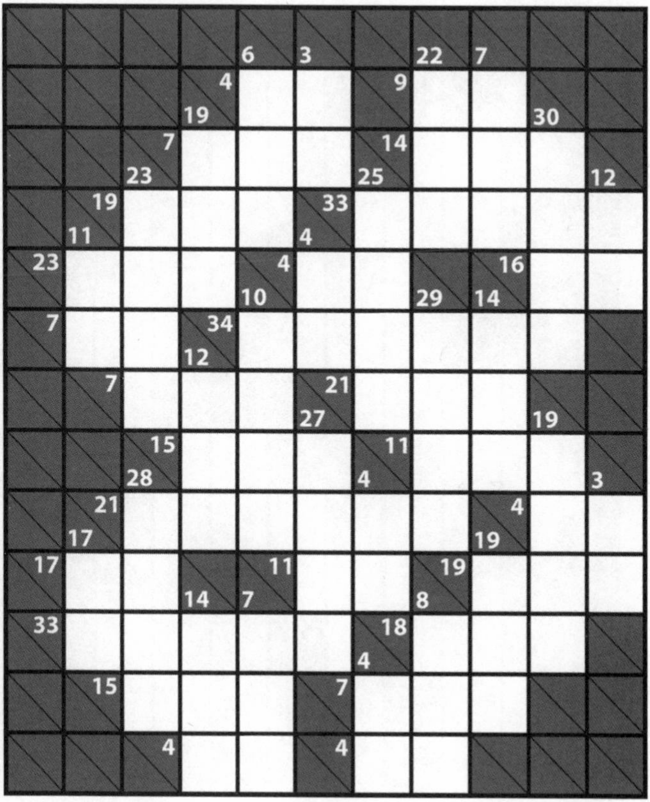
6 3 22 7
4 19 9 30
7 23 14 25 12
19 11 33 4
23 4 10 29 16 14
7 34 12
7 21 27 19
15 28 11 4 3
21 17 4 19
17 14 11 7 19 8
33 18 4
15 7
4 4

Difficult...

DIFFICULT 1

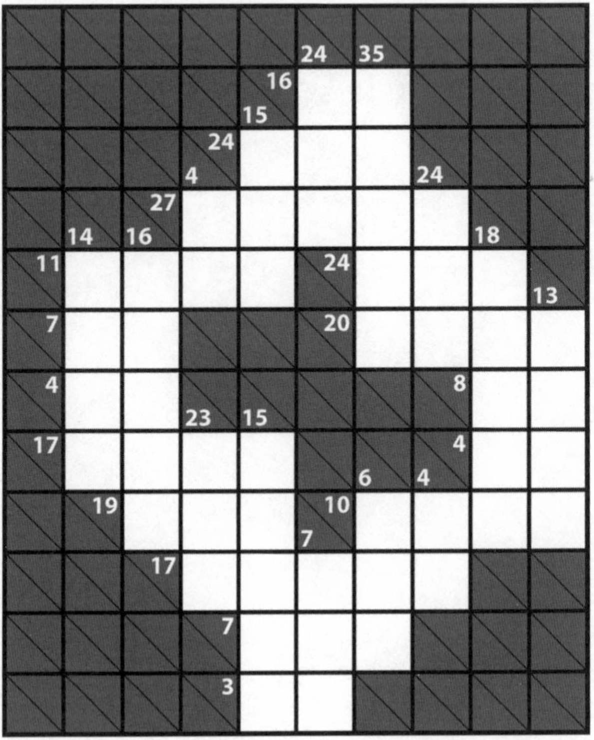

DIFFICULT 2

■	■	■	31\	17\	■	5\	15\	■	■
■	■	15\17			\5			20\	■
■	4\22				\7				17\
\13				■	■	\20			
\7				24\	15\	13\16			
■	\32								■
■	■	13\	15\24				16\	11\	■
■	3\29								3\
\10				■	■	\6			
\10				17\	■	8\7			
■	\13				\6				■
■	■	\10			\8			■	■

DIFFICULT 3

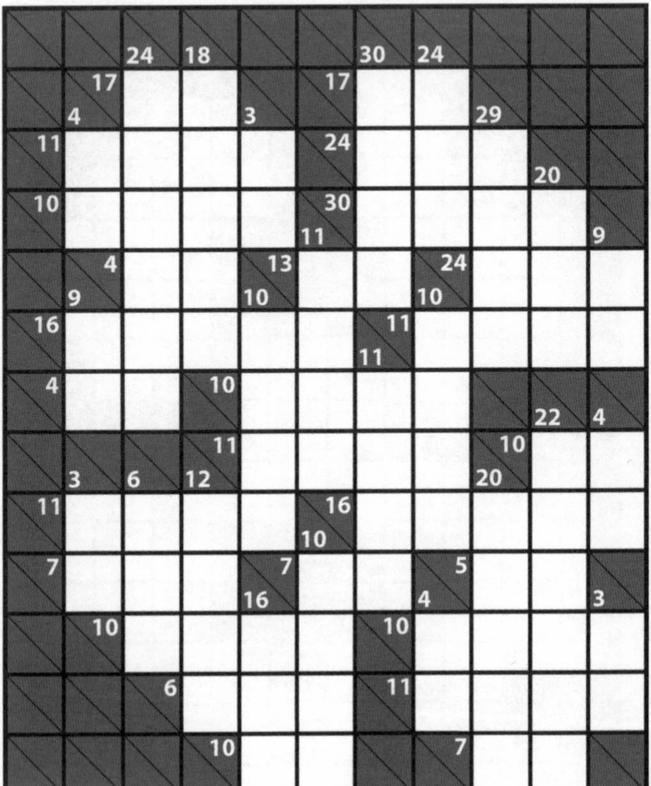
24 18 30 24
17 4 3 17 29
11 24 20
10 30 11 9
4 9 13 10 24 10
16 11 11
4 10 22 4
11 3 6 12 10 20
11 16 10
7 7 16 5 4 3
10 10
6 11
10 7

DIFFICULT 4

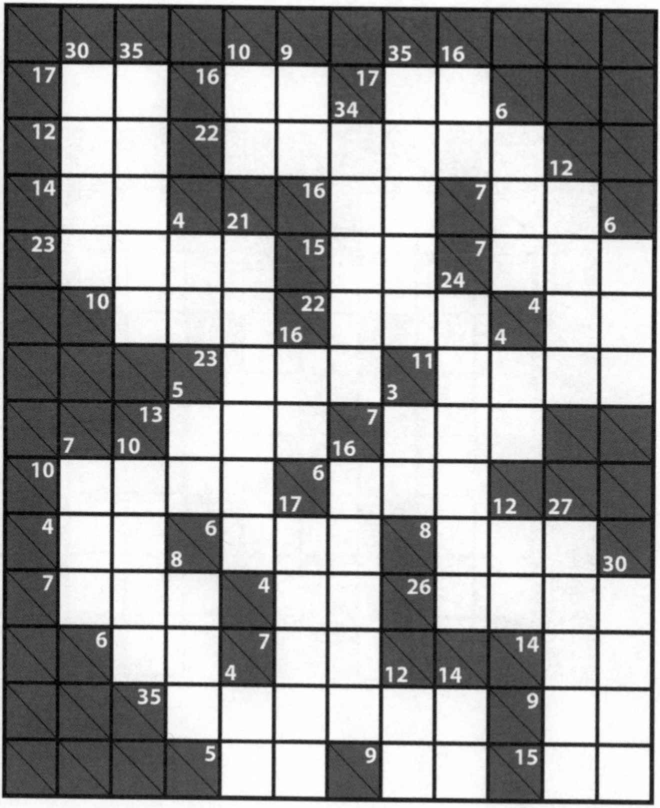

DIFFICULT 5

■	■	44\	14\	■	■	17\	37\	■
■	6\17			11\	\12			9\
\19					17\17			
\3			8\15			10\11		
\13				3\12				18\
■	11\7				9\24			
\15			3\5			4\4		
\9				\18				
■	\8			■	\12			■

DIFFICULT 6

■	8\	17\	■	■	■	16\	7\
\16			16\	7\	16\10		
\37							
■	16\	18\7				7\	16\
\24				\17			
\5			22\	■	24\5		
\22				4\16			
■	5\	15\18				11\	3\
\35							
\9			■	■	\7		

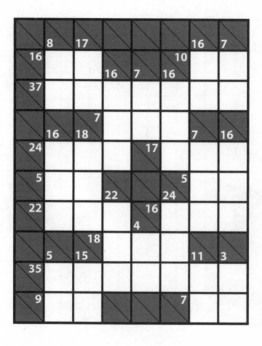

DIFFICULT 7

DIFFICULT 8

■	↓4	↓23	■	■	■	↓10	↓24	■	■
→11			■	↓11	↓14 →15			↓11	↓3
→7			↓28 →22						
■	→30					↓9 →15			
■	↓8	↓11 →10					↓22	↓12	■
→16				↓8	→14				↓3
→20					→11				
■	→7				↓20	↓10 →7			
■	↓13	↓11	↓7 →29					↓7	■
→15				↓17 →11					↓14
→30							→9		
■	■	→11			■	■	→10		

DIFFICULT 9

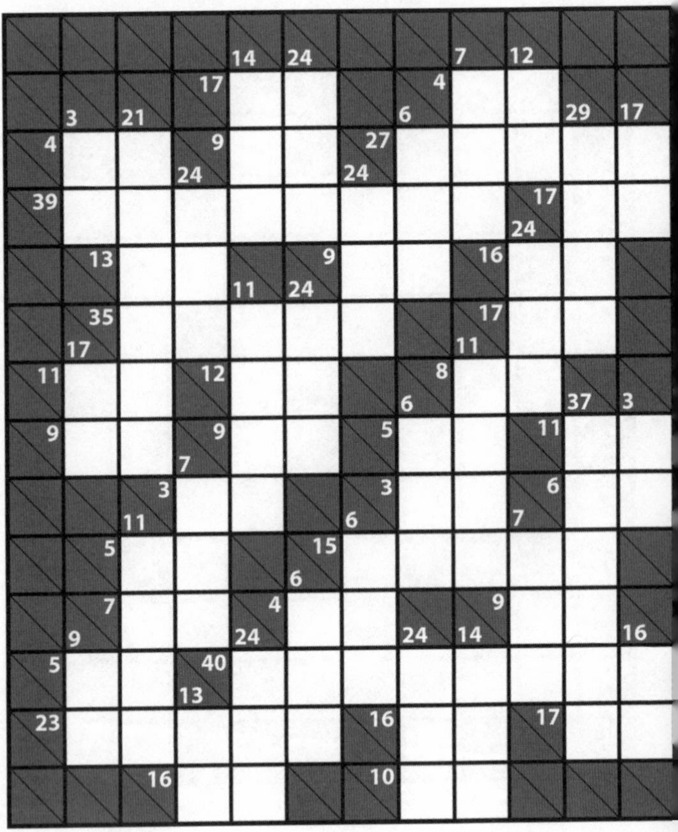
14 24 7 12
3 21 17 4 6 29 17
4 9 24 27 24
39 17 24
13 11 9 24 16
35 17 17 11
11 12 8 6 37 3
9 9 7 5 11
3 11 3 6 6 7
5 15 6
7 9 4 24 24 9 14 16
5 40 13
23 16 17
16 10

DIFFICULT 10

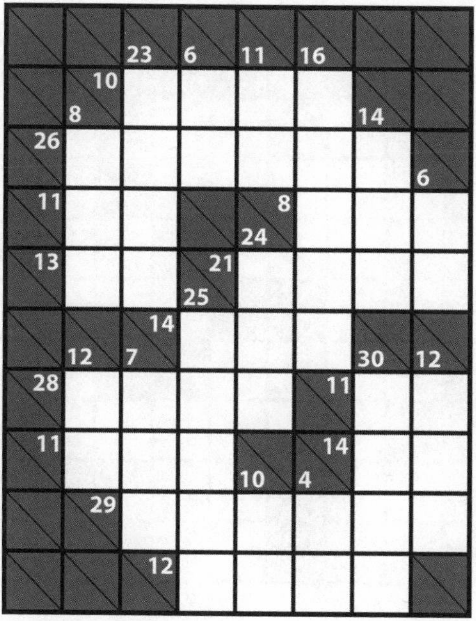

\	4\	36\	\	12\	10\	\	44\	8\
\8			16\4			\3		
\19						11\13		
\	4\39							7\
\4			6\	16\11				
\10					8\	4\15		
\	17\22							12\
\14			\15					
\10			\11			\17		

DIFFICULT 12

DIFFICULT 13

DIFFICULT 14

DIFFICULT 15

■	■	■	■	↓9	↓15	■	■	■	↓41	↓11
■	■	■	↓5 →4			↓15	■	→17		
■	■	↓41 →19					↓5	→4		
■	↓22 →4			↓17 →8				↓24 →10		
→11			↓24 →37							↓9
→34						↓35	↓16 →17			
→24				↓4	↓14 →33					
■	↓22 →38							↓10 →4		
→15			→12				↓5 →10			■
→11			■	→11					■	■
→10			■	■	→11			■	■	■

DIFFICULT 16

■	11\	14\	10\	■	■	■	■	30\	30\	■
\13				6\	24\	19\	\16			■
\39							\15			11\
■	12\	10\14					10\17			
\7				\39						
\9			12\	10\	\7			7\	10\	■
■	\13				25\10					■
■	\10					\6				3\
■	4\	11\	24\12			6\	■	26\5		
\21							4\7			
\8				\11					11\	10\
■	\12			\26						
■	\10			■	■	■	\23			

DIFFICULT 17

■	24\	12\	■	■	■	6\	14\	35\	16\
\12			■	12\	4\24				
\15			13\25						
\22							18\16		
■	■	33\4			■	10\15			■
■	\13				\9				■
■	11\4			24\	10\4			18\	7\
\9			13\29						
\35							\10		
\29					■	■	\5		

DIFFICULT 18

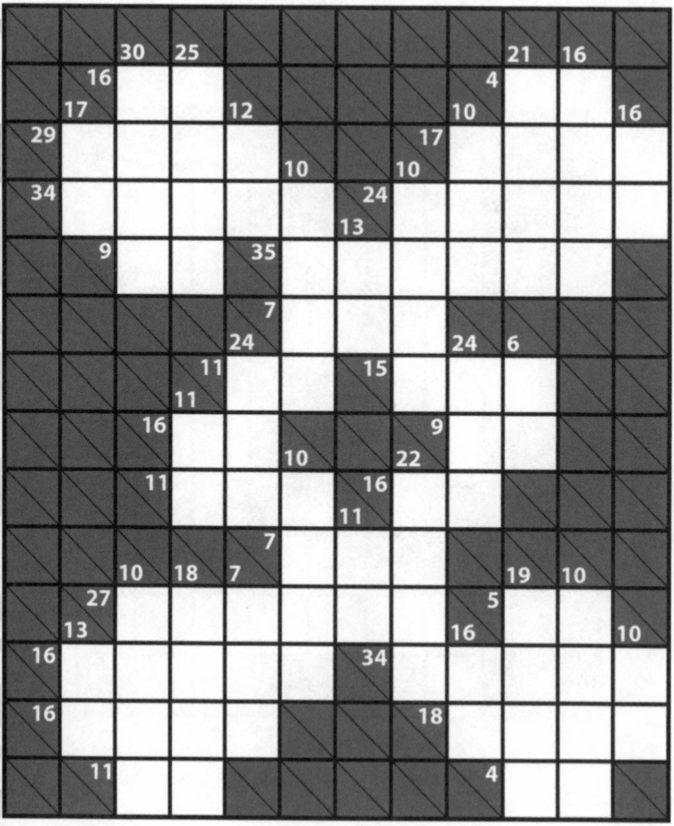

DIFFICULT 19

DIFFICULT 20

■	↓6	↓22	■	■	■	■	↓10	↓19	■
→4			■	↓12	↓21	→16			↓5
→9			↓24 →12			↓14 →13			
→38							↓26 →4		
■	→11			↓12 →11					■
■	■	↓25 →11			↓24 →14			↓14	■
■	↓8 →25					↓15 →12			↓12
→15			↓14 →37						
→10				→16			→3		
■	→17			■	■	■	→5		

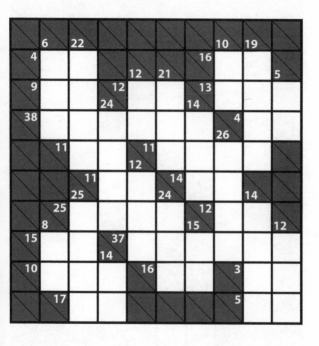

DIFFICULT 21

■	■	■	■	■	↓11	↓4	↓9	■	■
■	■	↓45	↓11	→18				↓45	■
■	→4			↓11 →10					↓11
■	→11				↓24	■	↓8 →5		
■	↓10 →21					↓7 →23			
→14				↓4 →11					↓10
→16			↓16 →11				↓14 →17		
■	↓11 →17					↓13 →10			
→24				→29					■
→5			↓12	↓11	↓4 →14				■
■	→14					→3			■
■	■	→14				■	■	■	■

DIFFICULT 22

DIFFICULT 23

DIFFICULT 24

■	■	■	10\	16\	3\	■	■	39\	10\
■	■	32\6				4\	\16		
■	\16						3\9		
■	10\15				6\8				■
\16			\4			15\9			4\
\11			24\8				18\10		
■	\16			19\18					
■	16\	21\16			10\16			16\	■
\35						32\3			3\
\10			3\6				\4		
■	\3			3\10			24\3		
■	12\7				4\23				■
\14			\22						■
\4			■	\19				■	■

DIFFICULT 25

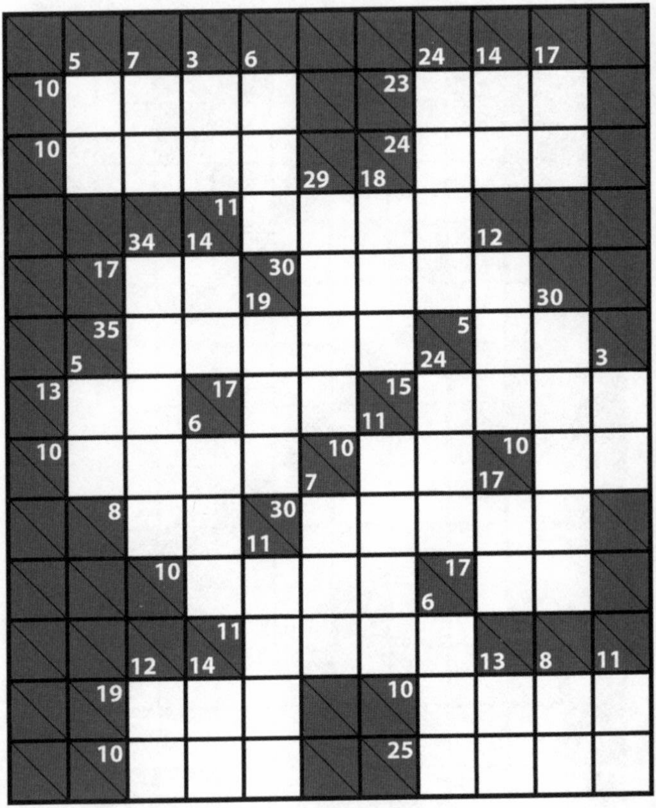

DIFFICULT 26

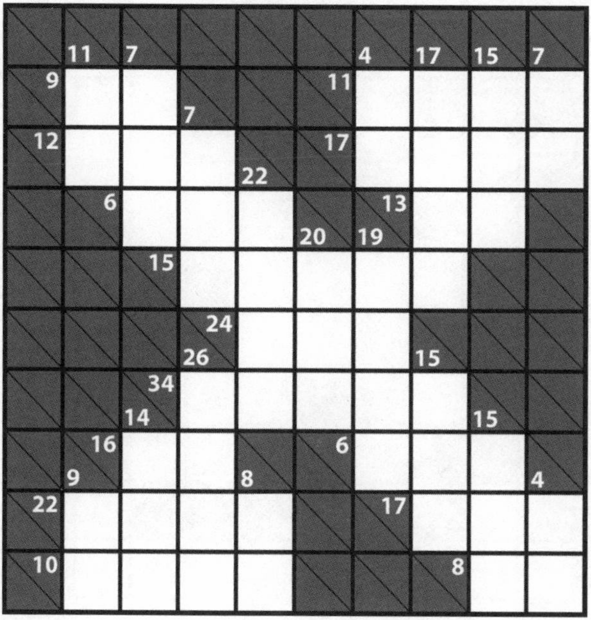

DIFFICULT 27

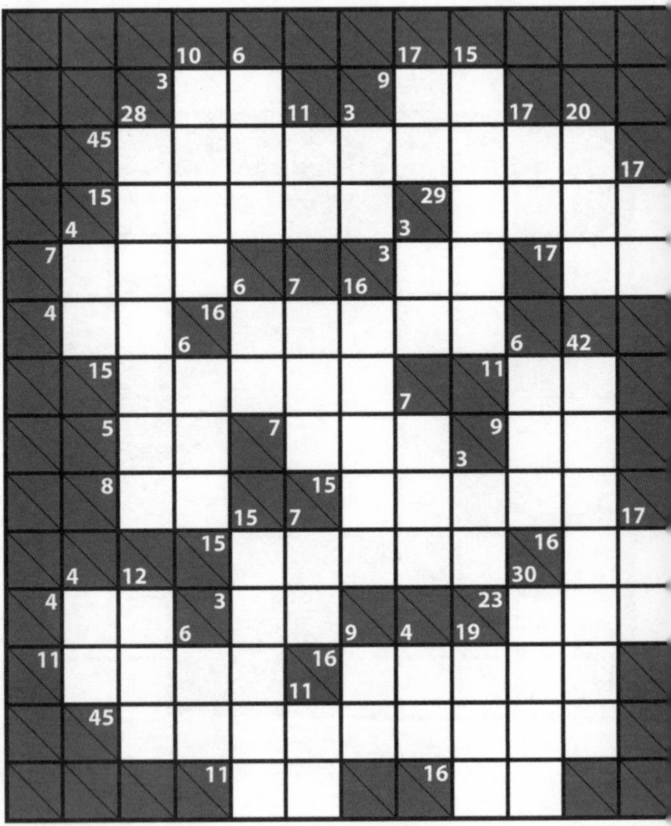

DIFFICULT 28

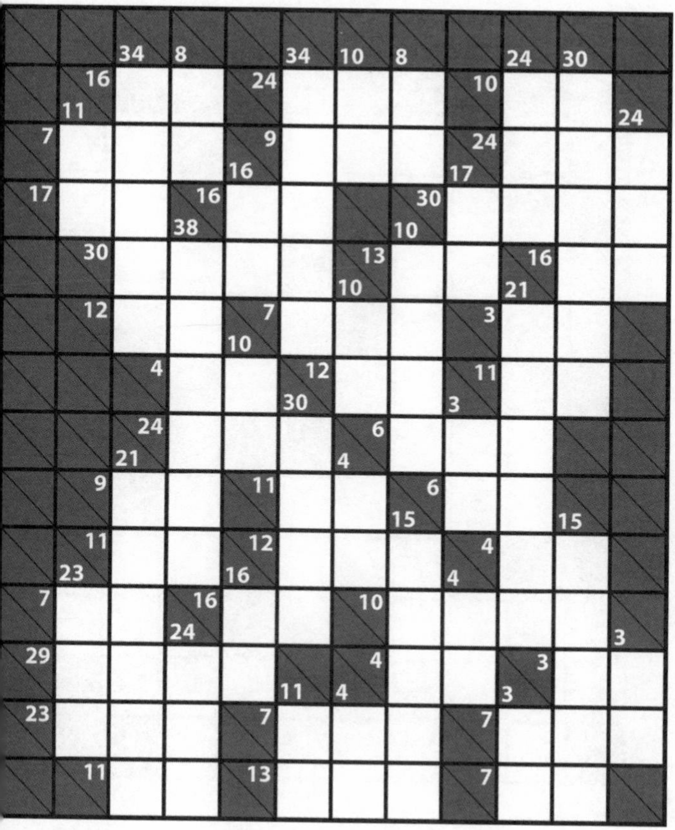

DIFFICULT 29

■	■	■	38\	4\	14\	35\	■	13\	11\
■	■	11\11					\3		
■	17\25						7\14		
\23				■	10\21				
\17				35\6				11\	6\
■	16\	4\30					34\12		
\23					4\11				
\10			3\18					19\	6\
■	19\	11\6				\22			
\17					4\	8\7			
\7			\30						■
\16			\11					■	■

DIFFICULT 30

■	■	■	■	↓6	↓29	↓4	↓10	■	■
■	■	■	↓28 →11					■	■
■	■	↓24 →28						■	■
■	↓17 →25					↓15	■	↓17	↓4
→22				↓4 →17			↓3 →6		
→25					↓3 →14				
■	■	↓19	↓9 →5			↓13 →10			■
■	↓4 →11			↓9 →8			↓28	↓7	↓4
→11					↓28 →13				
→12			→16			↓24 →13			
■	■	■	↓16	↓15 →28					■
■	■	→35						■	■
■	■	→30					■	■	■

DIFFICULT 31

DIFFICULT 32

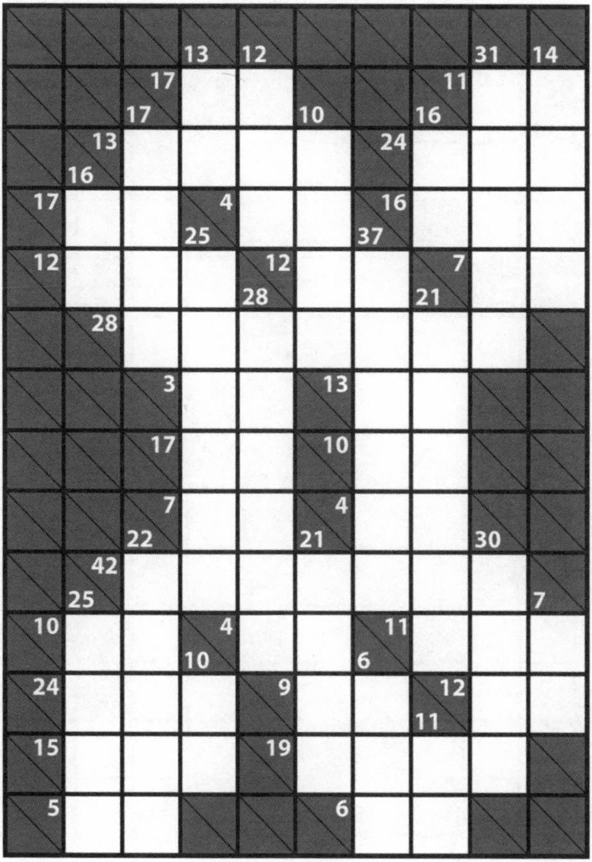

DIFFICULT 33

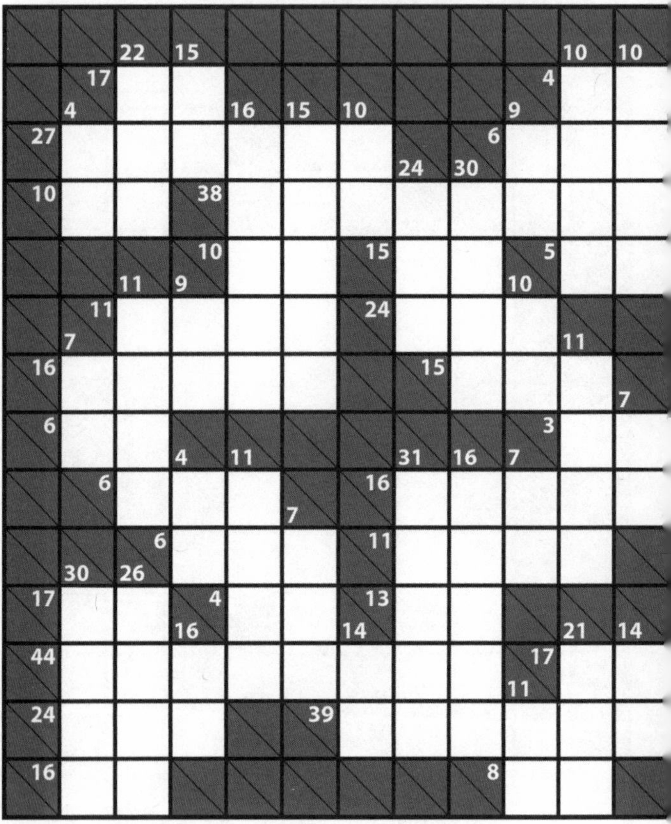

DIFFICULT 34

■	10\	42\	■	13\	21\	■	6\	24\	■	■
\16			\4			\4			11\	■
\6			\5			\6				16\
\7			3\13			4\23				
■	\18						6\13			
■	4\4			7\11					31\	17\
\10			25\3			27\26				
\11					16\4			3\15		
■	16\	11\25					13\4			■
\24				7\26						8\
\13					\11			\3		
■	\10				\4			\12		
■	■	\3			\3			\4		

DIFFICULT 35

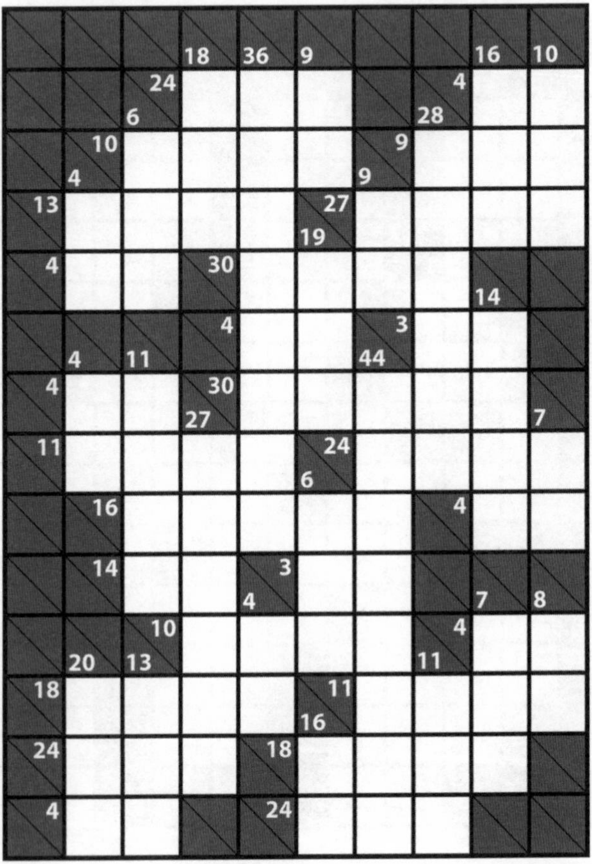

Solutions

■	■	4\	12\	■	10\	24\
■	\4	3	1	\8	1	7
■	\3	1	2	30\11	2	9
■	7\	6\29	5	9	7	8
\16	1	3	4	8	17\	■
\6	4	2	\14	6	8	■
\3	2	1	\16	7	9	■

EASY 1

■	■	■	12\	10\	35\	■
■	6\	15\24	8	7	9	■
\18	1	2	4	3	8	7\
\5	2	3	■	\7	6	1
\4	3	1	4\	3\11	7	4
■	\15	4	3	1	5	2
■	\8	5	1	2	■	■

EASY 2

SOLUTIONS

EASY 3

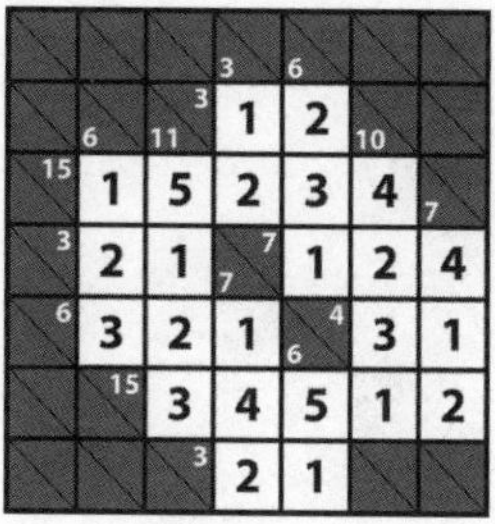

EASY 4

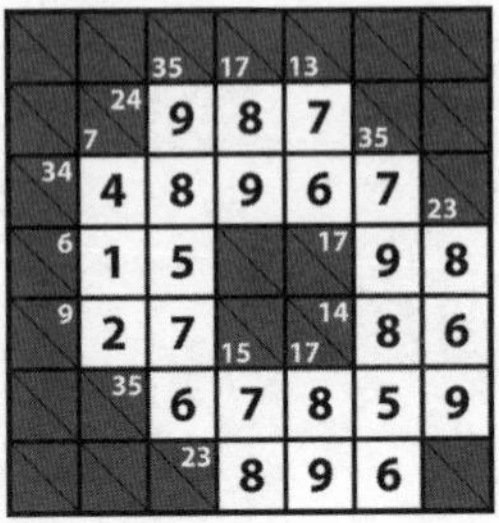
35 17 13
24 9 8 7
7 35
34 4 8 9 6 7
23
6 1 5 17 9 8
9 2 7 14 8 6
15 17
35 6 7 8 5 9
23 8 9 6

EASY 5

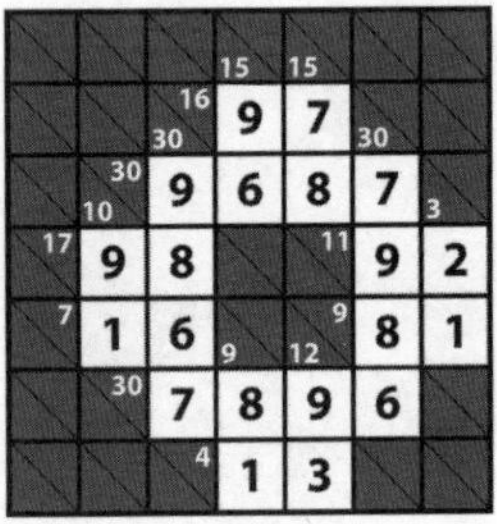
15 15
16 9 7
30 30
30 9 6 8 7
10 3
17 9 8 11 9 2
7 1 6 9 8 1
9 12
30 7 8 9 6
4 1 3

EASY 6

EASY 7

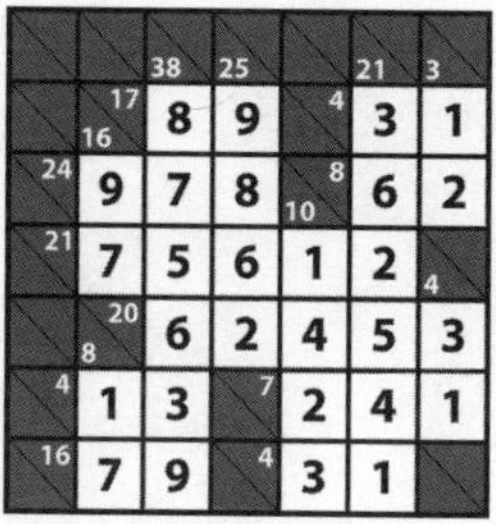

EASY 8

	26\	23\	3\			
\6	2	3	1	4\		
\16	7	4	2	3	12\	22\
\16	9	7	16\7	1	2	4
\24	8	9	7	17\4	1	3
		\30	9	8	6	7
			\20	9	3	8

EASY 9

					21\	4\	28\	
				6\7	4	1	2	3\
	17\	31\	12\18	2	8	3	4	1
\27	8	4	5	1	9	13\9	7	2
\22	9	8	2	3	\3	2	1	
	\11	7	4		15\4	1	3	13\
	4\4	3	1	24\18	3	4	6	5
\4	3	1	3\35	9	7	6	5	8
\22	1	6	2	8	5			
	\10	2	1	7				

EASY 10

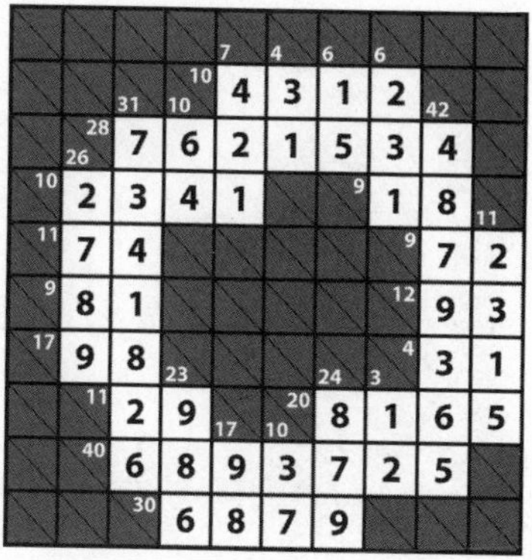

MODERATE 1

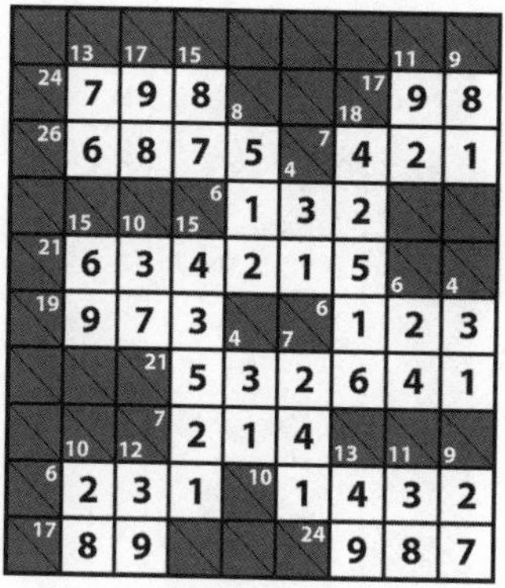

MODERATE 2

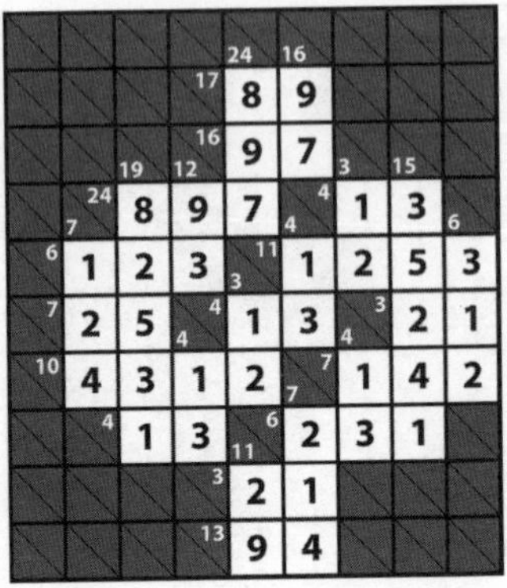

MODERATE 3

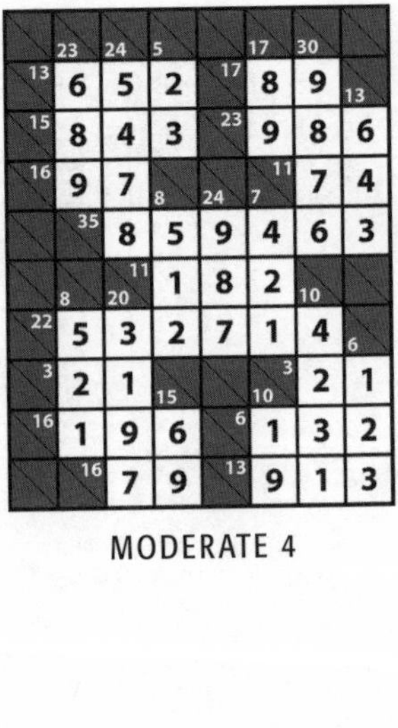

MODERATE 4

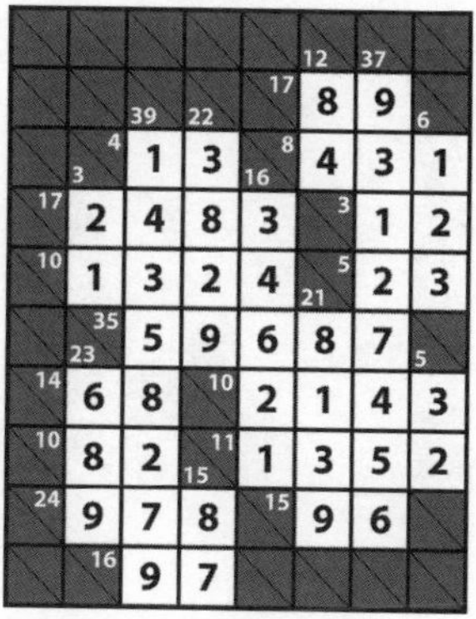

MODERATE 5

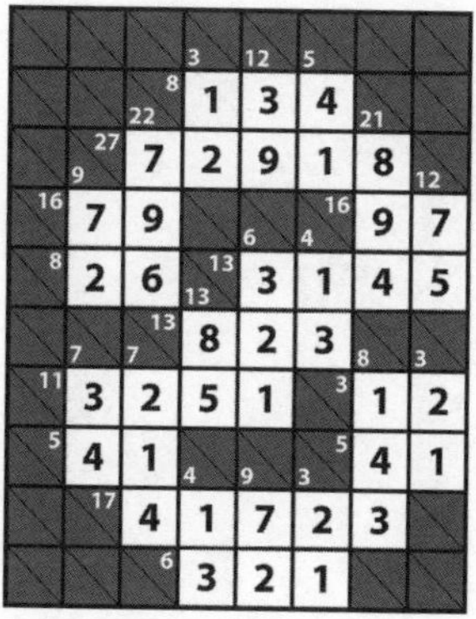

MODERATE 6

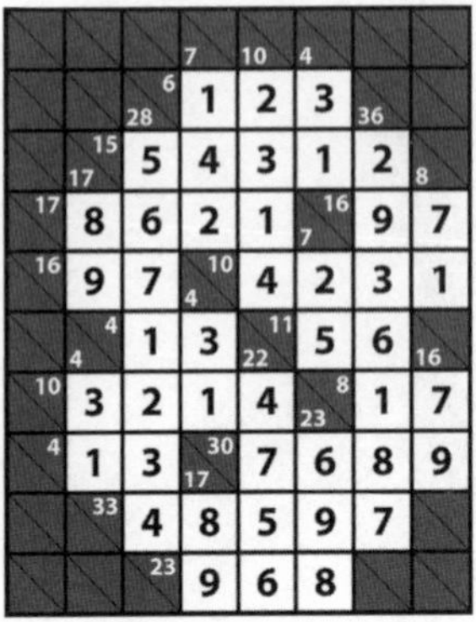

MODERATE 7

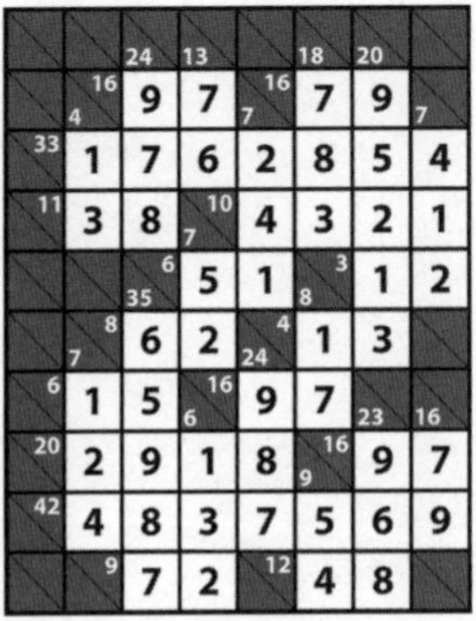

MODERATE 8

SOLUTIONS

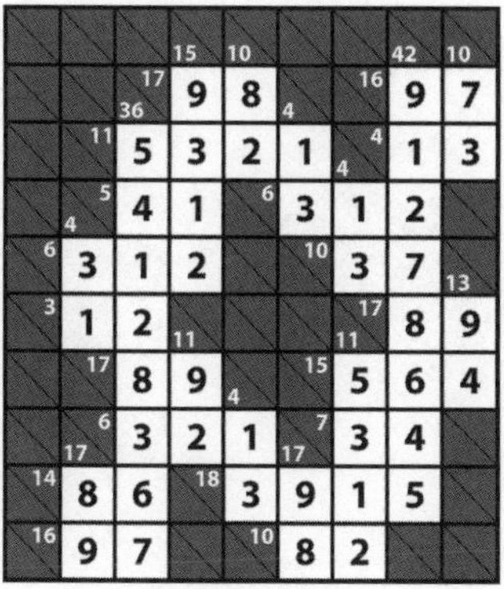

MODERATE 9

MODERATE 10

SOLUTIONS

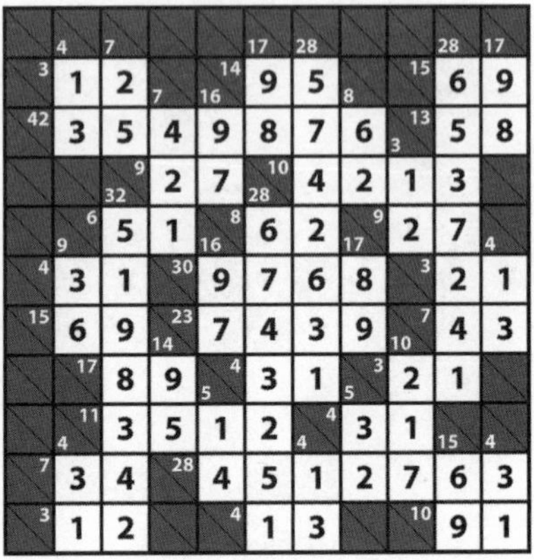

MODERATE 11

MODERATE 12

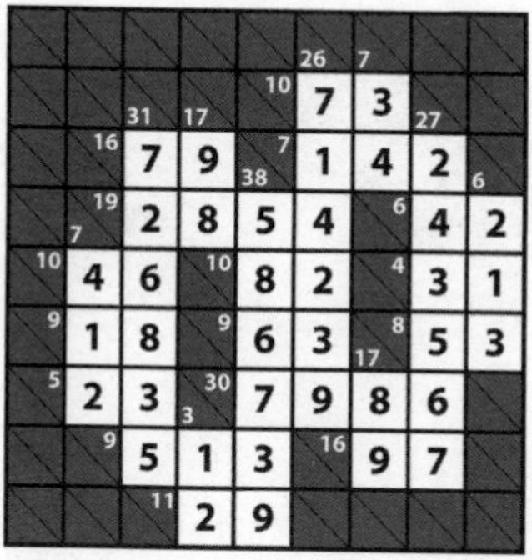

MODERATE 13

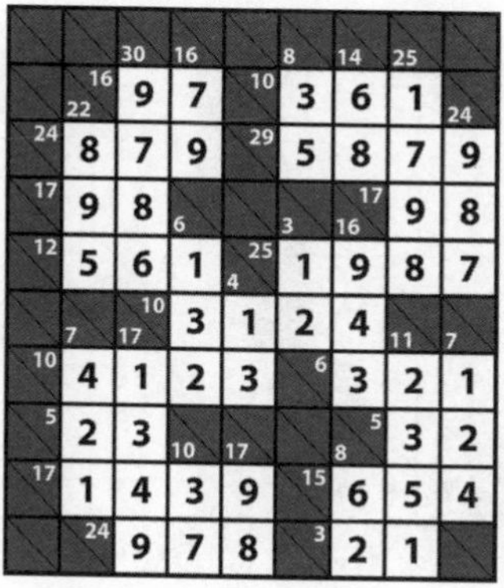

MODERATE 14

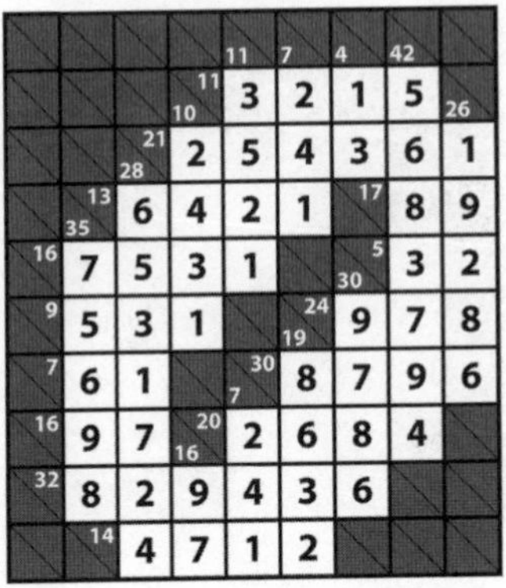

MODERATE 15

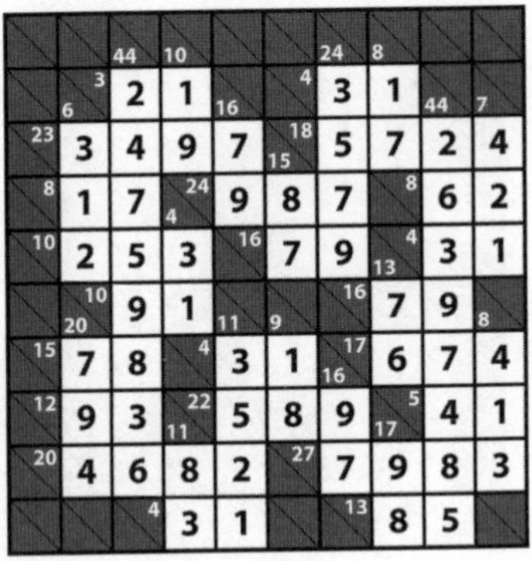

MODERATE 16

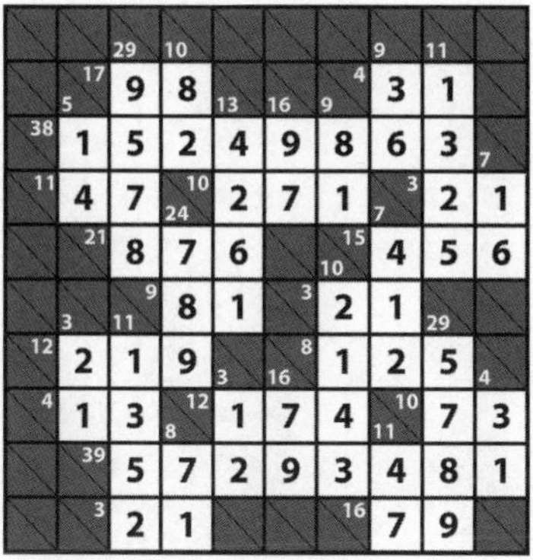

MODERATE 17

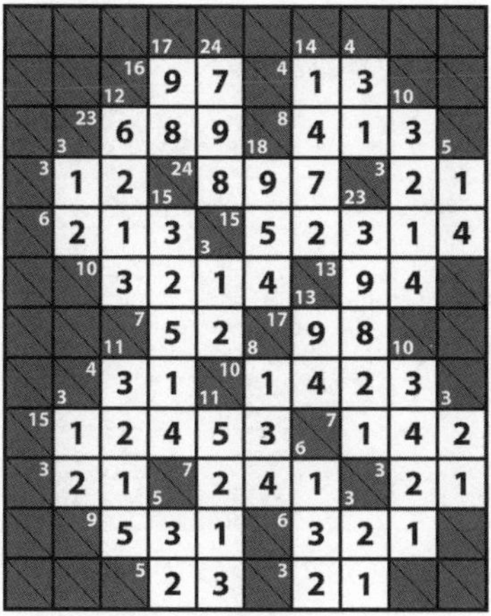

MODERATE 18

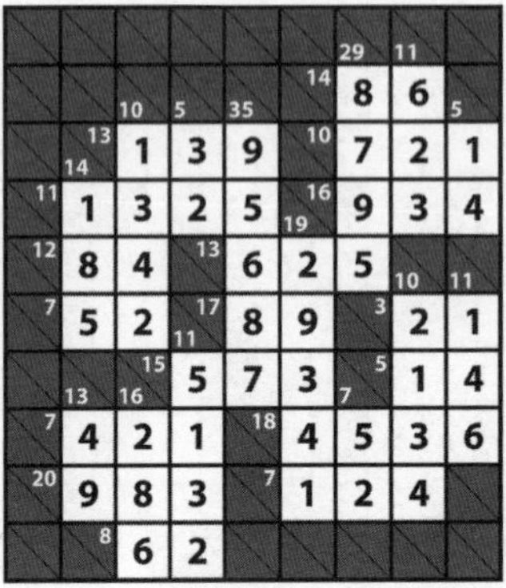

MODERATE 19

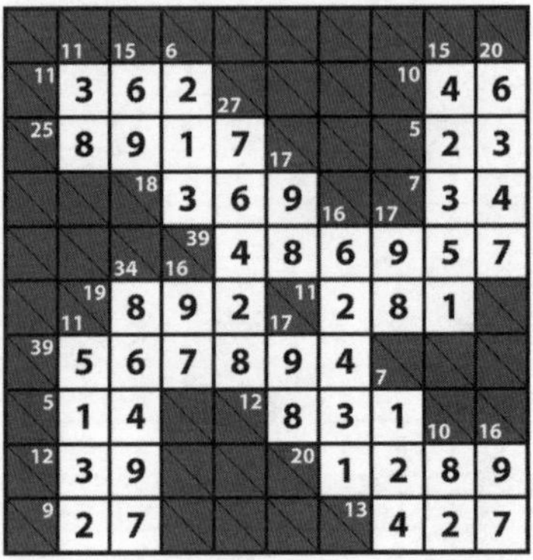

MODERATE 20

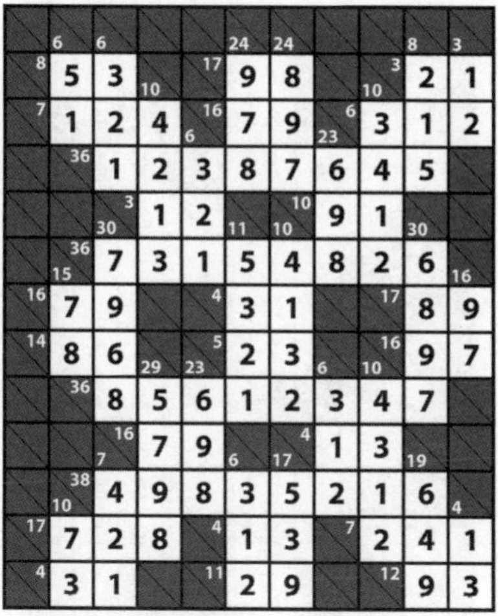

MODERATE 21

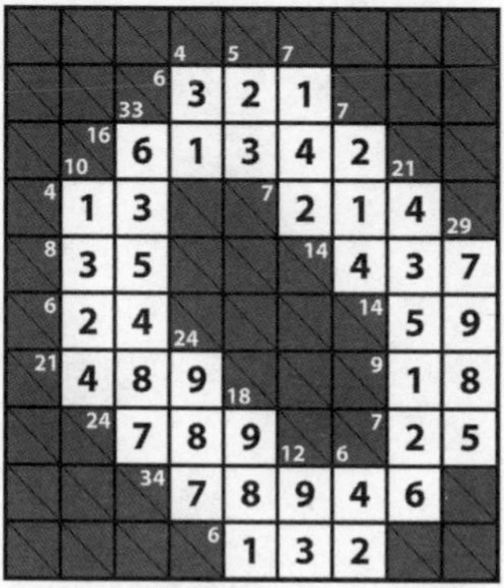

MODERATE 22

	6\	10\		14\	34\	9\		24\	22\
\5	3	2	\6	2	3	1	\14	9	5
\4	1	3	15\24	9	7	8	20\17	8	9
\15	2	4	5	3	1	17\24	9	7	8
	\3	1	2	18\24	9	8	7	11\	15\
		11\42	3	7	6	9	4	5	8
	\23	2	4	9	8	6\	31\10	3	7
	8\6	3	1	2	21\7	2	4	1	
\3	2	1	24\	17\11	1	3	5	2	
\39	6	5	9	8	3	1	7	11\	
	11\	19\23	8	9	6	8\11	6	5	6\
\24	8	9	7	3\19	4	1	9	3	2
\9	2	7	\7	1	2	4	\4	1	3
\4	1	3	\10	2	5	3	\3	2	1

MODERATE 23

	6\	16\	25\			30\	30\	
\7	2	1	4		\17	9	8	17\
\9	1	3	5		10\23	6	9	8
\14	3	4	7	11\27	3	8	7	9
	\39	8	9	5	4	7	6	
		30\	25\3	1	2	24\	16\	
	16\21	6	2	3	1	5	4	8\
\24	9	7	6	2	\19	8	7	4
\24	7	8	9		\14	9	2	3
	\17	9	8		\6	2	3	1

MODERATE 24

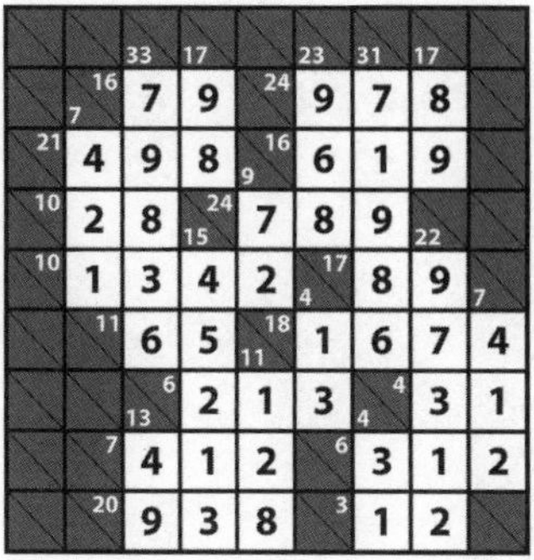

MODERATE 25

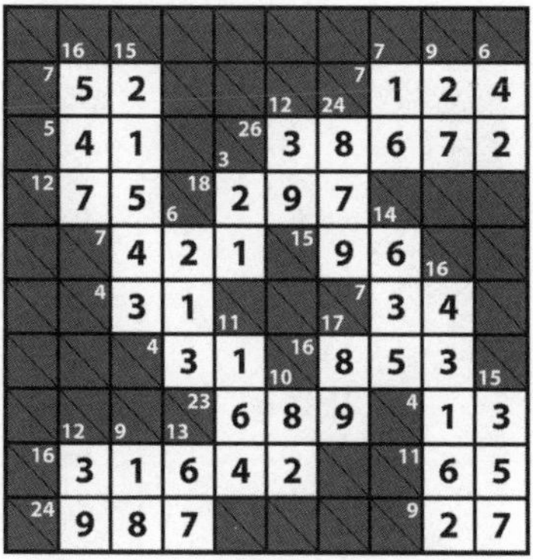

MODERATE 26

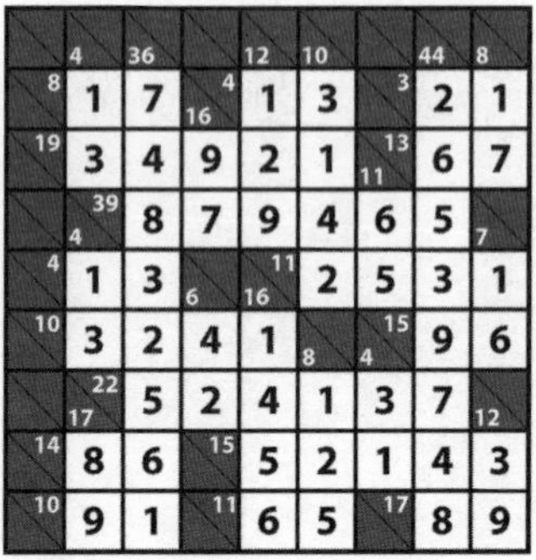

MODERATE 27

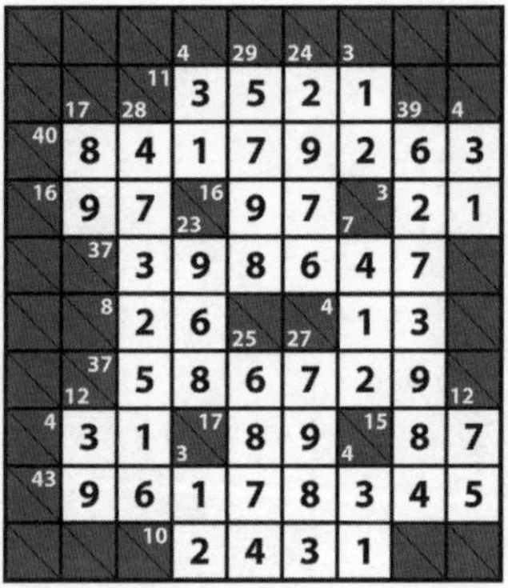

MODERATE 28

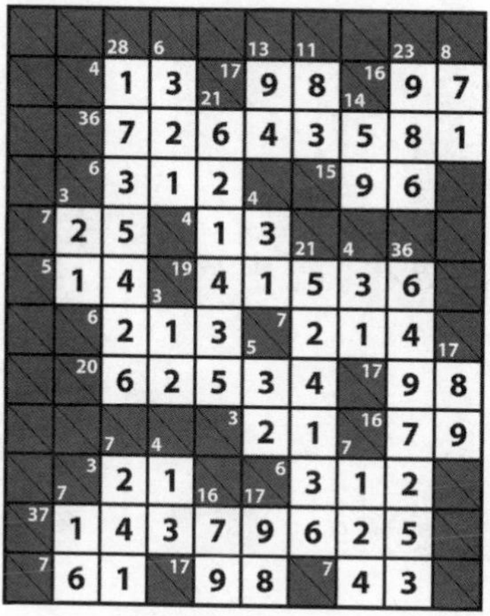

MODERATE 29

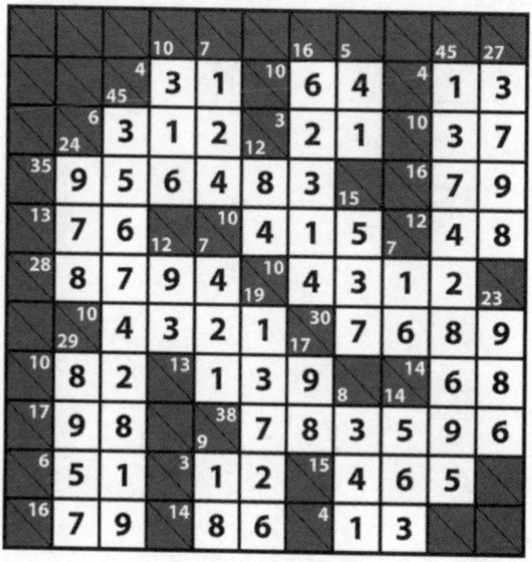

MODERATE 30

			33\	7\			14\	7\		
		6\4	3	1	24\	\3	1	2	30\	
	\23	2	8	4	9	3\14	5	1	8	23\
	\45	3	5	2	7	1	8	4	9	6
	\5	1	4	17\10	8	2	6\	21\16	7	9
	19\	23\15	6	9		\23	5	4	6	8
\30	9	6	7	8	8\	6\3	1	2	6\	
\17	8	9	19\	24\5	3	2	8\4	3	1	
\45	2	7	8	9	5	1	4	6	3	
	\11	1	2	8	\11	3	1	5	2	
		\16	9	7		\4	3	1		

MODERATE 31

		45\	5\			10\	45\	
	13\4	1	3	13\	20\4	3	1	17\
\44	6	5	2	4	8	7	3	9
\10	7	3	24\5	2	3	22\14	6	8
	\39	4	8	7	9	6	5	
	\16	9	7	22\	16\16	9	7	
	12\39	6	9	8	5	7	4	4\
\17	9	8	7\16	9	7	16\12	9	3
\43	3	7	6	5	4	9	8	1
	\3	2	1		\9	7	2	

MODERATE 32

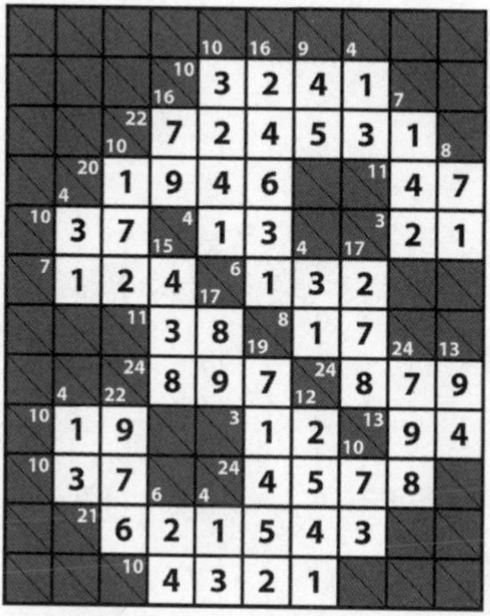

MODERATE 33

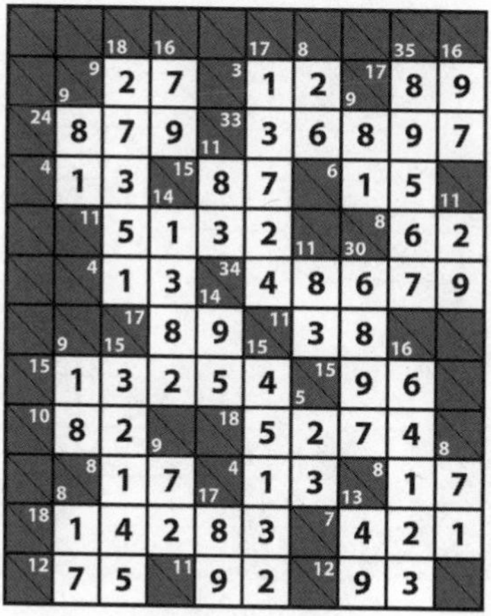

MODERATE 34

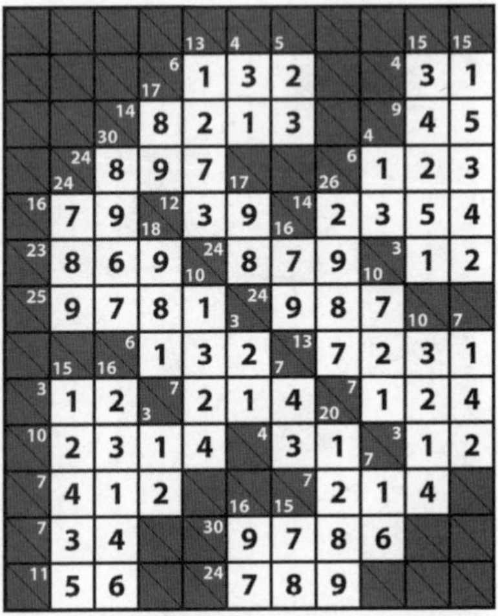

MODERATE 35

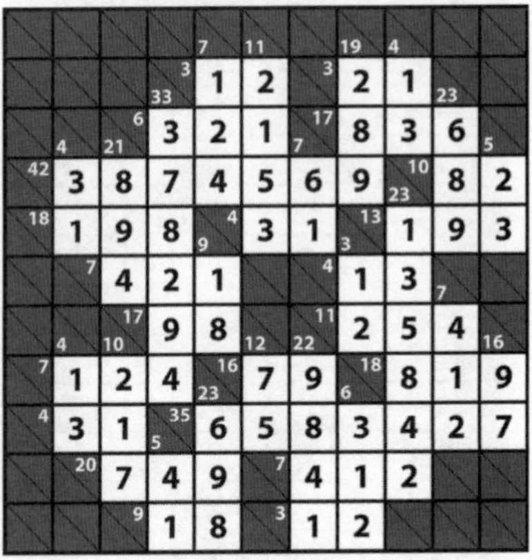

MODERATE 36

MODERATE 37

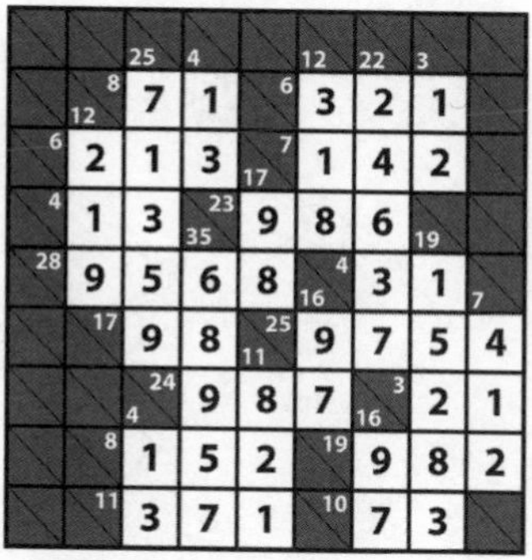

MODERATE 38

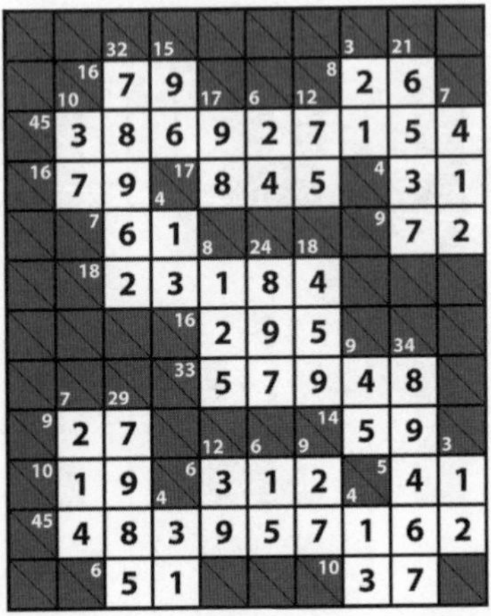

MODERATE 39

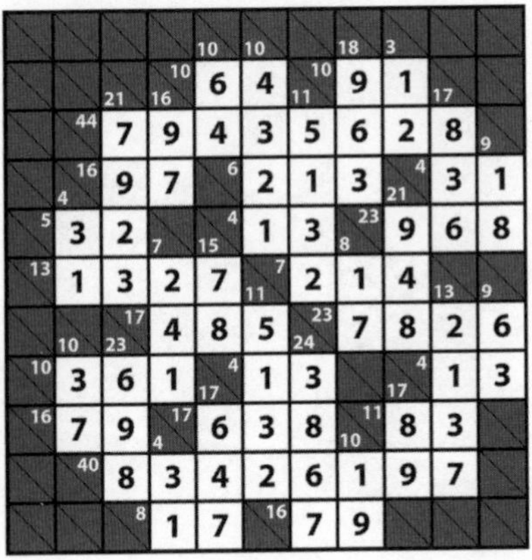

MODERATE 40

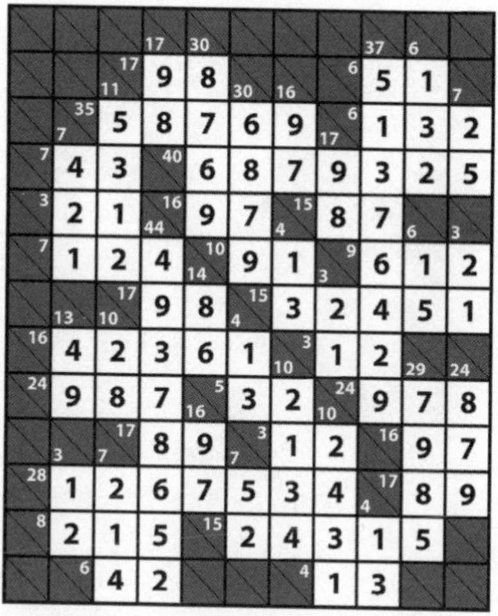

MODERATE 41

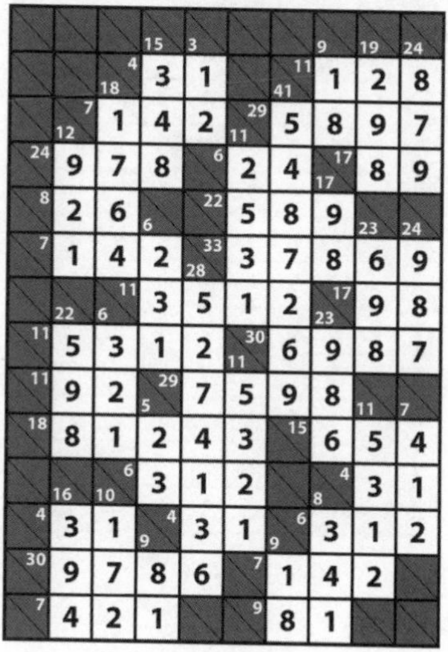

MODERATE 42

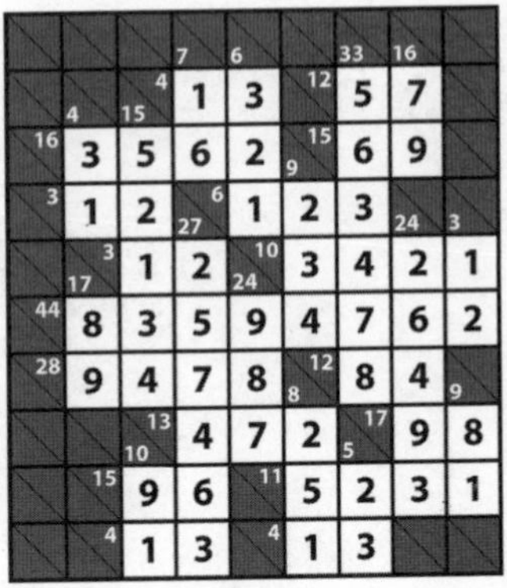

MODERATE 43

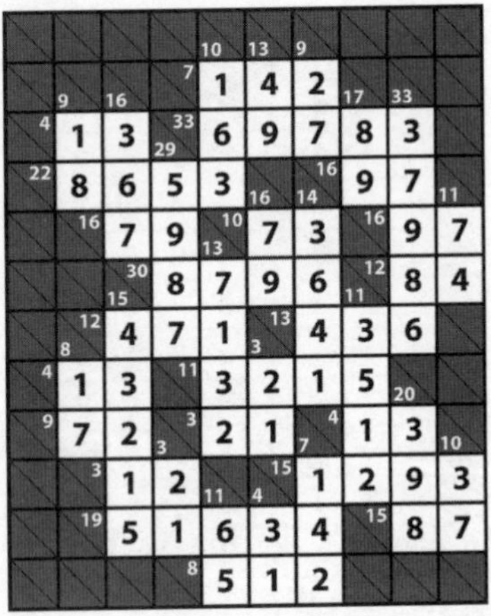

MODERATE 44

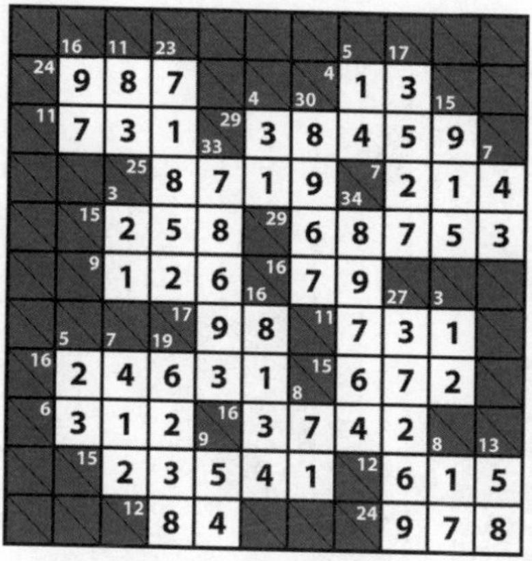

MODERATE 45

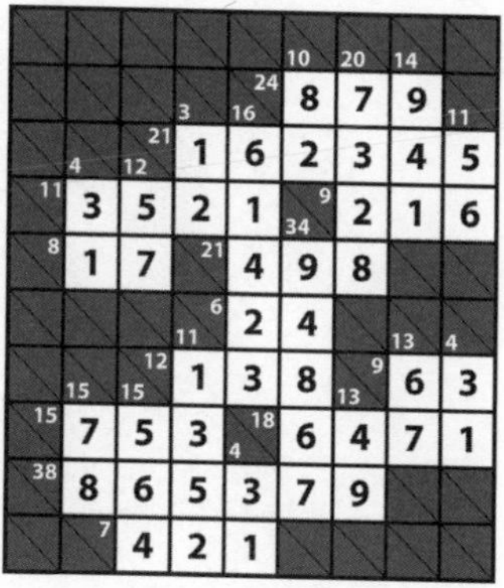

MODERATE 46

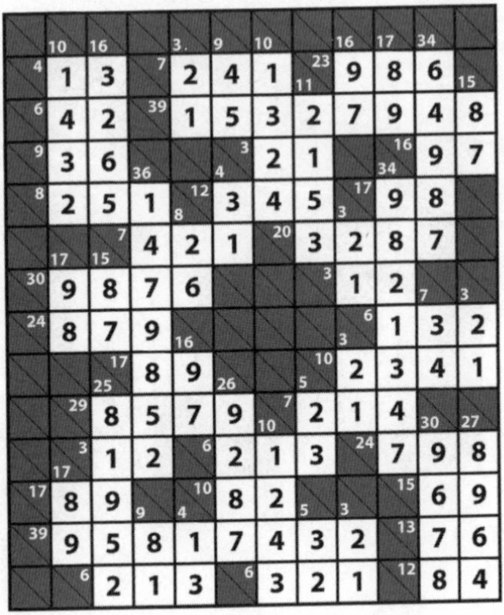

MODERATE 47

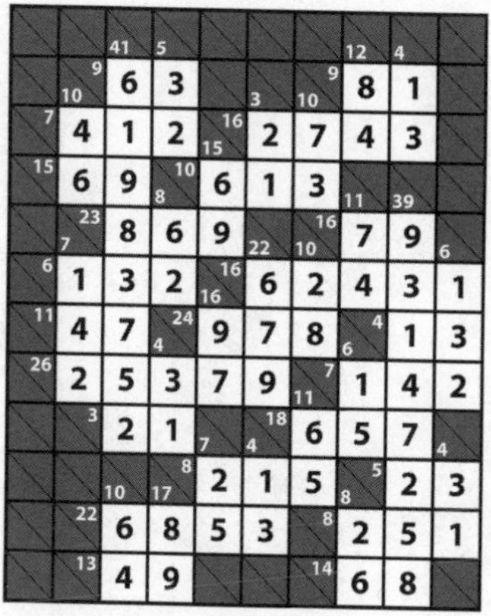

MODERATE 48

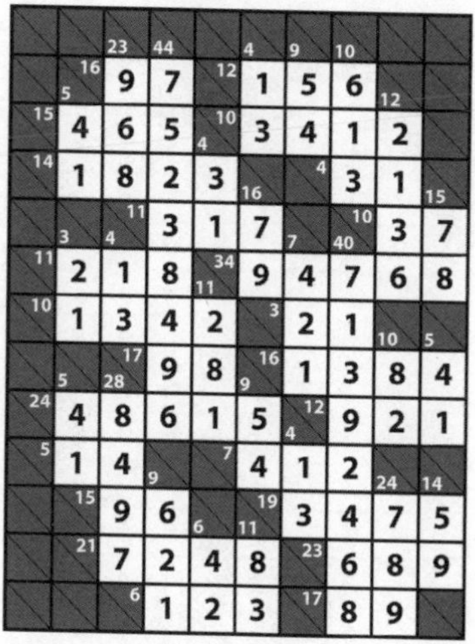

MODERATE 49

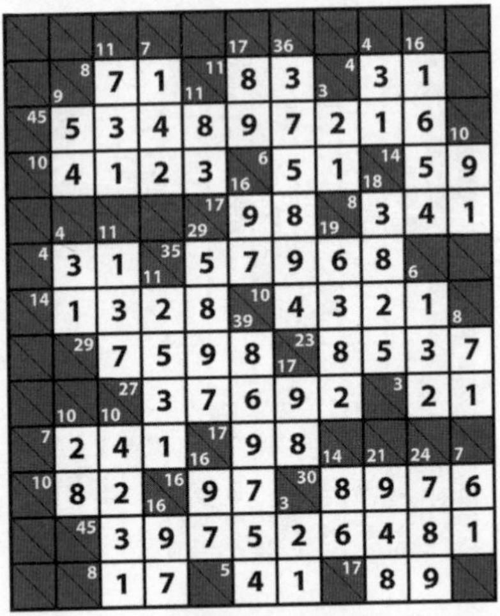

MODERATE 50

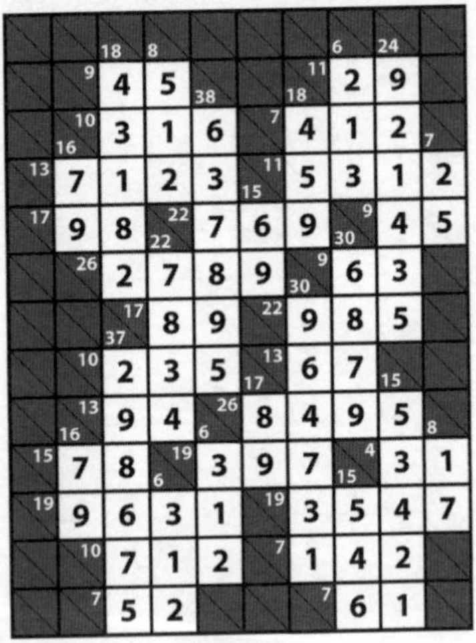

MODERATE 51

SOLUTIONS

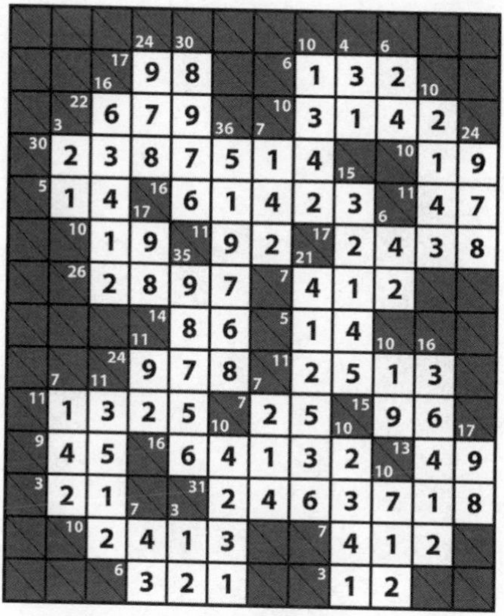

MODERATE 52

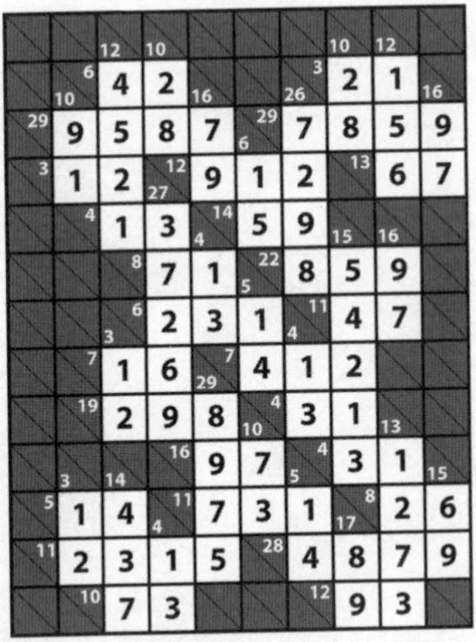

MODERATE 53

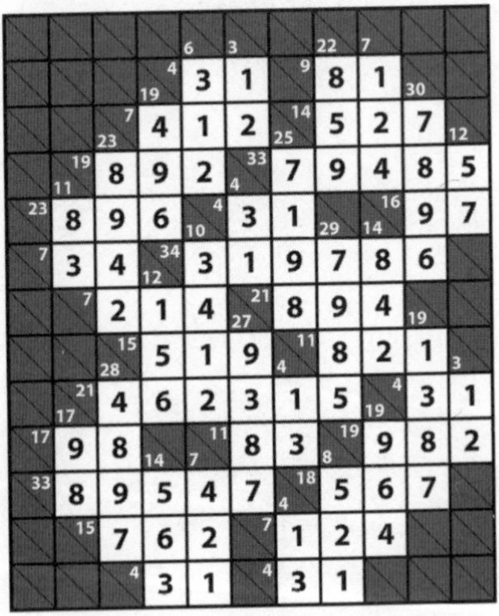

MODERATE 54

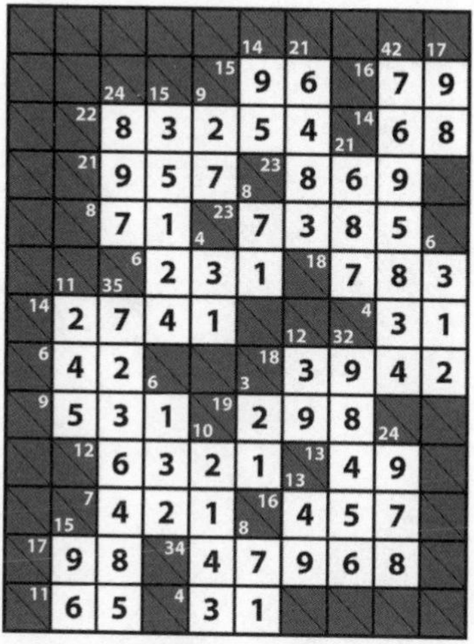

MODERATE 55

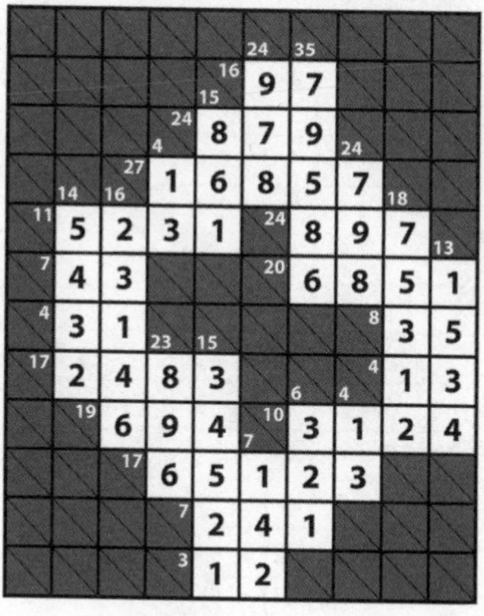

DIFFICULT 1

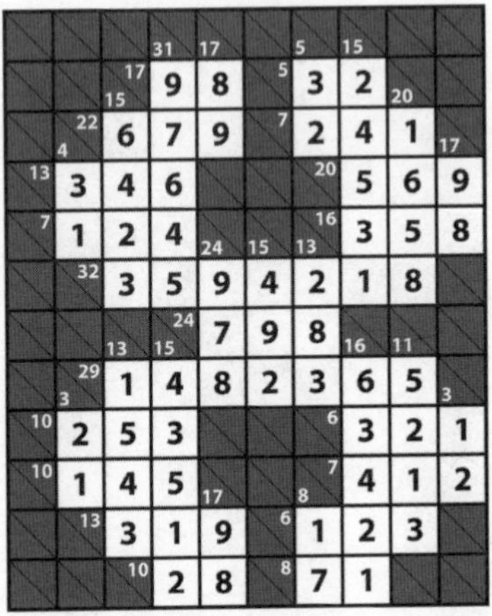

DIFFICULT 2

DIFFICULT 3

	30\	35\		10\	9\		35\	16\			
\17	8	9	\16	9	7	34\17	8	9	6\		
\12	7	5	\22	1	2	4	5	7	3	12\	
\14	6	8	4\	21\	\16	7	9	\7	2	5	6\
\23	9	6	3	5	\15	9	6	24\7	1	4	2
	\10	7	1	2	16\22	6	7	9	4\4	1	3
			5\23	6	9	8	3\11	5	3	2	1
	7\	10\13	2	4	7	16\7	2	4	1		
\10	2	4	3	1	17\6	2	1	3	12\	27\	
\4	1	3	8\6	3	2	1	\8	1	3	4	30\
\7	4	2	1	\4	1	3	\26	2	9	7	8
	\6	1	5	4\7	3	4	12\	14\	\14	8	6
		\35	2	3	7	6	8	9	\9	2	7
			\5	1	4	\9	4	5	\15	6	9

DIFFICULT 4

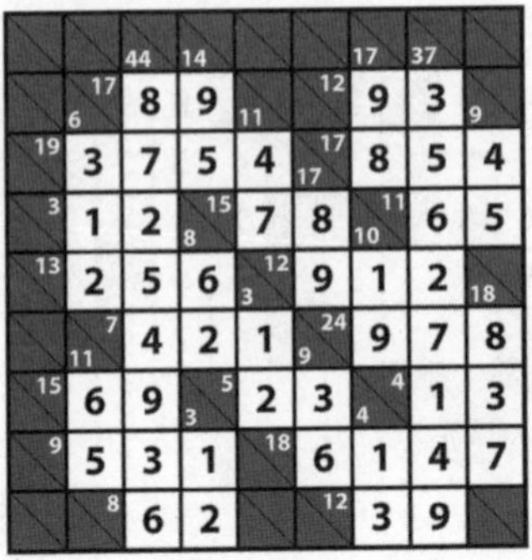

DIFFICULT 5

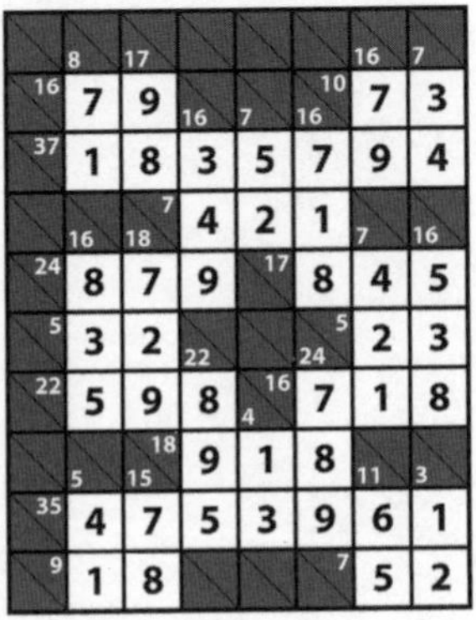

DIFFICULT 6

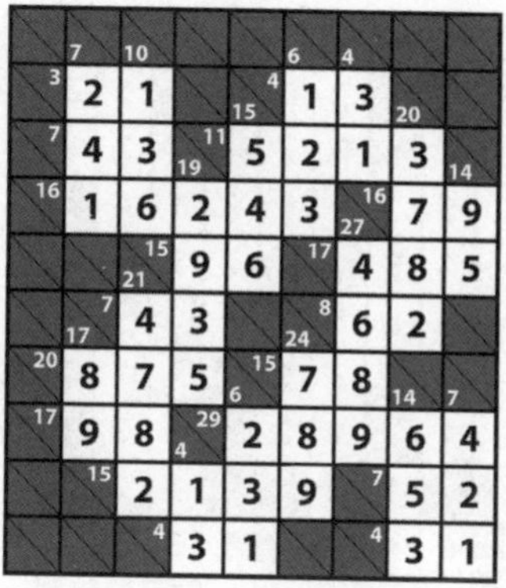

DIFFICULT 7

DIFFICULT 8

DIFFICULT 9

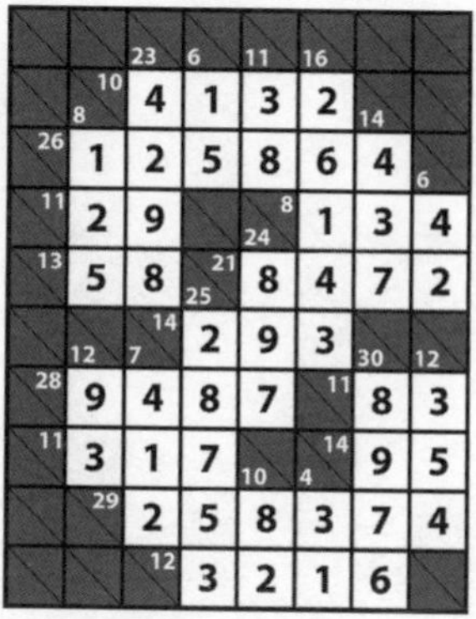

DIFFICULT 10

DIFFICULT 11

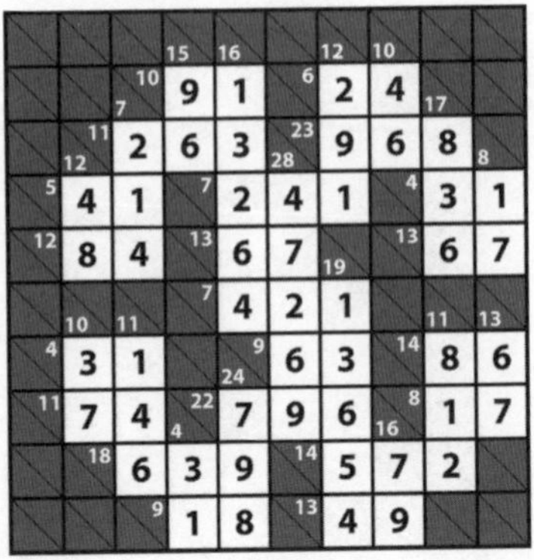

DIFFICULT 12

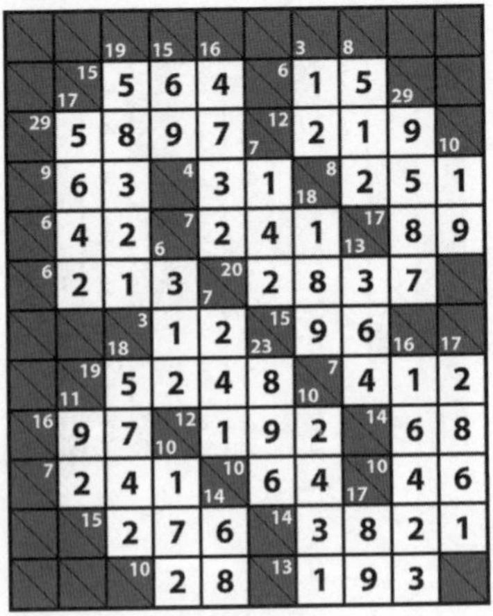

DIFFICULT 13

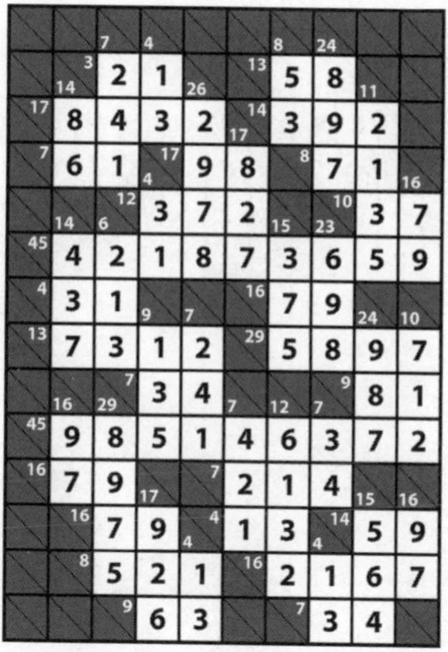

DIFFICULT 14

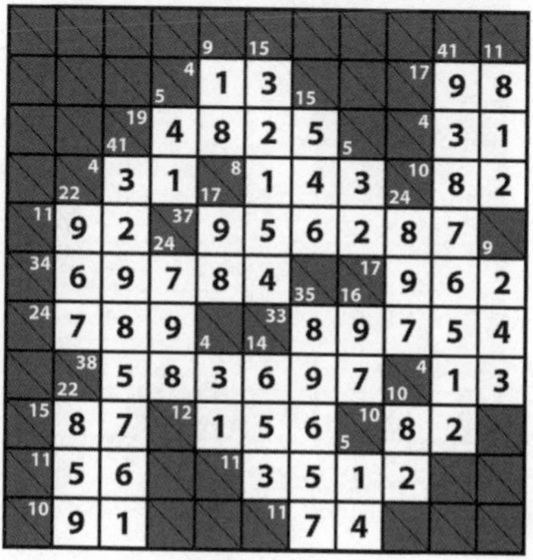

DIFFICULT 15

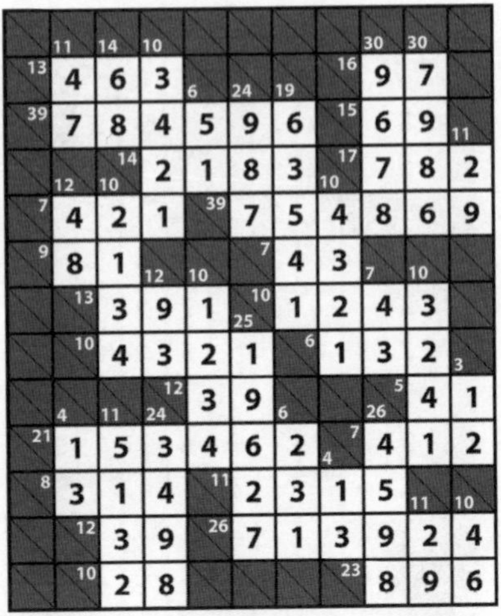

DIFFICULT 16

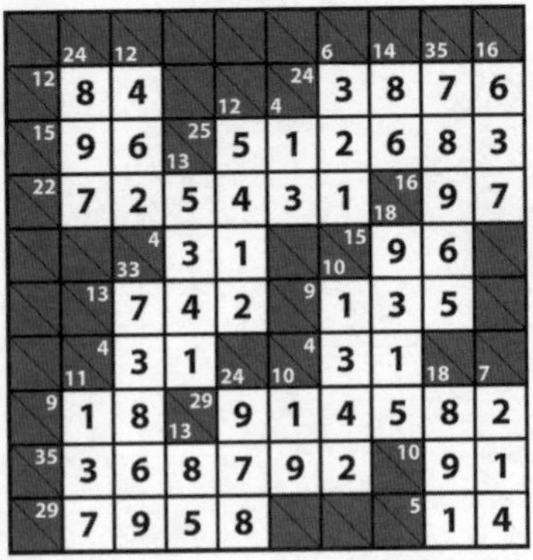

DIFFICULT 17

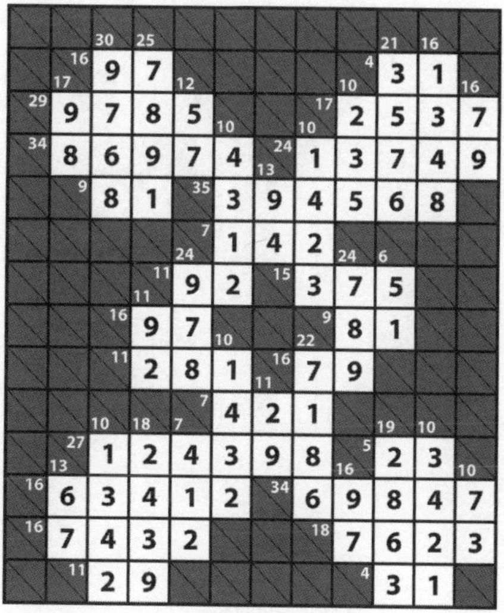

DIFFICULT 18

		16\	12\			15\	3\	
	7\6	1	5	17\	22\8	7	1	
\41	4	6	7	9	5	8	2	
\5	1	4	18\17	8	9	13\		
\9	2	3	4	\13	8	5	27\	
	\10	2	8	7\	\3	1	2	7\
		\7	6	1	16\17	7	9	1
		7\	17\11	2	9	7\12	8	4
	\30	5	8	4	7	1	3	2
	\11	2	9		\11	6	5	

DIFFICULT 19

	6\	22\					10\	19\	
\4	1	3		12\	21\	\16	7	9	5\
\9	2	7	24\12	3	9	14\13	3	6	4
\38	3	8	5	9	7	6	26\4	3	1
	\11	4	7	12\11	5	3	2	1	
		25\11	8	3	24\14	5	9	14\	
	8\25	5	4	7	9	15\12	8	4	12\
\15	7	8	14\37	2	8	6	7	5	9
\10	1	3	6	\16	7	9	\3	2	1
	\17	9	8				\5	3	2

DIFFICULT 20

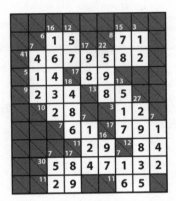

SOLUTIONS

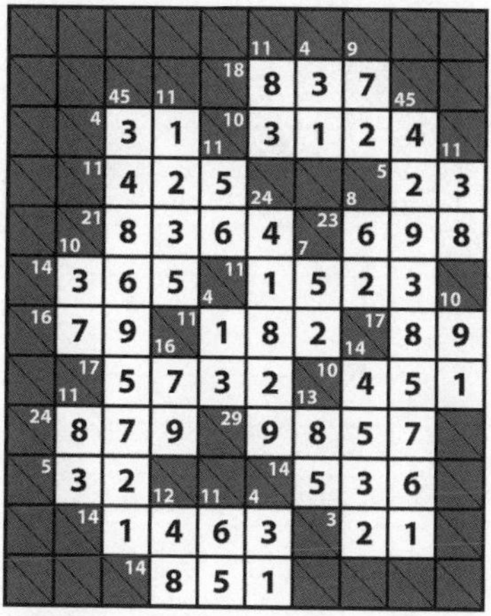

DIFFICULT 21

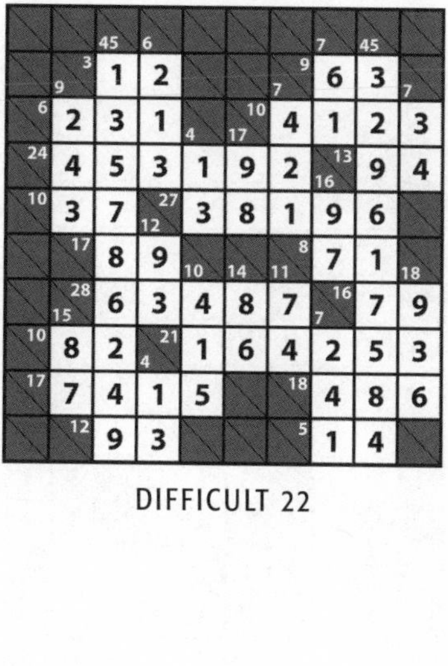

DIFFICULT 22

SOLUTIONS

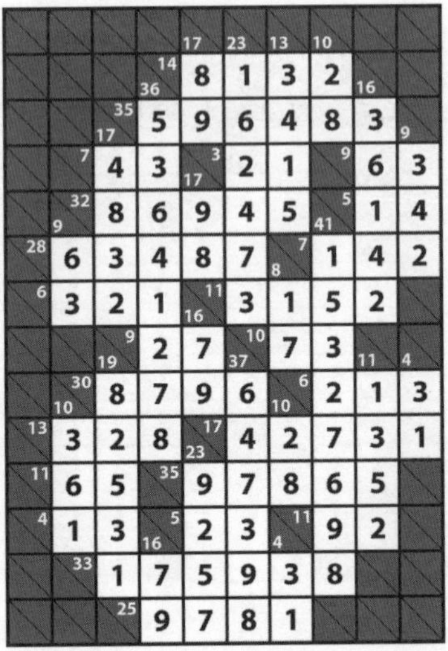

DIFFICULT 23

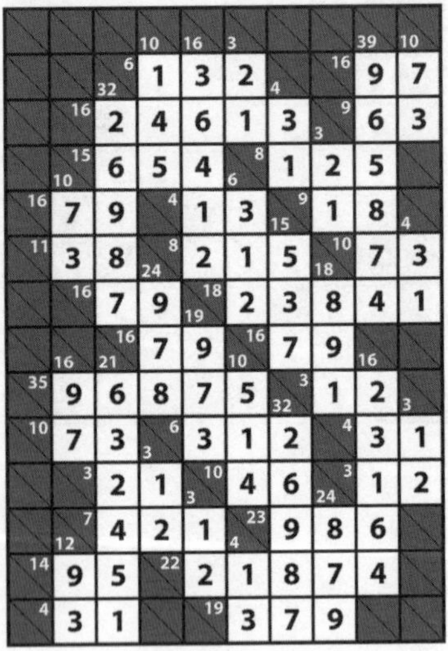

DIFFICULT 24

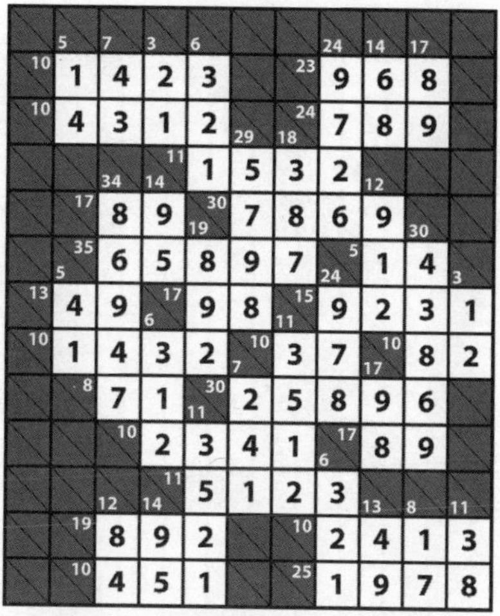

DIFFICULT 25

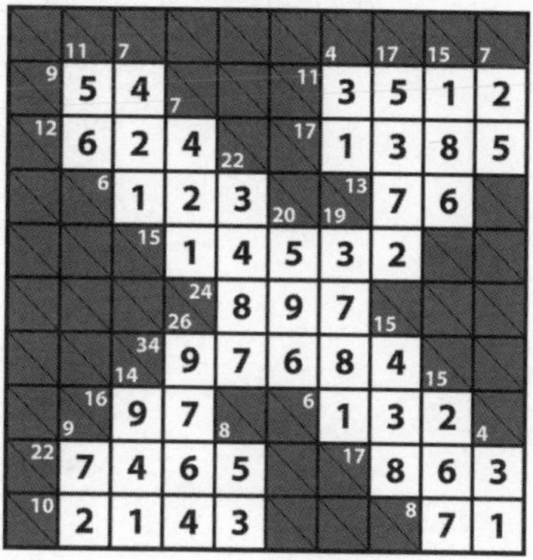

DIFFICULT 26

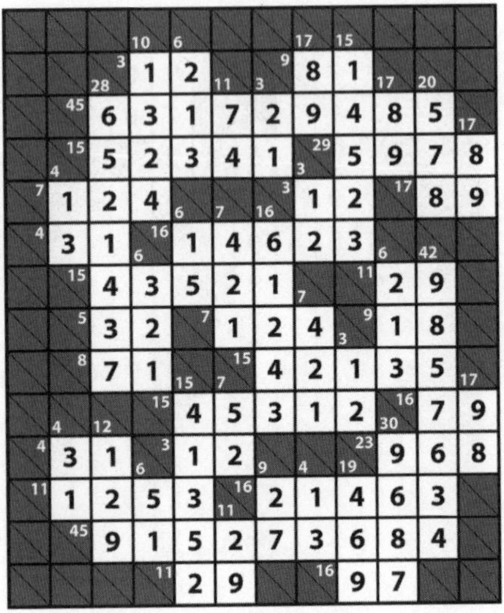

DIFFICULT 27

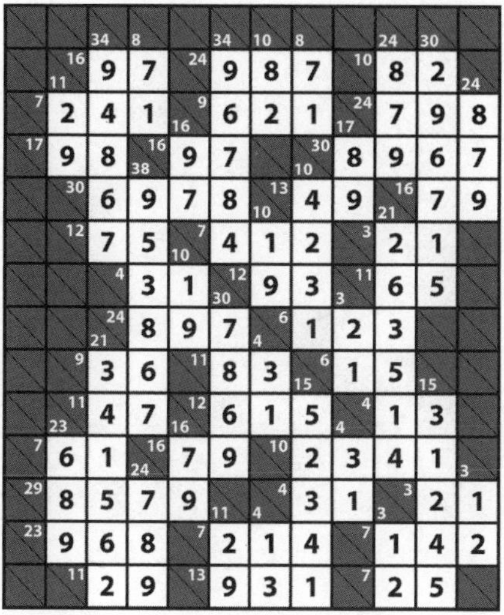

DIFFICULT 28

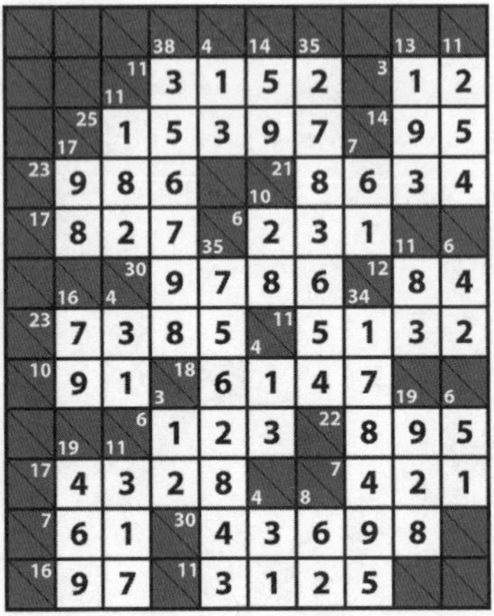

DIFFICULT 29

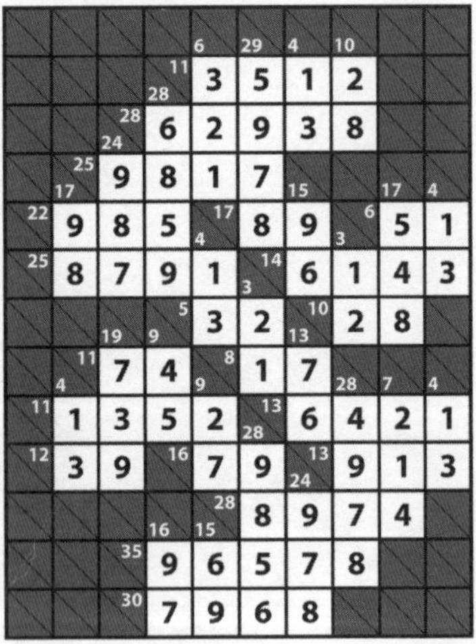

DIFFICULT 30

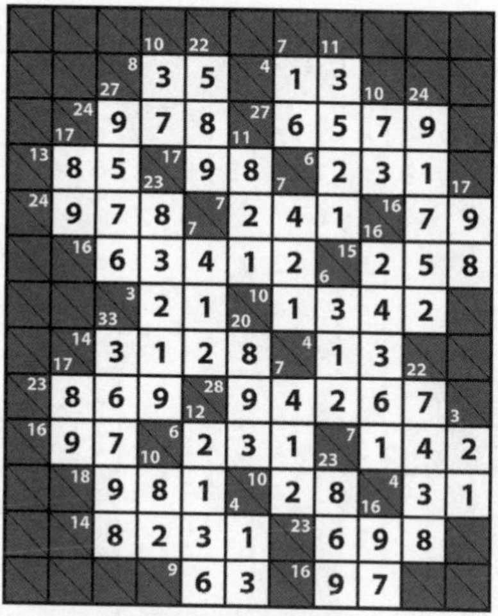

DIFFICULT 31

DIFFICULT 32

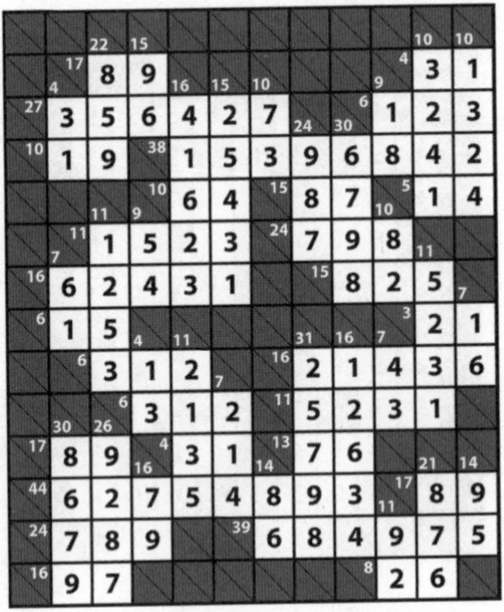

DIFFICULT 33

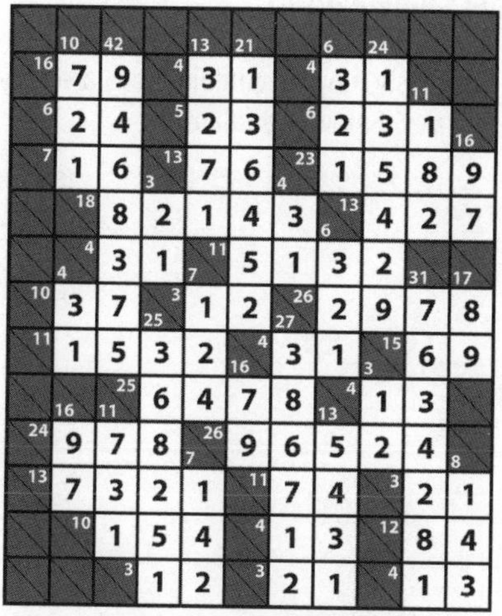

DIFFICULT 34

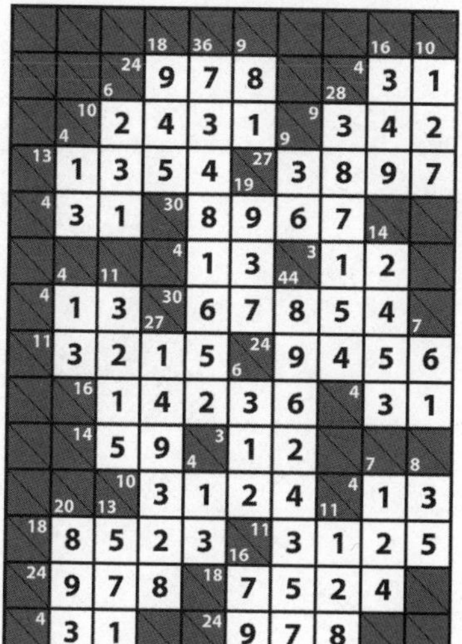

DIFFICULT 35

Table of Unique Combinations

As mentioned previously, unique combinations are very useful when solving kakuro puzzles. Below is a full list.

Two Squares

Target Sum	Numbers Used
3	1, 2
4	1, 3
16	7, 9
17	8, 9

Three Squares

Target Sum	Numbers Used
6	1, 2, 3
7	1, 2, 4
23	6, 8, 9
24	7, 8, 9

Four Squares

Target Sum	Numbers Used
10	1, 2, 3, 4
11	1, 2, 3, 5
29	5, 7, 8, 9
30	6, 7, 8, 9

Five Squares

Target Sum	Numbers Used
15	1, 2, 3, 4, 5
16	1, 2, 3, 4, 6
34	4, 6, 7, 8, 9
35	5, 6, 7, 8, 9

Six Squares

Target Sum	Numbers Used
21	1, 2, 3, 4, 5, 6
22	1, 2, 3, 4, 5, 7
38	3, 5, 6, 7, 8, 9
39	4, 5, 6, 7, 8, 9

Seven Squares

Target Sum	Numbers Used
28	1, 2, 3, 4, 5, 6, 7
29	1, 2, 3, 4, 5, 6, 8
41	2, 4, 5, 6, 7, 8, 9
42	3, 4, 5, 6, 7, 8, 9

Eight Squares

Target Sum	Numbers Used
36	1, 2, 3, 4, 5, 6, 7, 8
37	1, 2, 3, 4, 5, 6, 7, 9
38	1, 2, 3, 4, 5, 6, 8, 9
39	1, 2, 3, 4, 5, 7, 8, 9
40	1, 2, 3, 4, 6, 7, 8, 9
41	1, 2, 3, 5, 6, 7, 8, 9
42	1, 2, 4, 5, 6, 7, 8, 9
43	1, 3, 4, 5, 6, 7, 8, 9
44	2, 3, 4, 5, 6, 7, 8, 9

Nine Squares

Target Sum	Numbers Used
45	1, 2, 3, 4, 5, 6, 7, 8, 9

Hoy es fiesta

El tragaluz

Letras Hispánicas

Antonio Buero Vallejo

Hoy es fiesta

El tragaluz

Edición de Mariano de Paco

CÁTEDRA

LETRAS HISPÁNICAS

1.ª edición, 2011

Ilustración de cubierta: Antonio Buero Vallejo, *Autorretrato,* 1948
© Herederos de Antonio Buero Vallejo

Juan Ignacio Luca de Tena, 15. 28027 Madrid
Depósito legal: M. 19.227-2011
I.S.B.N.: 978-84-376-2851-6
Printed in Spain
Impreso en Huertas I. G., S. A.
Fuenlabrada (Madrid)

Índice

INTRODUCCIÓN 9

Antonio Buero Vallejo: vida y obra 11
Caracteres del teatro de Buero Vallejo 25
Hoy es fiesta 32
Recepción crítica del estreno de *Hoy es fiesta* 43
El tragaluz 48
Recepción crítica del estreno de *El tragaluz* 63

ESTA EDICIÓN 69

BIBLIOGRAFÍA 71

HOY ES FIESTA 89

Acto primero 95
Acto segundo 127
Acto tercero 159

EL TRAGALUZ 187

Parte primera 189
Parte segunda 251

Introducción

En afectuoso recuerdo de Antonio Buero Vallejo, que nos enseñó a mirar más allá de los tragaluces

Autorretrato de Buero.

Antonio Buero Vallejo: vida y obra

Antonio Buero Vallejo nació en Guadalajara el 29 de septiembre de 1916. Francisco Buero, su padre, oficial del Ejército y profesor de la Academia Militar de Ingenieros, era natural de Cádiz (donde en el siglo XVIII se establecieron sus antepasados genoveses); su madre, María Cruz Vallejo, de Taracena (Guadalajara). Su hermano Francisco había nacido en 1911 y en 1926 nace su hermana Carmen.

«En la infancia está todo o casi todo...», dijo el autor en varias ocasiones y en su niñez se encuentra en germen de modo asombroso su actividad creativa. La biblioteca paterna proporciona textos literarios y dramáticos, catálogos pictóricos, libros de tema científico, a un niño que siempre mostró gran afición por la lectura, por la música y, sobre todo, por el dibujo y la pintura[1]. Muy pronto leyó una versión de la *Odisea,* a autores españoles (Cervantes, Calderón, Bécquer, el Romancero...) y extranjeros (Wells, Dumas, Víctor Hugo, Julio Verne, Dickens y hasta algún diálogo de Platón); y cientos de comedias, a algunas de cuyas representaciones asistió. Sus primeros juegos tuvieron como centro un «precioso teatrito», en el que dirigió «ingenuas representaciones»; gustaba de recitar poemas y, con algunos amigos del Instituto, de crear y recrear personajes y espacios teatrales y cinematográficos (dibujados, recortados y coloreados por ellos mismos) en innumerables

---

[1] Antonio Buero Vallejo, «Apunte autobiográfico», *Anthropos,* 79, diciembre de 1987. Reproducido en *Obra Completa,* II, *Poesía. Narrativa. Ensayos y Artículos,* edición crítica de Luis Iglesias Feijoo y Mariano de Paco, Madrid, Espasa-Calpe, 1994, págs. 304-310, por donde citamos.

«fantasías lúdicas»: «Éramos directores, actores, figurinistas, decoradores e improvisadores de diálogos; movíamos con las manos aquellas incontables figuritas, pero no veíamos nuestras manos. Fuimos emocionados demiurgos...»[2].

«Era niño teatral» pero la pintura constituyó su inicial vocación: «Mi vocación pictórica fue muy temprana y cubrió durante largos años a la literaria, sólo latente pero insinuada, de vez en cuando, en versitos o cuartillitas a los que tardé mucho en considerar como síntomas»[3]. Teatro y pintura se funden en una delicada sensibilidad que se manifiesta de modo insólitamente precoz. En «Brillantes», artículo publicado por primera vez en 1987, rememora Buero un recuerdo muy lejano. El niño de cuatro años que era entonces mira «en la penumbra la antigua escribanía plateada de dos tinteros, entre los cuales se yergue la estatuilla de un viejo timonel ante un calado respaldo de volutas. Terminan dos de ellas en redondos resaltes extrañamente relucientes y me los quedo mirando fascinado. Pues veo —no imagino, lo veo con nitidez— que esas dos pequeñas bolitas son dos pequeños diamantes de facetas exquisitamente talladas». Al tocarlas, advierte desengañado que «no son sino dos remates de metal [...]». Pero este incidente «guardaba la primera lección de la realidad correctora de la fantasía» y, simultáneamente, «la insinuación de que el arte es fantasía creadora». El acontecimiento posee un especial valor puesto que señala la permanente intuición del autor de que «si la verdad de los molinos debe sustituir a la ensoñación de los gigantes, también hay que rastrear in-

---

[2] Antonio Buero Vallejo, «Apunte autobiográfico», cit., págs. 308-309. En este artículo, del que se extraen abundantes datos, destaca el autor la gran influencia paterna en su formación y aficiones: «Si debo mi instintiva inclinación al arte y a las letras más cualificados a mi personal sensibilidad, la debo, asimismo, en gran medida, a mi padre». Lo mismo puede decirse de su curiosidad científica: «Tendría yo diez u once años cuando le oí someras explicaciones acerca de cómo la teoría de Einstein jugaba con el tiempo y el espacio. Aquello me interesó tanto que, desde entonces, no he dejado de procurar informarme [...] de cuanto se especula y se descubre acerca de los enigmas del cosmos y del hombre» (págs. 305 y 307).

[3] Antonio Buero Vallejo, *Libro de estampas,* edición al cuidado de Mariano de Paco, Murcia, Fundación Cultural CAM, 1993, sin paginar.

cansablemente los fantásticos brillantes que aquéllos esconden». Realidad en la más honda ficción y valor ficcional de la más rigurosa realidad, como una y otra vez percibimos en sus textos[4].

En algunos de sus primeros dibujos apuntan temas de su futura obra dramática. «El mundo de Goya», de 1931, viene acompañado en el citado *Libro de estampas* de este texto: «Abundan las incorrecciones y torpezas propias de mis quince años, pero a esa edad era ya Goya para mí una gran revelación. Treinta y nueve años después estrenaría *El sueño de la razón* sin acordarme de este dibujo lejano...». De 1932 son «Evocación de la gran guerra» y «Don Quijote y Sancho» y, dos años posterior, «Don Quijote», «personaje que se tornaba más complejo cuanto más a él me acercaba» y que evoca elementos esenciales de su obra dramática[5]. «El mundo de Homero», de 1934, constituye una «prefiguración» de *La tejedora de sueños*.

Buero Vallejo estudia el Bachillerato en su ciudad natal y en Larache y Tetuán (Marruecos), donde estuvo su padre destinado entre 1927 y 1929. Por su cuento «El único hombre» recibe en mayo de 1933 el Primer Premio del Certamen Literario de la Federación Alcarreña de Estudiantes; de 1934 a 1936 realizó estudios en la Escuela de Bellas Artes de San Fernando, en Madrid. Junto a sus inquietudes culturales, posee ya entonces una gran sensibilidad política, próxima al marxismo, y se afilia a la Federación Universitaria de Estudiantes (FUE), de la que fue Secretario de la Asociación Profesional de Bellas Artes. Comenzada la guerra civil, participó con otros estudiantes de Bellas Artes en las labores de la Junta de Incautación y Protección del Patrimonio Artístico. En la confusión causada en los primeros meses de lucha por la amenaza de que Madrid sería tomado por la «quinta columna», se realizaron numerosas y confusas detenciones; su padre

---

[4] Antonio Buero Vallejo, «Brillantes», *Diario 16*, 8 de marzo de 1987. Reproducido en *Obra Completa*, II, cit., págs. 303-304.

[5] En «Apunte autobiográfico» indica que el más antiguo de los dibujos cervantinos «es del todo infantil: lo realicé a mis nueve años y lo guardo en un álbum nunca exhibido» *(Obra Completa*, II, cit., pág. 305).

(entonces teniente coronel de ingenieros en situación de disponible) sufrió una de ellas e ingresó en la Prisión Provisional de Hombres número 3 (situada en la calle General Díaz Porlier, 54) el 17 de octubre de 1936, «en concepto de detenido en virtud de la Ley de Orden Público a disposición de la Dirección General de Seguridad», según se señala en su expediente; fue fusilado el 7 de noviembre en Paracuellos de Jarama[6]. Su hermano Francisco, teniente de ingenieros, fue también encarcelado por los mismos días que su padre y juzgado; Buero depuso en su favor y salió en libertad[7]. Lo ocurrido con su padre causó honda impresión en el autor; no cambió sus convicciones ni su defensa de la legalidad republicana (firmeza que a veces se le ha reprochado injustamente), si bien le creó un problema moral que, por su grandeza personal, se mantendrá siempre. En 1987 decía:

> El recuerdo de la muerte de mi padre no me abandona... Fue la comprobación personalísima de los crímenes que manchan cualquier causa en las pugnas históricas. Pero yo, aunque muy joven, no ignoraba que a todas las causas las mancha el crimen; ni que el bando contrario también estaba tan manchado, por lo menos, si no más. De modo que seguí luchando por la República y por el pueblo[8].

Parecidas palabras había pronunciado uno de sus personajes, Goya, cuando en *El sueño de la razón* dice al Padre Duaso, al mencionar éste el asesinato del cura de Tamajón: «Es cierto. El crimen nos acompaña a todos. Queda por saber si hay causas justas aunque las acompañe el crimen...»[9]. Años des-

---

[6] En las págs. 4 y 5 de *RED. Boletín de Transmisiones del Ejército,* 20, febrero de 1950, se publica la Necrológica, firmada por Antonio Sarmiento, del Teniente Coronel de Ingenieros D. Francisco Buero García en la que se indican ese lugar y fecha de su muerte.

[7] Después de la guerra lo procesaron de nuevo y lo expulsaron del ejército, «pasándolo a la reserva en forma indefinida»; véase Patricia W. O'Connor, *Antonio Buero Vallejo en sus espejos,* Madrid, Fundamentos, 1996, págs. 351-353.

[8] «Buero Vallejo y el teatro», en Mariano de Paco, *De re bueriana (Sobre el autor y las obras),* Murcia, Universidad de Murcia, 1994, pág. 18.

[9] En mi edición de *El sueño de la razón* (Madrid, Espasa-Calpe, Austral, 1991, notas 85-89) pueden verse al respecto esclarecedoras declaraciones de

pués se manifiesta idéntica preocupación en las reflexiones de Plácido en *Misión al pueblo desierto*, obra que tiene mucho de «testamento» de un autor de admirable probidad que el paso del tiempo nunca pudo disolver.

En 1937 es movilizada su quinta y sirve a la República en varios destinos. En el frente, escribe y dibuja en las sucesivas etapas del periódico *La Voz de la Sanidad* y participa en diversas acciones culturales[10]. Al finalizar la guerra, se encuentra en Valencia y es recluido en un campo de concentración en Soneja (Castellón). Una vez liberado, marcha a Madrid, donde realiza actividades clandestinas de falsificación de documentos de identidad y colabora en la reorganización del Partido Comunista, al que, durante la guerra, se había afiliado; por ello, es reducido a prisión el 4 de agosto de 1939, según consta en su expediente carcelario, que hemos podido examinar y cuyos datos principales ofrecemos[11].

En un consejo de guerra con procedimiento sumarísimo, celebrado el siguiente enero, se le condena a muerte por «adhesión a la rebelión»; la sentencia se hizo ejecutiva el 12 de marzo de 1940. La pena capital se le conmuta por la inferior en grado, treinta años de reclusión mayor, el 10 de octubre de 1940, en cambio fueron ejecutados cuatro de los compañeros enjuiciados. Sufre encierro en diversas prisiones (Conde de Toreno, Yeserías, El Dueso, Santa Rita y Ocaña); en la de Conde de Toreno dibuja el difundido retrato de Miguel Hernández (al que había conocido en un hospital de Benicasim) y los de muchos compañeros, algunos de los cuales, junto a otros de infancia y

---

Buero. En el poema autobiográfico «De vivos y de muertos» se pregunta el autor por qué se produjeron las muertes de su padre y de García Lorca y no la propia *(Obra Completa,* II, cit., págs. 24-26).

[10] Para la actividad artística de Buero durante la guerra, véase Luis Iglesias Feijoo, «Buero Vallejo en la guerra civil», *ALEC,* 30, 1-2, 2005, págs. 221-242; y su edición de textos y dibujos del autor en *Buero antes de Buero,* Toledo, Junta de Comunidades de Castilla-La Mancha, 2007.

[11] Véase Mariano de Paco, «El expediente carcelario de Antonio Buero Vallejo», en *Teatro español. Autores clásicos y modernos. Homenaje a Ricardo Doménech,* Fernando Doménech (ed.), Madrid, Fundamentos, 2008, páginas 285-289.

juventud, se han publicado en el mencionado *Libro de estampas*.

En octubre de 1944 se le comunica la conmutación de la pena por la de veintiún años y un día. El 17 de febrero de 1946 se le concede la libertad condicional con destierro de Madrid (reside en Carabanchel Bajo) y el 9 de abril de 1947 es indultado y puede fijar de nuevo su residencia en Madrid, pero no obtiene el certificado de liberación definitiva hasta 1959, fechado y firmado en Ocaña el 10 de noviembre.

Los años de guerra y de prisión influyeron en su obra y su memoria apunta en *Historia de una escalera* y se advierte en *La tejedora de sueños*, *Aventura en lo gris*, *El tragaluz*, *El sueño de la razón*, *Llegada de los dioses*, *La Fundación* o *Misión al pueblo desierto*. Es fácil descubrir una íntima vinculación entre la vida y diversos textos de Buero Vallejo; así sucede con la condena a muerte conmutada a Gaspar en *Diálogo secreto;* con el difícil acceso a un tren lleno de gente en *El tragaluz;* con el intento de fuga de *La Fundación;* con la decisión de Goya en *El sueño de la razón* de crear sin marcharse de su patria, como la tomada por Buero en la posguerra; con las actitudes de Larra en *La detonación* y la polémica del posibilismo; con la muerte de su hijo Enrique y la desgracia familiar de *Música cercana* o con las vivencias personales en la Junta de Protección y Salvamento del Tesoro Artístico reflejadas en *Misión al pueblo desierto*.

Una vez en libertad, publica algún dibujo, se propone componer una novela y, con sus amigos Antonio Pérez Sánchez y José Romillo Fernández (con los que luego firmará el de *Historia de una escalera),* prepara unos guiones cinematográficos que no llegaron a rodarse[12]; participa en la tertulia del Café de Lisboa (con Francisco García Pavón, Vicente Soto, Arturo del Hoyo, Isabel Gil de Ramales...), en uno de cuyos concursos privados premian en 1948 su narración «Diana»; ese mismo año obtiene el Segundo Premio del III Certamen Artístico del Ayuntamiento de Guadalajara en el apartado de Pintura.

---

[12] Véase Mariano de Paco, «Buero Vallejo y el cine», en José Romera Castillo (ed.), *Del teatro al cine y la televisión en la segunda mitad del siglo XX*, Madrid, Visor, 2002, págs. 91-106.

El progresivo abandono de la pintura coincide con el comienzo de la escritura dramática; ese cambio fue para Buero tan importante que personajes de varios de sus dramas *(Hoy es fiesta, Las Meninas, Las trampas del azar)* rememoran un tránsito similar. Al poco tiempo del estreno de *Historia de una escalera,* Buero dijo que en ella proyectaba juntas una mirada de pintor y de escritor; la elección de los símbolos complementarios «luz-oscuridad», centrales en su obra, se fundamenta en la íntima vinculación establecida entre la pintura y el teatro. La verdad tiene su mejor imagen en la luz, cuya esperanza traía Ignacio al Colegio de *En la ardiente oscuridad,* al igual que el dramaturgo la llevaba a los escenarios de la posguerra. Ya se ocupó Buero de los efectos de luz y su valor dramático y significativo en *El terror inmóvil,* la pintura es elemento temático de muchas de sus obras *(Madrugada, Llegada de los dioses, La Fundación, Diálogo secreto, Misión al pueblo desierto...)* y dos eximios pintores españoles (Velázquez y Goya) protagonizan *Las Meninas* y *El sueño de la razón.*

Buero inicia la escritura teatral con el que será uno de sus más queridos temas, cargado de posibilidades simbólicas y formales, el de la ceguera; constituía éste para él una antigua preocupación que se le vuelve a presentar a causa de la conversación con un amigo cuyo hermano se educaba en un colegio para ciegos[13]; en una semana del mes de agosto de 1946 redacta su primera obra dramática, *En la ardiente oscuridad,* que días después leyó a unos amigos de su tertulia del Café de Lisboa. Su actividad creadora durante estos años es muy fecunda; entre 1947 y 1948 compuso *Historia de una escalera* y en 1948 *Las palabras en la arena;* del año siguiente son *El terror inmóvil* y la primera redacción de *Aventura en lo gris.*

El Premio Lope de Vega es convocado en 1948 por el Ayuntamiento de Madrid, por vez primera después de la

---

[13] Tras la muerte del autor, la familia encontró en su mesilla de noche un curioso folleto de 1946 titulado *Ciegos célebres* (Masnou, Barcelona, Laboratorios del Norte de España, S. A.), editado con motivo de la «XXIV Asamblea de la Sociedad Oftalmológica Hispano-Americana». En el librito (cuya noticia y conocimiento tengo gracias a la amabilidad de sus herederos) se dedica un apartado a «Haüy y Braille» (págs. 28-29).

guerra civil, y Buero, animado por su amigo de la infancia, el poeta Miguel Alonso Calvo (Ramón de Garciasol), presenta dos de sus obras: *En la ardiente oscuridad*, que quedó entre las finalistas, e *Historia de una escalera*, que recibe «por unanimidad» el galardón[14]. Al conocerse la identidad y la biografía del ganador, la sorpresa es grande y el estreno padece algunas dificultades, si bien tiene por fin lugar en el Teatro Español de Madrid el 14 de octubre, dos semanas antes de la prevista y habitual representación de *Don Juan Tenorio*. Pero la obra consigue una excelente acogida de la crítica y un éxito de público que determinó la suspensión ese año del drama de Zorrilla y se mantiene en cartel hasta el 22 de enero de 1950; el 19 de diciembre de 1949 dejó paso por una noche en el escenario del Español a la única pieza breve de Buero, *Las palabras en la arena*, que, por votación del público asistente, ganó el primer premio de la Asociación de Amigos de los Quintero. Varias compañías privadas realizan montajes de *Historia de una escalera* que hicieron gira por España, fue inmediatamente llevada al cine por Ignacio F. Iquino, y en 1951 se repone en el Teatro Español de Madrid.

En la «Autocrítica de *Historia de una escalera*», publicada el día del estreno[15], el novel autor señaló con precisión su voluntad de crear un teatro distinto que, sin embargo, pudiese ser apreciado por los espectadores[16]. Al publicarse el texto, indicaba con no menor propiedad que eran dos sus preocupaciones al escribirla: «Desarrollar el panorama humano que siempre ofrece una escalera de vecinos y abordar las tentadoras dificultades de construcción teatral que un escenario como ese poseía», al tiempo que destacaba su fondo trági-

---

[14] Puede verse el acta del jurado al comienzo del Estudio preliminar de Gregorio Torres Nebrera a su edición de los Premios Lope de Vega (1949-1951): *Historia de una escalera*, de Antonio Buero Vallejo; *La noche no se acaba*, de Faustino González-Aller y Armando Ocano, y *Condenados*, de José Suárez Carreño, Madrid, Publicaciones de la ADE, 2005, págs. 9-10.

[15] En *ABC* y *Pueblo*, 14 de octubre de 1949. Reproducida en *Obra Completa*, II, cit., pág. 320.

[16] Como en otras ocasiones he señalado, este era también el propósito de Federico García Lorca: «Conseguir un público para un teatro diferente».

co[17]. Hacía con ello patente el propósito de plantear en el escenario los problemas que aquejaban al hombre de su época, representado en los vecinos de esa escalera real y simbólica, y la exigencia de una exploración estética.

En la ardiente oscuridad, obra por la que el autor mostró siempre sus preferencias, presenta la ceguera con un profundo valor simbólico que no fue bien comprendido por quienes lo consideraron superficialmente, como en otras ocasiones ha ocurrido con el teatro de Buero. En *Historia de una escalera* se estaba retratando una sociedad degradada, mientras que *En la ardiente oscuridad* denunciaba un ambiente de mentira y de falsa felicidad que muchos pretendían que continuase igual; en esta hacía aflorar evidentes preocupaciones existenciales y en aquella el tiempo, devastador incontenible de proyectos e ilusiones, era elemento primordial. En definitiva, se trata de dramas en los que se complementan diferentes inquietudes, temas y formas dramáticas que inauguran un teatro crítico y experimentador y preludian toda su producción posterior. Los dos se estrenaron con rapidez en el extranjero *(Historia de una escalera* en Ciudad de México, en marzo de 1950; y *En la ardiente oscuridad*, en diciembre de 1952, en Santa Bárbara, California) abriendo una presencia en el exterior en la que cabría destacar que sus textos han sido traducidos a más de veinte lenguas y han tenido montajes en importantes teatros de todo el mundo[18].

En 1952 estrena dos obras. *La tejedora de sueños* reinterpretaba el mito de Penélope y Ulises, acercando su historia a los problemas de ese tiempo, especialmente en lo que a la guerra

---

[17] «Palabra final», en Antonio Buero Vallejo, *Historia de una escalera*, Barcelona, José Janés, 1950. Reproducida en *Obra Completa*, II, cit., pág. 326.

[18] Precisamente estos dos títulos han sido objeto de las dos puestas en escena más importantes de obras de Buero en la España del siglo XXI. *Historia de una escalera*, en 2003, por el Centro Dramático Nacional, con dirección de Juan Carlos Pérez de la Fuente; y *En la ardiente oscuridad*, en el Teatro-Auditorio Buero Vallejo de Guadalajara, en 2007, con dirección de Mariano de Paco Serrano; en esta ocasión se estrenó un breve texto dramático inédito: «Monólogo para su hijo Enrique». Lamentablemente, la incuria de los organizadores de este homenaje al autor relegó el espectáculo a las dos únicas representaciones de la capital alcarreña.

concernía, como *Aventura en lo gris,* cuya representación no fue autorizada por la censura. *La señal que se espera* constituyó al estrenarse un fracaso que el autor se apresuró a analizar, corrigiendo el tercer acto. Siguieron *Casi un cuento de hadas, Madrugada* e *Irene, o el tesoro,* en las que, con diferente fortuna y procedimientos, conciliaba Buero estructuras realistas y alcance simbólico. Caso especial es el de *Una extraña armonía,* que, escrita en 1956, no llegó a estrenarse, a pesar de haber interesado a algunas empresas y haber sido autorizada por la censura, ni se publicó hasta 1994 en la *Obra Completa.*

Durante tres años consecutivos recibe Buero Vallejo el Premio Nacional de Teatro *(Hoy es fiesta,* 1956; *Las cartas boca abajo,* 1957; *Un soñador para un pueblo,* 1958) y día a día va aumentando el aprecio de los espectadores, que, en contra de ciertas injustas desafecciones de la crítica periodística, nunca dejaron de aceptar su teatro ni de asistir a sus representaciones.

Un soñador para un pueblo desarrolla un nuevo enfoque en los temas: el de la reflexión histórica, en la que la consideración crítica del pasado rompe con la visión complaciente de la historia e «ilumina» situaciones actuales. Buero había realizado antes una labor de recreación (de un episodio del Evangelio en *Las palabras en la arena,* de un mito helénico en *La tejedora de sueños,* de un conocido cuento de Perrault en *Casi un cuento de hadas)* en escena, pero *Un soñador para un pueblo* se inspira directamente en la Historia de España, en personajes y sucesos susceptibles de ser interpretados con libertad a partir de su realidad pasada. Los nuevos caminos determinan, pues, una ampliación de perspectivas más que una mutación radical.

Este teatro histórico supone asimismo el empleo de otros modos de organización de los dramas, con una ampliación de los recursos formales, que se continúan en las dos obras que siguen, *Las Meninas* y *El concierto de San Ovidio,* y en otras posteriores, históricas *(El sueño de la razón, La detonación)* o no *(El tragaluz, La Fundación, Jueces en la noche, Caimán, Las trampas del azar* o *Misión al pueblo desierto).* Las modificaciones espaciales (disposición de la escena en varios planos que permitan acciones simultáneas) y temporales (distorsión de la linealidad de los acontecimientos) son las más visibles muestras, aunque no las únicas, de esta técnica abierta que el dramaturgo no abandona y que acentúa la experimentación formal y la dimensión espectacular. Buero Vallejo abrió con el suyo el camino del nuevo teatro histórico español de posguerra y es ésta, con la de la restauración de la tragedia, una de las más claras muestras de su «huella» en el teatro español contemporáneo[19].

En 1959 contrajo matrimonio con la actriz Victoria Rodríguez, con la que había intimado en las representaciones de *Hoy es fiesta,* en las que ella encarnaba el personaje de Daniela; en 1960 nace su hijo Carlos y el año siguiente Enrique, que fue actor y murió en 1986 en un accidente de tráfico.

Buero Vallejo señala, desde sus primeros textos teóricos, la obligación que tiene el creador de buscar modos de expresarse en una sociedad violentada por imposiciones censoriales; como otros escritores, decide permanecer y actuar en una España humillada y oprimida que, sin embargo, es su patria[20]. La defensa de esta convicción dio lugar, en 1960, a un debate con el dramaturgo Alfonso Sastre en las páginas de la revista teatral *Primer Acto* sobre el «posibilismo» y el «imposibilismo»: para Buero había que evitar un teatro «imposible» y hacer, en lucha por lograr una escritura libre, textos al límite de lo permitido, puesto que era preciso tener esto en cuenta para dar a conocer su obra: no puede el autor «suicidar su propia voz», como dirá Larra a Espronceda en *La detonación.*

En 1963 se autoriza el estreno de *Aventura en lo gris,* negado años atrás, que él mismo dirige. Es ya reconocido como

---

[19] Véase Mariano de Paco, «La huella de Buero Vallejo en el teatro español contemporáneo», en Martha T. Halsey y Phyllis Zatlin (eds.), *Entre Actos: Diálogos sobre teatro español entre siglos,* State College, The Pennsylvania State University, Estreno, 1999, págs. 207-218.

[20] En el citado «Apunte autobiográfico» (pág. 310) escribió, en 1987, Buero Vallejo: «He vivido desde aquel año [1949] hasta hoy, mi intransferible búsqueda de logros escénicos y de personales formas teatrales, dentro de la denodada aventura de los escritores españoles del interior resueltos a crear una literatura crítica y renovadora sin dejarse falsificar o anular por el franquismo —lo que muchos, por desgracia, no pudieron evitar—, ni por tantos menosprecios sistemáticos de dentro y de fuera».

el autor más notable del teatro español de posguerra, pero no faltan las dificultades. La firma de la carta con la que 102 intelectuales, encabezados por José Bergamín, protestaban por el maltrato de la policía a algunos mineros asturianos que se encontraban en huelga provoca un fuerte rechazo por parte del gobierno y de la prensa[21] y les causa problemas profesionales; se ve por ello obligado, contra su costumbre y deseos, a dictar conferencias en distintas Universidades de Estados Unidos. *La doble historia del doctor Valmy* es presentada por dos veces a censura sin conseguir respuesta, por lo que su estreno no pudo hacerse en España y tuvo lugar en 1966, en versión inglesa, en Chester. José Tamayo pone fin a esta forzada separación de los escenarios españoles al encargarle la versión de *Madre Coraje y sus hijos,* de Bertolt Brecht, en 1966[22], y en su Teatro Bellas Artes se estrena el año siguiente *El tragaluz,* que obtiene un gran éxito. *El sueño de la razón* tuvo problemas con la censura resueltos por el azar de un cambio de gobierno y el drama, que recrea la situación de Goya en tiempos de la represión de Fernando VII, es aceptado por la crítica sin las reticencias anteriores acerca de la libertad del autor para unir en sus obras históricas lo sucedido y lo que pudo suceder. En este texto y en el siguiente, *Llegada de los dioses,* aplica Buero procedimientos de distorsión esperpéntica dentro de una configuración trágica.

---

[21] Entre el centenar de firmantes estaban Vicente Aleixandre, Laín Entralgo, Aranguren, Tierno Galván, Chueca Goitia, Ignacio Aldecoa y Ramón de Garciasol, y, del mundo del teatro, Buero Vallejo, Alfonso Sastre, Carlos Muñiz, Ricardo Doménech y Ricard Salvat. La descalificación principal utilizada era la de su falsa condición de intelectuales. El diario *ABC,* por ejemplo, publicó un editorial titulado «Los intelectuales y la política» (16 de octubre de 1963, pág. 48), en el que se concluía: «En suma, la carta que comentamos es un raro ejemplo de antiintelectualismo constitutivo: petulancia, politización, mediocridad, falta de rigor, inconsecuencia e irresponsabilidad. El balance sería intolerablemente trágico si, por fortuna, no resultara que los verdaderos portavoces de la intelectualidad hispana, los prestigios auténticos, desde los venerables hasta los más jóvenes, no estuvieran al margen de esta carta».

[22] Antes de la de *Madre Coraje y sus hijos,* se estrenó su versión de *Hamlet,* de Shakespeare, y, después, la de *El pato silvestre,* de Ibsen; la censura prohibió en 1952 la de *El puente,* de Carlos Gorostiza, cuyo texto, contra lo que se creía, se ha conservado.

Buero Vallejo es elegido en 1971 miembro de número de la Real Academia Española para el sillón X, que había ocupado Rodríguez Moñino. El 21 de mayo de 1972 leyó su discurso de ingreso: «García Lorca ante el esperpento», que fue contestado por Pedro Laín Entralgo. En él concilia Buero Vallejo los hallazgos complementarios de estos dos autores, que, con él mismo, forman la trilogía de los grandes dramaturgos del teatro español del siglo xx.

Los estrenos de Buero tuvieron a veces una dimensión política, dado que constituían una forma de resistencia cívica y afirmación ética en una dictadura que no permitía otras manifestaciones de libertad. En 1974, cercano ya el final del franquismo, *La Fundación* tuvo especial trascendencia en ese sentido. Además, es éste uno de los textos dramáticos culminantes de su autor, que entreteje con suma destreza los problemas de cada personaje, los de una sociedad «encarcelada» y los existenciales de la propia condición humana, conectando, además, con la tradición española de Cervantes y Calderón. Esa triplicidad de factores interrelacionados que mutuamente se implican (el personal, el contexto social y el metafísico) son planos de significación permanentes en todo el teatro de Buero, desde *Historia de una escalera* a *Misión al pueblo desierto* y, con su variable dosificación en cada caso, dan lugar a la extraordinaria riqueza que nutre su producción dramática.

La representación y la publicación en España de *La doble historia del doctor Valmy* fueron posibles con la llegada de la democracia. Su estreno resultó muy bien recibido, pero *La detonación*, el primer texto escrito en la nueva etapa política, sufrió incomprensibles arremetidas por parte de ciertos críticos. Durante la transición política se producen ataques y anónimas amenazas de muerte contra el dramaturgo y, dentro del compromiso de silencio y de olvido del pasado, tienen lugar indignas descalificaciones de su obra vinculándola a la época del franquismo[23]. Por el contrario, aumen-

[23] De ello me he ocupado en «El último teatro de Buero Vallejo: estrenos y recepción durante la transición democrática», en Emilio de Miguel Martínez (ed.), *Los trabajos de Thalía. Perspectivas del teatro español actual*, Gijón, Cátedra Miguel Delibes-Llibros del Pexe, 2006, págs. 75-96.

tan el reconocimiento internacional, la atención académica hacia sus textos y los más prestigiosos premios, como el Nacional de Teatro, obtenido por cuarta vez en 1980, por el conjunto de su producción, el Premio Miguel de Cervantes en 1986, y el Nacional de las Letras Españolas en 1996, estos dos últimos concedidos por vez primera a un dramaturgo.

Estrenada en momentos muy difíciles desde el punto de vista social y político, con una democracia aún muy insegura, *Jueces en la noche* afronta el desajuste sufrido por los individuos y la sociedad que entonces pasa por tal situación, concediendo un lugar a los que estuvieron desterrados o condenados por disidentes y, a la vez, permitiendo la permanencia de quienes pertenecieron al régimen anterior y no se resignan a perder sus privilegios. En el escenario se reflejan tanto el alcance objetivo de la actuación de los personajes, como el complejo y atormentado mundo interior del protagonista, en el que tienen su sitio los seres que juzgarán su comportamiento. La utilización de un punto de vista subjetivo es también el modo de estructuración dramática de las piezas siguientes: *Caimán, Diálogo secreto, Lázaro en el laberinto, Música cercana* y *Las trampas del azar*. En la nueva situación de la sociedad española Buero conserva la actitud crítica y la indagación estética que caracterizan toda su escritura.

El 8 de octubre de 1999, *Misión al pueblo desierto*, la última de sus obras, subía al escenario del Teatro Español de Madrid, cincuenta años después de que se estrenase en el mismo lugar la primera, *Historia de una escalera*. En ella, que se refiere directamente a un suceso de la guerra civil española, establece Buero un diálogo entre ideologías; reclama la memoria histórica; afirma que la violencia es injustificable y recuerda el poder salvador del arte, idea ésta que nuestro dramaturgo-pintor, uno de los mayores de la historia de la escena española y del teatro occidental contemporáneo, expuso en tantos textos creativos y teóricos.

Antonio Buero Vallejo murió el 29 de abril de 2000 en Madrid, tras sufrir un infarto cerebral. Su capilla ardiente se instaló en el Teatro María Guerrero, donde numerosísimas personas le rindieron un último homenaje, y fue enterrado, el día 30, en el Cementerio de la Paz, de Tres Cantos[24].

Caracteres del teatro de Buero Vallejo

Historia de una escalera mostraba en escena el vivir cotidiano de las gentes con un lenguaje dramático nuevo; *En la ardiente oscuridad* exponía, con su riqueza simbólica, la superación de un realismo directo. Además del empleo de la ceguera, como más tarde otros defectos físicos y psíquicos, para representar las carencias que en mayor o menor medida padecen todos los seres humanos, utiliza en ella Buero un recurso, mantenido después, que, de acuerdo con sus palabras, busca conseguir la «interiorización del espectador en la atmósfera del drama»[25]. Por medio del apagón total del acto tercero, el espectador se siente privado de la vista, como los mismos personajes; la alucinación de Víctor en *El terror inmóvil,* el sueño colectivo que engarza los dos actos de *Aventura en lo gris,* y las visiones de la protagonista de *Irene, o el tesoro,* incluido el doble final de la pieza, constituyen otros ejemplos del mismo.

Frente a la esquemática dicotomía que se señaló después de sus primeras obras para defender la línea simbólica o para exal-

---

[24] Antes de su inhumación, Ignacio Amestoy leyó un fragmento de *En la ardiente oscuridad* y Mariano de Paco, la *Elegía* a Ramón Sijé, de Miguel Hernández. En *Memoria de Buero* (coordinación de Mariano de Paco, Murcia, CajaMurcia, Obra Social y Cultural, 2000) se reunieron una treintena de artículos sobre el autor publicados en la prensa tras su muerte.

[25] Ricardo Doménech *(El teatro de Buero Vallejo. Una meditación española,* Madrid, Gredos, 1973, págs. 49-52) lo denominó «efecto de inmersión». De interés al respecto son los artículos de Victor Dixon: «The "immersion-effect" in the plays of Antonio Buero Vallejo», en James Redmond (ed.), *Themes in drama, II, Drama and Mimesis,* Cambridge University Press, 1980; reproducido en Mariano de Paco (ed.), *Estudios sobre Buero Vallejo,* Murcia, Universidad de Murcia, 1984, págs. 159-183; y «Los efectos de inmersión en el teatro de Antonio Buero Vallejo; una puesta al día», *Anthropos,* 79, diciembre de 1987, págs. 31-36; y José Luis García Barrientos, «Sobre los "efectos de inmersión" en el teatro de Buero Vallejo: problemas y marco teórico», en *Teatro español. Autores clásicos y modernos. Homenaje a Ricardo Doménech,* cit., págs. 321-330.

tar la vía del realismo directo, Buero Vallejo negó que en su teatro se diesen dos direcciones, la «realista» y la «simbólica». En cuanto a las formas, cabe hablar en él de un «realismo simbólico», que encierra también un «realismo crítico», intento común entre escritores del momento: los seres retratados en *Historia de una escalera* traen a la memoria a los habitantes de *La colmena* o a los que recogió en sus cuentos Ignacio Aldecoa. Esta voluntad de captar los problemas de la sociedad y de expresar, por medio del arte, «la realidad iluminada»[26] no es un fenómeno exclusivo de nuestro país y en el mundo del teatro está presente en grandes dramaturgos norteamericanos del momento, como Arthur Miller, «un restaurador de la tragedia moderna» que tiene «una inequívoca vocación por la crítica social», según el propio Buero Vallejo, con el que guarda no pocas coincidencias[27]. El realismo de signo ético continuará en los autores españoles «neorrealistas», para los que es más un compromiso con su realidad que una caracterización estética.

Posee Buero Vallejo un concepto amplio del sentido social del arte y del teatro, al igual que ocurre con su visión del realismo. Las consideraciones estéticas, la concepción dialéctica y multisignificativa, la atención al ser humano concreto, son elementos básicos de ese matizado planteamiento. El teatro ha de evitar una doble parcialidad: la de dirigirse tan sólo a una transformación social y la de quedar reducido a un ámbito puramente estético; desea Buero, por ello, superar ese aparente dilema concibiendo el teatro, al igual que lo es todo arte, como «un modo de contemplación activa»[28].

---

[26] Con esta expresión titularon Virtudes Serrano y Mariano de Paco la dramaturgia de los textos de Buero que sirvieron de base al espectáculo de Homenaje al autor de la Junta de Comunidades de Castilla-La Mancha y la Sociedad General de Autores y Editores, dirigido por Miguel Narros, en el Teatro Moderno de Guadalajara, el 29 de septiembre de 2000 *(Buero Vallejo: La realidad iluminada,* Madrid, Fundación de Cultura y Deporte de Castilla-La Mancha, 2000).

[27] Antonio Buero Vallejo, «Arthur Miller, un restaurador de la tragedia moderna», *ABC,* 20 de diciembre de 1988, pág. 52. Reproducido en *Obra Completa,* II, cit., págs. 1197-1198.

[28] Antonio Buero Vallejo, «Sobre teatro», *Cuadernos de Ágora,* 79-82, mayo-agosto de 1963, pág. 13. Reproducido en *Obra Completa,* II, cit., pág. 691.

En su opinión, el teatro debe romper la barrera entre el conocimiento racional y las vías no racionales de captar la realidad; para lograrlo, crea él unos espacios oníricos, prefigurados en *El terror inmóvil, Aventura en lo gris* e *Irene, o el tesoro,* que gozarán de ampliación en piezas posteriores (visiones de El padre en *El tragaluz;* de Eloy en *Mito;* de Goya en *El sueño de la razón;* de Julio en *Llegada de los dioses;* de Tomás en *La Fundación;* de Larra en *La detonación;* de Juan Luis Palacios en *Jueces en la noche;* de Rosa en *Caimán;* de Lázaro en *Lázaro en el laberinto,* o de Alfredo en *Música cercana).* La música aparece con frecuencia en su teatro, no como una mera ambientación, sino como medio de producir efectos simbólicos o emotivos, como acontece, por citar sólo algunos casos, en dos momentos de *En la ardiente oscuridad* (adagio del *Claro de luna,* de Beethoven, y un fragmento de «La muerte de Ase» del *Peer Gynt,* de Grieg); en *El concierto de San Ovidio (Concerto grosso,* de Corelli); en *La Fundación* (Pastoral de la Obertura de *Guillermo Tell,* de Rossini); en *Jueces en la noche* (marcha del *Trío Serenata,* de Beethoven) o en *Las trampas del azar (Impaciencia* y *La trucha,* de Schubert).

La condición trágica del teatro bueriano ha sido apreciada habitualmente por críticos y estudiosos, confirmando palabras del dramaturgo en numerosos artículos y entrevistas que tienen desde el comienzo adecuada plasmación en sus obras; ya en el «Comentario» a *Historia de una escalera* señaló que «en el fondo es una tragedia, porque la vida entera y verdadera es siempre, a mi juicio, trágica»; en *Las palabras en la arena,* representada sólo dos meses después, se plasma «la tragedia de aquella hipócrita y decadente sociedad romanojudaica», y *En la ardiente oscuridad* muestra aún con mayor claridad los «perfiles trágicos» con los que Buero ha querido configurar todo su teatro. En 1958 expuso sistemáticamente sus opiniones en un trabajo que ofrecía una visión global de su pensamiento trágico[29]. La tragedia toca los últimos y más hondos

[29] Antonio Buero Vallejo, «La tragedia», en Guillermo Díaz Plaja (ed.), *El teatro. Enciclopedia del arte escénico,* Barcelona, Noguer, 1958. Reproducido en *Obra Completa,* II, cit., págs. 632-662. De este trabajo recogemos algunas de las ideas que siguen.

enigmas del hombre y esa profundización en íntimas realidades humanas se relaciona con la permanencia de uno de los elementos trágicos fundamentales, la «catarsis», que él entiende como un perfeccionamiento interior, porque la actuación externa ha de ser consecuencia de la verdad personal; el comportamiento recto con los demás exige una conciliación con la autenticidad individual: la dimensión social, por tanto, debe basarse en un compromiso ético. La tragedia favorece la purificación del individuo y, junto a ella, la actitud crítica, cuestionando los sistemas de creencias que permiten a hombres y a grupos ocultar la verdad.

A pesar de las frecuentes acusaciones de pesimista que ha sufrido, Buero defiende una concepción «abierta» y «esperanzada» de lo trágico, frente a un sentido cerrado que impidiese la libertad personal. En su discurso de ingreso en la Real Academia Española reiteró su convicción de que «el meollo de lo trágico es la esperanza». La tragedia es constitutivamente esperanzada; muchas veces, no obstante, la situación final en el escenario aparece cerrada y sin remedio alguno; entonces la esperanza se traslada al espectador para que «medite las formas de evitar a tiempo los males que los personajes no acertaron a evitar» y reaccione ante los sucesos que ha visto representados y que sólo raras veces desembocan en una apertura general para aquéllos. La esperanza, sin embargo, es a veces muy problemática (buen ejemplo de ello lo tenemos en *Hoy es fiesta)* y, con el paso de los años, el autor, por su tono vital y por cuanto ocurría en derredor, vio más negativo el porvenir de la humanidad y más difícil la esperanza personal, aunque eso no implicase una negación de sus creencias anteriores, puesto que «la esperanza trágica también es una esperanza dudosa, a veces casi desesperada»[30].

La concepción abierta de lo trágico conduce al replanteamiento de la idea de destino. No es, en su opinión, válida su naturaleza ineludible y del todo determinante; las posibilidades de reacción individual del protagonista pueden llegar

---

[30] Véase Antonio Iniesta Galvañ, *Esperar sin esperanza: El teatro de Antonio Buero Vallejo,* Murcia, Universidad de Murcia, 2002.

hasta su vencimiento y la tragedia surge precisamente cuando, de modo consciente o inconsciente, se explora cómo «las torpezas humanas *se disfrazan* de destino». De la tensión entre lo que se impone al hombre y lo que éste puede resolver, entre la decisión individual y las limitaciones sociales, metafísicas o producidas por el azar, surge la verdadera condición del hado.

Uno de los temas centrales del teatro de Buero Vallejo, de acuerdo con su concepción de la tragedia, es el de la indagación de la verdad, que, como en *Edipo rey*, se constituye en núcleo de numerosas obras suyas, configuradas como un proceso que evidencia la responsabilidad moral y social de los personajes. La libertad conlleva la existencia de una especie de justicia poética por la que todas las culpas y equivocaciones son castigadas; la mayor parte de las veces, en las mismas personas que las cometieron, así en *La tejedora de sueños*, en *El tragaluz* o en *Jueces en la noche;* algunas, en otras distintas, como puede advertirse en *Hoy es fiesta* o en *Llegada de los dioses*. Pero desde el escenario se brinda siempre una posibilidad de solución por insegura que pueda parecer; en ocasiones, situada en un tiempo futuro en el que se han superado muchas de las deficiencias actuales.

En la tragedia así entendida, como una visión «en pie» del hombre que lucha con sus limitaciones y busca con denuedo la libertad, la verdad y la autenticidad, reside, cree Buero Vallejo, la prometedora fortuna del teatro: «Si hay un porvenir para el arte dramático, lo que el movimiento participador del presente anuncia muy primordialmente no puede ser otra cosa, sino que la tragedia [...] torna a ser una magna aventura preñada de futuro»[31].

La dramaturgia de Buero Vallejo tiene su centro en el hombre, considerado como susceptible de transformación y mejora moral. Pero el ser humano tiene una natural resistencia al cambio y al sacrificio; esa tensión se presenta en su teatro por medio de la oposición simbólica que se da entre

[31] Antonio Buero Vallejo, «Justificación», en *Tres maestros ante el público (Valle-Inclán, Velázquez, Lorca)*, Madrid, Alianza Editorial, 1973. Reproducido en *Obra Completa*, II, cit., pág. 196.

los personajes «soñadores» y los «hombres de acción», los «contemplativos» y los «activos»; el conflicto, de origen unamuniano, se sustenta en individuos distintos, pero tiene su punto de partida en la lucha entre el bien y el mal que en cada ser se plantea. Por eso, al trasladarse a personajes antagónicos, éstos encierran una parte mayor de una u otra actitud y, aun admitiendo la condición más negativa de los «activos», quienes los presentan no tienen toda la culpa, ni toda la razón.

Esa oposición entre personajes de desigual configuración adquiere en cada obra matices peculiares y de ella tenemos un elaborado ejemplo en Mario y Vicente, los hermanos de *El tragaluz,* a los que nos referiremos ampliamente en el estudio de ese texto. *En la ardiente oscuridad* establecía ya esa sustancial diferencia en las actitudes de Carlos e Ignacio; mientras que aquél se define como «un hombre práctico», éste se encuentra poseído por «la esperanza de la luz»; en las primeras obras compuestas por Buero esta pareja ya está trazada con detalle: Fernando y Urbano en *Historia de una escalera;* Regino y Álvaro en *El terror inmóvil,* o Silvano y Alejandro en *Aventura en lo gris.* El ideal que se ha de conseguir es una síntesis dialéctica que logre el «sueño creador»; no faltan, por eso, casos en los que una figura que no llega a verse simboliza la armonía entre ambas posturas, y queda como una meta esperanzada; es lo que ocurre con Cristo en *Las palabras en la arena,* con Carlos Ferrer Díaz en *Las cartas boca abajo,* con Eugenio Beltrán en *El tragaluz,* con Fermín en *Jueces en la noche* o con Silvia en *Lázaro en el laberinto.*

La ceguera es, como antes anotamos, el tema central de *En la ardiente oscuridad,* y representa las insuficiencias que aquejan a los seres humanos. Los ciegos (los sordos, los locos, los que tienen algún defecto físico o psíquico) que con frecuencia hallamos en las obras de Buero nos hablan de las esenciales limitaciones humanas y, al mismo tiempo, enlazan con el mito de Tiresias, el ciego adivino que, privado de la visión física, es capaz de «ver» lo que los seres dotados de ella no alcanzan a percibir. Esas carencias tienen, a medida que avanza la producción bueriana, otras posibilidades de interpretación; así, en ocasiones, se producen como una evasión, voluntaria o no, ante una realidad inaceptable (Pilar en *Hoy es fiesta;* Anita en *Las cartas boca abajo;* la Abuela en *La doble historia del doctor Valmy;* El padre en *El tragaluz;* Goya en *El sueño de la razón),* como reacción ante la culpa propia o ajena (Daniel en *La doble historia del doctor Valmy;* Julio en *Llegada de los dioses;* Tomás en *La Fundación,* o Lázaro en *Lázaro en el laberinto)*[32].

También los espacios y los objetos añaden a veces a su funcionalidad dramática un valor simbólico. Sucede, por ejemplo, con la escalera y la leche derramada en *Historia de una escalera;* el atuendo y los árboles de *En la ardiente oscuridad;* el reloj de *Madrugada;* las azoteas y la lotería de *Hoy es fiesta;* los cuadros velazqueños en *Las Meninas* y en *Diálogo secreto;* los vestidos de los músicos ciegos en *El concierto de San Ovidio;* el semisótano y el tren de *El tragaluz;* el catalejo, el bordado y las pinturas de *El sueño de la razón;* la celda de *La Fundación;* la pistola de *La detonación;* el banco y el estanque de *Lázaro en el laberinto;* el vídeo, la ventana y la «tarde eterna» de *Música cercana;* las farolas de *Las trampas del azar,* o la zarza ardiente de *Misión al pueblo desierto.*

La destreza pictórica de Buero Vallejo facilita que éste actúe como «director de escena» en la configuración de espacios, según se mostraba ya en *Historia de una escalera.* La propiedad de su lenguaje oral, literariamente muy conseguido, se adapta perfectamente a la ubicación y época de sus textos, y se conjuga con la exactitud y riqueza de sus acotaciones, como en *Hoy es fiesta* y *El tragaluz,* y en algún caso constituyen un verdadero alarde técnico, como en el decorado de *Las Meninas.*

El espectador forma parte de la representación y, ante ella, ha de reflexionar y ha de decidir; no cree, sin embargo, Buero que el completo «distanciamiento», defendido teóricamente por Brecht, sea el modo más apropiado de llegar a la re-

---

32 Como advirtió Jean-Paul Borel, la mayor parte de los lisiados de Buero, de los personajes que sufren alguna carencia, poseen una especie de «segunda vista» o de «sexto sentido» que profundiza en lo esencial, por encima de las apariencias («Buero Vallejo ¿vidente o ciego?», en Antonio Buero Vallejo, *El concierto de San Ovidio,* Barcelona, Aymá, 1962, pág. 10).

flexión crítica; pero tampoco las corrientes de «participación física» le satisfacen. Defendía él, por el contrario, de acuerdo con su voluntad integradora, una participación «más bien psíquica que física», que introduzca al público en la acción de manera indirecta pero necesaria. Distancia y acercamiento han de manifestarse armónicamente, consiguiendo la eficacia de una y otro. Buero creó procedimientos de inmersión dramática y, junto a ellos, otros de separación crítica; dramas como *Hoy es fiesta, El concierto de San Ovidio, La doble historia del doctor Valmy, El tragaluz, El sueño de la razón, La Fundación, La detonación, Jueces en la noche* o *Misión al pueblo desierto* demuestran escénicamente que aquéllos dos factores han de completarse mutuamente.

Antonio Buero Vallejo eligió el teatro, en tiempos difíciles, como medio de expresión de las preocupaciones que lo acuciaban en una sociedad conflictiva. Cosmovisión trágica, voluntad de búsqueda, reflejo dramático de una ambigua y multivalente realidad, intención ética, indagación estética, son los elementos permanentes de una dramaturgia caracterizada por la evolución integradora.

«HOY ES FIESTA»

Cuando se levantó el telón la noche del estreno de *Hoy es fiesta*, el público prorrumpió en aplausos. Esa reacción respondía a la contemplación del «bello decorado de Emilio Burgos»[33] y quizá también a la imagen de un escenario que reflejaba lo que podría ser la terraza del edificio en cuya escalera se desarrollaba la primera obra de Buero Vallejo y en uno de cuyos interiores tendría lugar *Irene, o el tesoro*. Casi todos los críticos se refirieron en sus escritos al parentesco con *Historia de una escalera;* la apariencia de *Hoy es fiesta* invita, en efecto, a recordar aquella pieza[34]. Buero vuelve a trasplantar

---

[33] Alfredo Marquerie, «En el María Guerrero se estrenó *Hoy es fiesta,* de Buero Vallejo,» *ABC,* 21 de septiembre de 1956, pág. 48. Véase la nota 1 al texto de *Hoy es fiesta.*

[34] El autor manifestó que «la superficie ambiental [de ambas obras] es semejante. Sus puntos de carácter interno no son muy distintos de cualquier

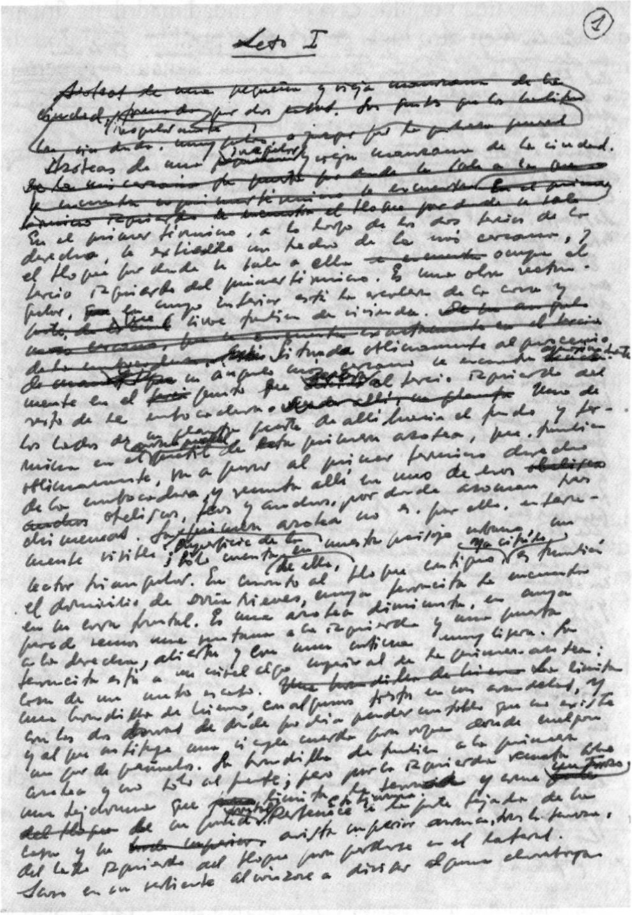
Acto I

Manuscrito de *Hoy es fiesta.*

al escenario una humilde casa de vecindad madrileña situando la acción en otro lugar en el que es posible la reunión de muchos vecinos; el aspecto exterior hace igualmente pensar en una configuración sainetesca. Pero, al mismo tiempo, el nuevo texto recoge el núcleo de lo que se venía denominando, frente a la «realista», la orientación «simbólica» del teatro bueriano, superando a las claras esa esquemática dicotomía[35], por lo que *Hoy es fiesta* ha podido ser calificada de «pieza-síntesis, a la vez que una pieza-balance de los temas mayores de su teatro»[36].

La escena está formada por dos terrazas de casas contiguas, con un fondo de buhardillas, tejados, tragaluces y alguna cúpula, y la historia se reduce al transcurso de un día en el que se celebra una festividad oficial, como muestran las banderas que lucen algunos balcones[37]. «Todo viejo, desconchado y deslucido...» pero, sobre esa miseria y sobre la vulgaridad de quienes la habitan, se levanta con prometedor contraste, «la tersa maravilla del cielo mañanero y la ternura del sol...». Junto a esas unidades de espacio y tiempo, varias acciones diferenciadas se entrelazan en la obra: la vida de los vecinos en el día de holganza, tras haber conquistado un lugar abierto, y las que se derivan de los problemas de Pilar y Silverio o de Fidel y Daniela; éstos forman grupo con aquéllos, pero, especialmente los primeros, poseen un particular tratamiento.

La obra se inicia con un asalto a la terraza aprovechando el descuido de la portera, que la dejó momentáneamente abierta. No hay otro motivo para el cierre sino la voluntad de

---

otra obra mía» (José Luis Quintanilla, «Este jueves habla Buero Vallejo», *La Actualidad Española*, 27 de septiembre de 1956, pág. 31.

35 La dualidad se había señalado en repetidas ocasiones, para defender la línea simbólica o para exaltar la vía del realismo directo. Es de interés a este respecto el «Diálogo con Antonio Buero Vallejo» de Miguel Luis Rodríguez, *Índice*, 116-117 (agosto-septiembre), 118 (octubre) y 119 (noviembre), 1958.

36 Francisco Ruiz Ramón, *Historia del teatro español. Siglo XX*, Madrid, Cátedra, 1977^{3}, pág. 354.

37 Si el espacio muestra una coincidencia con *Historia de una escalera*, la perspectiva temporal es muy distinta: los treinta años de ésta se han condensado en el transcurso de un día, de la mañana al atardecer.

Nati, símbolo de un arbitrario y nocivo autoritarismo; de este suceso, aparentemente trivial, se deducen interesantes conclusiones. Para los vecinos, el simple hecho de estar en la azotea supone un motivo de regocijo; son muy pocas sus aspiraciones y exiguas sus expectativas; con su modesta rebelión, buscan disfrutar de la estancia en la terraza y ésta adquiere una dimensión social (un pequeño grupo se opone a un dominio injusto) e incluso trascendente (búsqueda de la luz por encima de las dificultades).

Éste es «un día especial», pero es, asimismo, uno más que da idea de cómo se desenvuelven unas vidas en las que el tiempo transcurre sin que sea fácil que en ellas se produzcan cambios. En el acto primero aparecen los distintos personajes, casi todos unidos por un espejismo común: que el sorteo de la lotería les depare algo extraordinario. Quizá sea eso lo que la pitonisa doña Nieves anuncia con su constante augurio: «Hay que esperar... Hay que esperar siempre...». Pero esa esperanza se perfila desde el comienzo con un carácter ambivalente; todo depende de que las suyas sean únicamente «palabras preciosas», como dice Manola, que adormezcan y hagan soñar, o de que manifiesten un anhelo profundo del ser humano, en sintonía con lo que Buero afirmaba al comienzo de su «Comentario» de la obra indicando que «procura esbozar el carácter trágico de la esperanza»[38].

Puede ésta consistir en el premio, que permitirá cumplir algunas ilusiones que suavizarían una existencia penosa; algo que no se ve factible de otro modo, si bien los libros de Fidel, que prepara una oposición cuyas dificultades conocemos[39], señalan el camino del esfuerzo y del trabajo. A este respecto, cabe hacerse una pregunta, que se planteaba a propósito de *Historia de una escalera:* ¿no pueden estos personajes mejorar de otro modo y su única oportunidad es la lotería o

---

[38] Antonio Buero Vallejo, «Comentario a *Hoy es fiesta*», publicado en la primera edición del texto, Madrid, Alfil, Col. Teatro, 1957, págs. 99-109. Reproducido en *Obra Completa*, II, cit., págs. 412-420. Es el de esta obra el último de los muy interesantes «Comentarios» que Buero hizo a sus textos desde *Las palabras en la arena*.

[39] Véase la nota 42 al texto de *Hoy es fiesta*.

recurren a la suerte porque carecen de la fuerza necesaria para hacerlo con su acción resuelta? Es indudable, no obstante, que los seres que pueblan la azotea ven condicionada su existencia por las dificultades que les impone la sociedad en la que se encuentran; y que ese grupo representa a estratos más amplios del país en el que habitan. Afirmó el autor que en esta pieza, como en otras suyas, aparecía «España como tragedia» y que, si no toda España asoma en estas azoteas, sí hay de ella «una porción significativa»[40], puesto que «las casas de estas azoteas humildes son casas españolas, y hasta madrileñas, como españolas son las gentes del pueblo que las habitan. Testimonio suele ser también el teatro, y testimonio es este drama de un momento español, de una jornada en unas azoteas españolas»[41].

Hay en *Hoy es fiesta* una patente intención social: un grupo de personajes típicos de una clase media baja son presentados en un entorno que, en cierta medida, determina su inferior posición. Ellos mismos van mostrando los problemas que los acucian, agravados por el estatismo del mundo que los rodea, y las posibles pequeñas soluciones que el sorteo de ese día quizá les depare, a las que cada uno añade su particular «sueño». Para Sabas es su «negocio» de contrabando; para Fidel, la Tere; para doña Nieves, más clientes; para doña Balbina, continuar con sus grandezas; para Daniela, salir de esa vida; para Silverio, el perdón de Pilar[42]. Como el dramaturgo sugiere, comprensibles ilusiones, en todos los casos, para seguir viviendo.

Los cambios de actitud de los personajes en los tres momentos por los que pasan ante el sorteo de la lotería están

---

[40] «Buero Vallejo nos habla de *Hoy es fiesta* y *Un soñador para un pueblo*», *Negro sobre Blanco (Boletín Literario Bibliográfico de la Editorial Losada)*, 12, abril de 1960, págs. 1-2 y 14. Reproducido en *Obra Completa*, II, cit., págs. 420-424.

[41] Antonio Buero Vallejo, «Comentario a *Hoy es fiesta*», cit., págs. 417-418. Y añade: «Documento incompleto, desde luego, como toda obra literaria; acotación parcial y de escaso valor, pero sincera, de un trozo de nuestro tiempo».

[42] Antonio Iniesta Galvañ *(Esperar sin esperanza: El teatro de Antonio Buero Vallejo*, cit., págs. 99-107) lleva a cabo un penetrante análisis de los personajes de *Hoy es fiesta*, poniéndolos en relación con los de *Historia de una escalera*.

perfectamente dibujados: esperanza más o menos acentuada de que la suerte los favorezca, imaginaria posesión del premio y decepción al conocer la falsedad del billete. Doña Balbina los había engañado con un décimo viejo porque necesitaba ese dinero para comer; por esa razón, ella no aguardaba nada. La esperanza básica en la vida del hombre se exterioriza en la pieza a través de otras parciales y, aunque el eje en el que éstas se apoyan sea ilusorio, son también imprescindibles. La lotería adquiere así el doble valor dramático de significar la gran ocasión de satisfacer justificables deseos y una escapatoria hacia el mundo de lo prodigioso (como la confianza en las predicciones de las cartas) olvidando el empeño personal.

Los dos primeros actos giran en torno al sorteo que se va a celebrar y en ellos apenas pasa nada desde la «conquista» de la terraza por unos personajes cuyo aspecto, como las acotaciones precisan, tiene un aire de ordinariez, excepción hecha de Silverio y de Pilar. El autor introduce con habilidad su caracterización, su lenguaje coloquial y las circunstancias que los rodean, como las alusiones a la taberna y a sus juegos; las repetidas menciones del partido internacional de fútbol, que tanto preocupa a Sabas y a Paco y donde se arriesga, en opinión del primero, el honor nacional; o el contrabando del que éstos hablan, ejemplo de una situación de menosprecio por el trabajo. Manola tiene a su marido en la cárcel; el de la portera es un «gandul» sin fuerzas para subir a la terraza; Remedios, una víctima de la guerra que ahora lo es de la explotación de doña Nieves; y doña Balbina, una representante del falso honor castellano, como doña Asunción en *Historia de una escalera,* que malvive a costa de los demás mientras aparenta desahogo y bienestar.

En un intencionado *tempo lento* se perfilan unas estampas en las que se refleja la vida de ese día, insistiéndose de modo progresivo en el augurio que constituye la salida del periódico con la lista de los premios. En el tercer acto, se conoce ésta y hay, en una acertada escena, fugaces momentos de ruidosa alegría porque creen que el premio gordo ha tocado a doña Balbina y casi todos tienen una participación en él, mayor o menor. Cuando la bajan en volandas para celebrarlo, Daniela no puede aguantar más y declara el engaño. El cambio que con ello se produce es de una gran brusquedad: maltratan y golpean a la que habían agasajado y se disponen a denunciarla, aunque la intervención de Silverio consigue evitarlo.

La pareja de Silverio y Pilar sirve de adecuado contrapunto a la acción en torno a la lotería. Él es un vecino singular no sólo por su insólita prestancia y sus intervenciones con doña Balbina y con su hija, Daniela, sino porque la historia que lo ha llevado a este edificio es también la de su culpa y será la de su redención. En él cobra el más hondo sentido la ambivalencia de la esperanza, buscada e inalcanzable, y la irónica dualidad de significados de la fiesta que da título a la pieza; él es, sin duda, quien con más profundidad espera en el drama. Se encuentra torturado por la muerte de la hija de su esposa, de la que se siente responsable porque no fue un descuido suyo, de lo que ha querido persuadirse, lo que permitió el fatal accidente de la niña, sino el rechazo de alguien que no le pertenecía y le hacía revivir «el horror de un soldado sin cara brutalizándote»; a pesar de que ha cargado «con el dolor de los dos», necesita el perdón de su esposa y para expiar su culpa abandona sus posibilidades personales de mejora[43] y se entrega a la ayuda de los demás, pero le falta valor para llegar a la verdad del reconocimiento.

Silverio no se atreve a comunicarse con su mujer y, cuando sus acciones salvadoras le dan fuerzas para hacerlo, la muerte de Pilar lo imposibilita; antes, la sordera de ésta le ayudaba a no ser sincero porque brindaba la oportunidad de hablarle sin que ella lo oyese. Al final del primer acto es Pilar la que, por un extraño «capricho», quiere que su marido esté «sordo por un minuto», como ella misma, para manifestarle su agradecimiento por haber suprimido el dolor en su recuerdo[44]. Silverio, sin embargo, la oye y advierte la patética reali-

---

[43] En un diálogo con Elías al final del primer acto, Silverio se refiere a su deseo, no del todo abandonado, de dedicarse a la pintura, que hace pensar en la biografía del autor.

[44] Con esta acción se lleva a cabo un recurso que preludia el que se empleará, con mayor amplitud y profundidad, en *El sueño de la razón*.

dad de que el pasado sigue presente y de que él no se atreve a afrontarlo.

La sordera es una limitación que configura al personaje más limpio y positivo de *Hoy es fiesta*. Pilar había padecido directamente «las brutalidades de la guerra»; como Isabel en *Aventura en lo gris*, había sido violada por un soldado enemigo y su hija, nacida de ese atropello, muere por la negligencia de un hombre bueno. Ha sufrido, pues, a causa de unos y de otros y, con su aspecto de «niña feliz», es una víctima inocente y compasiva; representa, por tanto, una auténtica esperanza, que ella expresa, inmediatamente antes de su muerte, como «una alegría grandísima», como «un río enorme» que la envuelve junto a Silverio. Con su deficiencia física capta lo más recóndito; ve a todos «por dentro», como si fuesen «de cristal». Su muerte, trágica expiación de una culpa que no ha cometido, tiene un efecto catártico que se manifiesta, en las misteriosas palabras de doña Nieves, como una esperanza para Silverio.

Daniela aparece, casi a final de la obra, vinculada a Silverio por su confesión y por la intervención de éste para evitar su suicidio, otro modo de evadirse de una realidad hostil. Ella se encuentra sola en la lucha por abandonar la falsedad que la oprime y no recibe de Fidel la ayuda que esperaba. Hay unas vivencias infantiles que pretende reavivar y que espacialmente se unen a la terraza como las de Fernando y Carmina se unían a la escalera; el tiempo, como en aquella historia, ha pasado sofocando sueños y alegrías y Fidel, aferrado a su egoísmo, le falla, no es capaz de aliviar su desamparo. A pesar de todo, Daniela rechaza el mundo de su madre y su rebeldía manifiesta una especie de ruptura generacional por la que los hijos pueden escapar de la inautenticidad de sus mayores. Pero el suicidio no es aquí la solución adecuada (a diferencia de lo que ocurría en *Irene, o el tesoro)*, como le indica Silverio al mostrarle la verdad de un futuro amargo al que ella habrá de mirar «de cara, sin flaquear».

Silverio es un «soñador» que quiere actuar preocupándose de los demás, un Quijote, como despectivamente lo llama doña Balbina, pero no llega a enfrentarse con su propia realidad[45]. Es un ser contradictorio que describe su situación pasada sin la piedad que tiene para los demás y, sin embargo, tarda en decidirse a dar el último paso encarándose con la verdad[46]. Cuando, ya tarde, lo hace, la muerte de su esposa es para él, a un tiempo, un castigo y una trágica luz. Su soledad lo obliga a suponer un perdón que ella no ha podido confirmar; la actuación que ha tenido salvando a Daniela, y redimiendo así su error pasado, hace, no obstante, que las palabras de esperanza de la adivinadora suenen para él como una apertura real a pesar de que, ante lo sucedido en ese día, puedan parecer una cruel burla[47].

Inmediatamente antes de este final, pronuncia un soliloquio dirigido a un «misterioso testigo, que a veces llamamos conciencia... A ti, casi innombrable, a quien los hombres hablan cuando están solos sin lograr comprender a quién se dirigen...», en el que se pregunta por el significado de «este extraño día de fiesta», admite su culpa y su cobardía y reconoce que sólo podrá obtener la respuesta a través de unos labios. La llegada de Pilar, su abrazo y sus palabras («Toda la sonrisa del cielo se ha derramado hoy sobre esta casa y a ti se debe...») indican al espectador que se ha producido la contestación esperada. Menos clara es la identidad de ese oculto interlocutor, que tanto puede identificarse como la misma Voz «divina» de *Irene, o el tesoro,* la personificación del enigma del mundo o la realidad de otros seres del universo que han superado nuestras mezquindades, como los investigadores

---

45 Este personaje tiene apreciables semejanzas, no sólo en el nombre, con Silvano, de *Aventura en lo gris*. Recuérdese lo que antes indicamos acerca de la oposición entre «soñadores» y «hombres de acción».

46 Es mantenido pensamiento de Buero que el comportamiento social recto ha de fundamentarse en el compromiso ético personal. Como Patricia afirma en *Las trampas del azar,* por poner sólo un ejemplo, «de poco sirve intentar el arreglo de este mundo atroz si a la vez no aprendemos a ver claro en nosotros mismos».

47 En su «Comentario a *Hoy es fiesta*», cit., pág. 415, el autor deja constancia del carácter «contradictorio» que envuelve toda la pieza: «*Hoy es fiesta,* obra esperanzada, es al tiempo una obra desesperanzada, e incluso desesperada; que si el título mismo del drama envuelve una afirmación conmovida y valerosa, cuando menos en el ánimo de sus protagonistas principales, también puede representar un sarcasmo».

de *El tragaluz* o los visitantes de *Mito*. En cualquier caso, se trata de la aceptación de algo trascendente que no está dotado de ninguna calificación concreta pero que exige la responsabilidad de los seres humanos y, por lo tanto, de los espectadores de *Hoy es fiesta*[48].

Los tres momentos sucesivos del día, subrayados en las acotaciones por la evolución de la luz del sol, que se corresponden con los actos, crean en el espectador la sensación de un continuo fluir temporal. El día festivo pasa rápidamente, precedido de muchos y continuado por otros más. Como en *Historia de una escalera*, a pesar de la diferente duración de ambas, el tiempo envuelve en sus redes a los personajes y transcurre igualmente destruyendo. Los habitantes de este edificio, que excepcionalmente han subido a la terraza, volverán a la monótona situación cotidiana. Es posible, sin embargo, que el comportamiento de los individuos mejore la realidad, que el futuro, aunque incierto, constituya una esperanza.

Como indicamos al comienzo, la apariencia de *Hoy es fiesta* puede hacer pensar en el sainete por su localización, por algunos personajes y muestras de su habla o por una serie de situaciones (entre otras, las disputas con la portera en el primer acto o la escena del botijo lleno de vino en el segundo) que provocarían la hilaridad trasplantadas a otro contexto. En éste, sin embargo, el tono sainetesco se halla subordinado al conjunto y al sentido último de la «tragicomedia», denominación con la que se subtitula la obra y que sugiere un alcance más amplio.

Buero señaló en una ocasión que, cuando escribió esta obra, creía haber hallado «un espacio escénico no tocado en el teatro», unas azoteas[49]; descubrió después que era ese el lugar en el que se desarrollaban dos piezas en un acto, una de

---

[48] Martha T. Halsey indica acertadamente en la Introducción a su edición de *Hoy es fiesta* (Salamanca, Almar, 1978, pág. 31) que «al caer el telón, la interrogación que quiso formularle Silverio a Pilar —si lo sabría perdonar— se transfiere al espectador. Es a éste a quien le corresponde examinar su propia conciencia, preguntándose si él sabrá perdonar los daños que ha sufrido durante la guerra civil y la época que siguió. Otro examen de conciencia propondrá más tarde y de manera mucho más explícita *El tragaluz*».

[49] AA. VV., *Teatro español actual*, Madrid, Fundación Juan March-Cátedra, 1977, pág. 75.

los Quintero, *La azotea*[50], y otra de Casero y Larrubiera, *Las mocitas del barrio*[51]. Ambos textos se resuelven en los caracteres que impone su codificado género, por lo que, a pesar de la coincidencia de espacios poco tienen que ver con *Hoy es fiesta*[52]; al igual que en *Historia de una escalera* y en alguna otra obra de Buero que poseen elementos cercanos a lo sainetesco, éstos han de considerarse como un medio de expresión que pudiera ser aceptado y comprendido por el público, como la utilización de una tradición teatral que permitiese, bajo formas no inusitadas, ofrecer contenidos caracterizados por su novedad[53]. A propósito de esta obra, habló con razón Melchor Fernández Almagro de una «transfiguración del sainete», lo que «significa la posibilidad de que el sainete ascienda a drama, sin perder sus características formales». Esa ascensión se produce al dotar a esas figuras o escenas populares

---

[50] *La azotea,* comedia en un acto de los Hermanos Álvarez Quintero, se estrenó en el Teatro de Lara el 7 de febrero de 1901 *(Obras Completas,* 1, Madrid, Espasa-Calpe, 1947, págs. 609-636). Su acción, que transcurre desde antes de la puesta del sol hasta que ilumina el escenario la luz de la luna, tiene lugar en una azotea sevillana en la que hay macetas con flores y ropa blanca tendida. El argumento proyecta, envuelto en el humor habitual de sus autores, el vivir cotidiano de las gentes que la habitan y en él destaca la zozobra de Esperanza, que aguarda noticias de su novio. Al fin llega su carta, rematada con unos versos en los que se repite el nombre de la amada unido al sentimiento que ambos tienen: la esperanza en el amoroso encuentro.

[51] *Las mocitas del barrio,* sainete de Antonio Casero y Alejandro Larrubiera con música de Federico Chueca, se publicó en *La Novela Cómica* (núm. 31, 22 de abril de 1917). Tiene lugar, durante una tarde primaveral, en «una azotea en los barrios bajos madrileños», junto a la Ribera del Manzanares, adornada con tiestos de flores y con ropa blanca tendida; su acción gira en torno a los sufrimientos y alegrías que el amor causa en las jóvenes casaderas que la protagonizan.

[52] Un nítida imagen de un emblemático espacio de Buero Vallejo, la azotea de *Hoy es fiesta,* se da mucho tiempo después en *No nos escribas más canciones* (1990), de Pilar Pombo, en la que, junto al ambiente, aparecen personajes de raíz bueriana, modelos de comportamiento recto, como Bernardo y Rosa. La azotea, esta vez de un rascacielos y quizá sin un recuerdo deliberado, es el lugar donde sueñan con su libertad los personajes de *Después de la lluvia* (1994), de Sergi Belbel; los críticos hablaron tras su estreno en Madrid del simbolismo de la terraza y de la naturaleza de los personajes sin referencia a Buero, pero sus palabras admitían una cabal aplicación a *Hoy es fiesta.*

[53] Recuérdese a este respecto lo que antes apuntamos sobre la «Autocrítica de *Historia de una escalera*».

de un valor que supera su imagen costumbrista; así, «cuando Buero Vallejo, para componer su *Hoy es fiesta,* busca personajes en una casa de vecindad, tertulia de portería o modesto bar [...] sabe bien que las gentes venidas a menos y los trabajadores descontentos de su personal destino no pueden sentirse ajenos a la sensación de angustia que invade el mundo todo»[54].

Años después, al ser elegido Buero Vallejo miembro de la Real Academia Española, Ángel María de Lera escribió unas palabras, que creo oportuno reproducir aquí, afirmando que, con él, entraba en esa institución la literatura de la posguerra, porque Buero «es el primero que surge en el teatro y el que sitúa al género en la realidad de la vida española: el que se hace portavoz de la congoja soterrada de su sociedad, con un sentido crítico y rigurosamente ético: el que eleva, por ello, el sainete a la categoría de drama y, a veces, de tragedia; y el que, en fin, superando en gran parte las limitaciones que le son impuestas, pone acentos de verdad y autenticidad en sus personajes»[55].

Recepción crítica del estreno de «Hoy es fiesta»

Hoy es fiesta se estrenó en el Teatro María Guerrero de Madrid el 20 de septiembre de 1956 y fue retirada de cartel el 2 de diciembre, con 149 representaciones, el mayor número después de *Historia de una escalera* (con 189)[56]. Recibió el pri-

---

[54] Melchor Fernández Almagro, «Transfiguración del sainete», *ABC,* 17 de octubre de 1956, pág. 3. Domingo Pérez Minik *(Teatro europeo contemporáneo,* Madrid, Guadarrama, 1961, págs. 384-385) observó la evolución que Buero representa respecto a los sainetes de Ramón de la Cruz o Arniches y a los dramas populares de Joaquín Dicenta: «El pequeño realismo coloquial, localista y pintoresco de todo este teatro se convertía en *Historia de una escalera* en un realismo procesal, problemático y tenebrista, es decir, que por primera vez en los anales de nuestro escenario, el sainete divertido y ejemplar se transfiguraba en drama verdadero, universal y trascendente».

[55] Ángel María de Lera, «Buero Vallejo y la literatura de la posguerra», *ABC,* 11 de febrero de 1971, pág. 103.

[56] Hay dos versiones televisivas de *Hoy es fiesta,* de 1970 y de 1981, ambas con dirección de Alberto González Vergel. Fueron los intérpretes de la prime-

mero de los tres Premios Nacionales de Teatro sucesivos otorgados a Buero Vallejo, así como el María Rolland (1956) y el de Teatro de la Fundación March (1959)[57].

Las críticas fueron en general laudatorias, más positivas que las de estrenos anteriores, ante lo que constituyó «un magnífico éxito», ya que «por la obra en sí, por la dirección[58], por la interpretación, por la escenografía, por la luminotecnia, por todo, la primera jornada del año teatral 1956-1957 en el María Guerrero se desarrolló en un clima cálido de ovaciones»[59].

La mención de *Historia de una escalera* fue un motivo repetido en las críticas. Alfredo Marquerie creía que *Hoy es fiesta* se situaba en su misma línea, que «tiene su arranque en el deseo de incorporar la tragedia o, por lo menos, los elementos fundamentales de la misma —pasión, muerte, destino, fatalidad, angustia y sed sobrenatural— a un ambiente y a unos personajes de raíz mundana, sencilla, humilde, popular, o, dicho de un modo más concreto: a lo que solíamos llamar "tipos de sainete"»[60]. Esa relación con el sainete fue

---

ra Berta Riaza, Tota Alba, Julio Núñez, José Orjas, Cándida Losada, Tina Sainz, María Luisa Arias y Carmen Rossi. En la segunda actuó el hijo del autor, Quique Buero, además de Mercedes Sampietro, Carmen Maura, Verónica Forqué, Queta Claver, Manuel Zarzo, Ana María Ventura, Juan Carlos Naya, Luisa Rodrigo, Alberto Fernández, Blanca Sendino, Raquel Rodrigo, José Luis Fernández y Alicia Viejo.

[57] *Hoy es fiesta* se sometió a censura en 1955 por la Compañía del Teatro María Guerrero, que la retiró poco después. En agosto de 1956 se presentó de nuevo y fue informada por el periodista Bartolomé Mostaza, que la consideró «comedia optimista, compuesta de unos materiales ínfimos», y aprobada, sin cortes, para mayores de dieciséis años (véase Berta Muñoz Cáliz, *El teatro crítico español durante el franquismo, visto por sus censores*, Madrid, Fundación Universitaria Española, y *Expedientes de la censura teatral franquista*, I, Madrid, Fundación Universitaria Española, 2005 y 2006, págs. 82-83 y 21-22, respectivamente).

[58] *Hoy es fiesta* fue dirigida por Claudio de la Torre, director también de *Irene, o el tesoro* y del Teatro María Guerrero, en el que las dos se representaron. Buero le dedicó la obra «con amistad y honda gratitud». Los repartos completos de los dos textos publicados en esta edición figuran al comienzo de los mismos.

[59] F[ernando] C[astán] P[alomar], «*Hoy es fiesta*, en el María Guerrero», *Dígame*, 25 de septiembre de 1956, pág. 13.

[60] Alfredo Marquerie, «En el María Guerrero se estrenó *Hoy es fiesta*, de Buero Vallejo,» cit.

también señalada por otros críticos: «*Hoy es fiesta* es, en cierto modo, un sainete, y no lo digo con la menor intención peyorativa, antes al contrario. No es obra de caracteres, sino de tipos y situaciones», escribió Torrente Ballester[61]. La raíz de esa metamorfosis del género realizada por Buero se situaba sobre todo en la construcción de los personajes, en su hondura y humanidad. Como indicó Arcadio Baquero, el autor

> ha sabido dar a cada personaje un interés tal, una fuerza tan real, y al mismo tiempo tan prodigiosa, que el espectador, inquieto ante lo que se le ofrece, perplejo ante la realidad —la amarga realidad de lo que sucede—, se sumerge en todos y en cada uno de los problemas personales allá planteados. Vive, con intensidad, las reacciones terribles de aquellos seres, que en muy poquísimos momentos parecen de ficción[62].

Adolfo Prego destacó la habilidad en la composición de un texto en el que se suman, con «ambición teatral», varias historias menudas «sin trucos» ni artificios: «El tema está integrado por una serie de pequeños temas, cada uno de los cuales concurre a componer la idea general de que la esperanza, aun sostenida contra el cálculo de probabilidades, es el único remedio para poder sobrellevar los sinsabores de la vida diaria. La realización de este pensamiento se verifica a través de una serie de episodios expuestos y desarrollados brevemente, con un pulso dramático, con una concisión y acierto de lenguaje que suscita de inmediato la adhesión»[63]. La «idea general» de *Hoy es fiesta,* la que engarza las distintas historias, es la esperanza:

---

61 [Gonzalo] Torrente [Ballester], «Estreno de *Hoy es fiesta* en el María Guerrero», *Arriba,* 21 de septiembre de 1956, pág. 16.

62 Arcadio Baquero, «María Guerrero: estreno de *Hoy es fiesta,* de Buero Vallejo», *El Alcázar,* 21 de septiembre de 1956, pág. 8. Y concluía: «Un gran acierto, ya que ha ofrecido una de las obras de más calidad literaria, fuerza dramática y teatralidad de la buena de los últimos tiempos».

63 Adolfo Prego, «*Hoy es fiesta,* de Buero Vallejo, en el María Guerrero», *Informaciones,* 21 de septiembre de 1956, pág. 8.

> Viene Buero Vallejo, en su nuevo drama, a reunir en un solo tema —ahora el del poder de la esperanza en las vidas angustiadas por la pobreza— varias historias fuertes de realidad, sin otro nexo entre ellas que el de la vecindad, que es vecindad en la que los problemas económicos son muy semejantes y muy semejantes también las ilusiones que cada día los mitigan[64].

No faltó algún rechazo, fundado precisamente en el desamparo de los personajes:

> *Hoy es fiesta* es «un sainete negro». Un sainete sin gracia, sin alegría, sin poesía. Todo escueto, sobrio, vertical y, en ocasiones, alucinante. Más que criaturas humanas, a solas con sus avatares, trágicos, dramáticos o risueños, esto menos, son criaturas, apariencias formales de criaturas, pero exentas de cordialidad, como si un destino fatalista les hubiera arrancado de cuajo el corazón. Y el que aún lo conserva, como contraste, es para dejarle latir por las vías de la expiación y del desaliento. A veces un rayo de luz intenta decorar la angustia del panorama, pero hasta esa luz es una luz agónica y titubeante que, no más encenderse, se esfuma de nuevo entre las sombras que la circundan[65].

Elías Gómez Picazo señaló una nivelada mezcla de aciertos y tachas:

> Cabría reprochar al autor la elección de motivos argumentales de calidad escasa [...]. Igualmente podría señalarse, en cuanto a la construcción, el hecho de que el segundo acto, en casi toda su extensión, salvo unas buenas escenas al final, sea casi una repetición del primero, expositivo y necesariamente moroso y confuso por la precisión de que por él desfilen y se justifiquen los diferentes personajes de la obra [...] Pese a todo esto que señalamos, la fluidez del diálogo, la precisión de los tipos, el movimien-

---

[64] F[ernando] C[astán] P[alomar], «*Hoy es fiesta,* en el María Guerrero», cit., pág. 13.

[65] Sergio Nerva, «*Día de fiesta,* sainete negro de Buero Vallejo», *España* (Tánger), 7 de octubre de 1956.

> to de personajes y la superior intención de la obra otorgan a ésta una calidad evidente[66].

Predominó, sin embargo, la visión positiva de la obra, destacada en el teatro de su autor y en la escena del momento:

> En *Hoy es fiesta* Buero Vallejo se supera por lo que toca al contenido y la intención, el vuelo de la idea y la técnica constructiva. [...]. Teatro profundo, con ternura e ironía, juego envidiable de la trama expositiva y dominio de un diálogo enjundioso y adecuado, la obra de Buero Vallejo alza hito orgulloso no sólo en la carrera del autor, sino en el más recto y seguro camino del teatro español contemporáneo con deseos de perdurar[67].

> *Hoy es fiesta* es una obra humana, servida por la pluma de un dramaturgo de valor singular, que va laboriosa y tenazmente, con una sinceridad y una lealtad a sí mismo dignas del mayor elogio, trazando un camino seguro, de firme línea ascensional, en nuestro teatro de hoy, tan difícil por tantos conceptos[68].

Casi un año después de su estreno, en su presentación en Barcelona, lamentaba Julio Manegat que la pieza (de la que tenía un juicio muy positivo) no hubiese llegado antes a esa ciudad y ponderaba que en la situación «difícil» del teatro español sobresalía más el texto de Buero Vallejo: «*Hoy es fiesta* es una obra esencialmente española, muy española y muy de nuestro momento, y que quizá sea la única obra de envergadura estrenada en España por un autor español en la última temporada»[69].

---

[66] Elías Gómez Picazo, «María Guerrero: estreno de *Hoy es fiesta*, de Antonio Buero Vallejo,» *Madrid*, 21 de septiembre de 1956, pág. 9.

[67] L[uis] A[rdila], «María Guerrero. Inauguración de la temporada con el estreno de la obra en tres actos de Antonio Buero Vallejo *Hoy es fiesta*», *Pueblo*, 21 de septiembre de 1956, pág. 13.

[68] N[icolás] G[onzález] R[uiz], «Inauguración de temporada en el María Guerrero. Con el estreno de *Hoy es fiesta*, de Antonio Buero Vallejo», *Ya*, 21 de septiembre de 1956, pág. 4.

[69] Julio Manegat, «*Hoy es fiesta*, de Antonio Buero Vallejo», *El Noticiero Universal*, 13 de agosto de 1957.

Concluimos esta selección con un curioso comentario desde La Habana de Ángel Lázaro, que manifiesta su aprobación al tiempo que afirma que la del estreno de *Hoy es fiesta* «es una noticia de interés para todos los grupos teatrales de Cuba» y añade que en la isla «se comprenderá muy bien esta obra de Buero Vallejo»[70].

«El tragaluz»

El tragaluz rompía, como dijimos, un largo y obligado silencio de Buero Vallejo ante el público. Desde octubre de 1963 ninguna de sus obras se había estrenado y su única aparición fue como autor de la versión de *Madre Coraje y sus hijos* en el Teatro Bellas Artes, el mismo que ahora acogía su nueva obra[71]. Cuando *El tragaluz* se había representado durante varios meses, tuvo lugar la reposición del primer texto estrenado de Buero, *Historia de una escalera*. Varios críticos se refirieron a las concomitancias ambientales de ambas piezas, cuya presencia coincidente hacía ostensible lo que la dramaturgia bueriana posee de permanencia básica y de progreso continuado. En el programa de mano de *Historia de una escalera* escribía el autor: «La simultaneidad en los carteles madrileños de mi primer y último título revela que, dentro de las características dramáticas que dan unidad a mi teatro, su autor ha recorrido un camino y experimentado evoluciones».

La localización de *El tragaluz* es muy precisa: la historia sucede en Madrid, «capital que fue de una antigua nación llamada España». Temporalmente, se distinguen en el drama tres acciones enlazadas: dos Investigadores de un siglo fu-

---

[70] Ángel Lázaro, «*Hoy es fiesta*», *Mañana* (La Habana), 26 de octubre de 1956.

[71] En la entrevista «Buero Vallejo y el teatro» (cit., pág. 26), indica que, a raíz de la firma de la carta de los 102, se produjo «el desvío de editoriales y empresas» y «el silencio prolongado de nuestros nombres y actividades en los medios de comunicación. En definitiva, para mí pasaron cuatro años sin estrenar, hasta que Tamayo tuvo el arrojo de montar *El tragaluz* en 1967».

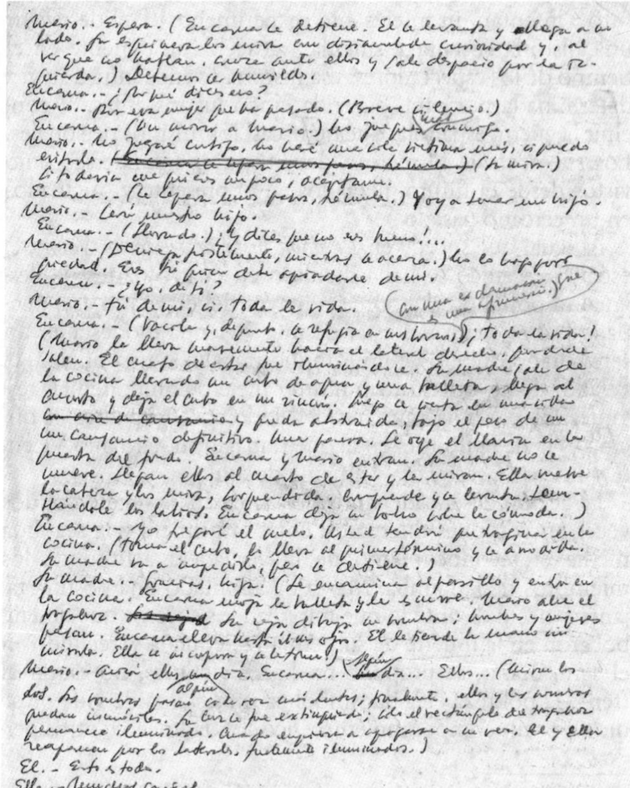

Manuscrito de *El tragaluz*.

turo[72] intentan un interesante «experimento»[73], el de revivir una historia «oscura y singular» acaecida justamente en el tiempo de los espectadores; esa historia se encuentra a su vez determinada por otra, ocurrida cinco lustros antes, al concluir la guerra española, que tiene casi los mismos personajes. Los sucesos que se recrean deben, pues, entenderse como vistos desde el futuro, juzgados en el presente y originados en un cercano pasado[74].

Al igual que sucede en *La doble historia del doctor Valmy*, el espacio escénico se halla dividido en cuatro partes de desigual importancia. La porción mayor del escenario está ocupada por el cuarto de estar de una vivienda modesta en un semisótano que posee un «amplio tragaluz»; una oficina, el velador de un cafetín y un muro callejero componen las restantes. En el semisótano, reside Mario con sus padres; la oficina es la de la Editora en la que trabajan su hermano Vicente y Encarna, secretaria y amante de éste.

La acción desencadenante de la tragedia se refiere por dos veces en versiones diferentes; entre la primera y la segunda media el reconocimiento de la verdadera actitud de los miembros de la familia. Mario ha adoptado una postura tajante y decidida ante lo que implican los sucesos que desembocaron en la muerte de su hermana pequeña y, recluido en el semisótano, se propone no hacer víctimas, no «subir al tren»; la pobreza elegida simboliza un sistema de vida presidido por un comportamiento ético. En la línea de otros per-

---

[72] No hay una precisión en cuanto a la lejanía de ese tiempo. En la aparición inicial los investigadores hablan del nuestro como de un siglo «ya tan remoto». El autor solía referirse a él como el XXV o el XXX, mostrando así su alejamiento y la falta de necesidad de concretarlo.

[73] «Experimento» es el subtítulo con el que Buero denomina su texto teatral y «experimento» es también la empresa que los investigadores se proponen. La unión de los dos planos de la obra (la historia actual y su rescate futuro) ofrece, sin embargo, al lector o al espectador una perfecta muestra de la tragedia esperanzada o abierta bueriana.

[74] En su primera aparición, los investigadores repiten hasta seis veces la palabra «historia» potenciando la dimensión temporal del «experimento» y, desde el punto de vista del autor, la conexión con su teatro histórico. Es, por otra parte, una decidida recuperación de la memoria histórica antes de que tal proyecto fuese un signo de los tiempos.

sonajes buerianos, desde Ignacio de *En la ardiente oscuridad*, prefiere contemplar a actuar y sus inquietudes coinciden con las expresadas de otro modo por El padre: el mismo interés (como los investigadores) por el ser humano individual, la búsqueda de un conocimiento distinto del habitual, la voluntad de llegar a la verdad. No es, sin embargo, Mario un personaje del todo positivo; en la relación con su hermano hay una especie de resentimiento que él mismo percibe a través de un sueño, del que luego se hace consciente, en el que lo conduce al despeñamiento por un precipicio.

Vicente, por el contrario, «subió al tren» cuando era niño y no se ha preocupado de las víctimas que hacía; aunque es consciente de que «toda acción es impura», ha elegido ser activo. Al ayudar a sus padres, se libera de negativos recuerdos y quiere, por lo mismo, socorrer a su hermano introduciéndolo en su universo, del que, en cierto sentido, él se siente víctima. Por esto, cuando reconoce la culpa, inicio de una serie de actuaciones inicuas, las coloca en el marco de «un mundo canalla». Esta sociedad ha adoptado una escala de valores que hace normal la elección de Vicente y extraña la de Mario porque se trata de devorar antes de que otros te devoren o, como en *La doble historia del doctor Valmy* se decía, de convertirse en verdugo para evitar ser una víctima. La Editora resulta así un símbolo de los mecanismos de explotación que puede recordar el Colegio para ciegos de *En la ardiente oscuridad* o, después, la Fundación.

Entre Mario y Vicente se manifiesta la dualidad de soñadores y hombres de acción a la que antes nos referimos. Indicó Buero en una entrevista publicada con el texto de *El tragaluz* que «el tipo ideal para una conducta equilibrada hubiera sido un hombre intermedio entre los dos hermanos, una simbiosis de ambos, un setenta por ciento del menor y un treinta del mayor»[75]. Ese equilibrio necesario está representado, según apuntamos, por un personaje que no sale a escena, en este caso la figura del escritor Eugenio Beltrán,

---

[75] Ángel Fernández-Santos, «Una entrevista con Buero Vallejo sobre *El tragaluz*», *Primer Acto*, 90, noviembre de 1967, pág. 12.

para algunos, trasunto del propio Buero, que ha podido «triunfar», a pesar de elegir la «indiferencia» ante metas que a todos obsesionan. Por eso, él es «otra esperanza». Los investigadores sitúan con claridad en el origen de «injusticia, guerras y miedo» de nuestro mundo el que «los activos olvidaban la contemplación; quienes contemplaban no sabían actuar».

La lucha entre los dos hermanos posee varias dimensiones. Fernández-Santos señaló en la entrevista citada «el problema del cainismo» junto a otros que tienen que ver con Unamuno[76]; ese tema guarda evidente relación con el de la guerra civil, como Buero ha afirmado en ocasiones, y se sugería ya en la cita del profeta Miqueas que figura al frente de *Historia de una escalera.*

Encarna cumple la función dramática de resaltar el antagonismo entre Mario y Vicente. Amante de éste, va evolucionando paulatinamente hasta llegar a un pleno entendimiento amoroso y vital con Mario, que al final se pregunta: «¿No te hemos usado los dos para herirnos con más violencia?». Su condición desvalida actual se acrecienta por su historia de desamparo, vulgar a fuerza de repetida en los años de la posguerra española. Pueden advertirse en ella ribetes melodramáticos, pero se trata de una situación real que posee un sentido más general, puesto que lo que sucede a esta familia no es algo aislado, sino una historia entre muchas que los hombres como Vicente alientan y los que son como Mario no llegan a evitar[77]. Encarna es una persona a la que la vida

---

[76] Ricardo Doménech *(El teatro de Buero Vallejo. Una meditación española,* cit., pág. 281) indicó que «en la continuada antinomia *activos-contemplativos* bien claramente percibimos ahora la sucesiva relación, desde distintos ángulos y enfoques, del mito cainita».

[77] Con motivo de la reposición en 1997 de *El tragaluz,* Fernando Fernán-Gómez publicó un artículo en el que se refería a los recursos teatrales del melodrama y del folletín («A la luz del tragaluz», *ABC,* 12 de febrero de 1997, pág. 3): «Opino yo que Buero Vallejo en su teatro utiliza, para bien, recursos de melodrama y folletín, y piensa el ya autor clásico del teatro español que al decir esto debe insistirse en que hay melodramas y melodramas, folletines y folletines...». Elementos melodramáticos se perciben desde los griegos en la tragedia clásica y no son ajenos a la moderna, como se advierte, por ejemplo, en los títulos más apreciados de Arthur Miller.

ha hecho cobarde y medrosa y sobre la que se cierne una constante amenaza, materializada en la figura de la prostituta que vaga por la escena[78]. El hijo que va a tener es pieza fundamental en sus relaciones con los dos hermanos; Vicente lo rechaza y Mario no lo acepta al principio, si bien, tras reconocer su culpa, lo recibe puesto que, como en otros dramas de Buero, representa una esperanza para el futuro.

La rivalidad fraterna remite de inmediato a la que de modo cruento tuvo lugar en la guerra civil y a la difícil convivencia posterior y cobra especial relieve a través del El padre[79]. Mario tiende a identificarse con él y a seguir la enseñanza de quien les inculcó «la religión de la rectitud»[80], mientras que Vicente se ha evadido de su compañía y de lo que significa. Es, al mismo tiempo, un loco y un soñador, un anciano incapaz de atender a sus más perentorias necesidades y una mente lúcida que llega a profundidades de la realidad que los demás no vislumbran[81]. Su ambivalente personalidad es

---

[78] Virtudes Serrano señala que Encarna es uno de los personajes femeninos de rasgo positivo que «aparecen como víctimas de la violencia y la opresión, descubriendo a través de su personalidad escénica los efectos que tales comportamientos agresivos producen en los más débiles» («Las *nuevas mujeres* del teatro de Antonio Buero Vallejo», *Montearabí*, 23, 1997, pág. 97).

[79] Desde este punto de vista aparece la dimensión «política» que, desde su estreno, se advirtió en la obra. Ésta complementa la visible «preocupación ética» que impregna este texto y todo el teatro bueriano.

[80] En esta faceta de El padre cabe percibir signos autobiográficos. El de Buero poseía firmes condiciones morales y cuando éste grabó una entrevista que se emitiría después de su muerte y, por tanto, dice «últimas cosas», deja este «mensaje» a su familia: «Que sean honestos, que sean veraces», conectando lo que sin duda fue lema en su vida (y en su obra: «la verdad») con la antigua enseñanza del padre, para quien una de las peores cosas que podían hacer sus hijos era «decir mentiras».

[81] Respecto a la personalidad del Padre, son de interés las apreciaciones de dos médicos que realizaron su tesis doctoral y han publicado sendas monografías acerca del teatro de Buero: José Luis Gerona Llamazares, *Discapacidades y minusvalías en la obra teatral de D. Antonio Buero Vallejo (Apuntes psicológicos y psicopatológicos sobre el arte dramático como método de exploración de la realidad humana)*, Madrid, Universidad Complutense, 1991, págs. 335-336 y 493-495; y Antonio Iniesta Galvañ, *Esperar sin esperanza: El teatro de Antonio Buero Vallejo*, cit., págs. 113-116. Véase también el capítulo 5 (págs. 67-77) de Jean Cross Newman, *Conciencia, culpa y trauma en el teatro de Antonio Buero Vallejo*, Valencia, Albatros-Hispanófila, 1992.

suma de las parciales interpretaciones que de él hacen sus hijos: alguien que padece «una esclerosis avanzada» y una figura cercana a la divinidad. La riqueza del personaje abarca ambas facetas. El padre es un ser disminuido que, como otros personajes buerianos a los que nos hemos referido, halla en su deficiencia una singular penetración.

En su modo de comportarse destacan varios aspectos de raíz unamuniana[82]. Es el suyo un conocimiento «poético»[83], al margen del racional, y en sus preguntas denota una constante inquietud ontológica, una repetida interrogación acerca del ser; se preocupa por el hombre individual y concreto (al igual que los investigadores) y al que puede lo recorta de las postales y fotografías para salvarlo de la muchedumbre, del anonimato. El hombre que El padre busca, aquel sobre el que Mario querría «emprender la investigación», es, sin duda, «el hombre de carne y hueso. El que nace, sufre y muere...» al que señalaba Unamuno al comienzo de *Del sentimiento trágico de la vida*.

La «pregunta», objeto principal del experimento del futuro, coincide con la de este «ser oscuro y enfermo»; «tremenda» e «insondable», muestra la dimensión trascendente del personaje, que dice frases de resonancia bíblica y se constituye en juez de las acciones de los demás, particularmente de su hijo Vicente. Varias veces menciona éste a Dios en relación con él y, al final, reconoce su culpa hablándole «como quien habla a Dios sin creer en Dios, porque quisiera que Él estuviese ahí». Esa ambigüedad presta a su figura una indeterminación que la tiñe de hondo misterio.

---

[82] Las relaciones entre la obra de Buero y la de Unamuno han sido reiteradamente comentadas. Buero Vallejo considera a Miguel de Unamuno uno de sus más grandes maestros y cree que «el secreto del futuro reside, por lo que al teatro español se refiere, en la unión armónica, integradora, de las verdades que nos revela el teatro de Valle-Inclán con las verdades que nos reveló el de Unamuno» («Antonio Buero Vallejo habla de Unamuno», *Primer Acto,* 58, noviembre de 1964, págs. 19-21; reproducido, con el título «Unamuno», en *Obra Completa,* II, cit., págs. 961-966).

[83] Así lo denominó Gabriela Chambordon, «El conocimiento poético en el teatro de Antonio Buero Vallejo», *Cuadernos Hispanoamericanos,* 253-254, enero-febrero de 1971, págs. 52-98.

La locura de El padre no es, pues, un modo de evadirse del sufrimiento por la deslealtad de su hijo[84]. Ese es el caso de La madre, que cubre sus penosos recuerdos con una aparente alegría y deforma la realidad para exculpar a Vicente tanto de los hechos pasados como de los actuales; ella es una víctima que, en su aparente normalidad, pretende olvidar lo que El padre, con su externa locura, no ha dejado de tener presente. Su máscara de jovialidad posee, pues, un significado opuesto al de la insania de su marido, aunque ambas respondan al mismo origen.

Mario vive recluido en un semisótano que se comunica con el exterior por medio de un tragaluz, que goza en la obra de una múltiple función dramática y de un rico valor simbólico (no olvidemos que da título a la pieza)[85]. A través de esa ventana, que tan sólo le presenta una reducida parcela del mundo exterior, ve lo que pasa fuera[86]; ello conlleva necesariamente una percepción incompleta, si bien le ofrece la posibilidad de interpretar y trascender los datos concretos en

---

[84] Hablando de posibles influencias o relaciones, Buero (en AA. VV., *Teatro español actual*, cit., págs. 77-78) apuntó: «¿No es también *[El tragaluz]* un problema de desalienación? Cierto que en esta obra hay un loco que no termina de desalienarse, pero, alrededor de él —y por él— la desalienación se produce. Y tampoco sería desatinado hablar aquí de Wells para remontarnos desde él a Cervantes, pues también me rondaba el recuerdo, cuando escribí *El tragaluz*, de otra curiosa novela de Wells que yo creo directamente influida por Cevantes y por *El Quijote: El padre de Cristina Alberta*, una novela en la cual un pobre loco se cree Sargón, Rey de reyes».

[85] Como indiqué en «Buero será su obra...» (Mariano de Paco y Francisco Javier Díez de Revenga (eds.), *Antonio Buero Vallejo dramaturgo universal*, Murcia, CajaMurcia, Obra Social y Cultural, 2001, págs. 162-163) el autor me identificó en una ocasión la ventana de un semisótano cercano a su domicilio en Madrid como el tragaluz real que le inspiró el de la obra y me dijo que «allí vivieron unos porteros que lo fueron antes de su finca y fueron expulsados de ella por su pasado e ideas de izquierdas». También recordó que para esta obra había tomado «datos e ideas» sobre las actuaciones anormales por demencia a causa de la edad (algunas con un resultado cómico como la de salir por el armario...) de lo que le ocurría a un amigo de la cárcel.

[86] Enrique Pajón Mecloy («Ciegos o símbolos», *Sirio*, 2, abril de 1962, pág. 14. Reproducido en Mariano de Paco (ed.), *Estudios sobre Buero Vallejo*, cit., páginas 239-245) se refirió al mito de la caverna de Platón a propósito de *En la ardiente oscuridad*. La relación que ese mito puede tener con la visión desde el tragaluz es aún más perceptible.

busca de una comprensión mejor de lo real. El tragaluz es una perspectiva limitada, pero nueva, insólita (como lo es también la de los investigadores), con la que Mario «sueña» creativamente y que El padre une al tren que está en el inicio de esta tragedia. Sirve también como piedra de toque respecto a la oposición Mario-Vicente porque brinda la oportunidad de «observar» en un mundo donde no es fácil detenerse y supone asimismo una vuelta a la mirada inocente de la infancia. Finalmente, permite «imaginar» y adentrarse en la existencia de los demás, interesarse por ese «no sé qué» de las vidas vulgares y bucear en el interior de uno mismo, por eso Vicente oye a través de él unas voces que evocan una importante conversación que había tenido con Encarna y que le obsesiona («Si tuviésemos un hijo, ¿lo protegerías?»).

El tren es otro símbolo polivalente que se repite a lo largo del drama. Los investigadores aclaran que el suyo es el único sonido añadido «para expresar escondidas inquietudes» y, por ello, lo identifican con «un pensamiento». Ese «ruido extraño» remite al tren que Vicente tomó en una decisiva ocasión y cuya imagen permanece de distintas formas en los demás miembros de la familia[87]. Una interpretación errónea o malintencionada de su significado llevó a algunos a acusar a Buero de haber tomado el tren y de permanecer instalado en él[88]; a propósito de ello decía el autor en la entrevista de Fernández-Santos[89]:

---

[87] La imagen del tren recoge «la que los hombres de hoy tenemos de la vida»; como escribió Isaac Montero («*El tragaluz*, de Antonio Buero Vallejo», *Nuevos Horizontes,* 3-4, enero-abril de 1968, pág. 34), la locución «subirse al tren en marcha» está en la calle, circula entre las gentes como un modo de mostrar una agresiva y egoísta manera de vivir sin que importe otra cosa que no caer de él.

[88] Emilio Romero, «Un sótano y el tren», *Pueblo,* 10 de octubre de 1967, pág. 2.

[89] La dificultosa subida al tren proviene de una experiencia personal que el autor ha relatado en algunas ocasiones. Al concluir la guerra, Buero intenta marcharse de Valencia en un tren atestado como el de la familia de *El tragaluz:* «En la estación había dos o tres de mercancías hasta arriba de soldados. Yo me encajoné en uno de ellos, no sin las protestas de los que allí estaban ya...» *(Buero por Buero. Conversaciones con Francisco Torres Monreal,* Madrid, Asociación de Autores de Teatro, 1993, pág. 18).

> Yo, personalmente, «tomé el tren» cuando pude y como pude, lo que aumenta, creo, mi deber moral de no olvidar a quienes no compartieron mi suerte. [...] Se trata de seguir viviendo y actuando, de no quedarse en la cuneta, detenido en el tiempo y sin acceso a la vida y a los hechos. Yo no censuro el hecho de «tomar el tren», creo que esto es evidente; es más, creo que es necesario que todo el mundo lo tome[90].

Lo que se critica no es tomar el tren sino el modo de hacerlo y de mantenerse en él. El padre pretendía subir al tren con toda su familia y fue la insolidaria decisión de uno de sus hijos lo que causó la muerte de otro.

El más debatido aspecto de la construcción dramática de *El tragaluz* ha sido la presencia de los investigadores que realizan el «experimento» y que intervienen ocho veces introduciendo o suspendiendo la acción. Su aparición fue más sorprendente, dado que la obra anterior de Buero, *La doble historia del doctor Valmy,* en la que el Señor y la Señora tienen una misión similar en parte a la de Él y Ella, no se conocía. Pero esta semejanza sólo se produce en algún aspecto, ya que en *El tragaluz* la función de los investigadores posee un sentido más profundo y amplio. Si en las obras históricas de Buero el pasado servía como esclarecedor del presente, aquí la «iluminación» de los hechos actuales se produce desde el futuro[91]. Los investigadores son indispensables para el adecuado desarrollo de este drama porque posibilitan una especie de «perspectivismo histórico» de intención crítica. La representación de unos hechos sucedidos hace posible en los dramas históricos de Buero conectar pasado y presente; de un modo más complejo, la visión desde el futuro que Buero

---

[90] Ángel Fernández-Santos, «Una entrevista con Buero Vallejo», cit., págs. 11-12.

[91] Luis Iglesias Feijoo ha calificado *El tragaluz* de «obra histórica "al revés" o *a posteriori*», porque «al igual que las obras históricas de Buero se desarrollan en un tiempo pasado y obligan al público a con-vivir en él (el presente de la escena es pretérito), *El tragaluz* hace lo mismo pero al revés: el presente de los investigadores es futuro. Pero tanto una como las otras hablan de la actualidad...» (Introducción a su edición de Antonio Buero Vallejo, *El tragaluz,* Madrid, Espasa-Calpe, Col. Austral, 1993, pág. 17).

utiliza en *El concierto de San Ovidio,* en *Caimán* y, muy particularmente, en *El tragaluz,* muestra, además de esa relación con lo actual, que la esperanza trágica planteada por el autor en sus textos tiene a veces plena realización, sin quedar reducida a una apertura indeterminada para los personajes o para los espectadores[92].

Los seres venidos desde el futuro ejercen una concluyente influencia sobre el público, ya que éste se convierte, hecho partícipe directo de la acción, en contemporáneo de los sucesos narrados y, por tanto, juzgado con ellos («observados y juzgados por una especie de conciencia futura»), y en un ser que los juzga desde la supuesta distancia del futuro, con una visión histórica sobre sí mismo, situado «dialécticamente fuera y dentro del conflicto»[93]. Se promueve así la unión, de acuerdo con el propósito tantas veces manifestado por Buero, de distancia y participación[94]; del mismo modo que ellos postulan, para no caer en errores antiguos, una cabal síntesis de sueños y acción.

En la proyección histórica hacia el futuro se advierten, pues, dos notables vertientes: somos responsables de cuanto hagamos, pero existe la fundada esperanza de una superación en tiempos venideros. No puede, bajo este punto de vista, interpretarse *El tragaluz* como una obra de carácter pesimista; dentro de la problematicidad que la esperanza trági-

---

[92] Me he ocupado con amplitud de este aspecto en «El "perspectivismo" histórico en el teatro de Buero Vallejo», en *Buero Vallejo (Cuarenta años de teatro),* Murcia, CajaMurcia, 1988, págs. 101-107.

[93] Francisco Ruiz Ramón, *Historia del teatro español. Siglo XX,* cit., pág. 371.

[94] No es difícil establecer, a propósito del Señor y la Señora y de los investigadores, una relación con el distanciamiento brechtiano; más aún, si se tiene en cuenta que la versión de *Madre Coraje y sus hijos, La doble historia del doctor Valmy* y *El tragaluz* se escriben en tiempos muy próximos. Pero, como Buero analiza en algunos artículos publicados en esos años sobre el autor alemán, el distanciamiento de éste no es absoluto en sus mejores dramas y, por supuesto, no es para el español algo que deba anular la emotividad puesto que, desde los griegos, el teatro «provoca la identificación del espectador con la escena» y «suscita reflexiones críticas y el extrañamiento del espectador respecto a la escena» por lo que «preconizar una de las dos cosas es ver una sola cara de la dramaturgia» (Antonio Buero Vallejo, «Sobre teatro», cit., *Obra Completa,* II, pág. 692).

ca siempre encierra, es un drama esencialmente abierto, por su propia concepción dramática, porque los investigadores (como en la obra siguiente de Buero, *Mito,* los visitantes[95]) vienen de un tiempo y de un lugar en los que se han evitado ya numerosas imperfecciones.

Es, por ello, incuestionable su presencia para que *El tragaluz* sea esta y no otra obra distinta. José Osuna, que dirigió su primer montaje, explicó en un Coloquio posterior a él que Buero no dio por concluido el texto hasta que no se produjo el hallazgo de los investigadores:

> Buero me llamó un día y me contó la obra de cabo a rabo, pero sin experimentadores. Al finalizar me dijo: «Hay algo que falta, hay algo que tengo que meter ahí y que no veo claro, pero deseo desarrollar todo mi pensamiento; así que no sé si voy a crear un coro o si voy a transformar el juego de los personajes, porque noto que hay cosas que se me han quedado dentro y que tengo que decir en esta obra. A los cinco o seis días me llamó para decirme: «Ya he encontrado la solución». La solución era los dos experimentadores o narradores[96].

De ahí que manifestase después su carácter totalmente imprescindible:

---

[95] *Mito* es el texto que Buero escribió a continuación de *El tragaluz*. Destinado a ser «libro para una ópera», cuya música compondría Cristóbal Halffter, ha quedado como «una curiosidad bibliográfica» sin estrenar al no realizarse ese proyecto. Robert L. Nicholas *(The Tragic Stages of Antonio Buero Vallejo,* Valencia, Estudios de Hispanófila, University of North Carolina, 1972, pág. 86) destacó su conexión con los dos textos inmediatamente anteriores *(La doble historia del doctor Valmy y El tragaluz),* de los que cree que es una síntesis. Respecto a *El tragaluz* son claras sus relaciones en cuanto a la metateatralidad, la presencia de seres de otros lugares del universo y la reutilización del mito quijotesco.

[96] «*El tragaluz* de Buero Vallejo», *Suplemento dominical de ABC,* 2 de junio de 1968, pág. 21. En realidad, Buero construyó un moderno coro de tragedia por medio de esos dos personajes que conducen e intervienen en la acción. Para lo referente a la puesta en escena, son de interés dos artículos de Osuna: «Las dificultades de mi puesta en escena», *Primer Acto*, 90, noviembre de 1967, págs. 16-19; y «Mi colaboración con Buero», en Mariano de Paco (ed.), *Buero Vallejo (Cuarenta años de teatro),* cit., págs. 55-59.

> Para mí, *El tragaluz* sería inconcebible sin estos personajes. No entiendo esta obra, me resulta literalmente incomprensible despojada de los «investigadores». E incluso diría algo más raro: casi son para mí más importantes los investigadores que los demás elementos de la obra, a pesar de la importancia que la parte narrada en nuestro presente tiene dentro de ella. Quiero decir que, a efectos de lo que en realidad es *El tragaluz*, los investigadores son insustituibles y la historia investigada no lo es, ya que pueden encontrarse otras historias de significado semejante al de ésta[97].

Los juicios de los críticos fueron, sin embargo, muy dispares. Mientras que para Fernández-Santos «son la obra misma, sus autores, su dimensión histórica cierta»[98], para José María de Quinto,

> *El tragaluz* podría representarse sin los explicadores, que encuentran su más inmediato antecedente en el teatro brechtiano. Casi me atrevería a decir que producen la impresión de ser un añadido; de otra parte, aunque se prescindiera de ellos, el drama nada perdería, ideológicamente, por cuanto son Mario y Encarna, al final, quienes expresan la esperanza en un mundo mejor[99].

Muestra palmaria de esa contradicción son las opiniones vertidas en el citado Coloquio, en el que había quien los juzgaba una «innovación discutible cuya supresión nada importante supondría» (Alfredo Marquerie[100]); quien decía que

---

97 Ángel Fernández-Santos, «Una entrevista con Buero Vallejo», cit., pág. 10.

98 Ángel Fernández-Santos, «El enigma de *El tragaluz*», *Primer Acto*, 90, noviembre de 1967, pág. 6.

99 José M.ª de Quinto, «*El tragaluz*, de Buero Vallejo», *Ínsula*, 252, noviembre de 1967, pág. 16. Reproducido en José María de Quinto, *Crítica teatral de los sesenta*, edición de Manuel Aznar Soler, Murcia, Universidad de Murcia, 1997, pág. 82.

100 En su crítica («Estreno de *El tragaluz* en el Bellas Artes», *Pueblo*, 9 de octubre de 1967, pág. 39) afirmó que *El tragaluz* suponía «un paso avanzado» en la técnica del autor, pero que no había necesidad «de glosadores o explicadores, que si producen efecto de extrañamiento y de distanciamiento, en algún momento pesan y restan humanidad al desarrollo argumental».

«no son absolutamente necesarios» (Cayetano Luca de Tena); quienes opinaban que «ayudan a los propósitos de Buero» (José Monleón) y que «el público medio entiende el alcance de la obra gracias a los dos narradores» (Francisco Pierrá); y quien los consideraba «absolutamente necesarios» (José Osuna).

Un último y curioso ejemplo es el de Lorenzo López Sancho, que escribió críticas en el estreno de 1967 y en la representación de tres décadas después. Mientras que en la primera ocasión pensaba que «sin los personajes del futuro la obra discurriría igual. Sólo la actitud del espectador, una actitud que se desea crítica, cambiaría. Sería una actitud compasiva, de padecer con los personajes. De estar dentro y no fuera de la acción y de su tiempo. Es, pues, el tratamiento más un ardid que una función exigida por la naturaleza del drama»[101], tras la puesta en escena de 1997, señalaba[102]:

> Ahora, tantos años después, parece que todo el juego temático podría prescindir de esos dos personajes presentadores encargados de distanciarlos. Si lo hiciera, si esa familia se moviera en un presente absoluto, sólo quedaría el melodrama. Lo que categoriza la obra como una metáfora de metáforas es la presencia de lo fantástico, de lo irreal. La obra quedaría igual decíamos en la crítica inmediata al estreno. No. Realmente no resultaría igual sino inferior. La complejidad del tratamiento distanciador es la que hace una construcción importante, ambiciosa, la base melodramática de lo que sólo sería un suceso familiar.

Constituye *El tragaluz* un penetrante análisis de la sociedad española, como lo es, de una u otra forma, toda la producción de Buero[103]. Pero con esta obra se ofrece por primera vez en la escena una visión de la guerra desde una perspec-

---

[101] Lorenzo López Sancho, «*El tragaluz,* de Buero Vallejo, en el Teatro Bellas Artes», *ABC,* 10 de octubre de 1967, págs. 111-112.

[102] Lorenzo López Sancho, «*El tragaluz* de Buero Vallejo, gran distanciación distanciada», *ABC,* 13 de febrero de 1997, pág. 81.

[103] Véase Martha T. Halsey, «*El tragaluz,* a Tragedy of Contemporary Spain», *The Romanic Review,* LXIII, 4, 1972, págs. 284-292.

tiva distinta a la de los vencedores[104] y se presentan sus «efectos destructores y perversos, mantenidos en la sociedad como un grave mal»[105]; de ahí deriva su clara dimensión «política». El drama de la familia de Mario o el de Encarna son algunos de los muchos que unas adversas circunstancias políticas o sociales provocaron o favorecieron; el sótano es un lugar real al que algunos se ven empujados como otros lo son a diferentes estados marginales. Por medio de la plasmación dramática de esos hechos se llega, sin embargo, a una consideración acerca del estado de los seres humanos en el mundo actual y de sus posibilidades de mejora en el futuro. Desde este ángulo, tenemos la respuesta más optimista que Buero Vallejo ha dado en su teatro. El de los investigadores es un mundo mejorado que, si de momento resulta una mera ficción dramática, puede convertirse en una espléndida realidad. La apertura de esta tragedia es, pues, doble y escalonada, la que le proporcionan Mario y Encarna al aceptarse mutuamente y, sobre todo, al tener un hijo que, con otros, quizá «algún día» ayude a remediar la situación presente, y la que, aunque sea a muy largo plazo, ha conseguido la Humanidad.

El tragaluz es una obra construida con esmero y libertad tanto en la utilización de los espacios escénicos como en la compleja disposición temporal que funde pasado, presente y futuro. Son los investigadores quienes llaman la atención sobre su más logrado hallazgo; ellos lo exhiben como característica de su «experimento» científico pero lo es igualmente del «experimento» teatral: presenciamos «una experiencia de

---

[104] Hasta este momento Buero había podido aludir a la contienda española de modo indirecto, como sucede en *Historia de una escalera*, o plantear una visión crítica de la guerra en otros lugares y otros tiempos, así en *La tejedora de sueños* y *Aventura en lo gris*. La desaparición del expediente de censura de *El tragaluz* (véase Berta Muñoz Cáliz, *El teatro crítico español durante el franquismo visto por sus censores*, cit, pág. 175) no permite conocer los pormenores de su aprobación, que, en ese momento, se negaba a una obra anterior, *La doble historia del doctor Valmy*, cuyo tema central es la tortura. Sabemos por el autor que fue autorizada, «con la supresión de algunos párrafos», después de presentar recursos contra ciertos cortes, que señalaremos en las notas al texto.

[105] José Paulino, «La guerra civil y su representación en el teatro español (1950-1990)», *Compás de Letras*, 3 (1993), pág. 164.

realidad total: sucesos y pensamientos en mezcla inseparable». Lo que Buero intentó ya en *Irene, o el tesoro* se encuentra aquí en plenitud, haciendo de *El tragaluz* uno de los máximos ejemplos de depuración técnica (junto a *El sueño de la razón* y *La Fundación)* del teatro bueriano.

Pero lo más destacable es que esa perfección formal está cuidadosamente ensamblada con la profundidad de su significado. Lo demuestran los investigadores al recordar «la importancia infinita del caso singular», al reclamar que nuestra visión del bosque en su conjunto «no se deshumanice», al mantener en pie la pregunta que exige el desvelamiento de la verdad porque «siempre es mejor saber, aunque sea doloroso» y, en suma, a actuar sintiéndonos «observados y juzgados por una especie de conciencia futura».

Recepción crítica del estreno de «El tragaluz»

El estreno de *El tragaluz* en el Teatro Bellas Artes de Madrid el 7 de octubre de 1967 constituyó un gran éxito de público y de crítica. Permaneció en cartel hasta el 16 de junio de 1968 y tuvo 517 representaciones, el mayor número conseguido hasta entonces por una obra de Buero (duplicó el que le seguía, las 260 de *Las Meninas)*. Realizó una amplia gira y obtuvo los premios «El Espectador y la Crítica», Leopoldo Cano y Popular de *Pueblo* y de *Información* (Alicante)[106].

Las críticas fueron muy elogiosas y señalaban la obra como una de las cumbres de la producción de su autor; las discrepancias se centraron, como apuntamos, en las figuras de Él y Ella, y apenas hubo alguna reacción adversa, como la antes aludida de Emilio Romero, disconforme con la visión crítica

[106] En 1982 se hizo una grabación de *El tragaluz* para televisión, que fue emitida en marzo en el espacio *Estudio 1,* dirigida por Mercè Vilaret e interpretada por Emilio Gutiérrez Caba (Vicente), Carlos Velat (Mario), Maife Gil (Encarna), Felipe Peña (El padre), Concha Bardem (La madre), Muntsa Alcañiz (Ella), Pep Sais (Él) y Alfonso Zambrano (Camarero).

que de la sociedad española de la dictadura presentaba. La del estreno fue una «noche de triunfo, noche de gran éxito. El público siguió la representación con emoción, silencio y plena atención. Las ovaciones fueron unánimes»; a ese «enorme éxito» contribuyeron la inteligente dirección de José Osuna y las «calidades magníficas» de todos los intérpretes en sus distintos trabajos.

Señaló Arcadio Baquero que *El tragaluz* es «una excelente obra que vuelve a acreditar a Buero Vallejo como el más importante de la dramaturgia nacional. Que vuelve a colocarle a auténtico nivel internacional...»[107]. García Pavón se refería también a que Buero Vallejo era «el más universalmente apreciado de nuestros dramaturgos» y hablaba «de la perfección impecable de esta obra, de la justa caracterización de los personajes, de la claridad mental y equilibrio anímico que transpira toda su concepción. La medida exacta de efectos y situaciones tan típicas de Buero llegan aquí a un afinamiento sorprendente»[108].

Para Juan Emilio Aragonés, «*El tragaluz* es, en líneas generales, un prodigio de inteligencia teatral [...]. Tanta es la intuición dramática allí contenida, que lo que Buero particulariza en un tiempo y en un ámbito familiar determinados tiene vigencia para cualesquiera otros, porque afecta a constantes de la débil naturaleza humana»[109]. En el mismo sentido, José Montero Alonso escribió:

> Obra muy meditada y trabajada, *El tragaluz* refleja una segura maestría, un pulso teatral plenamente conseguido. La construcción es sólida y el diálogo fluye siempre con nobleza, palpitante de vigor expresivo, rico de acentos acerados. Su transparente simbolismo, su intención orientada hacia una mejor humanidad, su intensidad escénica creciente, hacen de la nueva obra una hermosa creación dramática, en la

---

[107] Arcadio Baquero, «*El tragaluz,* en el Bellas Artes», *El Alcázar,* 10 de octubre de 1967, pág. 31.

[108] F[rancisco] García Pavón, «*El tragaluz,* en el Bellas Artes», *Arriba,* 10 de octubre de 1967, pág. 27.

[109] Juan Emilio Aragonés «Una sensacional pieza dramática. Bellas Artes. *El tragaluz*», *Informaciones,* 9 de octubre de 1967, pág. 33.

que fondo y forma, tema y arquitectura teatral están armoniosamente hermanados[110].

Y González Ruiz declaraba con entusiasmo:

> Pocas veces habré salido de un estreno teatral tan hondamente persuadido de haber presenciado la representación de una obra maestra. Con este calificativo quiero decir que la obra de Buero es de extraordinaria categoría en todas sus dimensiones [...]. Para encontrarle antecedentes dignos habría que acudir al teatro de Shakespeare. Tipos de un simbolismo trascendental y escalofriante como el del viejo loco contienen tal cantidad de sugestiones, tanta verdad y tanta ternura, que no pueden caber más que en la mente de un gran autor dramático[111].

Muy pocos fueron los reproches, como el de Juan Mollá: «Pieza, en síntesis, malograda. Concebida sin duda con inteligencia y ambición, pero cuajada sin bastante inspiración. Un paso adelante por el camino de la renovación. Un paso atrás, en el camino de la perfección concreta»[112]; incluso cuando esos se hacían, se levantaba por encima de ellos la validez del conjunto y la dimensión vivificadora que suponía para el teatro español:

> Lo que importa en su conjunto no es la endeblez de algunos elementos añadidos [...] sino la fuerza arrolladora de una visión coherente y lúcida de la situación actual plasmada a través de una forma dramática llena de dificultades (especialmente el melodramatismo), resuelta con la inteligencia característica de uno de los autores clave del moderno teatro español[113].

José Monleón indicó: «Buero, tras cuatro años de ausencia, ha vuelto a nuestros escenarios con una obra de gran in-

---

[110] José Montero Alonso, «Bellas Artes: *El tragaluz,* de Antonio Buero Vallejo», *Madrid,* 9 de octubre de 1967, pág. 9.

[111] N[icolás] González Ruiz, «Estreno de *El tragaluz* en el Bellas Artes», *Ya,* 8 de octubre de 1967, pág. 15.

[112] Juan Mollá, «Paso adelante y paso atrás. *El tragaluz,* de Buero Vallejo», *El Ciervo,* 165, noviembre de 1967.

[113] Pedro Altares, «*El tragaluz*, de Buero Vallejo», *Mundo,* 4 de noviembre de 1967, pág. 55.

terés tanto por lo que podríamos llamar valores literarios absolutos como por lo que tiene de aportación a esta hora indecisa de la escena española. [...] Una de las obras más puras, más inmediatas, más personales, del unamuniano y brechtiano Antonio Buero Vallejo»[114].

Tras el estreno en Barcelona, el 10 de octubre de 1968, del que María Luz Morales afirmó que fue recibido con «cálido entusiasmo» [115], Pérez de Olaguer manifestó:

> Un Buero que sigue siendo *trascendencia* dentro de nuestra realidad teatral [...]. *El tragaluz* es un texto en su mejor línea, un texto apto para la profundización, para ver en él sus varias dimensiones —un drama familiar, un miedo cercado como presencia metafísica, un planteamiento de cuestiones políticas— todas ellas hondamente arraigadas en la concreta problemática de la sociedad española[116].

En 1997 tuvo lugar una puesta en escena que se sumó a los homenajes recibidos por Buero con motivo de su ochenta cumpleaños[117]. Manuel Canseco, su director, habló de «estreno y no reposición» porque, por ser una de las obras emblemáticas del autor, «permite, dentro de los aparentemente cerrados esquemas de su desarrollo y conclusión, diferentes planteamientos»[118]. En una entrevista se preguntó a Buero entonces si, en su opinión, había cambiado el contenido de

---

[114] José Monleón, «El experimento de Antonio Buero», *Triunfo*, 21 de octubre de 1967, pág. 12.

[115] María Luz Morales, «Estreno de *El tragaluz*, experimento en dos partes, de Antonio Buero Vallejo», *Diario de Barcelona*, 12 de octubre de 1968, pág. 25.

[116] G[onzalo] Pérez de Olaguer, «*El tragaluz*, de A. Buero Vallejo», *Yorick*, 28, noviembre de 1968, págs. 67-68.

[117] Se presentó el 15 de enero en el Teatro Lope de Vega de Sevilla y en el Teatro Maravillas de Madrid el 11 de febrero, con asistencia de personalidades de la política, la cultura y el espectáculo» (Silvia Castillo, «*El tragaluz*, de Buero, treinta años después», *ABC*, 12 de febrero de 1997, pág. 119). Los intérpretes fueron: Juan Ribó (Mario), Juan Gea (Vicente), Teófilo Calle (El padre), Victoria Rodríguez (La madre), Encarna Gómez (Encarna), Ana Casas (Ella), Ricardo Vicente (Él), Victoria Alejandra (Esquinera) y Eduardo Mariño (Camarero); y la escenografía, de Toni Cortés.

[118] Manuel Canseco, «Antecrítica. *El tragaluz*, de Buero Vallejo, mañana en el Maravillas», *ABC*, 10 de febrero de 1997, pág. 99.

su obra con el tiempo; él respondió: «No he notado diferencias esenciales. Me parece que es una obra que sigue teniendo la misma actualidad de entonces. Y, respecto al público, la ha recibido de una manera muy positiva, incluso diría que clamorosa»[119]. Para los espectadores y para muchos críticos que pudieron establecer una relación entre las dos representaciones, nada del texto se había menoscabado con el tiempo.

Alberto de la Hera afirmó que «ha ganado más de lo que ha perdido. Lejana ya la Guerra Civil, *El tragaluz* pierde lo que tuvo de tragedia del momento, y se convierte en un relato intemporal, en un clásico, en una historia que es válida por encima del tiempo y de la anécdota». Precisamente por eso, cree que no son necesarios los «personajes del siglo XXI que nos cuentan el drama como una historia del pasado»[120]. Se destacó la acertada estructura de *El tragaluz:* «El drama más intenso, mejor construido e imperecedero de Buero Vallejo. El retrato de personajes, la relación entre ellos y su perfecta unión dramática hacen de ésta una obra maestra»[121].

A pesar de sus habituales insidias para con el teatro de Buero, reconocía Haro Tecglen: «Se estrenó hace 30 años: su contenido tiene hoy el mismo valor»[122]. Esa convicción de que la obra había incluso acrecentado ahora su valía y de que «en el Teatro Maravillas se representa un clásico»[123] fue general. Como lo fueron, la de la excelente interpretación y, salvo alguna excepción, la de la dirección. Javier Villán advirtió en el texto, cuando ya culminaba la producción del autor, la

---

119 Pilar Ortega, «Antonio Buero Vallejo», *Reinado Social,* 788, abril de 1997, pág. 26.

120 Alberto de la Hera, «La vida desde el fondo de la vida», *Guía del Ocio,* 3-9 de marzo de 1997, pág. 92.

121 Enrique Centeno, «Otra vez será», *Diario 16,* 13 de febrero de 1997. La expresión del título se refería al montaje, que no fue para él satisfactorio, «de uno de los textos más importantes de nuestro teatro contemporáneo».

122 Eduardo Haro Tecglen, «Teatro. *El tragaluz.* Hombre rico, hombre pobre», *El País,* 13 de febrero de 1997, pág. 38.

123 Jaime Siles, «*El tragaluz*», *Blanco y Negro,* 20 de abril de 1997, pág. 14. Reproducido en Jaime Siles, *Bambalina y tramoya,* edición de César Oliva, Murcia, Universidad de Murcia, 2006, págs. 278-280.

presencia de los aspectos fundamentales del teatro bueriano[124]: «*El tragaluz* reúne los elementos dramáticos y sociales que configuran la angustiosa tragedia desdivinizada, propia de Buero: conciencia de culpa, necesidad de la expiación, soledad del perdedor, espíritu de resistencia, emotividad popular»[125].

---

[124] Javier Villán, «La solidez del compromiso», *El Mundo,* 13 de febrero de 1997, pág. 53.

[125] Agradezco a la profesora Diana de Paco su atención a estas páginas y a la doctora Virtudes Serrano sus valiosas sugerencias.

Esta edición

Utilizamos para esta edición los textos publicados en *Obra Completa, I, Teatro,* de Antonio Buero Vallejo (edición crítica de Luis Iglesias Feijoo y Mariano de Paco, Madrid, Espasa-Calpe, Col. Clásicos Castellanos, 1994), porque fueron los últimos revisados por su autor, si bien los hemos cotejado con los de las demás ediciones existentes. Por deseo de los herederos del dramaturgo, se han incorporado en *El tragaluz* los corchetes que indican las supresiones de texto llevadas a cabo en el estreno y que no se encontraban en el texto de la *Obra Completa.*

Bibliografía

I. Ediciones

1. *Ediciones en español de «Hoy es fiesta»*[1]

Madrid, Alfil, Col. Teatro, núm. 176, 1957. Incluye el «Comentario» del autor, págs. 99-109.
En *Teatro español 1956-1957,* Madrid, Aguilar, Col. Literaria, 1958.
En *Teatro I*, Buenos Aires, Losada, Col. Gran Teatro del Mundo, 1959 (con *En la ardiente oscuridad, Madrugada* y *Las cartas boca abajo).*
Londres, George G. Harrap, 1964. Edición de J. E. Lyon.
En *Teatro*, Madrid, Taurus, Col. El Mirlo Blanco, núm. 10, 1968 (con *Las Meninas* y *El tragaluz).* Posteriormente el volumen pasó a la Col. Temas de España (núm. 107) de la misma editorial.
Lund, Studentlitteratur, 1970. Edición para estudiantes suecos de Estrid Pastor-López.
Madrid, Magisterio Español, Col. Novelas y Cuentos, núm. 158, 1974 (con *Aventura en lo gris).* Prólogo de Ricardo Doménech.
Salamanca, Almar, Col. Teatro, núm. 1, 1978. Edición de Martha T. Halsey.
Madrid, Espasa-Calpe, Col. Austral, núm. 88, 1981 (con *Jueces en la noche).* Prólogo de Luis Iglesias Feijoo.
En *Obra Completa, I. Teatro,* Madrid, Espasa-Calpe, Col. Clásicos Castellanos, nueva serie, 1994. Edición crítica de Luis Iglesias Feijoo y Mariano de Paco.

---

[1] El texto ha sido traducido al ruso y al inglés.

2. *Ediciones en español de «El tragaluz»*[2]

En *Primer Acto*, núm. 90, noviembre de 1967.
Madrid, Alfil, Col. Teatro, núm. 572, 1968.
En *Teatro*, Madrid, Taurus, Col. El Mirlo Blanco, núm. 10, 1968 (con *Hoy es fiesta* y *Las Meninas*). Posteriormente el volumen pasó a la Col. Temas de España (núm. 107) de la misma editorial.
En *Teatro español 1967-1968*, Madrid, Aguilar, Col. Literaria, 1969.
Madrid, Espasa-Calpe, Col. Austral, núm. 1496, 1970 (con *El sueño de la razón*).
Madrid, Castalia, Col. Clásicos Castalia, núm. 35, 1971 (con *El concierto de San Ovidio*). Edición de Ricardo Doménech.
Nueva York, Charles Scribner's Sons, 1977. Edición de Anthony M. Pasquariello y Patricia W. O'Connor.
Turín, Quaderni Ibero-Americani, Col. Collana di «Testi e Studi», núm. 10, 1978.
Madrid, Castalia, Col. Castalia Didáctica, núm. 9, 1985. Edición de José Luis García Barrientos.
En *Teatro*, La Habana, Arte y Literatura, 1991 (con *En la ardiente oscuridad, Las Meninas, La doble historia del doctor Valmy, El sueño de la razón, Caimán* y *Diálogo secreto*).
Madrid, Espasa-Calpe, Col. Austral, núm. 302, 1993. Edición de Luis Iglesias Feijoo. En 1998 se publicó en la misma colección con Apéndice de Ana María Platas.
Londres, Bristol Classical Press, 1995. Edición de John Lyon.
En *Obra Completa, I. Teatro*, Madrid, Espasa-Calpe, Col. Clásicos Castellanos, nueva serie, 1994. Edición crítica de Luis Iglesias Feijoo y Mariano de Paco.
En *Obras Selectas*, Madrid, Espasa-Calpe, Col. Austral Summa, 2002 (con *Historia de una escalera, En la ardiente oscuridad, El concierto de San Ovidio, El sueño de la razón, La Fundación* y *Misión al pueblo desierto*). Prólogo de Mariano de Paco y Virtudes Serrano.
Barcelona, Vicens Vives, Col. Clásicos Hispánicos, 2010. Edición de José Ramón López García.

---

[2] El texto ha sido traducido al ruso, al italiano, al inglés y al rumano.

II. Sobre el teatro de Buero Vallejo[3]

AA. VV., *Antonio Buero Vallejo. Premio de Literatura en lengua castellana «Miguel de Cervantes» 1986*, Barcelona, Anthropos-Ministerio de Cultura, 1987.

— *Regreso a Buero Vallejo*, Guadalajara, Ayuntamiento, 2000.

— *Buero en la memoria*, Madrid, Centro Cultural de la Villa del Ayuntamiento de Madrid, 2001.

— *Buero después de Buero*, Toledo, Junta de Comunidades de Castilla-La Mancha, 2003.

Abuín, Ángel, *El narrador en el teatro. La mediación como procedimiento en el discurso teatral del siglo* XX, Santiago de Compostela, Universidad, 1997.

Anthropos, núm. 79, diciembre de 1987 (monográfico dedicado a Buero).

Balestrino, Graciela y Sosa, Marcela, *El bisel del espejo. La Reescritura en el Teatro Contemporáneo Español e Hispanoamericano*, Salta, Universidad, Cuadernos del CESICA, 1997.

Bernhard, Katrin C., *Zensurbedingte Strategie oder ästhetisches Koncept. Das Dramatische Werk von Antonio Buero Vallejo im franquistischen und demokratischen Spanien*, Frankfurt am Main, Peter Lang, 2001.

Borel, Jean-Paul, *El teatro de lo imposible*, Madrid, Guadarrama, 1966.

Buero por Buero. Conversaciones con Francisco Torres Monreal, Madrid, Asociación de Autores de Teatro, 1993.

Caro Dugo, Carmen, *The Importance of the Don Quixote Myth in the Works of Antonio Buero Vallejo*, Lewiston, Mellen University Press, 1995.

Cuadernos de Ágora, núm. 79-82, mayo-agosto de 1963 (monográfico dedicado a Buero).

Cuadernos del Lazarillo, núm. 20, enero-junio de 2001 (con Suplemento dedicado a Buero).

Cuadernos El Público, núm. 13, abril de 1986 (monográfico *Regreso a Buero Vallejo).*

[3] Indicamos aquí una amplia selección de títulos. Puede verse una bibliografía completa de este apartado (estudios, compilaciones y monográficos sobre Buero Vallejo y libros y estudios que lo incluyen) en la edición, preparada por Virtudes Serrano en esta editorial y colección, de Antonio Buero Vallejo, *La detonación*.

CUEVAS GARCÍA, Cristóbal (dir.), *El teatro de Buero Vallejo. Texto y espectáculo*, Barcelona, Anthropos, 1990.

DIXON, Victor y JOHNSTON, David (eds.), *El teatro de Buero Vallejo, Homenaje del hispanismo británico e irlandés*, Liverpool University Press, 1995.

DOMÉNECH, Ricardo, *El teatro de Buero Vallejo. Una meditación española*, Madrid, Gredos, 1973 y 1993².

DOWD, Catherine Elizabeth, *Realismo trascendente en cuatro tragedias sociales de Antonio Buero Vallejo*, Valencia, Estudios de Hispanófila, University of North Carolina, 1974.

EDWARDS, Gwynne, *Dramaturgos en perspectiva. Teatro español del siglo XX*, Madrid, Gredos, 1989.

Estreno, V, 1, primavera de 1979; y XXVII, 1, primavera de 2001 (monográficos dedicados a Buero).

FLOECK, Wilfried (ed.), *Spanisches Theater im 20. Jahrhundert. Gestalten und Tendenzen*, Tübingen, Franke, 1990.

FORYS, Marsha, *Antonio Buero Vallejo and Alfonso Sastre. An Annotated Bibliography*, Metuchen (N. J.) y Londres, The Scarecrow Press, Inc., 1988.

GERONA LLAMAZARES, José Luis, *Discapacidades y minusvalías en la obra teatral de D. Antonio Buero Vallejo (Apuntes psicológicos y psicopatológicos sobre el arte dramático como método de exploración de la realidad humana)*, Madrid, Universidad Complutense, 1991.

GONZÁLEZ-COBOS DÁVILA, Carmen, *Antonio Buero Vallejo, el hombre y su obra*, Salamanca, Universidad, 1979.

HALSEY, Martha T., *Antonio Buero Vallejo*, Nueva York, Twayne, 1973.

— *From Dictatorship to Democracy, The Recent Plays of Antonio Buero Vallejo (From* La Fundación *to* Música cercana), Ottawa, Dovehouse Editions, 1994.

— y ZATLIN, Phyllis (eds.), *Entre Actos: Diálogos sobre teatro español entre siglos*, State College, The Pennsylvania State University, Estreno, 1999.

IGLESIAS FEIJOO, Luis, *La trayectoria dramática de Antonio Buero Vallejo*, Santiago de Compostela, Universidad, 1982.

— (ed.), *Buero antes de Buero*, Toledo, Junta de Comunidades de Castilla-La Mancha, 2007.

— y PACO, Mariano de, Introducción a su edición crítica de Antonio Buero Vallejo, *Obra Completa*, Madrid, Espasa-Calpe, Col. Clásicos Castellanos, 1994, vol. I, págs. IX-CIX.

INIESTA GALVAÑ, Antonio, *Esperar sin esperanza: El teatro de Antonio Buero Vallejo*, Prólogo de Diana de Paco, Murcia, Universidad de Murcia, 2002.

LAGOS, Manuel (coord.), *El tiempo recobrado. La historia a través de la obra de Antonio Buero Vallejo*, Ciudad Real, Junta de Comunidades de Castilla-La Mancha-Caja Castilla-La Mancha, 2003.
Las puertas del drama, XXVII, 2, primavera de 2000 (monográfico dedicado a Buero).
LEYRA, Ana María (coord.), *Antonio Buero Vallejo. Literatura y Filosofía*, Madrid, Universidad Complutense, 1998.
Montearabí, 23 (1997) (monográfico dedicado a Buero).
MUÑOZ CÁLIZ, Berta, *El teatro crítico español durante el franquismo, visto por sus censores*, Madrid, Fundación Universitaria Española, 2005.
— *Expedientes de la censura teatral franquista*, I, Madrid, Fundación Universitaria Española, 2006.
NEWMAN, Jean Cross, *Conciencia, culpa y trauma en el teatro de Antonio Buero Vallejo*, Valencia, Albatros-Hispanófila, 1992.
NICHOLAS, Robert L., *The Tragic Stages of Antonio Buero Vallejo*, Valencia, Estudios de Hispanófila, University of North Carolina, 1972.
— *El sainete serio*, Murcia, Universidad de Murcia, Cuadernos de Teatro, 1992.
O'CONNOR, Patricia W., *Antonio Buero Vallejo en sus espejos*, Madrid, Fundamentos, 1996.
OLIVA, César, *El teatro desde 1936*, Madrid, Alhambra, 1989.
— *El teatro español del siglo XX*, Madrid, Síntesis, 2002.
PACO, Mariano de, *De re bueriana (Sobre el autor y las obras)*, Murcia, Universidad de Murcia, 1994.
— (ed.), *Estudios sobre Buero Vallejo*, Murcia, Universidad de Murcia, 1984.
— (ed.), *Buero Vallejo (Cuarenta años de teatro)*, Murcia, CajaMurcia, 1988.
— «Buero Vallejo», en Javier Huerta Calvo (dir.), *Historia del teatro español*, II, Madrid, Gredos, 2003, págs. 2757-2788.
— y DÍEZ DE REVENGA, Francisco Javier (eds.), *Antonio Buero Vallejo dramaturgo universal*, Murcia, CajaMurcia, Obra Social y Cultural, 2001.
PAJÓN MECLOY, Enrique, *Buero Vallejo y el antihéroe. Una crítica de la razón creadora*, Madrid, 1986.
— *El teatro de A. Buero Vallejo, marginalidad e infinito*, Madrid, Fundamentos, Espiral Hispanoamericana, 1991.
PAULINO AYUSO, José, *La obra dramática de Buero Vallejo*, Madrid, Fundamentos, 2009.
PEDRAZA JIMÉNEZ, Felipe B. y RODRÍGUEZ CÁCERES, Milagros, *Manual de literatura española. XIV. Posguerra, dramaturgos y ensayistas*, Pamplona, Cénlit, 1995.

PENNINGTON, Eric W., *Approaching the Theater of Antonio Buero Vallejo*, Nueva York, Peter Lang, 2010.

PÉREZ HENARES, Antonio, *Antonio Buero Vallejo, Una digna lealtad*, Toledo, Junta de Comunidades de Castilla-La Mancha, 1998.

PÉREZ MINIK, Domingo, *Teatro europeo contemporáneo*, Madrid, Guadarrama, 1961.

PUENTE SAMANIEGO, Pilar de la, *A. Buero Vallejo. Proceso a la historia de España*, Salamanca, Universidad, 1988.

RAGUÉ ARIAS, María José, *El teatro de fin de milenio en España (De 1975 hasta hoy)*, Barcelona, Ariel, 1996.

RUGGERI MARCHETTI, Magda, *Il teatro di Antonio Buero Vallejo o il processo verso la verità*, Roma, Bulzoni, 1981.

RUIZ RAMÓN, Francisco, *Historia del teatro español. Siglo XX*, Madrid, Cátedra, 1977[3].

SANTIAGO BOLAÑOS, M.ª Fernanda, *La palabra detenida. Una lectura del símbolo en el teatro de Antonio Buero Vallejo*, Murcia, Universidad de Murcia, 2004.

SCHMIDHUBER, Guillermo, *Teatro e historia. Parangón entre Buero Vallejo y Usigli*, Monterrey, Gobierno del Estado de Nuevo León, 1992.

SERRANO, Virtudes y PACO, Mariano de, *Buero Vallejo: La realidad iluminada*, Madrid, Fundación de Cultura y Deporte de Castilla-La Mancha, 2000.

VERDÚ DE GREGORIO, Joaquín, *La luz y la oscuridad en el teatro de Buero Vallejo*, Barcelona, Ariel, 1977.

WILLIS-ALTAMIRANO, Susan, *Buero Vallejo's Theatre (1949-1977): Coded Resistance and Models of Enlightenment*, Frankfurt am Main, Peter Lang, 2001.

www.cervantesvirtual.com/bib_autor/BueroVallejo/, página dirigida por Mariano de Paco.

III. SOBRE «HOY ES FIESTA»

AMORÓS, Andrés, MAYORAL, Marina y NIEVA, Francisco, «*Hoy es fiesta*», en *Análisis de cinco comedias (Teatro español de la posguerra)*, Madrid, Castalia, 1977.

A[RDILA], L[uis], «María Guerrero. Inauguración de la temporada con el estreno de la obra en tres actos de Antonio Buero Vallejo *Hoy es fiesta*» *Pueblo*, 21 de septiembre de 1956, pág. 13.

BAQUERO, Arcadio, «María Guerrero: estreno de *Hoy es fiesta*, de Buero Vallejo», *El Alcázar*, 21 de septiembre de 1956, pág. 8.

BERTRAND DE MUÑOZ, Maryse, SARRASIN, Thérese y MONETTE, Madeleine, «Estudio estructural de *Hoy es fiesta* de Antonio Buero Vallejo», *Reflexión 2* (Ottawa), 2-4 (1973), págs. 87-95.

«Buero Vallejo nos habla de *Hoy es fiesta* y *Un soñador para un pueblo*», *Negro sobre Blanco (Boletín Literario Bibliográfico de la Editorial Losada)*, 12, abril de 1960, págs. 1-2 y 14.

CANDAU, Alfonso, «Fortaleza y esperanza», *Arbor*, 36 (1957), páginas 225-226.

C[ASTÁN] P[ALOMAR], F[ernando], «*Hoy es fiesta*, en el María Guerrero», *Dígame*, 25 de septiembre de 1956, pág. 13.

COLL, Julio, «*Hoy es fiesta* de Antonio Buero Vallejo», *Destino*, 8 de diciembre de 1956, pág. 45.

«Diálogo con el autor. Antonio Buero Vallejo», *Triunfo*, 26 de septiembre de 1956.

FÁBREGAS, Xavier, «*Hoy es fiesta*, de Antonio Buero Vallejo», *Primer Acto*, 74 (1966), págs. 50-51.

FERNÁNDEZ ALMAGRO, Melchor, «Transfiguración del sainete», *ABC*, 17 de octubre de 1956, pág. 3.

GÓMEZ PICAZO, Elías, «María Guerrero: estreno de *Hoy es fiesta*, de Antonio Buero Vallejo», *Madrid*, 21 de septiembre de 1956, pág. 9.

G[ONZÁLEZ] R[UIZ], N[icolás], «Inauguración de temporada en el María Guerrero. Con el estreno de *Hoy es fiesta*, de Antonio Buero Vallejo», *Ya*, 21 de septiembre de 1956, pág. 4.

J., «*Hoy es fiesta*, en el María Guerrero», *Marca*, 21 de septiembre de 1956, pág. 11.

LABORDA, Ángel, «*Hoy es fiesta*, de Buero Vallejo, en el María Guerrero», *Informaciones*, 20 de septiembre de 1956, pág. 2.

LÁZARO, Ángel, «*Hoy es fiesta*», *Mañana* (La Habana), 26 de octubre de 1956.

MANEGAT, Julio, «*Hoy es fiesta*, de Antonio Buero Vallejo», *El Noticiero Universal*, 13 de agosto de 1957.

MARQUERÍE, Alfredo, «En el María Guerrero se estrenó *Hoy es fiesta*, de Buero Vallejo,» *ABC*, 21 de septiembre de 1956, pág. 48.

MONLEÓN, «Hoy estreno», *Triunfo*, 26 de septiembre de 1956.

NERVA, Sergio, «*Día de fiesta*, sainete negro de Buero Vallejo», *España* (Tánger), 7 de octubre de 1956.

P. M. H., «Se está ensayando... *Hoy es fiesta*, de Buero Vallejo, en el María Guerrero», *La Estafeta Literaria*, 60, 8 de septiembre de 1956, pág. 7.

— «Se ha estrenado... *Hoy es fiesta*, de Antonio Buero Vallejo, en el María Guerrero», *La Estafeta Literaria*, 63, 29 de septiembre de 1956, pág. 7.

PREGO, Adolfo, «*Hoy es fiesta*, de Buero Vallejo, en el María Guerrero», *Informaciones*, 21 de septiembre de 1956, pág. 8.

QUINTANILLA, José Luis, «Este jueves habla Buero Vallejo», *La Actualidad Española*, 27 de septiembre de 1956, pág. 31.
SÁINZ DE ROBLES, Federico Carlos, Prólogo a *Teatro español 1956-1957*, Madrid, Aguilar, Col. Literaria, 1958, págs. 15-17.
«Se ha estrenado... *Hoy es fiesta*, de Antonio Buero Vallejo, en el María Guerrero», *La Estafeta Literaria*, 63, 29 de septiembre de 1956, pág. 7.
SOUVIRÓN, José María, «Teatro, verdad y poesía», *Papeles de Son Armadans*, VIII, noviembre de 1956, págs. 228-230.
TORRENTE [BALLESTER, Gonzalo], «Estreno de *Hoy es fiesta* en el María Guerrero», *Arriba*, 21 de septiembre de 1956, pág. 16.

IV. SOBRE «EL TRAGALUZ»

AA.VV., «*El tragaluz* de Buero Vallejo», *Suplemento dominical de ABC*, 2 de junio de 1968, págs. 17-23.
AGGOR, F. Komla, «Derealizing the Present: Evasion and Madnes in *El tragaluz*», *Revista Canadiense de Estudios Hispánicos*, XVIII (1994), págs. 141-150.
ALSINA, Jean, «Le spectateur dans le dispositif dramatique: *El tragaluz* de Antonio Buero Vallejo —Regard, Histoire et Société—», *Hispanistica 20*, 2 (1984), págs. 123-139.
ALTARES, Pedro, «*El tragaluz*, de Buero Vallejo», *Mundo*, 4 de noviembre de 1967, pág. 55.
ÁLVARO, Francisco, «*El tragaluz*. De Antonio Buero Vallejo», en *El espectador y la crítica 1967*, Valladolid, 1968, págs. 138-155.
ARAGONÉS, Juan Emilio, «Una sensacional pieza dramática. Bellas Artes. *El tragaluz*», *Informaciones*, 9 de octubre de 1967, pág. 33.
BAQUERO, Arcadio, «*El tragaluz*, en el Bellas Artes», *El Alcázar*, 10 de octubre de 1967, pág. 31.
— «Un éxito indudable: *El tragaluz*, de Buero Vallejo», *Nuevo Diario*, 15 de octubre de 1967, pág. 10.
BLUMENSTOCK, Gottlieb, «Antonio Buero Vallejo: *Das Kellerfenster*. Eine Interpretation», *Die Neueren Sprachen*, LXX (1971), págs. 602-612.
BROWN, Kenneth, «The Significance of Insanity in Four Plays by Antonio Buero Vallejo», *Revista de Estudios Hispánicos*, VIII (1974), págs. 247-260.
CANSECO, Manuel, «Antecrítica. *El tragaluz*, de Buero Vallejo, mañana en el Maravillas», *ABC*, 10 de febrero de 1997, pág. 99.
CARDONA DE CASTRO, Ángeles, «Buero Vallejo y su obra teatral *El tragaluz*», *Historia y Vida*, 300, marzo de 1993, págs. 119-123.
CASA, Frank P., «The Problem of National Reconciliation in Buero Vallejo's *El tragaluz*», *Revista Hispánica Moderna*, XXXV, 3 (1969), págs. 285-294.

CASTILLO, Silvia, «*El tragaluz*, de Buero, treinta años después», *ABC*, 12 de febrero de 1997, pág. 119.

CENTENO, Enrique, «Otra vez será», *Diario 16*, 13 de febrero de 1997.

CHAMBORDON, Gabriela, «El conocimiento poético en el teatro de Antonio Buero Vallejo», *Cuadernos Hispanoamericanos*, 253-254, enero-febrero de 1971, págs. 52-98.

COSSÍO, Francisco de, «Lo real y lo esotérico», *ABC*, 5 de diciembre de 1967, pág. 3.

CRUZ, Jacqueline, «Una investigación en torno a la memoria: *El tragaluz*, de Antonio Buero Vallejo», *Mester*, XIX, 1 (1990), págs. 39-48.

CUADROS, Carlos, «*El tragaluz*, de Antonio Buero Vallejo. ¿Y quién es ese?», *Época*, 24 de febrero de 1997, págs. 66-67.

DIAGO, Nel, «El teatro de ciencia-ficción en España: de Buero Vallejo a Albert Boadella», en Cristóbal Cuevas García (dir.), *El teatro de Buero Vallejo. Texto y espectáculo*, Barcelona, Anthropos, 1990, págs. 173-186.

DÍEZ-CRESPO, M[anuel], «*El tragaluz*, de Buero Vallejo», *España* (Tánger), 29 de octubre de 1967, pág. 9.

DOMÉNECH, Ricardo, «A propósito de *El tragaluz*», *Cuadernos para el Diálogo*, 51, diciembre de 1967, págs. 40-41.

— «*El tragaluz*, una tragedia de nuestro tiempo», *Cuadernos Hispanoamericanos*, 217, enero de 1968, págs. 124-135.

DOMÍNGUEZ, Antonio José, *«El tragaluz» de Antonio Buero Vallejo*, Madrid, Akal, 1989.

— «*El tragaluz* muchos años después», *Mundo Obrero*, 67, marzo de 1997, págs. 52-53.

FERNÁN-GÓMEZ, Fernando, «A la luz del tragaluz», *ABC*, 12 de febrero de 1997, pág. 3.

FERNÁNDEZ-SANTOS, Ángel, «El enigma de *El tragaluz*», *Primer Acto*, 90, noviembre de 1967, págs. 4-6.

— «Una entrevista con Buero Vallejo sobre *El tragaluz*», *Primer Acto*, 90, noviembre de 1967, págs. 7-15.

FERRÁNDIZ CASARES, José, «Experiencias sobre el pasado», *Información* (Alicante), 9 de junio de 1997, pág. 34.

FRANCOLÍ, Eduardo, «El tema de Caín y Abel en Unamuno y Buero Vallejo», *Romance Notes*, XIV (1972), págs. 244-251.

FRIIS, Ronald J., «"Hoy ya no caemos en aquellos errores": Mimetic Violence and Trascendence in Buero Vallejo's *El tragaluz*», *Romance Notes*, XXXIV (1993), págs. 203-210.

GALINDO, Carlos, «Buero Vallejo: Mi intención es escribir obras que no haya que cambiar en cien años», *ABC*, 11 de febrero de 1997, pág. 83.

García Barrientos, José Luis, «El espacio de *El tragaluz*. Significado y estructura», *Revista de Literatura*, LII, 104, julio-diciembre de 1990, págs. 487-506.
García Pavón, F[rancisco], «*El tragaluz*, en el Bellas Artes», *Arriba*, 10 de octubre de 1967, pág. 27.
— «*El tragaluz*, de Antonio Buero Vallejo», *Destino*, 11 de noviembre de 1967, pág. 100.
González Ruiz, N[icolás], «Estreno de *El tragaluz* en el Bellas Artes», *Ya*, 8 de octubre de 1967, pág. 15.
Gutiérrez, Fabián, «*El tragaluz*». *A. Buero Vallejo*, Madrid, Alborada, 1989.
— «Ibsen en el teatro de Buero: influencia y originalidad en *El tragaluz*», en Cristóbal Cuevas García (dir.), *El teatro de Buero Vallejo. Texto y espectáculo*, Barcelona, Anthropos, 1990, págs. 259-276.
Halsey, Martha T., «*El tragaluz*, a Tragedy of Contemporary Spain», *The Romanic Review*, LXIII, 4 (1972), págs. 284-292.
Haro Tecglen, Eduardo, «Teatro. *El tragaluz*. Hombre rico, hombre pobre», *El País*, 13 de febrero de 1997, pág. 38.
Hera, Alberto de la, «La vida desde el fondo de la vida», *Guía del Ocio*, 3-9 de marzo de 1997, pág. 92.
Jiménez-Vera, Arturo, «La sociedad española vista a través de *El tragaluz* de Antonio Buero Vallejo», *Hispanófila*, 81 (1984), págs. 35-42.
Johnston, David, «Buero Vallejo y Unamuno: la maldición de Caín», en Victor Dixon y David Johnston (eds.), *El teatro de Buero Vallejo, Homenaje del hispanismo británico e irlandés*, Liverpool University Press, 1995, págs. 85-110.
Kronik, John W., «Buero Vallejo's *El tragaluz* and Man's Existence in History», *Hispanic Review*, 41, 2 (1973), págs. 371-396.
— «De *Un soñador para un pueblo* a *El tragaluz* (Hacia la conquista del espacio escénico)», *Estreno*, V, 1, primavera de 1979, páginas 5-7.
La Rubia Prado, Francisco, «*El tragaluz* de Buero Vallejo: el artista como arquitecto del futuro», *Boletín de la Biblioteca Menéndez Pelayo*, LXV (1989), págs. 317-335.
Laborda, Ángel, «El autor, en el ensayo», *ABC*, 6 de octubre de 1967, págs. 103-104.
Ladra, David, «Tres obras y una utopía», *Primer Acto*, 100-101, noviembre-diciembre de 1968, págs. 36-50.
Laín Entralgo, Pedro, «Buero, fiel a sí mismo», I, II y III, *Gaceta Ilustrada*, 19 de noviembre de 1967, págs. 15 y 17; 26 de noviembre de 1967, págs. 15 y 16; y 3 de diciembre de 1967, págs. 12 y 15.
López Sancho, Lorenzo, «*El tragaluz*, de Buero Vallejo, en el Teatro Bellas Artes», *ABC*, 10 de octubre de 1967, págs. 111-112.

— «*El tragaluz* de Buero Vallejo, gran distanciación distanciada», *ABC*, 13 de febrero de 1997, pág. 81.

MARQUERÍE, Alfredo, «Estreno de *El tragaluz* en el Bellas Artes», *Pueblo*, 9 de octubre de 1967, pág. 39.

MARTÍN INIESTA, Fernando, «*El tragaluz* y la memoria colectiva», *La Verdad* (Murcia), 8 de abril de 1997, pág. 49.

MARTÍNEZ LACALLE, Guadalupe, «De la influencia de Unamuno en *El tragaluz* de Antonio Buero Vallejo», *Belfast Spanish and Portuguese Papers*, 1979, págs. 95-110.

MARTÍNEZ THOMAS, Monique, «El *didascalos* escenógrafo: *El tragaluz* de Antonio Buero Vallejo», *Gestos*, 23 (1997), págs. 67-84.

MCSORLEY, Bonnie Shannon, «*Historia de una escalera* and *El tragaluz:* Twenty Years and One Reality», *Modern Language Studies*, X (1979-1980), págs. 69-74.

— «Buero Vallejo's *Mito* and *El tragaluz:* The Twilight Zone of Hope», *Science-Fiction Studies*, 10 (1983), págs. 81-86.

MOLINA, Ida, «Note on the Dialectics of the Search for Truth in *El otro* and in *El tragaluz*», *Romance Notes*, XIV, 1 (1972), págs. 23-26.

— «Dialectics of the Search for Truth in *El otro* and in *El tragaluz*», *Romanistiches Jahrbuch*, XXIV (1973), págs. 323-329.

— «*Vita activa* and *vita contemplativa:* Buero Vallejo's *El tragaluz* and Hermann Hesse's *Magister ludi*», *Hispanófila*, 53 (1975), págs. 41-48.

MOLLÁ, Juan, «Paso adelante y paso atrás. *El tragaluz*, de Buero Vallejo», *El Ciervo*, 165, noviembre de 1967.

MONLEÓN, José, «El experimento de Antonio Buero», *Triunfo*, 21 de octubre de 1967, pág. 12.

— «El retorno de Antonio Buero», *Triunfo*, 4 de noviembre de 1967, págs. 14-17.

MONTERO, Isaac, «*El tragaluz*, de Antonio Buero Vallejo», *Nuevos Horizontes*, 3-4, enero-abril de 1968, págs. 28-40.

MONTERO ALONSO, José, «Bellas Artes: *El tragaluz*, de Antonio Buero Vallejo», *Madrid*, 9 de octubre de 1967, pág. 9.

MORALES, María Luz, «Estreno de *El tragaluz*, experimento en dos partes, de Antonio Buero Vallejo», *Diario de Barcelona*, 12 de octubre de 1968, pág. 25.

MÜLLER, Rainer, «Notas sobre *El tragaluz*», *Madrid*, 27 de diciembre de 1967.

NONOYAMA, Minako, «La personalidad en los dramas de Buero Vallejo y de Unamuno», *Hispanófila*, 49 (1973), págs. 69-78.

O'CONNOR, Patricia W., «Confrontación y supervivencia en *El tragaluz*», *Anthropos*, 79, diciembre de 1987, págs. XII-XIII.

OSUNA, José, «Las dificultades de mi puesta en escena», *Primer Acto*, 90, noviembre de 1967, págs. 16-19.

— «Mi colaboración con Buero», en Mariano de Paco (ed.), *Buero Vallejo (Cuarenta años de teatro)*, Murcia, CajaMurcia, 1988, págs. 55-59.

PAULINO, José, «Los dramas de la conciencia y la memoria», *Anales de Literatura Española*, 21 (2009), págs. 111-38 (monográfico «La memoria literaria del franquismo», dirigido por Juan Antonio Ríos Carratalá).

PENNINGTON, Eric, «Psychology and Symbolism in the Death of Vicente in Buero Vallejo's *El tragaluz*», *Journal of the School of Languages*, 7, 1-2 (1980), págs. 141-156.

— «El misterio de Elche in *El tragaluz:* a Case of Subtle Foreshadowing», *Cuadernos de ALDEEU*, I, 1 (1983), págs. 83-89.

— «Life, Death, and Love in *El tragaluz*», *Ulula*, 2 (1986), págs. 29-40.

— «The Forgotten *Muñeco* of *El tragaluz*», *Ulula*, 2 (1986), págs. 117-124.

PÉREZ DE OLAGUER, G[onzalo], «*El tragaluz*, de A. Buero Vallejo», *Yorick*, 28, noviembre de 1968, págs. 67-68.

PLÁ, Juan, «Estrena Buero Vallejo: Acierto seguro. *El tragaluz* es un experimento ambicioso de corte clásico», *Diario SP*, 10 de octubre de 1967, pág. 14.

PLATAS TASENDE, Ana María, «Valores permanentes en *El tragaluz*», *Revista Galega do Ensino*, 15, abril de 1997, págs. 447-451.

POLANSKY, Susan G., «Provocation to Audience Response: Narrators in the Plays of Antonio Buero Vallejo», *Letras Peninsulares*, I, 2 (1988), págs. 200-223.

PREGO, Adolfo, «Con *El tragaluz* Buero Vallejo lanza un desafío», *Blanco y Negro*, 28 de octubre de 1967, págs. 102-105.

QUINTO, José M.ª de, «*El tragaluz*, de Buero Vallejo», *Ínsula*, 252, noviembre de 1967, págs. 15-16; reproducido en José María de Quinto, *Crítica teatral de los sesenta*, edición de Manuel Aznar Soler, Murcia, Universidad de Murcia, 1997, págs. 72-83.

RICO, Eduardo G., «Experimento y homenaje», *ABC*, 26 de enero de 1997, pág. 95.

RODRÍGUEZ CELADA, Antonio, «*El tragaluz* (1967) y *The Price* (1968) o el estudio psicológico del mito cainita invertido», *Studia Zamorensia*, 3 (1982), págs. 539-549.

RODRÍGUEZ MÉNDEZ, José María, «*El tragaluz*», *El Noticiero Universal*, 24 de noviembre de 1967.

RODRÍGUEZ RICHART, José, «*El tragaluz*, de Antonio Buero Vallejo. Un análisis textual», *Foro Hispánico*, 27, abril de 2005, págs. 73-87.

ROMERO, Emilio, «Un sótano y el tren», *Pueblo*, 10 de octubre de 1967, pág. 2.

RUANO SÁNCHEZ, Víctor, «Algunas diferencias y puntos de contacto entre *El tragaluz* de A. Buero Vallejo y *Un mundo feliz* de A. Huxley», *Residencia*, 7-8 (1983), págs. 81-89.

SAINZ DE ROBLES, Federico Carlos, Prólogo a *Teatro español 1967-1968*, Madrid, Aguilar, Col. Literaria, 1969, págs. XIII-XIV.

SANTALÓ, José Luis, «*El tragaluz,* en el Bellas Artes», *Arbor,* 263, noviembre de 1967, págs. 115-118.

SEGURA, Florencio, «*El tragaluz.* Antonio de Buero Vallejo», *Reseña,* 20, diciembre de 1967, págs. 372-374.

SIKKA, Linda Sollish, «Caín, Mario and Me: Interrelatedness in *El tragaluz»*, *Estreno,* XVI, 2, otoño de 1990, págs. 29-32.

SILES, Jaime, «*El tragaluz*», *Blanco y Negro,* 20 de abril de 1997, página 14; reproducido en Jaime Siles, *Bambalina y tramoya,* edición de César Oliva, Murcia, Universidad de Murcia, 2006, páginas 278-280.

TÉLLEZ MORENO, José, «Estreno y éxito de *El tragaluz,* drama de Buero Vallejo, en el Bellas Artes», *Hoja del Lunes de Madrid,* 9 de octubre de 1967, pág. 5.

THOMPSON, Michael, «La mirada imperfecta: metateatro en *El tragaluz»,* en Victor Dixon y David Johnston (eds.), *El teatro de Buero Vallejo, Homenaje del hispanismo británico e irlandés,* Liverpool University Press, 1995, págs. 175-195.

TORRES, Rosana, «Redescubrir a Buero Vallejo», *Guía del Ocio,* 10-16 de febrero de 1997, pág. 89.

VALENCIA, [Antonio], «Estreno de *El tragaluz* en el Bellas Artes», *Marca,* 8 de octubre de 1967, pág. 14.

VILLÁN, Javier, «La solidez del compromiso», *El Mundo,* 13 de febrero de 1997, pág. 53.

WEISS, Gerard R., «Buero Vallejo's Theory of Ttragedy in *El tragaluz», Revista de Estudios Hispánicos,* V, 2 (1971), págs. 147-160.

ZAMARRIEGO, Tomás, «*El tragaluz*», *Razón y Fe,* 840, enero-junio de 1968, págs. 26-29.

V. OBRAS Y VERSIONES DE BUERO VALLEJO CON SUS ESTRENOS

1. *Obras*

Historia de una escalera

Drama en tres actos escrito en 1947-1948 y estrenado el 14 de octubre de 1949 en el Teatro Español de Madrid, con dirección de Cayetano Luca de Tena.

Las palabras en la arena

Tragedia en un acto escrita en 1948 y estrenada el 19 de diciembre de 1949 en el Teatro Español de Madrid, con dirección de Ana Martos de la Escosura.

En la ardiente oscuridad
Drama en tres actos. La primera redacción se escribió en 1946 y la definitiva en 1950. Se estrenó ésta el 1 de diciembre de 1950 en el Teatro María Guerrero de Madrid, con dirección de Luis Escobar y de Huberto Pérez de la Ossa.

La tejedora de sueños
Drama en tres actos escrito en 1949-1950 y estrenado el 11 de enero de 1952 en el Teatro Español de Madrid, con dirección de Cayetano Luca de Tena.

La señal que se espera
Comedia dramática en tres actos escrita en 1952 y estrenada el 21 de mayo de 1952 en el Teatro Infanta Isabel de Madrid, con dirección de Antonio Vico.

Casi un cuento de hadas
Una glosa de Perrault en tres actos escrita en 1952 y estrenada el 10 de enero de 1953 en el Teatro Alcázar de Madrid, con dirección de Cayetano Luca de Tena.

Madrugada
Episodio dramático en dos actos escrito en 1953 y estrenado el 9 de diciembre de 1953 en el Teatro Alcázar de Madrid, con dirección de Cayetano Luca de Tena.

El terror inmóvil
Tragedia en tres actos, divididos en seis cuadros escrita en 1949. Sin estrenar.

Aventura en lo gris
Dos actos y un sueño. La primera redacción se escribió en 1949 y la definitiva en 1963. Se estrenó ésta el 1 de octubre de 1963 en el Teatro Club Recoletos de Madrid, con dirección de su autor.

Irene, o el tesoro
Fábula en tres actos escrita en 1954 y estrenada el 14 de diciembre de 1954 en el Teatro María Guerrero de Madrid, con dirección de Claudio de la Torre.

Hoy es fiesta
Tragicomedia en tres actos escrita en 1954-1955 y estrenada el 20 de septiembre de 1956 en el Teatro María Guerrero de Madrid, con dirección de Claudio de la Torre.

Una extraña armonía
Dos actos divididos en dos cuadros escrita en 1956. Sin estrenar.

Las cartas boca abajo
Tragedia española en dos partes y cuatro cuadros escrita en 1956-1957 y estrenada el 5 de noviembre de 1957 en el Teatro Reina Victoria de Madrid, con dirección de Fernando Granada.

Un soñador para un pueblo
Versión libre de un episodio histórico en dos partes escrita en 1958 y estrenada el 18 de diciembre de 1958 en el Teatro Español de Madrid, con dirección de José Tamayo.

Las Meninas
Fantasía velazqueña en dos partes escrita en 1959-1960 y estrenada el 9 de diciembre de 1960 en el Teatro Español de Madrid, con dirección de José Tamayo.

El concierto de San Ovidio
Parábola en tres actos escrita en 1962 y estrenada el 16 de noviembre de 1962 en el Teatro Goya de Madrid, con dirección de José Osuna.

La doble historia del doctor Valmy
Relato escénico en dos partes escrito en 1964 y estrenado, en versión de Farris Anderson, el 22 de noviembre de 1968 en el Gateway Theatre de Chester (Inglaterra), con dirección de Julian Oldfield; en España se representó por vez primera el 29 de enero de 1976 en el Teatro Benavente de Madrid, con dirección de Alberto González Vergel.

El tragaluz
Experimento en dos partes escrito en 1966 y estrenado el 7 de octubre de 1967 en el Teatro Bellas Artes de Madrid, con dirección de José Osuna.

Mito
Libro para una ópera escrito en 1967. Sin estrenar.

El sueño de la razón
Fantasía en dos partes escrita en 1969 y estrenada el 6 de febrero de 1970 en el Teatro Reina Victoria de Madrid, con dirección de José Osuna.

Llegada de los dioses
Fábula en dos partes escrita en 1971 y estrenada el 17 de septiembre de 1971 en el Teatro Lara de Madrid, con dirección de José Osuna.

La Fundación
Fábula en dos partes escrita en 1972-1973 y estrenada el 15 de enero de 1974 en el Teatro Fígaro de Madrid, con dirección de José Osuna.

La detonación
Fantasía en dos partes escrita entre 1975 y 1977 y estrenada el 20 de septiembre de 1977 en el Teatro Bellas Artes de Madrid, con dirección de José Tamayo.

Jueces en la noche
Misterio profano en dos partes escrito en 1978-1979 y estrenado el 2 de octubre de 1979 en el Teatro Lara de Madrid, con dirección de Alberto González Vergel.

Caimán
Relato escénico en dos partes escrito en 1980 y estrenado el 10 de septiembre de 1981 en el Teatro Reina Victoria de Madrid, con dirección de Manuel Collado.

Diálogo secreto
Fantasía en dos partes escrita en 1983 y estrenada el 6 de agosto de 1984 en el Teatro Victoria Eugenia de San Sebastián, con dirección de Gustavo Pérez Puig.

Lázaro en el laberinto
Fábula en dos partes escrita en 1986 y estrenada el 18 de diciembre de 1986 en el Teatro Maravillas de Madrid, con dirección de Gustavo Pérez Puig.

Música cercana
Fábula en dos partes escrita en 1988-1989 y estrenada el 18 de agosto de 1989 en el Teatro Arriaga de Bilbao, con dirección de Gustavo Pérez Puig.

Las trampas del azar
Dos tiempos de una crónica escrita en 1991-1992 y estrenada el 23 de septiembre de 1994 en el Teatro Juan Bravo de Segovia, con dirección de Joaquín Vida.

Misión al pueblo desierto
Ficción en tres actos escrita en 1997-1998 y estrenada el 8 de octubre de 1999 en el Teatro Español de Madrid, con dirección de Gustavo Pérez Puig y Mara Recatero.

2. *Versiones estrenadas*

Hamlet (Príncipe de Dinamarca), de William Shakespeare.
Estrenada el 15 de diciembre de 1961 en el Teatro Español de Madrid, con dirección de José Tamayo.

Madre Coraje y sus hijos, de Bertolt Brecht.
Estrenada el 6 de octubre de 1966 en el Teatro Bellas Artes de Madrid, con dirección de José Tamayo.

El pato silvestre, de Henrik Ibsen.
Estrenada el 26 de enero de 1982 en el Teatro María Guerrero de Madrid, con dirección de José Luis Alonso.

De las obras de Buero se han hecho las siguientes versiones cinematográficas: *Historia de una escalera*, dirigida por Ignacio F. Iquino (1950); una película argentina basada en *En la ardiente oscuridad*, dirigida por Daniel Tynaire (1956; en España se distribuyó en 1962 con el título *Luz en la sombra); Madrugada*, dirigida por Antonio Román (1957); y la adaptación de *Un soñador para un pueblo* titulada *Esquilache*, dirigida por Josefina Molina (1988). Para televisión se han llevado a cabo grabaciones de muchos de sus textos.

Hoy es fiesta
Tragicomedia en tres actos

A Claudio de la Torre,
con amistad y honda gratitud

Esta obra se estrenó la noche del 20 de septiembre de 1956, en el Teatro María Guerrero de Madrid, con el siguiente

REPARTO

(Por orden de intervención)

NATI	María Francés.
DOÑA NIEVES	María Luisa Moneró.
REMEDIOS	Pepita C. Velázquez.
SABAS	Manuel Rojas.
PACO	Teófilo Calle.
TOMASA	Adela Calderón.
MANOLA	Luisa Sala.
FIDEL	Pastor Serrador.
DANIELA	Victoria Rodríguez.
LA VECINA GUAPA	Malila Sandoval.
DOÑA BALBINA	Isabel Pallarés.
SILVERIO	Ángel Picazo.
CRISTÓBAL	Javier Loyola.
ELÍAS	Manuel Arbó.
PILAR	Elvira Noriega.

Derecha e izquierda, las del espectador

Decorado: Emilio Burgos.
Dirección: Claudio de la Torre.

El decorado

Azoteas[1]. En el primer término, a lo largo de algo más de los dos tercios de la derecha, se extiende un trecho de la primera, y el bloque por donde tiene su acceso ocupa el tercio izquierdo de la escena. Situado oblicuamente al proscenio, posee también este bloque una terracita cuyo más saliente ángulo se encuentra cerca del punto que separa el tercio izquierdo del resto de la embocadura. El lado derecho de este ángulo se aleja oblicuamente hacia el fondo, dibujando parte de la planta del bloque, que es interrumpido por el arranque del pretil[2] de la azotea, el cual, también oblicuamente, va a parar al primer término derecho de la embocadura y remata allí en un ancho y feo pilar de cemento, por el que asoman tres o cuatro chimeneas. La superficie de esta primera azotea no es, por consiguiente, del todo visible y sólo cuenta de ella en la acción un sector triangular. La terracita del bloque de la izquierda está a un nivel algo más elevado —no llega a un metro— que el de la primera azotea. Se sale a ella por la pared frontal del bloque a que pertenece, pared donde vemos

---

[1] En *Libro de estampas* (edición al cuidado de Mariano de Paco, Murcia, Fundación Cultural CAM, 1993, sin paginar) aparecen dos «Apuntes para el decorado de *Hoy es fiesta*» de Buero Vallejo con este comentario: «Emilio Burgos introdujo en el boceto definitivo por él realizado oportunas modificaciones, pero se mantuvo bastante fiel a mi idea. La obra se desarrolla en un solo día; mis dos apuntes muestran cómo cambiaría la luz de la mañana a la tarde». Uno de ellos se reproduce en la pág. 93 de esta edición.

[2] *Pretil:* murete o vallado de piedra u otra materia para preservar de caídas (DRAE).

una puerta a la derecha, abierta y con una cortina muy ligera, y una ventana a la izquierda, con una cuerda, de la que cuelgan dos pañuelos. Es una terraza diminuta, con barandilla de hierro que da a la primera azotea por la derecha, al proscenio por su frente y que remata por la izquierda, nada más doblar, sobre la inclinada tejavana[3] que limita a la izquierda la azotea y el bloque, perdiéndose en el lateral; tejavana en cuya vertiente acaso alcánzase a ver alguna claraboya[4]. Un par de arandelas de hierro con sus tiestos de flores decoran pobremente la barandilla. En la terraza, una mesita de pino, con una silla a la derecha y un derrengado sillón de mimbre a la izquierda. Tras la terracita y adosado al bloque se eleva otro pilar de chimeneas que sobrepasa al techo de éste, formado a su vez por otra terraza o azoteílla cruzada en sentido frontal por tres cuerdas, sujetas a seis palos atados a la barandilla que la rodea. Súbese a ella desde la primera azotea por una escalerilla inserta en el bloque de tal modo que divide a su pared en dos distintos planos, escalerilla que arranca del primer término para formar un diminuto rellano sobre la puerta de la azotea principal, y que luego, mediante un tramo en dirección contraria, concluye en el ángulo anterior de esta azotea alta. Bajo la escalerilla, en el plano más externo de pared que la sustenta y muy cerca del arranque del pretil, la puertecita de acceso a la primera azotea que se acaba de citar.

El pretil, de un metro o poco menos de alto, sólo da a la calle por un corto trecho, junto a las chimeneas de la derecha. El resto sirve de separación con la azotea del fondo, situada al mismo nivel que la del primer término y cuyo pretil arranca perpendicularmente del de ésta, dobla más lejos y, a lo largo del fondo, se pierde tras el bloque de la izquierda. Adosado a su derecha vemos asimismo un palo de donde parte una cuerda que cruza y se pierde igualmente tras el bloque.

Trátase, por lo tanto, de dos casas contiguas, no muy altas —cuatro o cinco pisos, a lo sumo—, pues tampoco lo son las manzanas fronteras y, sin embargo, alcanzan en parte más altu-

---

3 *Tejavana:* a tejavana, sin otro techo que el tejado (DRAE).

4 *Claraboya:* ventana abierta en el techo o en la parte alta de las paredes (DRAE).

ra que nuestras azoteas. Las vemos tras el pretil del fondo, dibujando una cresta de guardillas[5], tejados, tragaluces, chimeneas y terrazas tras la que asoma alguna cúpula lejana y en cuyo centro una o dos casas algo más elevadas permiten divisar las clásicas colgaduras con los colores nacionales, ya un tanto descoloridas, que adornan algunos balcones de sus últimos pisos.

Todo viejo, desconchado y deslucido por la intemperie. Por el suelo de la primera azotea, junto al pretil, un taburete de tres patas, caído. Junto a las chimeneas de la derecha, un cajón hecho trizas, con un tiesto rajado y una palangana abollada y carcomida[6]. Mas, sobre todo ello, la tersa maravilla del cielo mañanero y la ternura del sol que, desde la derecha, besa oblicuamente las pobres alturas urbanas.

Boceto original de Antonio Buero Vallejo para *Hoy es fiesta*.

---

[5] *Guardilla:* buhardilla, habitación en el desván de una casa.

[6] «Todo viejo... carcomida»: al igual que sucede con la acotación inicial del primer acto de *Historia de una escalera,* ésta señala la degradación y la pobreza del lugar con un valor simbólico.

(De izq. a dcha.) Pastor Serrador (Fidel), Victoria Rodríguez (Daniela), María Francés (Nati), Luisa Sala (Manola), María Luisa Moneró (Doña Nieves), Adela Calderón (Tomasa), Manuel Arbó (Elías), Ángel Picazo (Silverio) y Elvira Noriega (Pilar), en una escena de *Hoy es fiesta*. Dirección de Claudio de la Torre. Foto: Gyenes.

(De izq. a dcha.) Isabel Pallarés (Doña Balbina), María Luisa Moneró (Doña Nieves), Pepita C. Velázquez (Remedios), Luisa Sala (Manola), Adela Calderón (Tomasa) y Ángel Picazo (Silverio), en una escena del segundo acto del estreno de *Hoy es fiesta*. Dirección de Claudio de la Torre. Foto: Gyenes.

Acto primero

(El telón se alza lentamente sobre las azoteas vacías[7]*. A poco, la puertecita de la principal se abre y entra* NATI: *una mujer ya no joven, seca y arisca. Es la portera. Saca de la cerradura la llave con que abrió y se la guarda. Luego sale para coger el cesto de ropa que trae, con el que vuelve a entrar de inmediato. Tras un segundo de vacilación, porque se deja abierta la puerta, se encoge de hombros y sube cargada con el cesto a la azotea alta, donde lo deja y empieza a tender prendas de ropa, la primera de las cuales, una amplia sábana que llega casi al suelo, cuelga a la izquierda de la cuerda del fondo. Momentos después,* DOÑA NIEVES *levanta la cortina y sale a su terracita. Es una vieja de cara marchita y ojos hinchados por el sueño. Aún no se ha lavado ni peinado y sus cabellos, de un oxigenado detonante, penden desgreñados. Viene en chancletas y con una bata muy usada. Al entrar, bosteza con ruido, se hace una cruz en la boca, mira al cielo y se despereza. Luego va a apoyarse en la barandilla que da al proscenio y mira hacia abajo.)*

NATI.—*(Sin dejar su trajín.)* Buenos días, doña Nieves.

DOÑA NIEVES.—*(Sorprendida, procura arreglar el desorden de su aspecto.)* Hola, Nati. ¿Tan pronto y ya de faena? No son más que las diez.

---

[7] En la *Obra Completa* de Buero (edición crítica de Luis Iglesias Feijoo y Mariano de Paco, Madrid, Espasa-Calpe, 1994, I, pág. 555) aparece en este lugar la siguiente nota del autor: «Discurrido por mí, fue un buen efecto en el estreno su iniciación con el chotis de "Rosa de Madrid" y, después de su primera estrofa musical, la lenta subida del telón durante la segunda. Hoy por hoy lo sigo encontrando recomendable, sobre todo si el decorado madrileño es bello y convincente».

NATI.—¡Huy! Desde las siete estoy yo dando valsones[8]. Que si abrir el portal, que si el desayuno, que si lavar...

DOÑA NIEVES.—¡Remedios!

NATI.—... que si aviar[9] a la casa, que si mandar a mi chica a la plaza...

DOÑA NIEVES.—¡Remedios!

NATI.—Cómo se nota...

REMEDIOS.—*(Voz de.)* ¡En seguida está!

NATI.—... cómo se nota que usted lo gana bien. Hasta las diez en la camita.

DOÑA NIEVES.—Mujer, todos trabajamos. Pero como hoy es fiesta...

NATI.—No será para mí. Y menos una como la de hoy, que no es de guardar[10] ni nada. (DOÑA NIEVES *ahoga un bostezo y se deja caer en su sillón.* NATI *se asoma a la barandilla de la derecha.)* Por quitarme antes la carga del cesto me dejé abierto y estoy intranquila..., no vaya a ser que se cuele alguien y tengamos cuestión.

DOÑA NIEVES.—Esta Remedios me tiene harta. *(Grita.)* ¡Reme...!

> *(No llega a terminar.* REMEDIOS *sale a la terraza con un vaso de café y una botella de anís. Es una mujer madura, delgada, de apariencia anodina y mirada casi siempre baja, que viste de oscuro.)*

REMEDIOS.—*(Va rápida a la mesita y deja lo que trae.)* Aquí lo tienes. *(Saca una copa del bolsillo del delantal, que repasa con un pico del mismo y deja después sobre la mesa, llenándola.)* ¿Me llevo la botella?

DOÑA NIEVES.—*(Mirada furtiva a* NATI.) Sí. *(Saca una punta de lápiz del bolsillo de su bata y marca una señal sobre la etiqueta.)* Y avía en seguida el gabinetito.

---

8 *Dando valsones:* expresión coloquial construida sobre el aumentativo de *vals* para indicar que no ha cesado de moverse realizando las actividades que después enumera.

9 *Aviar:* arreglar, componer.

10 *De guardar:* aquella fiesta en la que los cristianos tienen obligación de oír misa y de no trabajar.

REMEDIOS.—Ahora mismo.

(Se va con la botella. DOÑA NIEVES *bebe su café y su anís.)*

NATI.—Con poco se mantiene usted.

DOÑA NIEVES.—Tomaré algo a media mañana. Al levantarme no me sienta bien.

NATI.—*(Vuelve a mirar por la barandilla.)* Estoy volada[11] con la puerta. *(Sigue colgando ropa.)* ¿Va a salir esta tarde?

DOÑA NIEVES.—Quia, hija. Las fiestas son mis días. Es cuando viene más gente. ¿Y usted?

NATI.—Por la noche nos iremos al cine Juan y yo.

DOÑA NIEVES.—Me hará el favor entonces de indicar bien a los que pregunten en la portería...

NATI.—Descuide, doña Nieves. Como siempre.

DOÑA NIEVES.—Pero ya sabe: si alguno no le parece de fiar...

NATI.—Que llamen a otra puerta. A ésos los tengo yo muy calados.

DOÑA NIEVES.—Gracias, hija. *(Se levanta.)* Voy a aviarme. Cuando tenga un ratito, suba a probar unos bollos que me han regalado. Le gustarán.

NATI.—¡Ay, muchísimas gracias!

DOÑA NIEVES.—Esta el día rico, ¿eh?

NATI.—Pura gloria.

DOÑA NIEVES.—Hasta luego, entonces.

NATI.—Hasta luego, doña Nieves.

(Sale DOÑA NIEVES. NATI *está terminando de tender.* REMEDIOS *sale a la terraza. Coge la copa y la escurre en su boca, con un gesto de contrariedad por lo poco que cae. Luego palpa los dos pañuelos de la cuerda y los descuelga. Mete la copa en el vaso, recoge todo y se dispone a irse. En la azotea irrumpe* SABAS: *un mastuerzo joven y despechugado, fuerte y con cara de bruto.)*

---

[11] *Volada:* preocupada, inquieta.

Sabas.—*(Nada más entrar, se vuelve y dice:)* ¡Sube, alelado! La azotea está abierta.

(Atiza un puntapié a una disforme pelota de trapo que traía y la lanza a la azotea del fondo. Entonces aparece Paco, *otro golfante de aspecto canijo y ojillos vivaces.)*

Paco.—¡Gol!

(Salta a la otra azotea y recoge la pelota. Remedios *se ha detenido al verlos.)*

Nati.—*(En jarras.)* ¡Si ya lo decía yo! ¡Si es que no puede una descuidarse ni un segundo! ¡Largo de aquí!

Paco.—¡Para!

(Le echa la pelota a Sabas, *que la para con la cabeza, y vuelve a saltar a la primera azotea.)*

Nati.—*(Sobre el barandal)* ¿No han oído?

Doña Nieves.—*(Voz de.)* ¡Remedios!

(Remedios *sale deprisa de la terraza.)*

Nati.—¡He dicho que fuera!

Sabas.—*(Mientras regatea con* Paco.) La azotea es nuestra.

Paco.—Déjala. Vámonos a la mía.

Nati.—¡Tampoco! Está prohibido saltar de una a otra.

Paco.—¿De veras?

(Salta a la azotea del fondo.)

Nati.—¡No haga eso!

Paco.—Estoy en mi azotea.

Nati.—¡Pues quédese en ella de una vez! *(A* Sabas.) ¡Y usted, salga!

Sabas.—Estoy en mi azotea.

(Paco *salta de nuevo.)*

Paco.—Combina.

(SABAS *le lanza la pelota.)*

NATI.—*(Furiosa.)* Ahora mismo vamos a ver si salen o no salen.

(Saca del fondo del cesto un par de calcetines, que cuelga, y baja por la escalerilla.)

PACO.—*(Burlón.)* ¡Qué miedo, Sabas! Mira qué cara trae.
SABAS.—¡Madre mía, qué miedo!

(Abajo ya, NATI *va a la puerta de la azotea y saca la llave.)*

PACO.—*(Se esconde cómicamente tras* SABAS, *como si la llave le hubiese asustado.)* ¡Socorro!
NATI.—¡Vamos, que cierro! ¡Salgan de una vez!

(En este momento entra TOMASA: *una mujerona ya vieja, atrozmente ordinaria.)*

TOMASA.—¿Y por qué tienen que salir, vamos a ver?
SABAS.—¡Duro, madre!
NATI.—Señora Tomasa, no me tire de la lengua, que de sobra sabe usted que aquí no se puede estar.
PACO.—*(Ya abroncado, señala con la cabeza.)* ¡Pues a la nuestra bien que podemos subir!
NATI.—Allá la portera, que bien se lo tengo dicho. Si algún día hay un robo, será culpa suya. Yo, con cerrar la mía...
TOMASA.—*(Seca.)* Dirá usted la nuestra.
SABAS.—*(Ríe.)* ¡Ahí le ha dado!
NATI.—*(Airada.)* ¡De quien sea, pero tiene que estar cerrada! ¡Conque, largo!
SABAS.—*(Burlón.)* ¡A sus órdenes, mi sargento! *(Salta a la azotea del fondo.)* ¡Chuta!

(PACO *salta también y le envía la pelota de un puntapié.)*

NATI.—¡Que por ahí, no! ¡Que les he dicho que no salten!

(Se abalanza al pretil.)

TOMASA.—Déjelos que jueguen.

NATI.—¡Qué voy a dejar!

PACO.—¡Qué va a dejar! Lo que va a hacer es saltar también para sacudirnos la badana[12].

SABAS.—¡Qué miedo!

PACO.—¿Desea saltar, señora? ¿Le doy la mano?

(TOMASA *ríe.)*

NATI.—*(Sobre el pretil.)* ¡Sinvergüenzas! ¡Bribones!

SABAS y PACO.—*(A coro.)* ¡Que salte!... ¡Que salte!...

NATI.—¡Golfos!

SABAS.—Vamos, Paco. Te juego un futbolín en Casa Claudio. ¡Hasta luego, madre!

PACO.—¡Para!

(Le lanza la pelota. Desaparecen los dos tras el bloque. Vanse perdiendo sus voces.)

TOMASA.—Cosas de muchachos.

NATI.—*(Jadeante y humillada, torna a la puerta.)* Es que una sabe sus obligaciones y no quiere líos. *(Saca otra vez la llave.)* Bueno... Pues cuando usted quiera.

TOMASA.—Cuando yo quiera, ¿qué?

NATI.—Salimos.

TOMASA.—¡Quia, hija! Para una vez que me encuentro abierta la azotea, no es cosa de desaprovechar. Se me ha antojado respirar un ratito el aire aquí arriba.

NATI.—¡Es que tengo que cerrar!

TOMASA.—No será mientras yo esté.

NATI.—*(Resuella.)* Señora Tomasa, vengámonos a razones, que yo tengo mucho que hacer y...

TOMASA.—¡Cuánto lo siento, Nati! Yo lo tengo todo hecho.

---

[12] *Sacudir la badana:* maltratar físicamente o de palabra (DRAE).

NATI.—¿Es que se va usted a reír de mí? ¡Ca, no, señora! ¡Ahora mismo sale usted o...!

TOMASA.—¿O qué?

NATI.—¡O la dejo encerrada!

TOMASA.—*(También furiosa.)* ¿A que no?

NATI.—¿Que no? *(Mete la llave en la cerradura y trata de cerrar.* TOMASA *se aferra al borde de la puerta y la sujeta con el pie.)* ¡Quite el pie, que se lo voy a pisar!

TOMASA.—¡Como me pise usted el pie, le piso yo a usted la cabeza!

NATI.—*(No puede mover la puerta; la otra es más fuerte.)* ¡Quítelo!

TOMASA.—*(Ríe.)* Tiene usted muy poca chicha[13] para mí.

(Menuda y viva como una ardilla, MANOLA *aparece tras* NATI. *Es otra comadre, joven todavía, que trae un brazado de ropa.)*

MANOLA.—¿Me deja pasar?

(Se desliza en la azotea.)

NATI.—*(Suelta la puerta.)* ¿Otra? ¿A qué viene?

MANOLA.—A tender esta ropa que me ha sobrado. He visto abierto y me he dicho: «Aprovecha, Manola, que ya tienes todo el patio colgado». Con permiso.

(Se dirige a la escalerilla.)

NATI.—¡Aquí no se puede tender!

TOMASA.—¡Y dale! Aquí no se puede tender, aquí no se puede estar... Y usted, ¿por qué tiende?

NATI.—¡Soy la portera!

MANOLA.—*(Que sube.)* Y yo la inquilina del tercero izquierda. *(Risita.)*

NATI.—¡Baje usted!

---

13 *Poca chicha:* poca fuerza.

(MANOLA *no le hace caso y se pone a tender en la cuerda más cercana al proscenio, que* NATI *dejó libre.)*

TOMASA.—*(Harta.)* ¡Cállese! Usted es la única que puede subir a tender o a rascarse las narices; y los demás que se aguanten en sus cuchitriles[14], ¿no? ¡Pues no, señora! ¡Esto se ha acabado! ¡Ni salimos ni saldremos en todo el día, ya lo sabe! ¡Ahora mismo bajo a casa y me subo una silla! Y avisaré a los demás vecinos para que suban también, ¿se entera? ¡Vamos a ver de una vez de quién es la azotea!

MANOLA.—*(Mientras tiende.)* ¡Y, además, que hoy es fiesta!

TOMASA.—*(Echándose encima de* NATI.) ¡Eso! ¡Y hacemos lo que nos da la gana! Conque ya está usted tomando soleta[15].

(De improviso, NATI *trata de cerrar la puerta.* TOMASA *vuelve a poner el pie, inexorable.* MANOLA *mira desde arriba.)*

NATI.—*(Saca de golpe la llave de la cerradura y se la guarda.)* ¡Ahora subirá mi Juan a ver si salen o no salen ustedes!

(Se va echando chispas.)

TOMASA.—*(Desde la puerta.)* ¡Échele un jarro de agua en el colodrillo[16], a ver si se despierta! *(Despectiva, se acerca al pretil.)* Su Juan. ¡Vamos!...

MANOLA.—¡Digo! Menudo gandul es.

TOMASA.—Y ella una abusona. ¿La ayudo?

MANOLA.—Gracias, mujer. Son cuatro pingos[17].

TOMASA.—*(Se acerca a la derecha y mira a la calle por el pretil.)* Siempre me pregunto de qué vivirá esa mujer de la esquina. Entre todo lo que tiene en la cesta, no llega a seis duros.

---

14 *Cuchitril:* espacio pequeño y mísero.

15 *Tomar soleta:* marcharse deprisa.

16 *Colodrillo:* parte posterior de la cabeza (DRAE).

17 *Pingo:* trapo (con esta expresión quita importancia a la cantidad y a la calidad de las prendas que tiende).

MANOLA.—La ayuda su sobrino.

TOMASA.—¡Ya está mi pequeña comprándole pipas!

MANOLA.—¿Y qué, mujer?

TOMASA.—Que siempre está con el estómago sucio de todas las porquerías que se traga. *(Grita.)* ¡Tomasica! *(Ríe.)* Vaya susto que se ha pegado. *(Alto.)* ¡Vuela a la cocina y vigila el puchero, condenada! ¡Y vete preparando, que va a haber solfa![18]. *(Se aparta.)* ¡Hum!... ¿Se ve mucho desde ahí arriba?

MANOLA.—Ya lo creo. Hasta la pradera. Ahora están instalando un tiovivo.

TOMASA.—*(Subiendo.)* Lo que yo quiero ver es el balcón del tercero de ahí enfrente. Dicen que ella le pega a él. *(Mira desde el rellano.)* Está cerrado. *(Termina de subir y toma una de las prendas de la portera.)* Mire. ¿Usted cree que esto es zurcir?

MANOLA.—*(Se asoma entre sus ropas.)* Es una manirrota.

(DOÑA NIEVES *sale a su terraza con un bote de agua y riega un poco sus tiestos.* MANOLA *se la indica a* TOMASA *por señas y la espían, silenciosas, tras las ropas. La transformación de* DOÑA NIEVES *es sorprendente. Muy peinada, con ricitos pegados a las sienes y la cara pintada, cree, sin duda, que aún podría presumir. Lleva ahora un traje negro con puntillas en el cuello y un broche al pecho.* REMEDIOS *asoma.)*

REMEDIOS.—Bajo a la tienda.

DOÑA NIEVES.—*(Hosca.)* ¿Cuántos días llevas sin limpiar el cuadro de las Ánimas Benditas?

REMEDIOS.—Ayer le pasé el plumero.

DOÑA NIEVES.—Sería por el rabo. Mira cómo me he puesto el dedo.

REMEDIOS.—*(Seca.)* Bueno, yo no tengo la culpa de que aún no haya venido nadie.

DOÑA NIEVES.—¡Pero de no valer para nada sí que la tienes! Toma, llévate el bote. *(Se lo da.* REMEDIOS *va a salir.)* Espera. *(Sin mirarla.)* ¿Sabes algo de... la otra?

---

[18] *Solfa:* paliza, zurra.

REMEDIOS.—*(La mira muy fijo.)* Ayer me dijo la muchacha que fueron lo menos quince a visitarla.

DOÑA NIEVES.—*(Recomida.)* ¡Je! Y eso que no era fiesta. ¿Qué será hoy?

REMEDIOS.—Y me dijo que una señora que fue llevaba un collar hasta aquí. *(Se señala el estómago.)* Y que...

DOÑA NIEVES.—¡Bueno, basta! *(Se rehace.)* ¿Le has puesto la comida al gato?

REMEDIOS.—Sí. ¿Me das el dinero?

(Con un gesto destemplado, DOÑA NIEVES *indica a* REMEDIOS *que salga y sale tras ella. Las comadres salen de entre las ropas y se acercan a la barandilla.)*

TOMASA.—*(Confidencial.)* No se llevan nada bien.

MANOLA.—¿Hace mucho que no la consulta usted?

TOMASA.—Desde el viernes pasado.

MANOLA.—¿Y le ha salido algo?

TOMASA.—*(Misteriosa.)* Sí sale, sí... Al principio parece que no; pero luego, si se piensa bien, se da una cuenta de que salen las cosas que dice. Sólo que hay que entenderlas.

MANOLA.—*(Que ha asentido muy convencida.)* Oiga, señora Tomasa... ¿Y si fuéramos ahora?

TOMASA.—¡Lo estaba pensando! ¡Vamos!

(Corre a la escalerilla.)

MANOLA.—*(Tras ella.)* Tendremos que bajar por un durillo. Ya sabe que nunca fía.

TOMASA.—Mejor. Así le echo un vistazo al puchero y le arreo de paso una bofetada a Tomasica, que se la tiene muy merecida. *(Ya están abajo. Detiene a* MANOLA.) ¿Y si cierra la Nati?

MANOLA.—Tengo ya la ropa tendida. ¡Y a la que subimos, nos traemos las sillas para luego!

TOMASA.—¡Vamos! (*Va a salir y casi tropieza con* FIDEL, *que entra. Es un muchacho de aspecto encogido, que usa gafas de gruesos cristales y trae bajo el brazo dos o tres libros.)* ¿A qué vienes tú?

FIDEL.—A... estudiar un poco. Abajo hay mucho ruido por el patio. *(Cruza.)*

TOMASA.—¿Se ha levantado ya tu padre?

FIDEL.—No.

TOMASA.—Pues cuida de que la Nati no cierre la azotea, que yo subo en seguida.

(Salen las dos comadres y, en cuanto las pierde de vista, FIDEL *se precipita al pretil, deja los libros encima y atisba hacia la azotea del fondo con gran interés. Una pausa.* DANIELA *entra en la primera azotea y lo mira. Es una muchacha no fea, vestida con mucha sencillez, que trae una bolsa de hule en la mano.)*

DANIELA.—¿Qué miras?

FIDEL.—*(Sobresaltado.)* ¿Eh? *(De mala gana.)* Ah, eres tú...

(Se vuelve y se recuesta sobre el pretil.)

DANIELA.—*(Tímida, llega a su lado.)* Cuando salía te vi subir. Hace tiempo que no venimos aquí... Siempre está cerrado.

FIDEL.—*(Ojeada a la otra azotea.)* Sí.

DANIELA.—¿Te acuerdas de una vez que estaba abierto y subimos a jugar? Entonces mi pobre padre todavía vivía y subió a buscarme. Y a mí me dio mucho miedo, y tú me ayudaste a saltar y nos escondimos ahí *(Señala a la otra azotea.)* mientras él me llamaba... Era muy bueno... ¿Te acuerdas? Y luego se me pasó el miedo y estábamos tú y yo muertos de risa. *(En la azotea del fondo aparece una joven con un cesto de ropa. Es una muchacha muy atractiva, de boca siempre sonriente y bellos ojos maliciosos, que viste una bata estampada bastante bonita. Mira a la pareja de reojo y, dejando la cesta, comienza a tender.* FIDEL *la mira a hurtadillas de* DANIELA, *que sigue hablando, con los ojos bajos.)* Hace ya muchos años... Yo tenía nueve y tú doce.

FIDEL.—Te acuerdas muy bien.

DANIELA.—*(Abstraída.)* Fue un tiempo muy bonito... *(Se enardece.)* Pero no he subido para hablarte de eso, Fidel. Al verte me acordé de lo compenetrados que estuvimos entonces... Y pensé que tal vez tú podrías... aconsejarme... Estoy muy inquieta.

FIDEL.—¿Inquieta?

DANIELA.—*(Ojeada a la vecina.)* Ven. No quiero que me oiga ésa. *(Se guarece tras las chimeneas de la derecha y le hace señas de que se acerque. Ahogando un suspiro de contrariedad,* FIDEL *acude a su lado. La vecina se detiene un momento y los mira con sorna.)* No sé a quién recurrir, Fidel. A lo mejor son figuraciones mías, pero no vivo de intranquilidad.

FIDEL.—*(Distraído, trata de mirar a la vecina.)* No será nada grave, mujer.

DANIELA.—¡Ojalá! Porque... se trata de mi madre. No sé si hago bien en hablarte... ¡Pero yo tengo que decirlo, yo...! ¡Fidel, júrame que no lo dirás a nadie! ¡Júramelo!

(Le oprime un brazo mirándole, nerviosa, a los ojos. FIDEL *no se ha enterado, pendiente de la bella vecina.)*

FIDEL.—¿Eh? Sí, claro... No será nada...

(Una pausa. DANIELA *lo mira, observa a la vecina y vuelve a mirarlo fijamente.)*

DANIELA.—*(Fría.)* Adiós.

(Se encamina a la puerta.)

FIDEL.—*(Reacciona.)* Pero, oye...

(Da unos pasos tras ella. DANIELA *se vuelve y mira a los dos un momento, dolida. Luego sale. Con un gesto de contrariedad,* FIDEL *se acerca al pretil. La vecina lo mira con descaro, sonriente, y él disimula con sus libros. En su faena, se esconde ella tras el bloque.* FIDEL *toma sus libros y sube a la azotea alta, donde desaparece tras las ropas para seguir mirando, al tiempo que* TOMASA *entra en la azotea con dos sillas diferentes y las deja con un golpe seco, saliendo inmediatamente.*

Entonces aparece Doña Nieves *en su terraza, seguida de* Manola.)

Doña Nieves.—Siéntese.
Manola.—Mi duro.
Doña Nieves.—Gracias.

(Lo guarda. Tomasa *entra en la terraza, empuja a* Manola *y se sienta sin contemplaciones.)*

Tomasa.—¡Aquí está mi duro! ¡A mí primero!

(Le paga a Doña Nieves, *que se sienta en el sillón.)*

Manola.—¡Yo he pagado antes!
Tomasa.—Y yo le he sacado la silla a la azotea.
Doña Nieves.—Calma. Hay tiempo para las dos. Pero ¿por qué no quieren hacerlo dentro?
Tomasa.—Desde aquí estaré al tanto, para que no cierre la Nati.
Doña Nieves.—A su gusto. *(Repasa la baraja que ha traído.)* Usted será la sota de bastos. *(La separa y la coloca boca arriba sobre la mesa. Baraja.)* ¿Pregunta algo o quiere saber su suerte en general?

(Fidel *aparece entre las ropas y las mira con disgusto.)*

Tomasa.—¿Puedo preguntar algo para mí?
Doña Nieves.—*(Seca.)* Las cartas no engañan. Pero así es más difícil de interpretar... Bien. Probaremos. Piense mucho en su pregunta. No se la quite de la cabeza.
Tomasa.—Eso hago. *(Fastidiado,* Fidel *decide irse y baja la escalerilla.)* ¡La portera! *(De un salto, asómase* Tomasa *a la barandilla y ve a su hijo.)* ¡Tú tenías que ser! ¿A dónde vas?
Fidel.—A casa.
Tomasa.—Pues cuidado con decirle a tu padre dónde estoy.
Fidel.—*(De mal humor.)* Yo no sé nada.

(Sale. Tomasa *lo mira salir, suspicaz.)*

DOÑA NIEVES.—*(Reticente.)* A mí me da lo mismo. Pero con interrupciones no puede salir bien. Se va la gracia.

TOMASA.—Si no habíamos empezado...

DOÑA NIEVES.—Eso cree usted. ¡Siéntese! *(Sumisa, vuelve a sentarse* TOMASA. DOÑA NIEVES *baraja y, al cabo de un momento, salmodia con los ojos bajos.)* Hay que esperar... Hay que esperar siempre... La esperanza nunca termina... Creamos en la esperanza... La esperanza es infinita.

MANOLA.—*(Arrobada.)* ¡Qué palabras más preciosas!

DOÑA NIEVES.—Corte con la izquierda. (TOMASA lo *hace.* DOÑA NIEVES *distribuye boca abajo cuatro parejas de cartas alrededor de la sota y luego otra carta sobre ésta.)* Levante usted misma. *(Le señala una de las parejas.* TOMASA *la levanta.)* Sorpresas cercanas... Fiesta en su casa. No le faltará el aquel... Papeles valiosos se acercan... por esquinas.

MANOLA.—¡Dios mío, qué misterio!

DOÑA NIEVES.—*(Cauta.)* ¿Va bien con la pregunta?

TOMASA.—*(Muy contenta.)* ¡Yo creo que sí!

DOÑA NIEVES.—*(Señala otra pareja.)* Levante. (TOMASA *lo hace. La mira y medita.)* Dos de oros. Lágrimas y disgustos vienen por caminos cortos. Siete de espadas: discordias, decepción, peligro de cárcel.

TOMASA.—¡Ya se torció!

DOÑA NIEVES.—Según lo que digan las otras. *(Señala y* TOMASA *levanta otra pareja.)* El caballo de copas y el tres de oros. Recibe buenas noticias que le trae un joven moreno... entre dos luces.

TOMASA.—¡Eso sí que es verdad! ¡Cabal lo que yo pensaba! ¿Levanto?

DOÑA NIEVES.—Sí. *(Interpreta.)* Oro, lujo y esplendor.

TOMASA.—¡Ay, que sale! ¡Ay, que sale!

DOÑA NIEVES.—*(Prudente.)* Pero las espadas vuelven a señalar disgustos[19].

---

[19] Las misteriosas frases de doña Nieves recuerdan los enigmáticos augurios de Diego Torres de Villarroel que Esquilache lee en un folleto a Fernandita al final de la Parte Primera de *Un soñador para un pueblo*, la obra de Buero que se estrenó dos años después de *Hoy es fiesta*.

MANOLA.—¿A que sé lo que pregunta? ¿A que es lo mismo que iba a preguntar yo?

(Entran en la azotea DOÑA BALBINA *y* SILVERIO. *Trae éste, bajo el brazo, una caja de madera. Aunque cercano ya a los cincuenta, es hombre de buen porte, y la tersura y nobleza de su fisonomía nos lo harían suponer más joven si no fuese porque su limpio cabello cano y su melancólica sonrisa denuncian la fatiga de la edad. Viste, con sencillez algo bohemia, un pantalón gris y una vieja chaqueta de pana sobre una despechugada*[20] *camisa de color.* DOÑA BALBINA *es una señora que promedia también el medio siglo. Viste pobres ropas de alivio de luto, con cierta distinción en su corte pasado de moda. Angulosa y seca, la obsequiosa sonrisa que de continuo distribuye, no dulcifica sino que acentúa el vinagre de su gesto.)*

DOÑA BALBINA.—Ya era hora de que los vecinos pudiéramos disfrutar de la azotea. ¿Verdad, don Silverio?

SILVERIO.—Y de trabajar al fresquito, que es lo que a mí me gusta.

(A sus voces, la escena de la terraza se interrumpe. Rápida, vuelve a asomarse TOMASA. SILVERIO *va, entre tanto, a la derecha y se asoma a la calle. Luego deja su caja sobre el pretil, más al centro de éste.)*

DOÑA NIEVES.—*(Molesta.)* ¿Otra vez?

DOÑA BALBINA.—¡Si es la señora Tomasa! Buenos días a todas. *(Se acerca.)*

SILVERIO.—*(Se vuelve desde el pretil.)* Y bien buenos que son.

DOÑA NIEVES.—Buenos los tengan ustedes.

DOÑA BALBINA.—Cartitas, ¿eh? Sigan, sigan. Ya sabe doña Nieves que a mí estas cosas no me parecen serias, pero respeto el criterio de los demás.

---

20 *Despechugada:* abierta hasta el pecho.

DOÑA NIEVES.—*(Con retintín.)* Pues entonces, con su permiso.

TOMASA.—Sí, con su permiso. Sólo falta una carta, ¿sabe?

(Se apresura a sentarse.)

DOÑA BALBINA.—*(Ríe.)* ¡Que sea buena! *(Sube por la escalerilla.)* Voy a ver...

(Entre tanto, SILVERIO *abre su caja, levanta el taburete caído, se sienta y comienza a trabajar con unos alicates y un martillito en dos cortos tubos acodados de latón. Con ademanes reprobatorios,* DOÑA BALBINA *curiosea la ropa tendida.)*

DOÑA NIEVES.—Levante la de en medio. Pero no respondo de nada. Se ha debido de perder toda la gracia.

TOMASA.—*(Contrita.)* Yo creo que no...

(Levanta con mucho miedo la carta que cubre a la sota.)

DOÑA NIEVES.—El as de oros. Victoria.

TOMASA.—¡Y dinero! ¿No significa dinero?

DOÑA NIEVES.—*(Sonríe.)* Hay muchos oros sobre la mesa... Sí. Podría ser dinero.

MANOLA.—¿Ve como era lo mismo? Usted ha preguntado si le va a tocar hoy la lotería.

(DOÑA BALBINA *se asoma y las mira.)*

TOMASA.—¡Y me va a tocar! ¡Ya ve lo conforme que ha salido todo!

MANOLA.—¡A lo mejor nos toca a todas! Todas tenemos participaciones de las demás... ¡Ay, doña Nieves, Dios lo quiera!

(SILVERIO *las mira, sonriente.)*

DOÑA NIEVES.—*(Seca.)* No se confíen. También han salido lágrimas y disgustos.

TOMASA.—¡Como me toque la lotería, me importan un bledo! ¿Cuántas lágrimas hay que echar? ¿Mil? Pues, hale, a echarlas. ¡Pero que me toque la lotería!

(Se levanta, muy alegre.)

MANOLA.—*(Se sienta en seguida.)* A ver si se confirma conmigo.

DOÑA NIEVES.—*(Recoge las cartas y baraja.)* Como su marido está... fuera, usted será la sota de espadas.

(La busca. REMEDIOS *asoma.)*

REMEDIOS.—¡El señor Cristóbal sube echando chispas por la escalera!

(Todas se levantan.)

TOMASA.—¡Y lo tengo sin desayunar! ¡Escóndame, doña Nieves!

DOÑA NIEVES.—Pasen adentro.

TOMASA.—¡Por favor, señor Silverio, siéntese en mi silla, que la va a conocer!

(SILVERIO *sonríe y lo hace. Abandonan todas la terraza.* DOÑA BALBINA *empieza a bajar, curiosa.* CRISTÓBAL *entra. Viene en mangas de camisa y viejo pantalón azul. Es un hombretón calvo, de recio bigote y aspecto enérgico.)*

CRISTÓBAL.—*(Cruza, rápido, y mira a todos lados con suspicacia.)* Hola, Silverio. ¿No estaba mi mujer por aquí?

SILVERIO.—*(Se encoge de hombros.)* Yo, como estoy con mi trabajo...

DOÑA BALBINA.—*(Ha descendido y se acerca al pretil, bajo la mirada suspicaz de* CRISTÓBAL.) Yo no la he visto.

CRISTÓBAL—No, si ya me figuro dónde está. ¡Pues me va a oír! *(Da un paso hacia la puerta.* DOÑA NIEVES *entra en su terraza y se sienta plácidamente.* CRISTÓBAL *se acerca.)* ¿Está mi mujer ahí dentro?

DOÑA NIEVES.—Buenos días, primero.

CRISTÓBAL—¡Déjese de monsergas[21], que nos conocemos bien! Cuando salió de casa la oí subir, subir y no bajar. De modo que está ahí dentro. Seguro. ¡Ha subido a consultar las condenadas cartas de usted!

DOÑA NIEVES.—¡Tenga cuidado con lo que dice, que estoy en mi casa!

CRISTÓBAL.—*(Grita.)* ¡Ábrame y se lo diré dentro, y a ella también, que sé que me está oyendo! ¡Si me sé de memoria el truco! Que si las copas dicen que sí, pero los bastos dicen que no. ¡Bruja de los diablos!

DOÑA NIEVES.—¡Oh! *(Se santigua y se levanta.)* ¡No tolero insultos! Ha de saber que me gano la vida con mi trabajo honrado y que de las cartas no puede uno reírse, eso es, y que más valdría que usted las consultase también, a ver si así aprendía respeto y maneras. ¡Más vale mi baraja que no la de Casa Claudio, que bien que pierde usted en ella los dineros! ¡Eso es!

CRISTÓBAL.—*(Comienza casi al mismo tiempo.)* ¡Bruja de pega, como todas las del oficio! ¡Pero tenga cuidado, que hay leyes y le puede costar muy caro el perturbar la tranquilidad de las familias! *(Grita.)* ¡Y tú, Tomasa, no me frías más la sangre[22] y sal de una vez!

DOÑA NIEVES.—*(Insiste en la terminación de su perorata[23].)* ¡Eso es!

(Con un respingo desdeñoso se mete en su casa.)

CRISTÓBAL.—¡Está en la escalera! (*Corre a la puerta, mientras dice:)* ¡Maldita sea, me la han jugado! *(Tropieza con* MANOLA, *que entra en ese momento y hace lo posible para impedirle el paso y la visión.)* ¡Vaya! ¡La soga tras el caldero!

MANOLA.—*(Risita.)* ¡Huy! ¿Y eso qué quiere decir?

CRISTÓBAL.—Que la soga es usted y el caldero mi señora. ¿Dónde está?

---

[21] *Monserga:* dicho innecesario.

[22] *Freír la sangre:* irritar, enfurecer.

[23] *Perorata:* discurso molesto o inoportuno (DRAE).

MANOLA.—¿Y yo qué sé? (CRISTÓBAL *la aparta.)* ¡Oiga!...
CRISTÓBAL.—¿Quién baja la escalera corriendo? ¡Tomasa!

(Y sale como una bala.)

DOÑA BALBINA.—¡Qué fiera de hombre!
MANOLA.—Si la agarra la deshace. Yo voy a ver.

(Sale. SILVERIO *ríe y martillea.)*

DOÑA BALBINA.—*(Pasea por la azotea observándolo todo.)* ¿Ha visto qué tiberio?[24]. Y es que son todos muy ordinarios. Yo hace tiempo que me habría mudado. Pero después de vivir aquí con mi pobre marido, que en paz descanse, le he tomado cariño al piso. Esto se lo digo porque usted también es de buena clase, que todo se sabe.

SILVERIO.—*(La mira con sorna.)* Quia, no, señora. Ya ve: un trabajador como ellos.

DOÑA BALBINA.—Modesto que es usted. A la legua se ve que usted y su señora son gente distinguida.

SILVERIO.—Favor que usted nos hace. *(Trabaja.)*

DOÑA BALBINA.—Nada de eso: la verdad. Y a propósito: ¿Cómo está su señora?

SILVERIO.—*(Se detiene y la mira. Lento:)* Muy bien, gracias.

DOÑA BALBINA.—*(Se acerca.)* No me refiero a... su desgracia, claro. Se me hacía que estos días estaba como... un poco fatigada.

SILVERIO.—*(Sin dejar de mirarla, con cierta preocupación.)* Pues no, señora. Está perfectamente.

DOÑA BALBINA.—*(Sonríe.)* Figuraciones tontas; discúlpeme. Es que los vecinos debemos estar para ayudarnos, y más entre gentes como ustedes y yo. Ya sabe que siempre pueden contar conmigo...

SILVERIO.—*(Frío.)* Mi mujer y yo se lo agradecemos muy de veras.

---

[24] *Tiberio:* alboroto, ruido (DRAE).

(Clavetea. Una pausa. Por la azotea del fondo aparece ELÍAS*: un cincuentón pobremente trajeado que usa gafas baratas. Viene con las manos en los bolsillos y una vieja pipa humeante en la boca.)*

ELÍAS.—*(Su voz es robusta; su tono, campechano.)* ¡Buenos días!

DOÑA BALBINA.—Buenos días.

ELÍAS.—Silverio, ¿qué milagro es éste? ¿Se humaniza el mastín con faldas que tenéis en la portería?

SILVERIO.—*(Se levanta y va a su caja para buscar una herramienta. Luego se sienta en el taburete y sigue trabajando.)* A la fuerza. Se dejó abierto y los vecinos hemos tomado la posición.

ELÍAS.—Pues a defenderla[25]. Parece que no, y es un respiro esto de poder subir aquí. Y que hoy está el día hermoso.

DOÑA BALBINA.—Como que es fiesta.

ELÍAS.—*(Burlón.)* ¿Usted cree que eso influye?

DOÑA BALBINA.—*(Afecta distinción.)* ¿Por qué no? Días así siempre son gratos... Hasta el sol parece que luce más.

ELÍAS.—¿Y si llueve?

DOÑA BALBINA.—*(Seca.)* Se toma un coche.

(Se aparta un poco. SILVERIO *reprime una sonrisa.)*

ELÍAS.—*(Ríe.)* Ilusión que se le pone a la cosa y nada más; créame. Ya ve en lo que va a consistir mi fiesta: en subir un rato luego a leer revistas viejas. Bueno, y en cenar al fresco con Silverio y nuestras respectivas parientas. ¿O lo has olvidado, sabio distraído?

SILVERIO.—Ya se encargará Pilar de recordármelo.

DOÑA BALBINA.—Ya ve como también usted lo celebra.

ELÍAS.—Pero con la ensaladita de siempre, poco más o menos.

DOÑA BALBINA.—*(Cursi.)* ¡Ah, pues yo estos días siempre hago extraordinario! Hoy, por ejemplo, haré natillas.

---

[25] La metáfora bélica de «tomar la posición» (punto fortificado o ventajoso en las batallas o en la guerra) y «defenderla» alude a la conquista de un bien que los vecinos han conseguido, la propiedad de la terraza, y que deben conservar.

ELÍAS.—*(Se quita la pipa de la boca.)* ¡No me diga!

DOÑA BALBINA.—Pues claro. ¿Qué se ha creído? Con sus bizcochos y su leche de primera: nada de polvos. Nunca he podido acostumbrarme a esos sustitutivos.

ELÍAS.—Lo que son las cosas: a mí me han llegado a gustar. Y es que, claro: uno es más ordinario.

(La mira, socarrón.)

DOÑA BALBINA.—*(Desconcertada.)* Yo no he dicho eso... ¡Ah! Aquí está mi Daniela.

(Entra DANIELA, *con la bolsa llena de bultos.)*

DANIELA.—Buenos días.

SILVERIO.—Hola, pequeña.

DANIELA.—Ya está todo.

(Cruza para enseñarle la bolsa a su madre, pero en realidad porque quiere mirar a la azotea alta, por si estuviese allí FIDEL.)

DOÑA BALBINA.—*(Ante la indiscreta mirada de* ELÍAS, *que ha alargado el cuello, cierra la bolsa.)* ¿Has traído los bizcochos?

DANIELA.—*(Deja de mirar a la azotea alta.)* ¿Los bizcochos?

DOÑA BALBINA.—*(La mira fijamente.)* Sí, hija... Para las natillas...

DANIELA.—*(Comprende y baja la cabeza.)* Se me han olvidado. Volveré a bajar.

DOÑA BALBINA.—*(Triunfante.)* ¡Qué calamidad de hija! Menos mal que está una para enderezarla... Vamos. (DANIELA, *roja, camina tras su madre.)* Buenos días...

SILVERIO.—Adiós, doña Balbina.

(ELÍAS *le dedica una enfática reverencia. Salen* DANIELA *y su madre.)*

ELÍAS.—Lo malo es que todavía no me puedo reír, porque va a oírme.

SILVERIO.—Nuestro clásico quiero y no puedo[26]. Son bien desgraciadas las dos.

ELÍAS.—*(Se sienta en el pretil.)* ¿Qué es eso?

SILVERIO.—Una chapucilla. Cuando esté terminado, tendrá forma de manivela. *(Le tiende un tubo más largo que los anteriores, con doble codo, que* ELÍAS *mira.)* Dentro van unos espejitos muy bien ajustados.

ELÍAS.—Ya los veo.

SILVERIO.—Es para la próxima verbena. *(Recoge el tubo y lo deja en la caja con cuidado.)* Se lo ponen a una chica alrededor del cuerpo de manera que estos otros dos tubos *(Los anteriores, que le enseña.)* queden así. *(Se pone uno sobre el vientre y otro por detrás.)* Luego la visten de odalisca para tapar el aparato y se cobra la entrada para ver a la muchacha del agujero en el vientre: caso científico único. *(Ríe.)* El tío de la barraca se enteró de que yo lo hacía barato. Hoy lo termino y mañana lo cobro. Está muy calculado, no creas. Y el tubo es bueno, de latón muy sólido.

ELÍAS.—Y después, ¿qué toca?

SILVERIO.—Lo que salga. Con esto tiraré hasta la semana próxima, que inauguran la verbena. Y si no sale otra cosa, dibujaré allí retratos a duro[27].

ELÍAS.—*(Súbitamente enfadado, se baja del pretil para dar unos paseos.)* ¡Qué calabacín eres!

SILVERIO.—*(Asombrado.)* ¿Por qué?

ELÍAS.—Con todo lo que sabes, podías haber sido un tipo muy importante. Un pintor de los buenos, o quizá un ingeniero, ¿que sé yo? Pero tú, en tus trece: ¡a talento gordo vida mugrienta![28].

---

[26] Con la expresión «nuestro clásico quiero y no puedo» alude el autor a la tradicional apariencia de bienestar mantenida por los hidalgos venidos a menos, de los que es muestra ejemplar el escudero que aparece en el tratado tercero de *Lazarillo de Tormes*.

[27] En estas palabras de Silverio, al igual que en otras afirmaciones posteriores con referencias a la pintura, puede advertirse un fondo autobiográfico, como indicamos en la Introducción.

[28] *¡A talento gordo, vida mugrienta!*, como después (acto tercero): *A malos negocios... ¡sombrero de copa!*, son expresiones construidas con una fórmula habitual en los refranes por la que se establece una antítesis entre las dos frases que las forman (así, *¡A mal tiempo, buena cara!)*.

SILVERIO.—(*Sonríe.)* No valgo tanto. De muchacho dudaba en dedicarme a la pintura o a la ciencia. Y me fui de casa. París, Londres... Y mis pinceles y mis libros de Física bajo el brazo. *(Se levanta.)* Era un imbécil, pero, sobre todo, un completo egoísta. Lo que yo quería era divertirme sin trabajar. Después he comprendido que no estaba dotado y que carecía de voluntad.

ELÍAS.—Pareces estar describiendo a otra persona.

SILVERIO.—No lo creas. Yo estaba destinado a esto. Un tío industrioso, que lo mismo arregla una máquina de afeitar que construye viseras de cartón para los toros o pinta un rótulo. De vez en cuando, al circo, a mi vieja cuna... Pero mi número ya no gusta. En fin: lo bastante para vivir a salto de mata y darle a mi pobre mujer lo que necesite. *(Ríe.)* Un tipo de feria: casi un saltimbanqui[29]. ¡Es la felicidad!

ELÍAS.—*(Grave.)* Pero tú no eres feliz.

SILVERIO.—*(Se le nubla la frente.)* Lo sería... si no fuese por Pilar. *(Un silencio.)*

ELÍAS.—Quizá se cure.

SILVERIO.—*(Amargo.)* No. Aún es joven, pero no tiene solución porque está vieja por dentro. Se le han envejecido las arterias... desde la muerte de la niña. Siempre fue delicada, pero aquello acabó con su salud. *(Se acerca.)* Y se me va a morir.

ELÍAS.—¿Qué dices?

SILVERIO.—*(Se exalta.)* Puede ocurrir mañana o dentro de unos años: es igual. Me lo han advertido. Es inevitable... e imprevisible. Un día se irá. Y yo no puedo hacer nada, nada. Sólo callarme, para no entristecerla.

ELÍAS.—Yo no sabía...

SILVERIO.—Discúlpame. No tiene remedio. *(Intenta sonreír y vuelve a la caja.* ELÍAS *va tras él.)* Mira. Ahora hay que poner estos cristales en los tubos, porque siempre hay un animal que intenta meter un palito, o el cigarro encendido. Lo malo es que necesito un punzón... *(Busca en la caja.)* y no lo he traído.

---

[29] *Saltimbanqui:* persona que realiza ejercicios acrobáticos, generalmente en espectáculos al aire libre (DRAE).

(Un silencio. ELÍAS *le pone la mano en el hombro. Él lo mira, triste.)* Os estoy muy agradecido a tu mujer y a ti, Elías. A veces, os tiene que cansar mucho con su sordera.

ELÍAS.—¿Te quieres callar?

SILVERIO.—Sin vuestra amistad la cosa habría sido más difícil para ella. ¡Porque necesita sentirse un ser humano entre seres humanos!

ELÍAS.—Teniéndote a ti está más que contenta. Lo dice siempre. *(Le palmea en la espalda.)* Bueno, desarruga esa cara, hombre. ¿Se te ha olvidado que hoy es fiesta?

SILVERIO.—*(Lo mira fijamente.)* No. Fiesta nueva, pero con media jornada de trabajo. Partido internacional y lotería extraordinaria. Y algo más: día cinco.

ELÍAS.—No se te ha olvidado, no.

SILVERIO.—La nena murió un día cinco. *(Pasea.* ELÍAS *lo mira con atención.)* Generalmente, se me olvida. A veces me doy cuenta el diez, o el doce... Un pensamiento fugaz: aquello fue un cinco y no me he acordado. Algún año he llegado a olvidarlo en el mismo aniversario. *(Se vuelve.)* Es curioso, ¿verdad?

ELÍAS.—¿Y tu mujer?

SILVERIO.—Pilar también, al parecer.

ELÍAS.—Menos mal.

SILVERIO.—Hoy, en cambio, lo he recordado desde el primer momento, aunque no fue este mes... Es extraño.

ELÍAS.—Ya se te pasará.

SILVERIO.—Puede ser.

ELÍAS.—*(Señala con la cabeza a la puerta.)* Ahí la tienes.

SILVERIO.—*(Rápido.)* Por favor, pon buena cara ahora.

> *(Sonríe a* PILAR, *que entra también sonriente con una silla. De unos cuarenta años, conserva ella todavía su delicado encanto juvenil, atemperado por algún mechón gris. A veces se nota en su voz la desafinación de la sordera, pero su timbre siempre es grato.)*

PILAR.—No te enfades. He subido porque me lo ha dicho la señora Manola. Toma: estarás mejor. *(Pone junto al pretil la silla y toca a* ELÍAS *en un brazo, alegre e infantil.)* ¡Usted, buenos días!

ELÍAS.—*(Fuerte.)* ¡Buenos días!
PILAR.—¿Cómo va tu trabajo?
SILVERIO.—*(Se lo enseña.)* Mira.
PILAR.—¡Qué adelantado! ¿Se puede mirar ya?
SILVERIO.—*(Deniega.)* Todavía no.
PILAR.—Qué aire más puro, ¿eh? *(Se aparta y curiosea.)* Parece como si estuviésemos en la torre de algún castillo. *(Ríe y señala.)* Las ropas son como banderas, mira. *(Pasea.)* Y aquí vive la bruja.
SILVERIO.—¡Chist! *(Señala a su oído.)* Puede oírte.
PILAR.—*(Se pone un dedo en la boca.)* ¡Chist! Puede oírme. *(Ríe y se acerca a ellos.)* ¿Y Patro?
ELÍAS.—*(Señala y eleva instintivamente la voz.)* ¡Abajo!
SILVERIO.—No levantes la voz. Es inútil.
ELÍAS.—Siempre se me olvida. *(La toca en un brazo.)* Oiga, Pilar...
PILAR.—*(Muy atenta.)* Sí.
ELÍAS.—*(Señala hacia abajo.)* Patro... la espera a usted luego para preparar la cuchipanda[30]... (PILAR *no comprende y mira a* SILVERIO.) Que luego... *(Acción.)* usted y ella..., preparar la cena...
PILAR.—*(Mirándolo.)* Prepararse... (ELÍAS *deniega.)* Espere.

(Saca del bolsillo un cuadernito y la punta de un lápiz, que le brinda. ELÍAS *escribe.)*

SILVERIO.—*(Sonriente.)* Se quedó así demasiado mayor y no ha aprendido a leer en la boca. A veces caza alguna palabra. Y a veces, no sé cómo, parece que comprende.
PILAR.—*(Que ha leído, le arrebata el cuaderno a* ELÍAS.) No me olvido, no. Ya lo tengo todo comprado.
ELÍAS.—Menos mal que no se le ha agriado el carácter.
SILVERIO.—*(Orgulloso.)* Ésa es mi obra.
PILAR.—Presumido. *(Se aparta y va a mirar a la calle.)*
SILVERIO.—¿Lo ves? Yo creo que es porque le he dado confianza. A veces desbarra[31] y yo finjo asombrarme también.

---

30 *Cuchipanda:* comida que toman festivamente varias personas juntas (DRAE).
31 *Desbarrar:* equivocarse.

ELÍAS.—Demasiadas preocupaciones para mí. A mi mujer la quiero de verdad, ¿eh? Pero a veces tenemos las grandes trifulcas, y eso que oye perfectamente. ¿Tú nunca las tienes?

SILVERIO.—*(Muy grave.)* Nunca, desde aquello. Había que ahorrarle todo dolor, ¿comprendes?

PILAR.—Van a regar la calle. *(Se vuelve.)* La vendedora de la esquina se ha tenido que pasar a la otra acera.

(SILVERIO *le sonríe.)*

ELÍAS.—*(Suspira.)* En fin: eres un tipo como no hay dos. Me voy para abajo. *(Se sienta en el pretil y salta a su azotea. Agita la mano.)* ¡Adiós, Pilar!

PILAR.—*(Se acerca.)* Adiós. Dígale a Patro que pasaré sin falta a las cinco.

ELÍAS.—Hasta luego, si subes. Ya sabes que yo vendré un rato.

SILVERIO.—Hasta luego.

(ELÍAS *se va por detrás del bloque, cargando su pipa.* SILVERIO *y* PILAR *se miran por un momento.)*

PILAR.—*(Pone su brazo bajo el de él.)* Si no trabajas, dime cosas.

SILVERIO.—*(Sin mirarla.)* ¡Mi pobre Pilar! Eres como una niña feliz y yo he cargado con el dolor de los dos. No importa: te lo debía.

PILAR.—*(Le tiende el cuadernito y el lápiz.)* ¿De qué me hablas? *(Él escribe algo, sonriendo, y ella lee.)* ¡Qué hermoso fue! ¿Te acuerdas?

SILVERIO.—Sí... A pesar de todo, fue hermoso. Tú estabas entonces con Carol. Se compadeció de ti cuando te conoció, aún no bien repuesta de aquella cosa horrible que te había pasado. Se apiadó al verte con la niña que te habían dejado en los brazos... las brutalidades de la guerra. Y te llevó al circo y te hizo respirar aires más tranquilos en otros países. Y a cambio, no te pidió nada. Excelente sujeto, Carol... El alma más buena y delicada en un cuerpo de gigante. *(Se separa y acciona, para que ella le comprenda.)* Tú le tendías el trapo de la resina y, al final de los ejercicios, saludabais los dos *(Acciona. Ella, muy complacida, lo imita.)* y todas tus lentejuelas brillaban. *(Para sí.)* Cuando entré en el circo, aún no sabía nada de lo que te había pasado, pero advertí tu tristeza. *(Vuelve a accionar para ella.)* Luego venías a verme ensayar mi número de cuadros con retales de colores. *(Ajusta imaginarios retales sobre un cuadro y ella lo imita, sonriente.)* Siempre con tu niña en brazos... Venías cada vez más... porque los dos éramos españoles. Entonces logré yo componer en tres minutos mi nuevo cuadro. Aquel que se titulaba «El puerto de Marsella». Estábamos en Marsella...

PILAR.—*(Que ha seguido muy atenta sus gestos.)* Espera. El... ¿Has dicho el puerto de Marsella?

SILVERIO.—*(Asiente.)* Sí.

PILAR.—¡Era precioso! Yo te traía nuevos retales, ¿te acuerdas?

SILVERIO.—Nos casamos a los dos meses.

PILAR.—¡Qué hermoso fue todo!

(SILVERIO *le acaricia suavemente el pelo. Un silencio. De pronto,* TOMASA *y* MANOLA *entran corriendo y se sientan en sus sillas.)*

SILVERIO.—*(Se separa de su mujer.)* ¿Qué pasa?

TOMASA.—Que sube la Nati a cerrar.

(DOÑA BALBINA *entra también con otra silla y se apresura a sentarse.)*

DOÑA BALBINA.—¡Ya está aquí! ¡Vamos! ¡Hablemos de algo! Como si no nos importara.

MANOLA.—*(Acciona.)* Pues esto, y lo otro, y lo de más allá...

DOÑA BALBINA.—¡Ay, qué poca inventiva! *(Ojeada a la puerta.)* ¿Se han fijado ustedes en los nuevos escaparates de la esquina? Todo estupendo, a la americana. Hay unas telas estampadas preciosas, y unos bolsos de plástico, en colores... ¡Un sueño!

(NATI *aparece y las mira.)*

TOMASA.—¡Ya lo creo!

DOÑA BALBINA.—Yo pienso comprar mucho allí...

NATI.—Hagan el favor de salir, que voy a cerrar. *(Silencio. Las comadres miran a la* NATI *y se miran. Por la azotea del fondo han aparecido* SABAS *y* PACO. *Van hacia el pretil de la calle, pero se detienen al oír a* NATI, *que dice de nuevo:)* ¡Hagan el favor de salir, que voy a cerrar!

SABAS.—Ven, Paco. Esto promete.

(Y va al pretil de separación, donde se acoda. PACO *lo sigue.)*

TOMASA.—¡Haga usted el favor de bajar, que nos vamos a quedar!

NATI.—*(Saca la llave del bolsillo.)* ¡Vamos! ¡Y, además, bájense las sillas!

MANOLA.—Quia, hija. Las necesitamos para la tertulia de esta tarde.

(SABAS *se sienta en el pretil con los pies para la primera azotea.)*

NATI.—*(Furiosa.)* ¿De esta tarde?

TOMASA.—Sí, señora. En vez de bajar a la acera, las sillas se han subido a la azotea. Si quiere, puede usted luego subir la suya también.

(Mira a las otras, pidiéndoles su asentimiento.)

MANOLA.—*(Risita.)* ¡No faltaba más!

NATI.—¡Esto se ha acabado! Ya saldrán por la otra azotea si pueden.

(Mete la llave en la cerradura, dispuesta a cerrar rápidamente. De un salto, SABAS *se lo impide, mientras* MANOLA *y* TOMASA *se levantan.)*

SABAS.—¡Quieta, que se va a hacer daño!

NATI.—¡Volveré con mi marido!

(PACO *se sienta a su vez en el pretil.)*

MANOLA.—¡Su marido!

(Hilaridad general.)

TOMASA.—¡Como no lo suba en aeroplano!
NATI.—*(Saca la llave con rabia.)* Está bien. Ya procuraré yo cerrar en otro momento.
SABAS.—¿A que no?
NATI.—¡Ya lo veremos!

(Pero esconde la llave a sus espaldas y retrocede, temerosa.)

PACO.—¡Duro, Sabas!
SABAS.—*(A* NATI, *achulado.)* No tenga miedo, mujer, que no se la voy a quitar. Es más fácil.

(De un feroz puñetazo desbarata la cerradura, cuya caja cae al suelo con estrépito, y se aparta, ufano, acariciándose el puño. Las comadres gritan y ríen.)

PACO.—¡Bravo, Sabas!
NATI.—¡Bruto! ¡Animal! *(A* TOMASA.) ¡Usted, que es la madre, tendrá que pagar la compostura!

(Recoge del suelo la cerradura.)

TOMASA.—*(Ríe.)* ¡Se pagará, sí, señora! ¡Pero ahora váyase a freír monas![32].

(Humillada, NATI *sale.)*

MANOLA.— *(Tras ella.)* ¡La azotea es nuestra!
TOMASA.—*(Yendo también hacia la puerta.)* ¡Hala, a freír monas! *(Se vuelve a* SABAS.) ¡Vale un imperio mi hijo!

---

32 *A freír monas:* locución empleada para despedir a alguien con desprecio o enfado.

SABAS.—Vamos, Paco, y la corremos hasta abajo.

(Va a la puerta y silba. PACO *va tras él. Salen los dos y sus silbidos se van perdiendo.)*

TOMASA.—Ahora que ya no hay peligro, me vuelvo a mis judías escapada.

MANOLA.—Y yo a mis patatas.

DOÑA BALBINA.—¡Ay, mis natillas, cómo estarán! Dejénme pasar.

(Las aparta y sale corriendo.)

TOMASA.—¿Qué le parece la doña Cotufa[33] esta?

MANOLA.—*(Risita.)* Calle, mujer...

(Salen las dos. Una pausa. PILAR *y* SILVERIO *se miran y ríen.)*

PILAR.—¡Qué bruto es ese Sabas!

SILVERIO.—Sí.

(Vuelve a su tubo y lo examina.)

PILAR.—*(Pasea y mira el hueco de la cerradura.)* La ha destrozado por completo. *(Él la mira, se sienta y perfila con el alicate algún pormenor.)* Está hermoso el día... *(Pasea.)* Tiene una claridad especial. Y es que hay días extraños... *(Él se detiene y la mira.)* Días en que parece como si el tiempo se parase, o como si fuese a suceder algo muy importante. ¿No te ocurre a ti eso a veces? Como si las cosas familiares dejasen de serlo... Como si las vieses por primera vez y fuesen todas muy bonitas... Los vecinos son buena gente sin saberlo ellos mismos; la bruja es simpática precisamente cuando pone cara de vinagre, porque tú sabes que no es bruja, que es una pobre

---

[33] *Cotufa:* golosina. Esta denominación, como después las de «don Remilgos» o «doña Remilgos», expresa un tratamiento irónico y de leve insulto relacionado con la actitud del personaje.

mujer que no entiende de nada y que el cielo está lleno de piedad para ella. Y hasta esos trastos rotos son bonitos... Es como si detrás de todas las cosas hubiese una sonrisa muy grande que las acariciase.

SILVERIO.—*(Inquieto, se levanta y acude a su lado.)* ¿Qué te pasa?

PILAR.—*(Ríe.)* Tonto, no te asustes. *(Se recuesta sobre su brazo.)* Es que estoy contenta... Y llena de calma al mismo tiempo. Y esa sonrisa que veo en las cosas es la tuya... La tuya, que ha hecho que todo sea risueño para mí.

SILVERIO.—*(Conmovido.)* Pilar...

PILAR.—También a ti te agrada que yo te hable, ¿eh? *(Él asiente.)* Pero tú me oyes siempre. *(Ríe.)* Y a mí me gustaría decirte también cosas... que tú sólo pudieses imaginar, como yo imagino las tuyas.

(Le ha deslizado las manos hacia los oídos y se los tapa con los índices. Él se aparta, brusco.)

SILVERIO.—¿Qué haces?

PILAR.—¡Es un capricho! Sordo por un minuto, como yo[34]. Ven.

SILVERIO.—Pero nunca pensaste en esto... ¿Por qué hoy, hoy precisamente?

PILAR.—¿Te sorprende? Ya te he dicho que es un día especial... Se me ha ocurrido... no sé por qué.

(Ha vuelto a acercarse. Le va tapando los oídos.)

SILVERIO.—*(Grave.)* Vuelves a adivinar.

PILAR.—¿Y tu sonrisa? *(El sonríe con esfuerzo.)* Así. ¿Me oyes? *(Él asiente, risueño pero lleno de ansiedad.)* ¿Sí? Habrá que apretar más... ¿Y ahora? *(Él la mira y no se mueve.)* Ya no, ya no me oyes... Ahora ya puedo decirte: gracias. Gracias por tu cariño y por tu paciencia inagotable. Sé que has tratado de

---

[34] La situación recuerda el efecto del tercer acto de *En la ardiente oscuridad*, cuando se apagan todas las luces del teatro dejando a los espectadores sumidos en las tinieblas al igual que los personajes lo están en su ceguera.

hacerme olvidar a nuestra pobre nena... Ni un solo día la he olvidado, pero tú has logrado que la recuerde sin dolor. Gracias por ello, pobre mío. Y tú olvida: olvida aquel horror. No recuerdes que hoy... es día cinco.

(Calla y baja lentamente sus manos. Él la abraza, con los ojos angustiados.)

SILVERIO.—Te he oído, Pilar. Creí haberte sacrificado mi vida y acabas de descubrirme que eras tú la sacrificada... En todo ese cielo que a ti te sonríe, no hay bastante piedad para mí.

TELÓN

Acto segundo

En el mismo lugar. Las cuatro sillas traídas por los vecinos se encuentran ahora tiradas por el suelo y en fila, formando el tren de los juegos infantiles. El día siguió su marcha y la luz del sol, desde la izquierda y muy alta, cae ahora casi a plomo sobre las azoteas.

(Sentada en su terraza, Doña Nieves *tamborilea con la mano sobre la mesa. Una pausa.* Remedios *entra.)*

Remedios.—¿Me llamabas?

Doña Nieves.—¿No dijiste que esa señora vendría a las cuatro?

Remedios.—Sí. Pero yo no tengo la culpa...

Doña Nieves.—¡Seguro que me estás desprestigiando tú en el barrio!

Remedios.—¿Yo?

Doña Nieves.—El domingo pasado vinieron sólo doce personas. ¡Cuatro menos que el anterior! Y hoy, a la hora que es, sólo dos.

Remedios.—Aún queda día...

Doña Nieves.—No, si estarán todos yéndose a la otra. ¡Valgo yo mil veces más que esa embustera, pero la novedad, ya se sabe! Y para colmo, los vecinos escandalizando aquí todo el día, y los niños jugando al tren y armando un barullo del infierno.

(Se santigua.)

Remedios.—Con la azotaina que tú le has arreado a Pepín no les quedará gana de volver. No te preocupes, mujer...

Doña Nieves.—¡Claro! ¡Tú, con sentarte a la mesa lo tienes todo arreglado! Pero ya ves que esto va de mal en peor.

Remedios.—*(Suspira.)* Si tocase la lotería...

Doña Nieves.—*(Despectiva.)* La lotería... *(Transición.)* De todos modos, sube el periódico en cuanto salga. *(Medita.)* No, y el caso es que yo misma me eché las cartas cuando compré el décimo y salieron muy expresivas.

Remedios.—Dios te oiga.

(Va a salir.)

Doña Nieves.—Sí, Remedios: que Él lo haga. (Remedios *se detiene, alerta.)* Porque si no... Aquí difícilmente va a haber para una sola boca... Conque calcula para dos.

(Aparta la mirada. Remedios *da un paso hacia ella.)*

Remedios.—¿Qué... quieres decir?

Doña Nieves.—Si no me has entendido, nada.

Remedios.—*(Otro paso.)* Yo te ayudo mucho, Nieves... Y la gente cree que somos hermanas...

Doña Nieves.—Pero no lo somos.

Remedios.—Llevamos muchos años juntas... Ya ves, desde que nos encontramos en aquel pueblo, cuando nos evacuaron durante la guerra... Y yo te he servido como una criada, y te soy útil...

Doña Nieves.—Yo sólo sé que así no podemos seguir.

Remedios.—*(En voz muy baja.)* ¡Dios mío! *(Se vuelve para salir y se detiene. A sus ojos asoma el rencor.)* Yo no tengo la culpa de que la otra te quite los clientes.

Doña Nieves.—*(Se levanta.)* ¡Ayer te envié a su puerta y me dijiste que sólo entraron desconocidos! ¿Es que me has mentido?

Remedios.—Sí. La del número dieciséis entró. Y también la señora Jacinta.

(Sale.)

Doña Nieves.—*(Descompuesta.)* ¡Espera! *(Se pasa la mano por la cara, se apoya en la barandilla y mira su relojito de pulsera.)* ¡Así se muera! *(Probablemente, lo dice por «la otra» más que por* Remedios. Sabas *y* Paco *entran, mohínos, en la azotea.)* ¡Y ahora, éstos! (Sabas *se detiene al oírla y le saca la lengua con un gruñido desdeñoso.* Doña Nieves *da un respingo.)* ¡Groseros!

(Y se mete en su casa. Paco *le ha reído la gracia a* Sabas, *pero éste no se digna aceptarlo. Va al pretil y se sienta, hosco.* Paco *se pone al lado, mirándolo. Un silencio.)*

Paco.—¿Qué hacemos aquí?
Sabas.—¡Qué más da un sitio que otro!
Paco.—Vámonos al bar y escuchamos el partido.
Sabas.—No.
Paco.—Yo convido.
Sabas.—¡No!

(Paco *pasea y se vuelve.)*

Paco.—Vienen muy entrenados los daneses. Y con una delantera fantástica.
Sabas.—¡Bah!
Paco.—Los nuestros van a tener que echar el resto.
Sabas.—Se los comerán vivos.
Paco.—¿A los daneses?
Sabas.—¡Ahora mismo se los están merendando, idiota! Con Fiscovich y con Borelli nos sobra a los españoles para destrozarlos![35].
Paco.—Pues yo te digo...
Sabas.—¡Oye, imbécil! ¿Es que eres danés?
Paco.—¡Ni danés ni imbécil! ¡El imbécil lo serás tú!

---

[35] El fútbol es uno de los entretenimientos con los que se evaden los personajes de la obra. Con la mención de estos supuestos jugadores extranjeros el autor ironiza sobre la naturaleza «española» del equipo en el que Sabas confía.

Sabas.—¡El imbécil y el idiota y el ignorante lo eres tú, que no entiendes una palabra de esto ni de nada!

Paco.—*(Picado.)* ¡Oye, tú!...

Sabas.—¡Y cállate!

(Paco *se achica. Pasea y le da un puntapié a la palangana. Se detiene, la mira y la coge. Conciliador.)*

Paco.—¿La tiramos a a calle?

Sabas.—¡Déjame en paz!

Paco.—*(Lo piensa.)* Pues yo la tiro.

(Se acerca el pretil y levanta la palangana.)

Sabas.—¡Espera!

(De un salto se planta a su lado, le arrebata la palangana y la tira. Miran. Poco después se oye el lejano ruido del metal contra las piedras de la calle.)

Paco.—*(Ríe.)* ¡Menudo susto se ha pegado la vendedora! (Sabas *se retira también, riendo.* Paco *lo toma de un brazo.)* Oye, he pensado un bromazo bueno para la próxima verbena. Pero lo tienes que hacer tú, que eres el más bragado[36].

Sabas.—¿Qué es?

Paco.—Cogemos un ladrillo grande... ¡y se lo echamos a un churrero en la sartén!

Sabas.—*(Encantado.)* ¡Hala!... ¡Todos los churros por el aire!

Paco.—¡Y el aceite!

Sabas.—*(Ríe.)* ¡Cuidado con los bigotes, que hay fuego!

Paco.—*(Muerto de risa.)* ¡Prohibido acercarse a los niños chicos!

Sabas.—¡La bomba hache![37].

---

[36] *Bragado:* dicho de una persona, de resolución enérgica y firme (DRAE).

[37] *La bomba hache* es la de hidrógeno; la explosión de la primera tuvo lugar poco tiempo antes de la escritura de la obra (a finales de 1952) y, en su exclamación, Sabas compara el efecto de su gamberrada con el de resultado devastador del artefacto nuclear.

(Ríen a más no poder.)

PACO.—Oye... ¿Y si «puliéramos»[38] algunas de estas ropas?

SABAS.—No seas bruto. Nos echaban el guante escapados. Y además, que hay que reservarse para cosas más grandes. *(Misterioso, vuelve a recostarse en el pretil, con las manos en los bolsillos.)* Tengo yo una entre ceja y ceja que... me vas a ver de señorito como me salga. Lo malo es que necesito diez mil para empezar. (PACO *se acerca, intrigado.)* Si le tocase a madre la lotería, ya estaba. Me las ha prometido.

PACO.—¡Pero cuéntame, chico!

SABAS.—*(Después de un momento, cauteloso.)* Tánger. Allí se pueden comprar cosas, ¿sabes? El toque está en pasarlas aquí, pero eso ya está estudiado.

PACO.—¿Tú solo?

SABAS.—No. Hay otros.

PACO.—¡Qué tío!

SABAS.—¡No te vas a pasar la vida en el taller cuando todo el mundo mete la mano donde puede! Pero de esto, ni una palabra. También habrá algo para ti si me ayudas.

PACO.—¡Ya tardabas en decirlo!... Oye, favor por favor: hablé de tu parte con la Tere.

SABAS.—*(Muy interesado.)* ¿Y qué?

PACO.—Que se viene esta noche.

SABAS.—¡Paco de mi vida!

(Lo abraza.)

PACO.—Para, que ahí viene el cuatro ojos.

(Entra FIDEL, *con sus libros bajo el brazo, y se detiene al verlos. Un silencio.)*

SABAS.—Me gusta. De modo que no se puede poner la radio porque el señor estudia. Y en cuanto uno ahueca[39], resulta que el señor... deja de estudiar.

---

[38] *Pulir:* voz de germanía que significa hurtar o robar.
[39] *Ahuecar:* ahuecar el ala, marcharse.

(Avanza hacia su hermano. Se le está enrabiando la mirada. FIDEL *retrocede un paso.)*

PACO.—¡Dale ya!

FIDEL.—*(Rápido.)* Espera, Sabas... Precisamente vengo a decirte que bajes a oír el partido si quieres, que yo puedo estudiar en otro lado.

SABAS.—*(Se le endulza la expresión.)* Hombre. Es el primer detalle que te veo en mucho tiempo. *(Ríe.)* Está bien, cuatro ojos. Casi se merece un premio, ¿verdad, Paco? Tenemos que llevarle un día por ahí, a que aprenda mundo.

PACO.—*(Ríe.)* Esta noche.

SABAS.—Pues no es ninguna tontería. *(A su hermano.)* Mira, yo soy mejor de lo que crees. Hasta de dejarte con la Tere era yo capaz. La chica es desenvuelta, que es lo que tú necesitas... ¿Qué? ¿Te animas?

FIDEL.—Déjalo. Otro día.

(Ríe.)

SABAS.—Bueno, don Remilgos. No dirás que tu hermano no es generoso. *(A* PACO.) Yo soy así.

PACO.—*(Va a la salida.)* Hala, vamos a ver si se tragan los nuestros a los daneses.

(Sale.)

SABAS.—Adiós, hombre. *(Le da un cariñoso pescozón a* FIDEL.) Y gracias.

(Sale.)

FIDEL.—¡Idiota!

(Va al pretil, deja los libros y mira a la otra azotea. Luego sube a la azotea alta para mirar mejor. Cuando va a apartar las ropas para pasar al fondo de la misma, surge de entre ellas, con la vista baja, DANIELA.)

FIDEL.—*(Muy sorprendido.)* Pero, ¿estabas aquí?
DANIELA.—Sí. Adiós.

(Se encamina a la escalerilla, rápida.)

FIDEL.—¿Te vas por mí?
DANIELA.—*(Deteniéndose en el rellano.)* De ninguna manera.
FIDEL.—*(Mirándola perplejo y sin saber qué decir.)* Te aseguro que no me estorbas... Si quieres, puedes quedarte.

(DANIELA *lo mira con un resto de esperanza, suspira y vuelve a su lado.)*

DANIELA.—Me pareció esta mañana que te disgustaba hablar conmigo.

(Se acoda en el barandal.)

FIDEL.—¡Qué tontería!... *(Le pasa un brazo por los hombros.)* Lo que ocurre es que nos hicimos mayores. *(Sonríe.)* Precisamente el otro día se lo decía a mi hermano en Casa Claudio: «¿Te acuerdas de que padre nos tenía prohibido entrar aquí cuando éramos chicos? Nos parecía algo tremendo... Y ahora vemos que sólo se trataba de tomarse unos chatos»[40].

(Espía el efecto de sus palabras.)

DANIELA.—Yo creía... que no te llevabas bien con Sabas.
FIDEL.—No lo dirás por las cosas que nos hemos dicho él y yo ahora...
DANIELA.—*(Seca.)* No las he escuchado. Desde ahí atrás se oye mal. Y yo pensaba en las mías.
FIDEL.—*(Tranquilizado.)* Sabas y yo nos llevamos mal sólo en apariencia. *(Presume.)* Es que yo tengo mi genio... Pero más de una canilla al aire hemos echado juntos ya. Y puede que esta misma noche... ¡Qué demonios, se crece!

---

[40] Esta melancólica rememoración recuerda la que Fernando hace dirigiéndose a Urbano, en el acto primero de *Historia de una escalera*, lamentando el inexorable paso del tiempo «sin que nada cambie».

(Pausa breve.)

DANIELA.—En lo que dices hay algo que no me suena bien... Tú nunca fuiste así... Y, sin embargo, yo necesito hoy más que nunca un consejo... de amigo.

FIDEL.—Y lo somos.

DANIELA.—Pero si vas a decir que son niñerías, ¿para qué hablarte?

FIDEL.—¿Sabes que me estás picando la curiosidad?... Vamos, habla. ¿Qué te ocurre?

DANIELA.—*(Suspira.)* Es cierto que todavía soy una niña, Fidel. Pero una niña que cose, y que casi mantiene a su madre... Porque nos va muy mal.

FIDEL.—Yo creía...

DANIELA.—Creías que nos defendíamos porque nos ves salir bien vestidas, y porque mamá cuenta muchas cosas... que no son ciertas. Otros vecinos son más listos y yo les noto que nos han descubierto y que se ríen a nuestras espaldas.

FIDEL.—Tu padre lo ganaba bien...

DANIELA.—Todo se lo llevó la trampa[41]. Yo quise entonces trabajar. Pero no a hurtadillas, como ahora, sino a la luz del sol: ganarme la vida con la frente muy alta... *(Sonríe con tristeza.)* Me ilusionaba entrar en una peluquería de señoras. Pero mi madre no quiso ni oír hablar de eso. Y ahora me mato a coser casi sin provecho y noto que mi salud flaquea; pero eso no importa. Lo horrible es la mentira constante, la necesidad de callar tantas humillaciones y bribonadas... porque ella lo quiere.

FIDEL.—¿Qué es lo que te manda callar?

DANIELA.—Son tantas cosas... Tú nos ves salir algunos días muy arregladas y ella dice a los vecinos que vamos a una boda, o a un bautizo... Y ellos luego se ríen, porque creen que miente. Pero es verdad... Sólo que... nadie nos ha invitado.

FIDEL.—¿Cómo?

DANIELA.—Ella se entera de muchos modos, y entonces vamos... ¡a comer! Si alguien nos pregunta, ella sabe contes-

---

[41] *Trampa:* deuda cuyo pago se demora (DRAE).

tar con mucho desparpajo: «Nosotras somos las de Ramírez», o cualquier otra cosa. Pero ya nos han echado de más de un sitio... *(Breve pausa.)* Y hoy, a las ocho, tenemos que ir a una de esas cosas. ¡Y yo ya no vivo de vergüenza!

(Baja la cabeza.)

FIDEL.—*(Desconcertado y con algún disgusto por la magnitud de la confidencia.)* Te prometo callar, naturalmente. Y siento todo eso.

(Tamborilea, irresoluto, sobre la barandilla.)

DANIELA.—*(Lo mira, anhelante.)* No sé qué hacer, Fidel... Ahora mismo la estoy traicionando al decírtelo... ¡Pero yo quisiera vivir una vida clara y sin tapujos, aunque fuese en la pobreza! *(Baja la cabeza.)* Y todavía no te lo he dicho todo.

FIDEL.—*(Instintivamente, se aparta un poco.)* Bueno, Danielita, no hay que apurarse. Reconozco que lo que me cuentas es muy triste... Pero son las cosas de la vida. Todo se arreglará.

DANIELA.—Si alguien, al menos, me animase y me ayudase a plantear la cosa a mi madre con claridad...

(Lo ha dicho con mucha vergüenza.)

FIDEL.—*(Después de un momento.)* Todo se arreglará.

DANIELA.—¡Es que no quiero ir!

FIDEL.—Lo comprendo. Pero... si no te atreves a negarte... *(Ella desvía la vista. Se aparta él unos pasos.)* No lo pienses más ahora. Ya se irá resolviendo todo. Mira: desde aquí se ven muy bien los preparativos de la verbena.

(Desaparece tras las ropas.)

DANIELA.—*(Que no se ha movido.)* Acuérdate siempre de que recurrí a ti... y me fallaste.

FIDEL.—*(Voz de.)* No digas bobadas y ven.

DANIELA.—*(Mira fijamente hacia las ropas.)* Sigues tratándome como a una niña... *(Avanza y desaparece tras las ropas.)*

a quien se le enseñan juguetes para consolarla. Pero yo ya no soy una niña.

FIDEL.—*(Voz de, súbitamente turbada.)* ¡Daniela! (DANIELA *reaparece llorosa, y se encamina presurosa a la escalerilla.* FIDEL *aparece tras ella.)* ¡Daniela!

DANIELA.—*(Ya en el rellano, se vuelve.)* ¡No te preocupes, hombre! ¡Es sólo un beso... de niña! Olvídalo y vete esta noche a encanallarte con tu hermano, o a divertirte con la Tere, que bien sé que te gusta... ¿O crees que no tengo ojos en la cara?

FIDEL.—¡Si no la conozco!

DANIELA.—*(Señala a la azotea del fondo.)* ¡Aguarda y tendrás tu premio, farsante! ¡Puede que no tarde en subir por sus ropas!

(Y baja rápida.)

FIDEL.—¿Eh?

(La indecisión de sus movimientos acusa lo inesperado de la revelación. Con la caja de su marido bajo el brazo, entra PILAR, *y* SILVERIO *tras ella.)*

PILAR.—*(Mientras va a dejar la caja sobre el pretil.)* Mira lo que han hecho los críos.

(Señala a las sillas y se dispone a levantarlas.)

SILVERIO.—*(Con un ademán.)* Deja, yo lo haré.

(DANIELA *se detuvo al verlos. Después continúa su camino.)*

DANIELA.—*(Seca.)* Buenas tardes.

(Sale. Con su silla a medio levantar, PILAR *la mira.)*

PILAR.—¿Qué le pasa? (SILVERIO *miró a la azoteílla, donde* FIDEL *disimula, y le indica a su mujer que calle. Ella comprende al punto y pone la silla junto al pretil, abriéndole la caja.)* A trabajar, gandul, que el dinero se acaba.

(De izq. a dcha.) Pastor Serrador (Fidel) y Ángel Picazo (Silverio) en una escena de *Hoy es fiesta*. Dirección de Claudio de la Torre. Foto: Gyenes.

SILVERIO.—Pronto habrá más. *(Le enseña, golpeándolo con un dedo, el tubo grande, que tiene ya adosado a un extremo uno de los tubos cortos. Eleva la voz.)* Caramba. Los libros de Fidel. *(Mira a la azoteílla.)* ¿Qué hace usted ahí, criatura? Baje con nosotros. *(Entre tanto, ella levanta sillas y las deja en su primitivo lugar.)* Análisis gramatical... Geografía... Problemas... ¿Qué tal va todo?

FIDEL.—*(Bajando, turbado.)* No se me da mal.

SILVERIO.—¿Cuándo son las oposiciones?[42].

FIDEL.—En noviembre. Yo hubiera querido hacer las de Factor de Ferrocarriles, que tienen mejor sueldo; pero me tuve que agarrar a las de empleado administrativo... por la vista.

(Llega junto a SILVERIO. PILAR *se ha sentado y los mira, atenta.)*

SILVERIO.—Y en cuanto las gane..., a casarse, ¿no?

FIDEL.—*(Sin lograr salir de su amargura.)* ¿Yo?...

(Baja la cabeza. SILVERIO *lo mira con gravedad. Breve pausa.)*

SILVERIO.—Oiga, Fidel. Yo soy un poco observador. Y metomentodo. Usted se está pasando el día en la azotea...

FIDEL.—*(A la defensiva.)* Como usted.

SILVERIO.—Pero yo trabajo, y usted no estudia. (FIDEL *va a tomar sus libros, y él se lo impide suavemente.)* ¿Me deja que le pregunte algo? (FIDEL *calla, turbado.)* Yo he sido joven también y sé cómo se sueña en trabajar y triunfar, para ponerlo después todo... a los pies de una mujer. (FIDEL *desvía la vista.)* Y hay mujeres tan capaces de querer, que cualquier cosa que les demos siempre es para ellas demasiado. La mía, por ejem-

---

42 Una oposición universitaria es elemento fundamental del argumento de *Las cartas boca abajo,* obra que Buero estrenó tras *Hoy es fiesta.* La figura del opositor no es infrecuente en textos de estos años y es central en *Los inocentes de la Moncloa,* del dramaturgo José María Rodríguez Méndez, estrenada en 1961.

plo. Pero otras... *(Levísimo gesto hacia las ropas del fondo.)* siempre piden más. Y si no podemos dárselo..., pisotean todo, todo lo que les hemos puesto a los pies.

Pilar.—*(Sonriente.)* Ya sé de qué habláis.

Silverio.—Y lo sabe, no le quepa duda. En esta casa hay una muchacha que se le parece mucho... Una muchacha como ella, capaz de querer. Les he visto crecer a los dos y sé lo que me digo. Claro que usted está en la edad de las ilusiones locas. Cosas de adolescente inexperto, que cree ver su ideal a lo mejor en cualquier desvergonzada, sólo porque es guapa.

Pilar.—Hágale caso, muchacho. Todo lo que él dice siempre es bueno.

Fidel.—*(Suspira.)* Me ha hecho usted mucho daño. De sobra sé que soy un pobre diablo; pero yo quería olvidarlo..., o hacerme la ilusión, al menos, de que dejaría de serlo. De nada sirve que alguien me quiera como soy, porque yo no quiero ser como soy.

Silverio.—No se desprecie tanto... Usted tiene mejores cualidades de las que cree. No las cambie por la necia ilusión de convertirse en un tipo de película.

(Fumando su pipa y con un rimero[43] *de revistas bajo el brazo, aparece* Elías *por la azotea del fondo y se detiene al verlos.)*

Fidel.—*(En un arranque.)* Señor Silverio: mi madre siempre dice que soy un despistado, y tiene razón. Siempre soy el último en enterarme de todo. Pero quiero creer todavía que hablamos de personas diferentes... Contésteme a una sola pregunta. ¿Usted sabe cuál es el nombre de...?

Silverio.—¿De la una y de la otra?

Fidel.—Sólo de la otra.

(Lo mira con enorme ansiedad.)

Silverio.—*(Suave, con un leve gesto hacia la otra azotea.)* ¿Se refiere usted... a la Tere?

---

[43] *Rimero:* montón de cosas puestas unas sobre otras (DRAE).

(A FIDEL *se le saltan las lágrimas y se vuelve hacia el fondo para que no lo vea* PILAR; *pero gira de nuevo rápidamente al ver a* ELÍAS.)

PILAR.—*(Se levanta y se acerca.)* ¿Qué le has dicho? ¡No llore, hijo! ¡Si ella le quiere! (FIDEL *coge sus* libros *y huye hacia la puerta, por donde sale.)* ¡Le has hecho daño! (SILVERIO *deniega.* PILAR *suspira y se aparta, pensativa.)*

ELÍAS.—*(Avanza.)* ¿Qué le pasa al pollito[44]?

SILVERIO.—Cosas... Que se encaprichó de una chica y acaba de saber que es... como la Tere.

ELÍAS.—*(Lo comenta con un gruñido de conmiseración y lanza una bocanada de humo.)* Dile a tu parienta que la mía está ya en plena faena.

(SILVERIO *toca el brazo de* PILAR.)

PILAR.—*(Sale de su abstracción.)* Sí, sí. Ya sé. Ahora mismo bajo.

ELÍAS.—Pero bueno: ¿oye o no oye?

SILVERIO.—*(Sonríe.)* Es un poco bruja, ya te lo dije.

PILAR.—*(Antes de salir.)* ¿Quieres algo? (SILVERIO *deniega, sonriendo.)* Ya verán qué cena más rica.

ELÍAS.—*(Le hace señas.)* ¡Pilar!

PILAR.—¿Qué?

ELÍAS.—*(Señala al pretil.)* Por aquí.

PILAR.—*(Ríe.)* ¡Qué disparate!

ELÍAS.—¡Yo la ayudo! Que se vean las mozas valientes.

(Le tiende los brazos, y SILVERIO *alcanza el taburete para ponerlo junto al pretil.)*

PILAR.—*(Riendo.)* Bueno, probaré... ¡Pero no se rían! *(Ayudada por su marido sube al taburete, se sienta en el pretil, gira el cuerpo y cae en los brazos de* ELÍAS, *de los que se desprende al punto entre risas.)* ¡Todavía estoy joven!

---

[44] *Pollo:* hombre joven, aludido por persona de mayor edad (DRAE).

(Huye y desaparece tras el bloque.)

SILVERIO.—*(Melancólico.)* Ya no. Ya no lo está.

ELÍAS.—Sí, hombre. Joven y guapa. *(Se sienta en el pretil junto a sus revistas, gira a su vez y descansa los pies sobre el taburete.)* ¿Quieres ver revistas?

SILVERIO.—Trabajaré un rato.

(Vuelve a su silla, saca de la caja el tubo y los alicates y trabaja. Una pausa.)

ELÍAS.—*(Hojea una revista.)* ¡Qué tiempos! Y hasta se componía mejor. Todo impecable, y para encontrar una errata tienes que echar instancia. Ahora todo se hace aprisa, aprisa. Y así sale. *(Da un golpe sobre el montón.)* Algunas de éstas las he compuesto yo. Entonces estaba en la Tipografía Gutenberg, que tiraba *La Novela Semanal* y *El Mundo Moderno*. *(Saca una del montón.)* ¿Ves? Ésta. *(Suspira.)* A veces no me acuerdo, me echo una a la cara y me encuentro de pronto con algo mío. Es como un golpe. *(Hojea.)* ¡Je! Mercedes la Sevillana[45]. ¿Te acuerdas? ¡Qué guapa era la condenada! El otro día me dijeron que todavía vive y que ya no tiene un cuarto. Lo menos tendrá sesenta años... ¿Te gustaba a ti Mercedes la Sevillana? *(Un silencio.)* Pero hombre, ¿qué te pasa?

SILVERIO.—*(Sale de su abstracción.)* Pensaba... Acabo de dar un consejo y no sé si es bueno: cambiar una loca esperanza por otra pequeñita, pero realizable.

ELÍAS.—¿Te refieres a Fidel?

SILVERIO.—No sé por qué me siento hoy impulsado a esas cosas... Quizá sea mi día.

ELÍAS.—¿Qué día?

SILVERIO.—En la vida todo es tan oscuro, y tan misterioso... Y los hombres somos tan pequeños... Quizá cada uno tiene sólo un día, o unos pocos días, de clarividencia y de

---

[45] En esta conversación entre Elías y Silverio se unen nombres que responden a la realidad, como el de *La Novela Semanal* o *La Esfera*, con otros ficticios (Mercedes la Sevillana) o mezclados (pianola Meyerbeer) pero, en cualquier caso, congruentes con los objetos aludidos o anunciados.

bondad. Creo que he ayudado a Fidel; pero, al mismo tiempo, dudo. *(Sonríe.)* Tal vez no sea mi día.

ELÍAS.—Has hecho bien, hombre. Y no hay días. Todos los días son buenos para portarse bien.

SILVERIO.—Debieran serlo, al menos. *(Medita.)* Pero hay días... en que a todos nos sale afuera lo peor, las cosas más brutales e inconfesables. Días en que nos convertimos en otra persona... Una persona odiosa, que llevábamos dentro sin saberlo. Y esa persona somos nosotros mismos... ¿Comprendes?

ELÍAS.—*(Con un gesto de duda.)* Creo que sí. Pero eso, ¿qué tiene que ver con Fidel?

SILVERIO.—Nada.

(Vuelve a sus tubos. Breve pausa.)

ELÍAS.—Mira. El anuncio de una pipa. Brezo garantizado, anillo de plata... Cinco pesetas. Los anuncios también son muy interesantes. «Usted sabrá lo que es música cuando adquiera la pianola Meyerbeer»... «El mejor de los tónicos es el Vino Desiles. Lo dice Enrico Caruso.» Y éste, ¿eh?, «Los libros del Doctor Bonnard sobre la conducta en la vida. La fuerza de la voluntad. El secreto del éxito. La vida sin errores.»... Y, sin embargo, el Doctor Bonnard tenía cara de tonto.

(Ríe.)

SILVERIO.—*(Se levanta.)* ¡Calla, cállate!

(Se aparta hacia la derecha para mirar distraídamente a la calle.)

ELÍAS.—¿Qué mosca te ha picado?

SILVERIO.—*(Finge.)* Es penosa... esa manía tuya de recordar, y recordar...

ELÍAS.—¡Es que fueron buenos tiempos! Mira: entonces yo pedía a veces cosas por correo. Una vez pedí una pipa parecida a la del anuncio este y cuando la recibí me quedé de piedra. ¡Parecía de pino! Pues ya ves: luego resultó la mejor. *(Suspira.)* Pero se me ha roto.

SILVERIO.—*(Con desgana.)* Yo te la arreglaré.

ELÍAS.—¡Hombre, magnífico! Te la voy a subir para que veas las cosas buenas de entonces.

SILVERIO.—*(Exaltado.)* ¿Y el futuro, Elías? (ELÍAS *lo mira muy asombrado.)* ¿Es que tampoco esperas nada del futuro? *(Descompuesto.)* ¿Es que te pasa lo que a mí?

(Se arrepiente de su exaltación y le vuelve la espalda. Un silencio.)

ELÍAS.—*(Grave.)* De esperanza vive el hombre, Silverio. Y tú también, aunque no lo creas. (SILVERIO *hace un mohín de disgusto.)* Yo miro las revistas viejas... Pero quizá lo hago por ver en ellas algún reflejo de un porvenir mejor... *(Se le alegra la cara.)* También yo espero cosas, no creas. Dentro de poco, ¡no te rías!, han prometido regalarme... ¡una colección completa de *La Esfera!*

SILVERIO.—¡Siempre el pasado!

ELÍAS.—Puede. Ya soy viejo. Es una manera de consolarse del presente. *(Una pausa. Suave.)* ¿Qué te ocurre?

SILVERIO.—No lo sé.

ELÍAS.—¿Estás preocupado... por ella? (SILVERIO *sonríe tristemente y da unos pasos sin contestar. Levemente molesto:)* ¡Di que sí! ¡Antes reventar que hablar!

SILVERIO.—*(Medio en broma, pero triste.)* Es... mi secreto.

ELÍAS.—*(Suave.)* Entonces, ya me lo contarás. Los secretos se cuentan siempre.

(SILVERIO *deniega, melancólico.* ELÍAS *comienza a cargar su pipa sin perderlo de vista.* MANOLA *y* TOMASA *entran hablando y se dirigen a la escalerilla.* SILVERIO *vuelve a su trabajo.)*

TOMASA.—¿Qué va usted a hacer luego?

MANOLA.—*(Sube.)* Me daré un paseíto por la Ronda, cenaré y a la cama.

TOMASA.—Puede que la acompañe. Veremos qué tal naipe tiene[46] luego mi marido. *(Cruza hacia la derecha.* MANOLA

---

[46] *Qué tal naipe tiene:* de qué humor se encuentra.

palpa sus ropas y comienza a descolgar.) Señor Silverio, ¿qué tal va eso?

SILVERIO.—Muy bien.

MANOLA.—Con el airecillo se seca la ropa en seguida. Diferencia va de tender aquí a tender en el patio. La Nati sabe lo que hace.

TOMASA.—*(Mirando a la calle.)* ¡Pues ya están todas en la acera muy resentadas a su alrededor! ¡Gentuza! ¡Aquí deberían estar, defendiendo la azotea, y no abajo!

MANOLA.—Diga usted que sí.

(Apresúrase a descolgar lo que le queda y comienza a bajar.)

TOMASA.—*(Furiosa.)* ¡Pues no van a poder! *(Se acerca a su silla, le cambia la situación de un golpe y se sienta.)* ¡Si esperan a que bajemos, están verdes!

MANOLA.—*(Abajo ya.)* Y mire que se lo recalqué bien a todas...

TOMASA.—¡Que las zurzan! Siéntese, Manola.

MANOLA.—Es que tengo que bajar la ropa...

TOMASA.—*(Con una dura mirada.)* Pero suba, ¿eh?

MANOLA.—Pues claro, señora Tomasa. *(Corre hacia la puerta y se detiene.)* Y, además, con una sorpresa. Ya verá.

(Sale. TOMASA *mira trabajar a* SILVERIO.)

TOMASA.—Si yo estuviera en su pellejo, señor Silverio, me forraba la faltriquera de billetes. Iba a inventar una de aparatos... ¡Uf!

ELÍAS.—En eso no anda usted descaminada.

(Vuelve a bojear su revista. SILVERIO *sonríe.)*

TOMASA.—Si es que es más Adán...[47]. Le voy a dar una idea, hombre. Y de balde. ¿Por qué no inventa usted un aparato para la sordera?

---

[47] *Adán:* Hombre apático y descuidado (DRAE).

ELÍAS.—*(Estupefacto, la mira.)* Pero, ¡qué bestia!

TOMASA.—¿Qué dice?

ELÍAS.—*(Por la revista.)* ... Un tío que viene aquí, levantando doscientos kilos. *(La mira.)* ¡Una bestia!

TOMASA.—*(Convencida.)* Sí que lo es. Pues le decía, señor Silverio, que...

SILVERIO.—*(Frío.)* Esos aparatos ya están inventados.

TOMASA.—Ya lo sé. Pero uno mejor todavía, para que oyese su mujer.

SILVERIO.—*(Seco.)* Hay sorderas que no tienen remedio.

TOMASA.—Alguno habrá, hombre. Y a usted le vendría bien; porque la pobre es buenísima, pero a veces se debe usted de desesperar con ella.

(ELÍAS *no puede más y recoge con brusquedad su rimero, saltando al otro lado.)*

ELÍAS.—Yo me voy. Que usted se alivie, señora.

(Se va bufando.)

TOMASA.—¿Yo? ¡Si no estoy enferma!... Este amigo de usted me parece que está algo guillado[48].

SILVERIO.—Cada uno es como es.

(Vuelve a su trabajo, decidido a no escucharla.)

TOMASA.—Eso sí, desde luego... *(Se levanta.)* No creo que la señora Manola me la haya jugado... *(Se asoma a la calle.)* No.

(Entra MANOLA *con un botijo pequeño, seguida de* DOÑA BALBINA.)

MANOLA.—¡Aquí estamos!

(Repiquetea sobre el botijo.)

---

[48] *Guillado:* loco.

Doña Balbina.—Buenas tardes, don Silverio.
Silverio.—Buenas tardes.
Tomasa.—¿Un botijo?
Manola.—Agua bien fresquita.
Tomasa.—Traiga. *(Bebe un trago. Risita de* Doña Balbina *y* Manola.) ¡Si es vino!

(Ríen.)

Manola.—Como mi marido está fuera, me aprovecho. *(Se lo quita y bebe.* Doña Balbina y Tomasa *se sientan.)* ¿Usted gusta, señor Silverio?
Silverio.—No, muchas gracias.

(Se sienta Manola *y deja el botijo frente a su sitio.* Tomasa *y* Doña Balbina *alargan el brazo casi al tiempo.)*

Doña Balbina.—*(Sonríe.)* Perdón.
Tomasa.—*(Ríe a carcajadas, coreada por* Manola.) Miren doña Balbina, cómo se anima...
Doña Balbina.—*(Corrida.)* Por probarlo...
Tomasa.—Pruebe, señora, pruebe.

(Doña Balbina *se echa un traguito, muy digna.)*

Doña Balbina.—*(Entre aspavientos.)* Y pensar que se lo toman por litros en las tabernas... ¡Qué hombrones!
Tomasa.—Traiga, que se me ha secado el gaznate.
Manola.—*(Forcejea con* Tomasa *por el botijo.)* ¡Me toca a mí!
Tomasa.—¡Yo pagaré otro si hace falta! *(Se lo arranca y bebe.)* Está rico.
Doña Balbina.—*(Ríe.)* ¡Huy, qué borrachillas!
Tomasa.—¡Miren la doña Remilgos, que por poco lo deja vacío!
Doña Balbina.—*(Ofendida.)* ¿Yo?
Tomasa.—*(La remeda.)* Por probar solamente...

(Empina un botijo imaginario. Entre las carcajadas de ella y de Manola, *que forman contrapunto a la indignación de* Doña Balbina, *aparece en la azotea* Remedios.)

REMEDIOS.—De parte de Nieves, que, por favor, hagan menos ruido; que tiene visita.
TOMASA.—Es verdad. *(Con el dedo en los labios.)* ¡Chist!
MANOLA.—Venga para acá, Remedios. Tome un trago.
REMEDIOS.—No tengo sed.
MANOLA.—Usted beba. (REMEDIOS *sospecha, toma el botijo y bebe largamente.)* ¡Bueno, bueno!

(Logra bajarle el botijo.)

REMEDIOS.—Gracias. *(Se limpia.)* Descansaré un ratito.

(Corre a tomar el taburete y se sienta junto a ellas. TOMASA *atrapa el botijo.)*

TOMASA.—Lo que se están perdiendo las de abajo, ¿eh?

(Bebe un chorrito. MANOLA *recobra el botijo, bebe otro poco y lo sujeta entre sus rodillas.)*

DOÑA BALBINA.—Si es lo que yo digo. Esas tertulias de la acera no son de buen gusto. Si nos dejaran la azotea, podríamos ponerla entre todos muy bonita, con toldo y todo para el verano.
MANOLA.—Si nos tocara la lotería convenceríamos a la Nati.
TOMASA.—Y al casero. El dinero puede mucho.
DOÑA BALBINA.—Y que lo diga.
REMEDIOS.—*(Por el botijo.)* Lo va usted a calentar...
MANOLA.—*(Compadecida.)* Tome, mujer.
REMEDIOS.—Gracias.

(Bebe. DOÑA NIEVES *entra.)*

DOÑA NIEVES.—¡Remedios!

(REMEDIOS *deja precipitadamente el botijo, se limpia y sale de la azotea.)*

MANOLA.—Es un poco de vino, doña Nieves. Pruébelo.

DOÑA NIEVES.—¿Es bueno? *(Bebe.)* Sí que es bueno.

TOMASA.—Siéntese un poco, mujer...

DOÑA NIEVES.—*(Se sienta en el taburete.)* Un ratito nada más... Con tanta visita, se cansa una.

TOMASA.—*(Con misterio.)* Oiga, doña Nieves: ¿usted cree que nos tocará la lotería?

DOÑA NIEVES.—Las cartas son buenas... Pero hay influencias contrarias.

DOÑA BALBINA.—*(Superior.)* Bueno, eso es un poco cómodo, ¿no?

DOÑA NIEVES.—*(Seca.)* Usted nunca se ha dignado venir a mi casa. Pero no se puede decir de este agua no beberé[49].

DOÑA BALBINA.—*(Fría.)* Gracias. No quiero nada con supersticiones.

(DOÑA NIEVES *la mira con reprimido rencor.)*

TOMASA.—Las cartas son una cosa muy seria, doña Balbina. Se lo digo por experiencia. (DOÑA BALBINA *se encoge de hombros.)* Y a lo mejor, según se han presentado, tenemos sorpresa esta tarde. ¿Usted qué haría si le tocase el gordo, señora Manola?

DOÑA BALBINA.—Pero, ¡qué ilusiones! Si no va a tocar...

TOMASA.—Y si no va a tocar, ¿por qué juega?

DOÑA BALBINA.—Por si acaso...

TOMASA.—Pues eso. Hay que esperar siempre, como dice doña Nieves cuando las echa. ¿Verdad, señor Silverio?

SILVERIO.—*(La mira, triste.)* Sí. Hay que esperar siempre.

TOMASA.—¡No lo diga con esa cara de entierro! Lo que es como a mí me toque...

MANOLA.—¿Qué haría usted?

(Breve pausa.)

TOMASA.—¡Uf!

---

[49] Con este refrán, después repetido, y otros dichos sentenciosos, doña Nieves amenaza veladamente a doña Balbina, augurando su posterior caída.

(El gesto lo ha dicho todo. Quedan las demás bastante impresionadas.)

MANOLA.—*(Soñadora.)* Si a mí me tocase, me volvería al pueblo. Con algún dinerillo, mis hermanos me recibirían bien y yo les ayudaría a llevar la casa y en las faenas del campo... Aquí estoy muy sola, con el marido siempre fuera... *(Con enorme tristeza.)* Porque ya saben dónde está... Está en la cárcel. *(Un silencio.* DOÑA BALBINA *no puede evitar el apartar un poco su silla.)* Si me tocase, podría ayudarle mejor, y enviarle paquetes y visitarlo más a menudo... Pero me volvería al pueblo. Estoy cansada de esto, y mi pobre Luisillo no medra. Allí le saldrían colores... Y podríamos esperar con más paciencia a que él volviese...

(DOÑA BALBINA *se levanta, molesta, y se aparta, disimulando, hacia el pretil.* SILVERIO, *que escucha atentamente, la mira.)*

TOMASA.—*(Melancólica.)* Si a mí me tocase, me iba a reír del mundo. ¡Perra vida!... *(Sonríe.)* Bueno, y también le daría algún dinero a mi Sabas para un negocio que quiere hacer, si lograba convencer a Cristóbal.

SILVERIO.— ¿Y al otro?

TOMASA.—¿Qué?

SILVERIO.—¿Y a Fidel?

TOMASA.—Ése ya ganará sus oposiciones. Pero también le ayudaría si lo necesitaba. Tan hijo es el uno como el otro.

SILVERIO.—¿Y usted qué haría si le tocase, doña Balbina?

DOÑA BALBINA.—¡Si no va a tocar!

TOMASA.—¡Y dale! ¡No nos amargue la existencia! Suponga que le toca.

DOÑA BALBINA.—Pues... *(Risita.)* No lo tengo pensado. ¿Y usted, don Silverio?

SILVERIO.—Viviría como siempre... Sólo juego dos o tres pesetillas.

(Vuelve a su trabajo.)

Doña Nieves.—Pues yo, sintiéndolo mucho, les dejaría a ustedes. Esto es un chiscón[50] demasiado estrecho, y como las visitas aumentan, pues... *(Sueña.)* Buscaría mi pisito soleado, y tendría muchos pájaros, y mis gatos. Iría al cine todas las noches, y... si alcanzaba..., quizá una finquita en las afueras, para el verano.

Manola.—*(En voz baja.)* Dios mío, que toque...

Tomasa.—*(Se da una puñada en una mano.)* ¡Tiene que tocar! *(Se levanta y se encara con* Doña Balbina *y* Silverio.) ¡A ustedes dos se lo digo, que parece como si no esperasen ya nada de este mundo! (Doña Balbina *sonríe, evasiva.* Silverio *se levanta despacio, disimulando la turbación que le causan estas palabras, y va a la derecha para mirar a la calle.)* ¡Pues hay que esperar, qué demonios! Si no, ¿qué sería de nosotros?...

(Lo ha ido diciendo tras Silverio, *pero como éste la elude, se le ha debilitado la voz. Mira entonces a las otras, en muda petición de asentimiento, mas éste se produce sólo muy débilmente. Una ráfaga de tristeza parece alcanzar de nuevo a todas.)*

Doña Balbina.—*(Carraspea y pregunta con cierta ironía.)* ¿Seguiría usted con el negocio si le tocase, doña Nieves?

Doña Nieves.—*(Se levanta, muy quemada ya.)* ¡No es un negocio!

Doña Balbina.—¿Ah, no?

Doña Nieves.—¡No, señora! ¡Es una ayuda y un consuelo para los demás! ¡Y no trate de hacerse la superior, que de sobra sabemos todas cómo es y cómo le va a cada cual!

Doña Balbina.—¡Usted lo ha dicho! ¡Y por eso sabemos todas que las visitas no aumentan!

(Las otras comadres la miran, consternadas por su crudeza.)

Doña Nieves.—¡Aumentan! ¡Y tenga usted más humildad, porque arrieritos somos, y el camino andamos, y en el camino nos encontraremos!

---

[50] *Chiscón:* aposento pequeño.

(REMEDIOS *ha aparecido durante estas palabras en la puerta de la azotea.)*

DOÑA BALBINA.—¡Pero oiga!...
REMEDIOS.—Tienes visita, Nieves.
DOÑA NIEVES.— *(Triunfante, señala con un gesto expresivo a la puerta.)* Discúlpenme.

(Y sale tras REMEDIOS.)

DOÑA BALBINA.—*(Da unos pasos tras ella.)* ¡Oiga!... *(Se vuelve para mirar a las otras.)* ¿Qué se ha creído?...

(Pero las comadres desvían la mirada y ella va a sentarse, refunfuñando ininteligiblemente.)

TOMASA.—¿Cuánto faltará para el periódico, señor Silverio?
SILVERIO.—*(Mira su reloj.)* Dos horas.

(Vuelve a su sitio y se sienta para reanudar su trabajo.)

TOMASA.—*(Se acoda en el pretil que da a la calle.)* Lo miraremos aquí, ¿verdad?
DOÑA BALBINA.—*(Displicente.)* Mi hija y yo tenemos que ir después de visita... Nos invitan los de Galván a la inauguración del Club Victoria. Pero sobra tiempo. Leeremos en un vuelo la lista, aunque estemos ya vestidas.

(Salvo SILVERIO, *nadie le hace caso. La* TERE *aparece en la azotea del fondo con su cestillo y, tras mirar un momento a la calle, comienza a descolgar sus ropas.* TOMASA *mira a la calle y* MANOLA *aúpa el botijo para beber.)*

MANOLA.—*(Triste.)* No queda nada.

(TOMASA *le lanza una rápida ojeada. Después mira a la calle.)*

TOMASA.—¿Qué estarán hablando ahí abajo ésas?...

MANOLA.—*(Que se ha quedado abstraída con el botijo colgando de la mano.)* Doña Balbina tiene razón. ¿Para qué hacerse ilusiones, si no va a tocar?

TOMASA.—*(La mira y vuelve a mirar a la calle. Habla, pero sin convicción.)* Deje esa canción, señora Manola. Y anímese. *(Avanza.)* ¿Quiere que hagamos una cosa? Bajamos a la calle y llenamos el botijo por mi cuenta.

(Lo ha dicho con cierta vergüenza. SILVERIO *la mira, comprensivo.)*

MANOLA.—*(Triste.)* Bueno.

TOMASA.—Pues vamos. *(Van hacia la salida. Entra* FIDEL *despacio y con las manos en los bolsillos, afectando despreocupación.)* ¿A qué vienes tú?

FIDEL.—*(De mal humor.)* ¿Es que no puedo subir?

(Mira de reojo a la TERE *y se dirige a la escalerilla.* SILVERIO *interrumpe su labor y lo observa con atención.)*

TOMASA.—¡Más valdría que estuvieses con los libros, gandul! Vamos, Manola.

(FIDEL *comienza a subir por la escalerilla, al parecer, sin objeto. Antes de que* TOMASA *y* MANOLA *salgan, aparece en su terraza* DOÑA NIEVES *barajando sus cartas con aire satisfecho, seguida de* DANIELA. *Las comadres se detienen a su voz.)*

DOÑA NIEVES.—*(Con una ojeada a la azotea.)* Si quieres, echamos otra vuelta.

DANIELA.—*(Violenta, por el paso que ha dado.)* No, gracias. Si usted cree que todo irá bien...

(FIDEL, *ya en el rellano, se detiene y atiende.)*

DOÑA NIEVES.—*(Sentándose en su butaca.)* Eso dicen las cartas.

(SILVERIO *se ha levantado bruscamente.* DOÑA BALBINA *da unos pasos hacia la terraza, lívida.)*

DOÑA BALBINA.—¡Daniela! (DANIELA *se vuelve, súbitamente asustada.)* ¡Ven aquí inmediatamente! *(Descompuesta,* DANIELA *sale de la terraza.* TERE *se detiene y observa, curiosa; iracunda,* DOÑA BALBINA *apostrofa a* DOÑA NIEVES.) ¡Pécora!

DOÑA NIEVES.—*(Sonríe.)* Se lo advertí, mi querida señora. No se puede decir de esta agua no beberé.

(La misma fuerza de su ira le impide a DOÑA BALBINA *contestar.)*

SILVERIO.—*(Se acerca.)* Perdone, doña Balbina. Yo creo que a su hija le ocurre algo... La he notado muy intranquila durante todo el día. Quizá convendría hablarle con dulzura, tratar de averiguar lo que le pase sin reprocharle demasiado lo de las cartas. Hay que comprender que es casi una niña...

DOÑA BALBINA.—*(Casi histérica.)* ¡No tolero intromisiones!

(DANIELA *entra en la azotea y corre junto a su madre.)*

DANIELA.—Mamá, te juro que no he dicho nada... Pero tú sabes que hoy...

DOÑA BALBINA.—¡Yo no sé nada! Vamos para abajo.

(Va hacia la salida. DANIELA *mira a los demás, suplicante.)*

SILVERIO.—Doña Balbina...

DOÑA BALBINA.—*(Ya en la puerta.)* ¡Daniela!

(DANIELA *inclina la cabeza y sale, seguida de su madre. Un silencio.)*

MANOLA.—¿Qué les pasa?

TOMASA.—Para mí, que es algo referente a la visita esa que dice que tienen que hacer... Vamos detrás.

(Sale, y MANOLA *tras ella con su botijo, después de hacerle a* SILVERIO *un gesto de perplejidad. Una pausa. Llegan, de muy lejos, las notas de un organillo callejero que toca un cho-*

tis popular. FIDEL *mira largamente a* TERE, *que termina de recoger su ropa. La mirada de* SILVERIO *le turba; lo mira a su vez y baja los ojos.* TERE *desaparece tras el bloque.* REMEDIOS *asoma a la puerta de la terracita.)*

REMEDIOS.—La señora que esperabas.

(DOÑA NIEVES *mira con disgusto a su relojito y cuenta con los dedos de una mano. Se levanta, retoca y estira su traje, toma su baraja y sale.* FIDEL *comienza a bajar, apesadumbrado. A la mitad de la escalerilla vuelve a mirar a* SILVERIO, *cuya expresión es para él un mudo comentario de lo ocurrido. Ya abajo, se dirige a la puerta con los ojos bajos y mira desde allí a* SILVERIO *por última vez.* SILVERIO *abre su gesto, espera. Mas él sale, triste.* SILVERIO *queda pensativo. Una pausa. Cuando se vuelve para su sitio, entra* PILAR. *Las notas del organillo se van perdiendo.)*

PILAR.—Toma. Elías dice que tienes que arreglarla. *(Le da una pipa vieja. Le saca él la boquilla, la mira y la deja en su caja.)* ¿Cómo va tu trabajo?

SILVERIO.—*(Le sonríe sin ganas.)* Bien.

PILAR.—Déjame ver. *(Toma el tubo y mira por él a diversos sitios, poniendo un dedo ante el otro extremo.)* ¡Está muy bien, tío listo! *(Lo deja.)* En premio te tomarás esta noche un postre que está mejor todavía. ¡Como que lo he hecho yo!

(Ríe. Él le pasa el brazo bajo el suyo y se lo oprime. Ella gime débilmente.)

SILVERIO.—¿Qué te pasa?

PILAR.—*(Se aparta.)* Nada. No es nada.

SILVERIO.—*(Tras ella.)* ¿Te duele?

(Trata de verle el brazo.)

PILAR.—No te preocupes... Es que... me di un golpe cuando trajinaba con Patro.

SILVERIO.—Tienes una mancha muy grande.

PILAR.—Tonto, cuídate tú, que yo me cuido bien sola. *(Se desase.)* Y no pongas esa cara, que no es para tanto.

(Va al pretil de la derecha para mirar a la calle.)

SILVERIO.—*(Mirándola con aprensión.)* Por primera vez desde hace mucho tiempo, no logro ponerte otra... ¿Es un aviso? El día de hoy es tan extraño, que... tengo miedo. Nos lo hemos pasado aquí arriba, y aquí arriba he sabido que tú también recordabas aquello, que tú también mentías... Y he visto debatirse a nuestros vecinos entre sus pobres ilusiones y la angustia real de sus vidas. Y hubiera querido ayudarlos, y no sabía cómo... *(Se acerca poco a poco.)* Y he dicho que no esperaba nada, y también mentía; porque ahora comprendo muy bien que espero, que espero desde hace años algo enorme, algo inalcanzable... Ha sido esa niña, esa pobre Daniela, la que me lo ha hecho comprender. Porque yo he visto en sus ojos, al salir, la mirada infantil, inocente, de tu hija.

PILAR.—¡Vaya sed que tienen en la acera! El botijo circula que es un primor. Y la señora Tomasa no se queda atrás. ¡Cómo empinan! *(Se inclina para mirar mejor y vuelve la cabeza hacia* SILVERIO, *sonriente.)* Juraría que es vino. *(Él no contesta. Sigue observándola con ojos absortos y atormentados, que terminan por inquietarla. Entonces, poco a poco, va a su lado.)*
¡Silverio!

SILVERIO.—*(Logra sonreír.)* Mi pobre Pilar, sé que te estoy haciendo mucho daño. *(La conduce a una silla y la sienta, sentándose él a su lado.)* Hoy me estás viendo en la cara lo que tantas veces te he gritado a las espaldas, precisamente porque tú no podías oírme... No puedo evitarlo; perdóname. Perdónamelo todo.

PILAR.—*(Muy inquieta.)* ¿De qué hablas?

SILVERIO.—¡Elías tiene razón: los secretos se cuentan siempre! ¡Si no se contasen, nos ahogarían! Pero yo no puedo tener para el mío otro confidente que tú. ¡Y necesito contártelo, hacerme la ilusión de que te lo estoy diciendo, de que me escuchas... y me disculpas! ¡Ah, si tus oídos se abriesen ahora, sin yo saberlo!... Casi lo deseo... No puedo más.

PILAR.—*(Angustiada.)* Sea lo que sea, pasará, Silverio. Ya lo verás. Tú eres bueno y no debes atormentarte por nada. ¡Por nada!

SILVERIO.—¿Bueno?... ¡No! He querido engañarme a mí mismo creyéndolo... Practicando la bondad como quien cumple una penitencia, dedicándote mi vida a cambio de la verdad que te debía y no te daba, abandonando mis ambiciones y refugiándome entre estas gentes humildes para intentar ser uno más entre ellos, ¡como si huyese de algún ojo implacable que me mirase siempre! Pero era inútil, porque esa mirada... era la tuya. *(Toma las manos de su mujer y se las estrecha desesperadamente, sombrío.)* Nunca debí casarme contigo. Dentro de mí hay una fiera enferma, egoísta y sucia. Aceptar la soledad hubiera sido lo mejor. Pero me horrorizaba pensarlo. Y, cuando te conocí, no pude soportar la idea de perderte... Y además que, si te conseguía, todo me parecía fácil... Pero no era fácil.

PILAR.—*(Nerviosísima.)* ¿Qué estás diciendo?

SILVERIO.—Todavía me obsesionaba entonces la pintura. ¿Te acuerdas? En la primavera salía al campo con mis pinceles y mi lienzo, y me llevaba a la niña para que tomase el sol...

PILAR.—*(Casi grita.)* ¿De qué hablas? ¡Por lo que más quieras, te pido que me lo digas!

SILVERIO.—*(Mira a las azoteas con cautela.)* Esta mañana he sabido que tú recuerdas siempre aquello; que lo recuerdas más aún que yo...

PILAR.—¡Dímelo! ¡Dímelo!

SILVERIO.—... Mi vuelta a casa, con el cuerpecito de ella en los brazos. Y la historia... La picadura inesperada mientras yo trabajaba, la carrera a campo traviesa para salvarla y la intervención tardía... *(Se levanta, mirándola con desesperación.)* ¡Fui yo, Pilar! ¡Yo escuché su voz a mis espaldas, preguntándome si podía coger aquel bichito! ¡Y dije que sí, sin mirar! *(Se aparta, ahogándose. Ella se levanta también, espantada.)* ¡He tratado de convencerme de que estaba distraído, de que no comprendí lo que me decía, de que no era culpable! *(Se vuelve y la mira.)* ¡Pero es mentira! ¡Dije que sí porque la odiaba, porque no era mía, porque su presencia me hacía imaginar constantemente el horror de un soldado sin cara brutalizándote!... ¡Y aquél fue el momento de la tentación, del rencor que uno cree dominado y que nos emborracha de pronto... y nos paraliza!... ¡Y dije que sí!... ¡Sin querer pensar!... ¡Como un miserable! *(Ella se lleva las manos a los oídos y grita sordamente, en su impotencia. Él va hacia ella y la toma por los brazos.)* Y ahora me confieso desesperadamente contigo, con la cobarde ilusión de que me oyes; pero estas confesiones mías son como un mal sueño de sed, en el que se cree beber sin que la sed se aplaque nunca... ¡Y necesito tu perdón, porque te quiero!... ¡Y estoy perdido! Porque sé que nunca, nunca, podrías dármelo... si lo supieses.

PILAR.—¡No grites, calla! *(Busca nerviosamente en su bolsillo y saca el cuadernito y el lápiz, brindándoselos.)* ¡No sufras solo! ¡Dime esa cosa horrible que estás diciendo!

SILVERIO.—*(Mira el cuadernillo con un anhelo y un temor ilimitados.)* Si me atreviera...

PILAR.—¡Dímelo!...

(Pero la cabeza de SILVERIO *se inclina al fin y su mirada se apaga. Con un gesto de profunda desesperanza, aparta el cuadernillo que le tienden.)*

SILVERIO.—No puedo.

TELÓN

Acto tercero

La dorada claridad del sol poniente invade desde el frente izquierdo las azoteas. En el transcurso de la acción se transforma en una fría luz decreciente que adensa el profundo azul del cielo.

(Sentadas en primer término, hacia la izquierda, TOMASA *y* MANOLA *repasan y ordenan unos papeles.* FIDEL, *con sus libros a un lado y otro abierto ante sí, apoyado de codos a la izquierda del pretil. En su sitio habitual,* SILVERIO *termina el aparato, que muestra ahora completa su silueta de manivela. De pie, y a su lado,* PILAR *le tiende de vez en cuando alguna herramienta, espiándole con dolorida perplejidad.)*

TOMASA.—Ea, ya está. Primero, el décimo; y después, las participaciones.

MANOLA.—¿Cuántas tiene usted?

TOMASA.—*(Repasándolas.)* Una de la carnicería, otra de la lechería, doña Nieves, doña Balbina, segundo izquierda... Siete en total.

MANOLA.—Yo, ocho. Y la de doña Nieves, por pelos; porque no me la dio hasta hace tres días, y eso después de rogarle mucho. *(Suspira.)* Pero todo es una purrela[51]. Papeletitas de a peseta, o poco más. Lo bonito es tener un décimo, como usted. Pero este sorteo es de los caros.

---

[51] *Purrela:* algo de muy poco valor.

TOMASA.—¿Y qué? Se saca de donde se pueda. *(Levanta su décimo.)* ¡Mire qué hermosura! El veintitrés mil doscientos setenta y uno. ¡Parece música!

MANOLA.—*(Triste.)* Una pesetilla llevo yo en ése.

TOMASA.—Si toca el gordo, son setecientas cincuenta mil pesetas. *(Le da un vuelco el corazón.)* Bueno. No quiero ni pensarlo.

MANOLA.—*(Triste.)* Y siete mil quinientas para mí.

TOMASA.—Algo es algo, mujer. ¿Cómo dijo la bruja esta mañana?

MANOLA.—¿Oro, lujo y esplendor?

TOMASA.—No. Aquello de... Eso. Un joven moreno me trae una fortuna, o algo así, por esquinas. *(Se vuelve.)* ¡Fidel! (FIDEL *la mira.)* Ya estás volando para el quiosco, que el periódico debe de estar al caer. *(De mala gana,* FIDEL *se dirige a la puerta.)* ¡Y no se lo dejes a nadie, y sube aquí derecho en cuanto lo tengas, que no quiero consumirme!

FIDEL.—Bueno.

(Sale.)

TOMASA.—*(A* MANOLA, *con misterio.)* Por esquinas. Y el quiosco está en la esquina. *(Se vuelve.)* ¿Qué hora es, señor Silverio?

SILVERIO.—*(Mira su reloj.)* Las siete y media.

TOMASA.—*(Se levanta, guardándose las papeletas.)* ¡Tardísimo! Como todavía hay tanta luz... A lo mejor lo tienen ya las de abajo. *(Se asoma al pretil.)* No. Todavía no.

(MANOLA *se acerca y mira también.)*

PILAR.—*(Triste.)* ¿Qué te pasa? (SILVERIO *se encoge bajo la pregunta, sin mirarla.)* Te has obstinado en subir a trabajar por no estar a solas conmigo... ¿Por qué no me lo dices todo?

(Él la mira, angustiado, y recoge de su mano una herramienta con la que vuelve a trabajar. Ella suspira.)

MANOLA.—También la señora Jacinta está ordenando sus papeletas...

TOMASA.—Y la Nati.

PILAR.—*(Le pone a* SILVERIO *la mano en el hombro.)* Es que recuerdas a nuestra hija, ¿verdad?

SILVERIO.—*(Atemorizado.)* Vuelves a adivinar...

PILAR.—No debes torturarte por aquello... Tú no tuviste la culpa.

SILVERIO.—Si supieras...

(Trabaja.)

MANOLA.—Pues la señora Jacinta lo menos tiene dos décimos.

TOMASA.—Qué va. El otro papel es la participación de Casa Claudio, que las da tan grandes como los billetes de a mil, y con adornos y todo.

(Entra DOÑA BALBINA, *con un traje negro bastante elegante.)*

MANOLA.—Creí que no subía usted. ¡Qué elegante!

DOÑA BALBINA.—¡Por Dios! Cuatro trapitos. Lo que pasa es que se saben llevar. *(Se pavonea. Se vuelve hacia la puerta.)* ¿Qué haces ahí, Daniela? Entra de una vez.

(Entra DANIELA, *avergonzada. Está preciosa con su traje sastre y su broche de bisutería en la solapa.)*

MANOLA.—¡Qué reguapísima estás, hija!

DANIELA.—Gracias.

(Se aparta hacia el pretil, donde se apoya, acariciando los libros de FIDEL. SILVERIO *deja su trabajo y se levanta, mirándola.)*

DOÑA BALBINA.—*(Suspira.)* Supongo que en el Club Victoria pondrás otra cara. Con ésa me vas a dejar en muy mal lugar, y tampoco te servirá a ti para conseguir un buen novio... (DANIELA *desvía aún más la cabeza.)* ¡Daniela! ¿Es ésa la educación que te he dado?

SILVERIO.—*(Duro.)* Déjela, señora. *(Lo quiere arreglar, al ver el gesto de* DOÑA BALBINA.) Por nosotros es lo mismo...

DOÑA BALBINA.—Eso es lo peor: que nunca falta quien le disculpe sus caprichos. Y así no hay manera de encarrilarla.

(Se aparta con displicencia. SILVERIO *se recuesta en el pretil.)*

TOMASA.—¿No se sienta?

DOÑA BALBINA.—Sólo un ratito. Nos vamos en seguida. *(Se sienta.)* Precisamente venía a recoger la silla, porque aquí no la voy a dejar durante la noche.

(TOMASA *se sienta también.* PILAR *se acerca a* DANIELA *y le habla en voz baja.* SILVERIO *toma su tubo, mira con él a diversos sitios, moja un paño en un frasquito y comienza a frotar su superficie.)*

TOMASA.—Ahora lo que importa es la lista del sorteo. ¿Ha subido usted su décimo?

DOÑA BALBINA.—¿Y qué falta hace? Me sé el número de memoria. Además, que ya sabe usted mi opinión.

TOMASA.—¡Es que me encocora[52]! Con el pico que le puede caer encima, y tan tranquila. ¡Pues no niegue que le vendría muy bien!

DOÑA BALBINA.—*(Seca.)* No es que haga falta. Pero a nadie le amarga un dulce.

TOMASA.—*(Se levanta para ir al pretil.)* ¿Un dulce le llama usted a... la ternera con patatas? ¡Vamos!

DOÑA BALBINA.—*(Superior.)* Hay quien prefiere los dulces.

TOMASA.—*(En el pretil.)* ¡Ya vuelve Fidel!

(SILVERIO *deja por un momento de frotar.* DANIELA *se vuelve y espera, inquieta.* MANOLA *se asoma también.)*

MANOLA.—Y Remedios detrás, con el periódico para la bruja.

TOMASA.—Pero ¿qué hace ese idiota? ¡Pues no se lo da a los de la acera! ¡Mire que se lo advertí!

MANOLA.—No, no... Él se mete con otro... Es que se lo han debido de encargar.

TOMASA.—¡Pues muy mal hecho! *(Pasea, nerviosa.)* ¡Ahora se enterarán abajo antes!

---

[52] *Encocorar:* irritar, exasperar.

MANOLA.—Ya se mete Remedios.

DOÑA BALBINA.—*(A* TOMASA.) Siéntese, mujer.

TOMASA.—¿Que me siente? ¡Vaya cuajo[53] que se gasta usted! *(Se acerca a la puerta.)* Nada, y no sube. ¡Y usted deje el cacharrito, hombre! Parece mentira, qué tranquilidad. Ni que les gustase ser pobres. (SILVERIO *deja el aparato y espera.* PILAR *se acerca y mira el aparato.* TOMASA *se asoma a la puerta.)* A lo mejor lo ha cogido mi marido para ver la política... ¡Vamos! ¡Ya era hora!

(Entra FIDEL *con el periódico y ella se lo arrebata.* MANOLA *se apresura a sentarse y saca sus participaciones.* TOMASA *se sienta, febril, y busca la hoja de la lista.* FIDEL *ve a* DANIELA *y se aparta al otro extremo de la azotea, recostándose sobre el pretil que da a la calle.)*

MANOLA.—¡A ver, a ver!

(Mira sus papeletas y confronta con la lista, que encontró la otra.)

TOMASA.—¡Espere! *(La empuja.)* El gordo, en la administración de doña Juanita. Menos mal.

MANOLA.—Por esta vez no se ha ido fuera.

TOMASA.—*(Con el décimo en la mano.)* ¡Pero no me ha tocado, me cisco en todo! A ver en los veintitrés mil...

MANOLA.—Espere, vamos a ver las papeletas y los gordos... El gordo es un doce mil. Me parece que yo tenía...

TOMASA.—*(Mirando la lista.)* Veintitrés mil doscientos...

FIDEL.—*(Desde el pretil.)* Abajo hay lío. ¿No oyen cómo gritan?

(DANIELA *mira de súbito, muy nerviosa.)*

MANOLA.—¡Aquí, aquí lo tengo! Doce mil... ¡Traiga!

TOMASA.—¡Quite!

---

[53] *Cuajo:* tranquilidad, pachorra.

(Trata de retener el periódico.)

MANOLA.—*(Comparando.)* Doce mil seiscientos... *(Súbitamente revuelve entre los papeles de* TOMASA.) ¡Aquí está!

(SILVERIO *las mira, repentinamente interesado.)*

TOMASA.—¡Quite las manos!

(Pero MANOLA *le pone ante los ojos la papeleta que le ha encontrado.)*

FIDEL.—*(Inquieto.)* Todos se meten para adentro gritando.

TOMASA.—*(Que ha encontrado su participación.)* Doce mil seiscientos cuarenta y dos.

(Las dos comadres se miran, estupefactas, y vuelven la vista hacia DOÑA BALBINA, *que ha seguido todo con displicente sonrisa.* DANIELA *da un paso hacia su madre.)*

DANIELA.—*(Sobresaltada.)* ¡Mamá!

DOÑA BALBINA.—*(Mira a todos.)* Pero... ¿es mi número?

(Se levanta.)

TOMASA.—*(Tira el periódico y se levanta, echando los brazos al aire con un formidable alarido.)* ¡¡El gordo!! *(Se abalanza a* DOÑA BALBINA *y la abraza.)* ¡Ay, bendito Dios! ¡Ay, que a mí me da algo!

MANOLA.—¡Si tocaba! ¡Si era verdad!

DOÑA BALBINA.—*(Recoge el periódico.)* ¿A ver?...

TOMASA.—¿Y su décimo? ¿Dónde está su décimo?

DOÑA BALBINA.—No, si no hay duda... El doce mil seiscientos cuarenta y dos.

(Se le cae el periódico de las manos y se queda extática, perpleja. DANIELA *no la pierde de vista. Todos hablan, durante esta rapidísima escena, casi al tiempo.)*

FIDEL.—*(Avanza.)* ¡Mil enhorabuenas, doña Balbina!

DOÑA BALBINA.—*(Casi sin voz.)* Gracias.

TOMASA.—¡Y decía que no iba a tocar! ¡Merecía usted una azotaina, por dudarlo!

PILAR.—*(A* SILVERIO.) ¿Es el gordo?

SILVERIO.—Sí.

MANOLA.—¡Y yo tengo seis pesetas! *(A* FIDEL, *que no le hace caso.)* ¿Cuánto me toca?

FIDEL.—*(A* SILVERIO.) ¡Es asombroso!

SILVERIO.—*(Se adelanta.)* Muchas felicidades a las dos...

DOÑA BALBINA.—Gracias.

PILAR.—*(A* DOÑA BALBINA *y a* DANIELA.) Me alegro muchísimo... Muchísimo.

MANOLA.—*(A* SILVERIO.) ¿Cuánto me toca con seis pesetas?

SILVERIO.—Cuarenta y cinco mil.

TOMASA.—¡Y a mí, setenta y cinco mil del ala! ¡Diez pesetazas con doña Balbina!

(La vuelve a abrazar.)

MANOLA.—*(Abraza a* PILAR.) Cuarenta y cinco mil, señora Pilar...

(DOÑA NIEVES *entra, desalada, esgrimiendo su participación. Tras ella,* REMEDIOS.)

DOÑA NIEVES.—*(Abraza a* DOÑA BALBINA.) ¡Doña Balbina de mi alma!

REMEDIOS.—¡Que lo disfrute con salud!

TOMASA.—¡Sus cartas lo dijeron, doña Nieves!

DOÑA NIEVES.—*(Con involuntario tono de asombro.)* ¡Calle usted, por Dios!

MANOLA.—¿Qué le toca a usted?

DOÑA NIEVES.—Tenía ocho, conque sesenta mil.

TOMASA.—¡Doña Nieves! *(La abraza.* REMEDIOS *se asoma a la puerta.)* ¡Bueno, esto hay que festejarlo!

MANOLA.—¡Doña Balbina tiene la palabra!

REMEDIOS.—Menudo escandalazo hay en la escalera. ¿No oyen?

(Entra SABAS, *corriendo.)*

SABAS.—¿Tenías algo, madre?
TOMASA.—¡Mucho!
SABAS.—¡No me olvides lo prometido!
TOMASA.—¡Claro que no, hijo!

(SABAS *ha enlazado a viva fuerza a* DOÑA BALBINA *y le hace dar una vueltas de baile. Todos ríen.)*

SABAS.—¡Olé las viejas barbianas[54]! ¡Ahora si que no me importa que hayan ganado los daneses!
DOÑA BALBINA.—*(Repuesta y sonriente desde hace rato, trata de desasirse.)* Pero déjeme...

(Continúan las risas. DANIELA *vuelve la espalda y se apoya en el pretil. Entra* NATI, *toda sonrisas.)*

NATI.—¡Doña Balbina, baje usted, que están todos los vecinos a su puerta!
MANOLA.—¡Hale! ¡A sacar todas las botellas del aparador!
DOÑA BALBINA.—El caso es que... no sé si quedará ahora alguna.
TOMASA.—¡Se mandan pedir!
FIDEL.—¡Yo mismo iré!
SABAS.—*(A su hermano.)* ¡Y unas tapas, que tampoco vendrán mal!
DOÑA NIEVES.—¡Vamos, doña Balbina! ¡Que no se diga!
DOÑA BALBINA.—Con el mayor gusto... Pero quizá después. Mi hija y yo tenemos que salir ahora de visita...
TOMASA.—¿Visitas ahora?
SABAS.—¡Ni hablar!
DOÑA BALBINA.—En fin... Vamos para abajo, aunque sea por unos minutos... Y un millón de gracias a todos.

(Se encamina a la puerta.)

MANOLA.—*(Tras ella.)* ¡Las gracias a usted!
REMEDIOS.—¡Qué cosas dice!
SABAS.—*(La sujeta.)* Usted no baja a patita, reina. La bajo yo.

---

54 *Barbiana:* desenvuelta, gallarda (DRAE).

DOÑA BALBINA.—*(Trata de huir.)* ¡De ningún modo!
SABAS.—¡Ya lo creo que la bajo!

(La levanta en brazos sin hacer caso de sus protestas. Gritos, risas y aplausos.)

NATI.—¡Vamos!

(Sale.)

SABAS.—¡Paso!

(Sale con su carga, y tras él MANOLA, REMEDIOS *y* FIDEL, *entre risas y murmullos que se van perdiendo.)*

TOMASA.—*(Orgullosa.)* ¡Qué hijo tengo!
DOÑA NIEVES.—¿No viene usted?
TOMASA.—*(Mientras recoge el periódico y se sienta.)* Quia. Todavía tengo que mirar las demás papeletas, por si acaso. En seguida bajo.
DOÑA NIEVES.—Pues hasta ahora.

(Sale.)

PILAR.—*(A* SILVERIO, *que mira de reojo a* DANIELA.) Voy a ayudar a doña Balbina. ¿Bajas? *(Él deniega y le hace señas de que baje. Ella va hacia la puerta y repara en* DANIELA.) ¿No bajas?

(DANIELA *hace un gesto indefinido.* PILAR *mira a su marido, asombrada, y él vuelve a recomendarle que salga. Mirándolos,* PILAR *sale despacio.* DANIELA *mira a* SILVERIO *con los ojos muy abiertos. Él la corresponde con una mirada expectante.)*

TOMASA.—*(Comprobando sus papeletas.)* Ya no se ve bien... ¿Es un tres esto, o un ocho, señor Silverio?
SILVERIO.—*(Se acerca.)* Un ocho.
TOMASA.—Entonces no me toca. Claro que ahora no me importa... ¡Je! Menuda vidorra nos vamos a dar todos ahora. ¡Falta hacía! *(Sorbe.)* Ya puede decir doña Cotufa que la ha venido Dios a ver. (SILVERIO *le hace señas de que calle y le señala a* DANIELA.) ¿Eh? *(Se vuelve.)* ¿Qué haces tú aquí?
DANIELA.—*(Con la voz velada.)* Nada.

TOMASA.—¿Por qué no bajas?
DANIELA.—Porque... no.

(Se vuelve de espaldas y se apoya en el pretil. TOMASA *la observa con extrañeza.* ELÍAS *aparece por la azotea del fondo.)*

ELÍAS.—Me supuse que estarías. ¿Es verdad que le ha tocado el gordo a doña Balbina?
TOMASA.—¡Nos ha tocado a todos! ¡Yo llevaba diez pesetas!
ELÍAS.—*(Silba.)* ¡Qué suerte! Felices, Danielita.
DANIELA.—Gracias.
ELÍAS.—*(Después de mirarla con extrañeza, a* SILVERIO.) Y tú, ¿no llevabas nada?
SILVERIO.—Dos pesetillas. Quince mil.
TOMASA.—¡Qué callado se lo tenía usted!
SILVERIO.—¡Bah! Es poca cosa. Lo importante es que les haya tocado a muchos que lo necesitaban de veras.

(Lo ha dicho mirando a DANIELA, *que se vuelve de cara, con las manos aferradas y los ojos llenos de miedo.)*

TOMASA.—*(Considerándola.)* Pero a la niña no parece haberle gustado mucho la sorpresa...
DANIELA.—*(Estalla.)* ¡Es que es mentira!
TOMASA.—*(Se levanta de golpe.)* ¿Qué?
DANIELA.—¡No tiene ningún décimo! ¡Les engañó con un décimo viejo! Lo hizo porque... porque lo necesitábamos, pero ahora no podrá pagar y...
TOMASA.—*(Corre a ella y la sacude por los hombros.)* ¿Es verdad eso?
DANIELA.—¡Por lo que más quieran, ayúdenla! ¡Ayúdennos de alguna manera! ¡Dios mío!...
TOMASA.—*(Ruge.)* ¡Maldita!

(Corre a la puerta.)

SILVERIO.—*(Tras ella.)* ¡Espere!
DANIELA.—*(Tras ella.)* ¡Perdónela!
SILVERIO.—¡Señora Tomasa, espere! *(Está ya en la puerta y ella ha salido ya. Sale él también y se oye su voz.)* ¿No comprende que si

habla...? *(Vuelve a entrar, mordiéndose los labios, y mira a* DANIELA. *Titubea.* ELÍAS *salta el pretil y se acerca.)* Daniela, baje conmigo.

DANIELA.—*(Al borde del llanto.)* ¡No!

(SILVERIO *atiende hacia la puerta y vuelve a mirarla, lleno de pavor.)*

SILVERIO.—No, tiene razón. Soy un estúpido. Elías, tú... Tú sabes cómo son... Baja y haz lo que puedas.

ELÍAS.—Lo estaba pensando.

(Sale, rápido. Una pausa, durante la que SILVERIO *atiende a su bajada. Luego se acerca a* DANIELA.)

SILVERIO.—Era eso lo que le preocupaba durante todo el día, ¿verdad? (DANIELA *asiente.)* ¿Por qué no habló antes de que viniera el periódico? Ahora es peor...

DANIELA.—No sabía qué hacer... Y esperaba que... no tocase nada.

SILVERIO.—¿Cómo no se confió a nadie? ¿A mí mismo?

DANIELA.—Lo intenté.

SILVERIO.—¿Conmigo?

DANIELA.—No.

SILVERIO.—Comprendo. *(Tiende el oído hacia la puerta.)* Cálmese. Veremos si hay forma de arreglarlo.

DANIELA.—¡Perdónenla!

SILVERIO.—*(Súbitamente asustado.)* ¡Calle!

(Va a la puerta, al tiempo que entra PILAR, *demudada.)*

PILAR.—¡La han pegado, Silverio! ¡La han pegado! (SILVERIO *le tapa la boca.* DANIELA *da un grito.)* ¡Oh!... (PILAR *se acerca a* DANIELA *y trata de abrazarla.* DANIELA *se desase y trata de ir a la puerta.)* ¡No vayas!

SILVERIO.—*(Con un ademán.)* Retenla.

(PILAR *abandona a* DANIELA *y le sujeta por un brazo.)*

PILAR.—¡Tú tampoco!

SILVERIO.—¡Déjame!

PILAR.—¡No! ¡Tú no!

SILVERIO.—*(Sujeta a* DANIELA, *que trata de escabullirse.)* ¡Quieta!

(La empuja contra el pretil, mientras en la escalera crece un gran alboroto. Se detienen los tres. ELÍAS *entra de repente, arrastrando de la mano a* DOÑA BALBINA; *la suelta y trata de cerrar la puerta.* DOÑA BALBINA *viene pálida, descompuesta, despeinada; le han desgarrado el traje y una erosión le oscurece el pómulo; en la sien se le seca un hilillo de sangre.)*

DANIELA.—¡Mamá!

(Pero su madre la aparta, enloquecida, buscando donde esconderse.)

ELÍAS.—*(Sujeta la puerta con el peso de su cuerpo.)* Salte a la otra azotea y escape. ¡Vamos, salte!

SILVERIO.—*(Pone el taburete junto al pretil.)* ¡Aprisa!

(Entre tanto, el ruido crece y la puerta retiembla bajo los primeros golpes. Tras ella estallan gritos e insultos: «¡Abran de una vez!... ¡Échala abajo, Sabas!... ¡Cochina!... ¡Tramposa!...».)

PILAR.—¡Pronto, pronto!

(Ayudada por los demás, intenta saltar DOÑA BALBINA. *Pero no da tiempo. La puerta se abre y* ELÍAS *es despedido por el impulso.* SABAS *entra y se abalanza, hecho una fiera, sobre* DOÑA BALBINA. *Tras él entran* TOMASA *y* PACO; *detrás,* FIDEL. MANOLA, DOÑA NIEVES, REMEDIOS *y* NATI *se apiñan en la puerta, contenidas a medias por* FIDEL *y a medias por su propio susto. De sus gargantas y de las de otros vecinos, que no vemos, han seguido saliendo gritos e insultos: «¡Tramposa!... ¡Mentirosa!... ¡Pécora!... ¡Jugar así con el dinero de los pobres!... ¡Que la cuelguen!... ¡No, a la cárcel!... ¡A la cárcel!... ¡Bribona!...». Todo es rapidísimo.* ELÍAS *pretende retener a* SABAS *sin conseguirlo.* SILVERIO *se interpone.)*

SABAS.—¡Perra! ¡Tramposa!

SILVERIO.—¿Qué vas a hacer, bruto?

TOMASA.—¡Dale a la muy puerca!

(Los de la puerta gritan y se echan hacia atrás instintivamente, mascullando palabras de susto: «¡No!... ¡La va a destrozar!... ¡Yo no quiero verlo!... ¡No entréis!». DOÑA BALBINA *se dejó caer sobre el taburete y mira a* SABAS *con inmenso pavor. Éste repele a* SILVERIO *de un empellón que le hace retroceder y levanta el puño sobre* DOÑA BALBINA.)

DANIELA.—¡No!

(Trata de interponerse. Pero SILVERIO *es aún más rápido. Sin pensarlo, toma su aparato de latón, lo empuña y sacude a* SABAS *un tremendo golpe en la nuca.* SABAS *vacila y se desploma.* PACO *corre a su lado. Leves gritos acusan el golpe. Tras ellos, un silencio de perplejidad.)*

TOMASA.—*(Reacciona.)* ¿A mi hijo?

(Entre tanto, CRISTÓBAL *ha logrado abrise camino entre los que se apiñan a la puerta y llega junto al caído.)*

CRISTÓBAL.—¡Sí, y muy bien hecho! ¡Estoy ya harto de sus barbaridades! ¡Ha podido desgraciarse y desgraciarnos para toda la vida!

TOMASA.—¡Pero a él lo han matado!

ELÍAS.—*(Que se arrodilló junto a* SABAS.) No le pasa nada, señora. Ya se mueve. Ayúdeme, Paco.

(Entre él y PACO *lo levantan.)*

CRISTÓBAL.—Deje. Yo lo bajo. *(Sustituye a* ELÍAS *y llevan a* SABAS *hacia la puerta, quejoso y medio desvanecido.* TOMASA *se acerca.* CRISTÓBAL *se detiene.)* ¡Tú te quedas! ¡Tengo yo que decirle unas cuantas cosas a solas, sin que tú me lo contemples! (SABAS *gime.)* Te duele, ¿eh? ¡Todavía no te has quejado bastante! ¡Paso!

(Salen CRISTÓBAL *y* PACO, *conduciendo a* SABAS. SILVERIO *mira a su aparato, lo agita y comprueba por el ruido que está roto. Meláncolico, lo tira al suelo, y* PILAR *se*

apresura a recogerlo para llevarlo a la caja. DOÑA BALBINA *ha inclinado la cabeza, abrumada.* DANIELA *le restaña la herida con un pañuelo.* NATI *se separa del grupo y sube la escalerilla, refunfuñando en voz baja. Ya arriba, comienza a descolgar su ropa y va metiéndola en el cesto que dejó.)*

TOMASA.—¡Ea! ¡Abajo todos! ¡De ésta se ha librado, pero ahora mismo vamos a denunciarla!

(Inician la marcha.)

DOÑA NIEVES.—¡Eso! ¡A la cárcel con ella!
SILVERIO.—*(Retiene a* TOMASA.) ¡No se vaya aún! *(Empuja a* MANOLA *para adentro.)* ¡Entren todos! *(Se acerca a la puerta.)* ¡Cómo! ¿Sólo quedan ustedes?
FIDEL.—Los demás se han ido al llevarse a mi hermano.
SILVERIO.—Pues los que quedan. ¡Vamos!

(Los empuja. Van entrando.)

DOÑA NIEVES.—*(A* REMEDIOS.) Tú, a casa.

(REMEDIOS *obedece sin chistar y sale.* PILAR *se deja caer en su silla y se oprime la cabeza con las manos.* DANIELA *se incorpora y atiende.)*

TOMASA.—*(En jarras.)* ¿Qué quiere?
SILVERIO.—*(Después de un momento.)* Que no la denuncien. *(Con un mal gesto,* TOMASA *se dispone a salir.* NATI *atiende mientras descuelga y al terminar su faena se acoda en la barandilla y escucha.)* ¡Espere!
TOMASA.—Se ve que nunca supo usted lo que son setenta y cinco mil pesetas.
DOÑA NIEVES.—¡Y las sesenta mil mías!
MANOLA.—¡Y las mías! ¡Y las de todos!

(ELÍAS *se sienta sobre el pretil.* FIDEL *va, lento, a la escalerilla y se recuesta en los primeros escalones.)*

SILVERIO.—Calma...

(REMEDIOS *sale a la terracita y escucha a hurtadillas.)*

TOMASA.—¡Mi dinero no me lo quita nadie!

DOÑA NIEVES.—¡Ni a mí el mío!

SILVERIO.—¡Si no hay tal dinero! Están ustedes como estaban, y nada más.

MANOLA.—*(Triste, va a sentarse a su silla.)* No. Como estábamos, no.

ELÍAS.—Yo creo que Silverio lleva razón... Si la denuncian, no van a sacar nada en limpio y sólo conseguirán perjudicar a estas dos pobres mujeres... Una desgracia más, aparte de la de ustedes. ¿No les parece que ya hay bastantes?

TOMASA.—¡Si nos ha fastidiado a todos, que se fastidie ella también!

MANOLA.—*(A* SILVERIO.) ¡No se puede jugar con el dinero del pobre!

DOÑA NIEVES.—¡Ni con sus ilusiones!

(Va a recostarse, disgustada, bajo su terraza. REMEDIOS *escapa corriendo.)*

SILVERIO.—*(Dulce.)* Pero ella es también pobre. Mucho, muchísimo más que ustedes, porque ella... no tiene ya ni ilusiones. *(Se acerca a* DOÑA BALBINA.) ¿Verdad? *(Ella lo mira y rompe a llorar.)* Vamos, defiéndase. Dígales a todas por qué lo hizo...

(TOMASA *se pone en jarras y espera las palabras de* DOÑA BALBINA.)

DOÑA BALBINA.—Vivimos muy mal... No tenemos ni lo justo para comer...

(DANIELA *se vuelve de espaldas, hacia el pretil.)*

TOMASA.—No nos dice nada nuevo.

DOÑA BALBINA.—Ustedes no saben lo negra que es la miseria...

MANOLA.—¿Que no?

DOÑA BALBINA.—Sobre todo, cuando hay que disfrazarla.

MANOLA.—Debió aceptar la pobreza, como los demás.

DOÑA BALBINA.—Cada una es como la han hecho, y a mí me hicieron así...

DOÑA NIEVES.—¡Una tramposa!

DOÑA BALBINA.—*(Se levanta.)* Sólo unas pesetas... Aquel día llevábamos veinticuatro horas con sólo un vaso de café... y se me ocurrió lo de las participaciones. Muy pocas, y en la casa solamente... ¿Quién se lo iba a imaginar?

TOMASA.—Además de tramposa es usted tonta. ¿Se cree usted que sólo hay un premio?

(DOÑA BALBINA *no contesta e inclina la cabeza.)*

SILVERIO.—¿A quiénes más vendió usted?

DOÑA BALBINA.—En el primero derecha, diez pesetas...

TOMASA.—Igualito que a mí. ¡Setenta y cinco mil!

DOÑA BALBINA.—Y cinco en la izquierda...

SILVERIO.—¿Nada más?

DOÑA BALBINA.—También en el segundo izquierda...

MANOLA.—Ya lo creo. A la señora Jacinta.

DOÑA BALBINA.—Y a los vecinos de usted, a los del cuarto...

TOMASA.—¡A todos!

DOÑA BALBINA.—Ahí creo que fueron seis.

ELÍAS.—*(Suspira.)* Mucho dinero.

(Carga su pipa y la enciende.)

DOÑA BALBINA.—¡Cincuenta y tantas, solamente!

TOMASA.—*(Ha hecho cuentas con los dedos.)* ¡Qué cincuenta y tantas! ¡Lo menos sube a cuatrocientas mil, entre todos! *(A* SILVERIO.) Y todavía quiere usted... ¡Vamos!

SILVERIO.—¡Calma! Fidel. (FIDEL *se levanta, sorprendido.)* ¿Quiere pedir a todos los vecinos, en mi nombre y... *(Recalca.)* en el de estas dos pobres mujeres, que perdonen a doña Balbina y que devuelvan las papeletas?

DOÑA NIEVES.—¡De ninguna manera!

SILVERIO.—No haga caso, Fidel. No es su madre la que ha hablado. Y dese prisa, no vaya a tener alguno de ellos un mal pronto y... se vaya a la Comisaría.

FIDEL.—*(Repentinamente contento.)* ¡Claro que sí!

(Va a la puerta y mira a DANIELA *por un segundo. Luego sale.)*

DOÑA NIEVES.—*(Rabiosa, se cruza de brazos.)* Usted, como no pierde nada...

SILVERIO.—Igual que ustedes: nada. Total: una semana de estrechez por el aparatito que he tenido que romper... No importa. Pero si se refiere a las participaciones... *(Saca una papeleta del bolsillo.)* También yo tenía dos pesetillas en ese número. O quince mil, si prefiere la contabilidad de la señora Tomasa. *(Rompe el papel, mirándolas.)* ¡Que el cielo me libre siempre de jugar con la miseria del pobre!

(Las comadres se miran, avergonzadas.)

ELÍAS.—Así se hace, Silverio. A malos negocios... ¡sombrero de copa![55].

DOÑA NIEVES.—Usted olvida que eso es un delito y que hay que pagarlo.

SILVERIO.—No lo olvido. Pero como no ha habido perjuicios, es preferible la piedad. *(Se enardece.)* ¡Todas ustedes son pobres! ¿Y no van a tener compasión de la más pobre de todas?

PILAR.—*(Se levanta y se acerca, suplicante.)* ¡Por favor, sean buenas! ¡No la denuncien!

DOÑA NIEVES.—¿Eh? ¿Cómo sabe...?

SILVERIO.—*(Con una honda mirada a su mujer.)* Porque nos comprende. Nos está viendo a todos por dentro como si fuésemos de cristal. ¿No les da miedo esa mirada? *(Grave.)* A partir de hoy, días y años, viendo en sus ojos que no devolvieron... Días y años, doña Nieves, leyendo en su mirada que... no fueron capaces de perdonar.

---

[55] Véase la nota 28.

PILAR.—¡No la denuncien!

(Breve pausa.)

MANOLA.—*(Triste.)* Ya no volveré al pueblo... Y mi pobre Luisillo se consumirá aquí, sin salud y sin colores...

TOMASA.—Hasta un toldo queríamos poner aquí. ¡Estúpidas!... No lo dije, pero quería comprarme una lavadora que había visto... Para aliviar el trabajo, que siempre es mucho...

DOÑA NIEVES.—Todo se ha perdido. La vejez tranquila, los clientes...

TOMASA.—Y así toda la vida. (SILVERIO *vase acercando a ella.)* Corriendo como perros tras las cosas sin conseguirlas nunca... Nunca.

SILVERIO.—*(Tras una pausa respetuosa, tiende la mano.)* ¿Me da su papeleta?

TOMASA.—*(Después de un momento.)* Tome. Désela.

(Se la tiende y se vuelve, compungida, para recostarse en el pretil que da a la calle.)

SILVERIO.—Gracias. *(Se acerca a* MANOLA.) ¿Me da la suya, señora Manola?

MANOLA.—*(Quejumbrosa.)* ¡Dios mío, cuarenta y cinco mil pesetas!

SILVERIO.—No. Un papel sin valor.

MANOLA.—*(Lo saca con muy poca gana y titubea.)* Por lo menos, que me devuelva las seis pesetas...

SILVERIO.—*(Baja la voz.)* Yo se las daré.

(DANIELA *rompe a llorar.* PILAR *corre a su lado y la consuela.)*

MANOLA.—Y si no, déjelo... Que no las devuelva.

(Le entrega la papeleta.)

DOÑA BALBINA.—Sí, sí. A todas... si me dan tiempo.

SILVERIO.—Doña Nieves...

DOÑA NIEVES.—*(Se vuelve.)* No.

SILVERIO.—*(Persuasivo.)* Sí.

DOÑA NIEVES.—¡No!

SILVERIO.—*(Con mucha dulzura y gravedad, después de un momento.)* Sí.

(Un silencio. DOÑA NIEVES *saca su participación, la arruga y se la tira con rabia a los pies. Después sale de la azotea, muy digna, mientras* SILVERIO *recoge el papel.)*

NATI.—*(Con una discordante risita.)* Muy bonito, señor Quijote[56]. *(Coge su cesto y comienza a bajar.)* Yo no jugué a ese número y no tengo papeleta que devolver. ¡Pero la denunciaré, porque es mi deber y porque una persona así sobra en esta casa! Y ya están todos largándose de la azotea, que ahora mismo voy a cerrar la puerta con una cuerda hasta que la arreglemos mañana... *(Junto a la puerta.)* Ya le pasaré la factura, señora Tomasa.

TOMASA.—*(Que ha reaccionado al oírla, se acerca.)* ¡Usted me pasará lo que le dé la gana, pero como denuncie a esa mujer, le voy a dejar la cara como un tomate pocho[57]!

NATI.—¿Qué dice?

TOMASA.—¡Lo que oye! ¡Y sabe que soy capaz de hacerlo, y de patearle encima hasta que no le quede hueso sano! ¡Conque ojo!

NATI.—*(Furiosa, pero amedrentada.)* ¡Yo haré lo que tenga que hacer!

TOMASA.—¡Y yo lo que le he dicho! *(Se besa la cruz de los dedos.)* ¡Por éstas! ¡Conque usted verá!

NATI.—*(Deja el cesto junto a la puerta y saca una cuerda.)* ¡Gentuza! ¡Vamos, que se acabó la juerga! ¡Fuera todo el mundo!

TOMASA.—*(Coge su silla.)* ¡Nos vamos porque nos da la gana! ¡Quédese con su cochina azotea y revuélquese en ella!

---

[56] Por boca de este y de otros personajes se indica expresamente lo que Silverio muestra con su comportamiento: es un «Quijote», un idealista desinteresado. Es bien conocida la admiración de Buero hacia el héroe cervantino, convertido en protagonista de su «libro para una ópera», *Mito*. También en *El tragaluz* están presentes alusiones y referencias quijotescas.

[57] *Pocho:* podrido.

¡Venga, Manola! *(Le da un golpe en el hombro.)* ¡Al próximo sorteo le compro yo a usted el décimo! ¡Y mañana le pago las cartas, que nos van a decir a las dos cosas muy buenas!

(MANOLA *se levanta y va tras ella con su silla a cuestas.)*

MANOLA.—*(Escéptica.)* ¿Las cartas?...
TOMASA.—¡Qué! ¡Un día sale todo, ya lo verá! *(Al pasar junio a* NATI, *se palmea la mejilla.)* ¡Y usted ya lo sabe! ¡Cuídese la cara!

(Sale como una reina, seguida de MANOLA.)

NATI.—*(Rabiosa.)* ¡Vamos, que cierro!
SILVERIO.—*(Fuerte.)* ¡Déjenos en paz!

(NATI *lo mira y opta por recoger su cesto y salir, refunfuñando.)*

NATI.—¡Gentuza!

(Sale. ELÍAS *se baja del pretil, le pasa a* SILVERIO *el brazo por los hombros y le da un mudo y conmovido apretón.)*

SILVERIO.—Estoy contento, Elías.
ELÍAS.—Se comprende.
SILVERIO.—*(Con una mirada a su mujer, que lo contempla con la más rendida adoración.)* No. Tú no comprendes que hoy sí es un verdadero día de fiesta para mí. Lo que ha ocurrido es como una señal de que también yo... puedo esperar[58]. *(Entra* FIDEL *y se precipita a su encuentro.)* ¿Todos?
FIDEL.—*(Contento, le entrega un montoncito de papeletas.)* Menos el señor Nicasio. No he logrado convencerlo. Dice que de él no se ríe nadie y que... hay que denunciarla.
SILVERIO.—*(Excitado.)* ¡Ah, Elías! A pesar de todo, son de oro. Todos han devuelto. Y el señor Nicasio devolverá tam-

---

[58] *La señal que se espera* es el título de una obra de Buero Vallejo estrenada en 1952.

bién. *(Esgrime las papeletas.)* ¡No podrá resistir este ejemplo! ¡Venga conmigo, Fidel! ¡Es usted un gran chico!

(FIDEL, *que miraba a* DANIELA *con nueva y alegre mirada, se rehace. Salen los dos, presurosos. Una pausa.)*

ELÍAS.—Y tú un gran tipo. *(El cielo ha ido oscureciendo, pero la luz de la luna ilumina ahora, desde la derecha, las azoteas. Se van iluminando algunos de los balcones y guardillas del barrio. De pronto,* PILAR *exhala un suave quejido y se vence sobre su silla.)* ¡Pilar!

(Corre a su lado y la sostiene. DANIELA *acude también.* DOÑA BALBINA *levanta la cabeza y los mira.)*

PILAR.—Déjeme... No puedo más... He estado aguantando para que él no lo notase.. Es que antes, en el jaleo de la escalera..., me dieron un golpe en la cabeza... y no puedo de dolor.

DANIELA.—¡Por nuestra culpa todo!

ELÍAS.—*(La obliga a levantarse.)* ¡A la cama enseguida!

DANIELA.—¡Dios mío!

DOÑA BALBINA.—*(Se acerca.)* No será nada...

PILAR.—Pero no le diga nada a Silverio, Elías... Ya estoy mejor. Para la cena estaré buena.

ELÍAS.—Ni hablar de cena. ¡Venga!

(Sosteniéndola, avanzan hacia la puerta.)

DANIELA.—*(Tras ellos.)* Yo bajaré a ayudarla

PILAR.—*(Que advierte su ademán.)* No, no. Tú quédate... Bastante tienes encima, pobrecita.

ELÍAS.—*(Se detiene.)* Ha sido Sabas, ¿verdad? (PILAR *lo mira. Él le toca la cabeza.)* ¿Sabas?

PILAR.—... No sé qué dice.

ELÍAS.—*(Suspira.)* Nunca lo dirá.

(La conduce y salen los dos.)

DANIELA.—*(Los ve salir y tras una pausa, temerosa, se acerca a su madre.)* Mamá...

DOÑA BALBINA.—*(Se vuelve lentamente y la mira. Estalla.)* ¡Tú me has denunciado a los vecinos! ¡Tú!

DANIELA.—*(Retrocede, desconcertada.)* ¡Por salvarte!

DOÑA BALBINA.—¿Por salvarme? ¡Je! De sobra sé lo mucho que me quieres.

DANIELA.—Hubiera sido peor si no... ¿No lo comprendes?

DOÑA BALBINA.—¡No, no lo comprendo! De momento, disimular; después, ya veríamos. Pero nos habríamos ahorrado esta humillación. ¡Esta humillación que tú le has reservado a tu madre!

DANIELA.—¡Perdóname!

DOÑA BALBINA.—La palabra de ese Quijote, ¿no?

DANIELA.—*(Atribulada.)* ¡Nos ha salvado!

DOÑA BALBINA.—¿Y qué? Bien perdidas estamos, de todos modos. Hoy por lo pronto cenaremos aire, a causa de esa hermosa comedia del perdón en la que también he tenido yo que echar mis lagrimitas...

DANIELA.—*(Destrozada.)* No, mamá, no...

DOÑA BALBINA.—Y ahora, tú quieres continuarla conmigo. ¡Pero no te lo tolero! ¡Tú me has delatado porque me odias, y eso lo tendrás que pagar!

(Va hacia la puerta, vuelve sobre sus pasos, toma su silla y reanuda la marcha.)

DANIELA.—*(Con las manos juntas.)* ¡Mamá!

DOÑA BALBINA.—*(Desde la puerta, muy seca.)* Bribona[59].

(Sale. DANIELA *se vuelve de cara al proscenio, con la desesperación en el rostro y el pecho agitado.)*

DANIELA.—Todo está perdido. *(De improviso, surge la reverberación de las luces de la calle.* DANIELA *se vuelve hacia la derecha al percibirlas. Medita, con los ojos muy abiertos. De pronto corre hacia el pretil y se para a medio camino, asustada. Al fin llega,*

---

[59] Este insulto tiene para Buero una gran fuerza (véase la nota 43 de *El tragaluz)*, que aquí se vuelve contra quien lo profiere.

lenta, mira a la calle y se vuelve rápida, espantada por la visión, ahora terrible, del empedrado. Respira agitadamente. Musita:) ¡Todo perdido!...

(Vuelve a mirar a la calle, ahora largamente. Después, su cuerpo se apoya e inclina con exceso, de extraño modo, sobre el pretil. Despacio, comienza a levantar una pierna[60]. SILVERIO *entra, con la cara alegre. En cuanto la ve, se detiene, extrañado. De pronto, corre a su lado y la toma de un brazo, forzándola a volverse bruscamente.)*

SILVERIO.—¡Daniela! (DANIELA *estalla en desgarradores sollozos.)* Luego era cierto... *(Una pausa.)* ¡Qué niñería, llegar a un pensamiento tan terrible sólo porque la vida... nos apretó un poquito el cuello!... Cálmese. El tiempo pasará y lo dulcificará todo... El tiempo es una cosa tremenda.

(La separa del pretil.)

DANIELA.—Usted no comprende... He cometido algo espantoso. Por mucho tiempo que pase, no podré librarme ya de ese remordimiento.

SILVERIO.—*(La mira muy fijo.)* ¿A qué se refiere?

DANIELA.—He delatado a mi madre. ¡Y ella tiene razón! ¡Lo hice porque no la quiero!

SILVERIO.—*(Con calma, aunque afectado en el fondo.)* Por salvarla; y la salvó.

DANIELA.—*(Grita.)* ¡Porque no la quiero!

SILVERIO.—*(Suspira.)* Por salvarla... y porque no la quiere. Bien.

DANIELA.—*(Lo mira.)* ¡Oh!

(Llora de nuevo y se vuelve al pretil. Compadecido, SILVERIO *menea la cabeza y se acerca, tocándola en un hombro.)*

---

[60] La obra de Buero inmediatamente anterior a ésta, *Irene, o el tesoro*, termina para el espectador con un ambivalente final: el suicidio de la protagonista arrojándose por el balcón o bien su liberación ascendiendo por un «maravilloso camino de luz».

SILVERIO.—Su madre es una persona... muy incómoda... Y usted no puede mandar en sus sentimientos para con ella.

DANIELA.—Es mi madre.

SILVERIO.—Y por eso la mantiene, y la ayuda, como la ha ayudado ahora. Pero no consigue quererla... *(Sonríe.)* Obras son amores[61], hija mía. La quiere mucho más de lo que supone. La quiere hasta el extremo de pensar en... una gran barbaridad, sólo porque se siente en deuda con ella. No se obra así con las personas que nos son indiferentes. Lo que pasa es que usted la quisiera distinta... Y usted también quisiera ser distinta de como es. Todos queremos ser distintos... Pero hay que buscar la manera de lograrlo, en lugar de desesperarse.

DANIELA.—*(Llorando.)* Es que hay más cosas... Es que todo es demasiado negro, y todo se tuerce, y nunca se logra una vida digna, ni...

SILVERIO.—Ni a Fidel. *(Ella lo mira, sorprendida, y se aparta hacia el centro de la escena. Él sonríe.)* Ése es otro bobo, otro niño como usted. También él supone que no la quiere. Supone... *(Va a su lado. Transición.)* Será tuyo. Tendrás que cuidarlo toda la vida, porque ése será siempre un niño... Pero tú has dejado hoy de ser niña, Daniela. Te has convertido en mujer y tendrás que mirar a las cosas de cara, sin flaquear. Y nunca, nunca más, volverás a desesperar. *(Va al pretil, toma los libros de* FIDEL *y se los da.)* Toma. Él no tardará en subir a buscarlos. Adelántate tú y espéralo en la escalera. Creo que lo encontrarás más propicio que esta tarde.

DANIELA.—¡No podré resistir su compasión!

SILVERIO.—No será compasión... Te necesita más que tú a él, créeme. *(Suspira.)* Ya sé que no te pinto ningún porvenir brillante. ¿Qué quieres? Así es la vida, y a ti hay que decirte la verdad. Tú trabajarás, él ganará sus oposiciones; él y tu madre te harán sufrir. Tendrás que conllevarlos a los dos con paciencia... Tú serás la más fuerte en un hogar donde no faltarán estrecheces, penas..., ni tampoco alegrías. Pero tú quieres a Fidel y eso basta. Yo sé que estás dispuesta a afrontarlo todo. ¿Verdad?

---

[61] Silverio dice a Daniela el inicio de un popular refrán que, por ser tan conocido, no precisa que se señale su segunda parte («que no buenas razones»).

DANIELA.—Sí.

SILVERIO.—*(Alegre, le oprime los brazos.)* ¡Ya estás viva, Daniela! La vida siempre dice sí. *(La empuja.)* Ve a su encuentro. Y si no te hace caso, no te desanimes. Mañana será otro día. *(Ella da unos pasos hacia la puerta y se vuelve. Un silencio.)* ¡Vamos! ¿Qué esperas?

DANIELA.—*(Llorando.)* Como un padre... Como el padre que me falta...

SILVERIO.—*(Grave.)* Te debo yo mucho más a ti. Eres como una niña que no debió faltarme... y que me mira al fin con ojos de cariño. *(Se vuelve, melancólico. De repente ella se precipita a su lado y lo abraza y lo besa con inmensa, casi enamorada ternura. Luego se desprende y sale, muy rápida.* SILVERIO *la ve marchar, conmovido. Luego se recuesta en el pretil que da a la calle, de cara al proscenio y mira al cielo, donde luce ya la primera estrella y desde donde la luna envía su luz serena. Después baja la cabeza y murmura.)* Sólo. A ti te hablo. A ti, misterioso testigo, que a veces llamamos conciencia... A ti, casi innombrable, a quien los hombres hablan cuando están solos sin lograr comprender a quién se dirigen... ¿Tiene algún sentido este extraño día de fiesta? ¿Debo entenderlo como un día de esperanza y de perdón? ¿Ha sido quizá rescatada la vida de aquella niña por la de Daniela?... Pero sé muy bien que sólo puedes contestarme a través de unos labios. Lo sé y lo acepto. Por quererme sólo a mí mismo, deshice mi vida. Aunque tarde, he de rehacerla. He sido un malvado, y después un cobarde. Ya no lo seré más. Sé bien que el día no ha terminado para mí, que aún me falta la prueba más terrible... Ayúdame a afrontarla. *(Respira con resolución y se dirige a la salida. Pero se detiene al ver a* PILAR, *que entra, mirándolo con ansiedad.)* ¿Tú?...

PILAR.—Necesitaba verte... Tardabas demasiado.

SILVERIO.—¿Te ocurre algo?

PILAR.—No creas que me pasa nada... Es que quiero estar contigo... Ahora más que nunca. *(Lo abraza.)* Me he sentido de pronto muy sola en casa. *(Reprime un gesto de dolor y va a sentarse a su silla. Él va a su lado, vagamente inquieto, y ella le sonríe.)* ¿Te acuerdas de lo que te dije esta mañana? Toda la sonrisa del cielo se ha derramado hoy sobre esta casa, y a ti se te debe. Ahora estoy tranquila, porque veo que de nuevo estás alegre, y porque lo de esta tarde..., fuese lo que fuese..., ya no te tortura.

(Se sienta y le sonríe. Él se tranquiliza. La puerta y la ventana de la terraza se iluminan. SILVERIO *mira hacia la puerta de la azotea.)*

SILVERIO.—Tienes razón. Mira: las cosas se reanudan. Doña Nieves recibe ahora a otra cliente. Vuelve la esperanza... Hoy me siento como todos ellos, fundido al fin con ellos. Ahora bajaremos y, como un pobre hombre más, tomaré tu cuaderno y te confesaré mi maldad... Yo también me atrevo a esperar. *(La mira.)* Y si tus ojos me condenan..., aceptaré mi dolor y procuraré recobrarte.

PILAR.—*(Levantándose.)* Silverio... ¿No lo notas?

SILVERIO.—*(Acude a sostenerla.)* ¿El qué?

PILAR.—Es como una alegría grandísima que nos envolviese a los dos... Como un río enorme... que me invade[62].

(Se echa hacia atrás, bajo un súbito dolor lancinante[63].)

SILVERIO.—¡Pilar!

(La sostiene mientras ella se deja caer en la silla.)

PILAR.—*(Aún tiene energía para incorporar la cabeza y sonreírle.)* No te inquietes... Todo... pasará.

(Sus miembros se aflojan y se le vence cabeza sobre el pretil.)

SILVERIO.—*(Horrorizado.)* ¡No, Pilar! ¡No! *(Agitadísimo, mira y oprime su mano, que conservaba entre las suyas, y la deja caer. La mano de* PILAR *se desploma sin vida. Él se incorpora y mira a todos lados con indecible angustia, ahogándose, en torpe demanda —¿a quién?— de auxilio. Al fin se inmoviliza, con los*

---

[62] Este «río enorme» que invade a Pilar corre parejas con la misteriosa melodía que envuelve la escena al concluir *La señal que se espera.*

[63] *Lancinante:* muy agudo.

Ángel Picazo (Silverio) y Elvira Noriega (Pilar) en una escena de *Hoy es fiesta.* Dirección de Claudio de la Torre. Foto: Gyenes.

ojos muy abiertos.) Es el castigo. *(La mira y se arrodilla lentamente, tomando sus manos.)* Quizá puedes oírme al fin por tus pobres oídos muertos... Quizá ya sabes. ¿Y yo, cómo sabré? Sólo tu boca podía decirme si tengo perdón. Sólo tu boca... ¡Pilar, Pilar!... ¡Si aún pudieras decírmelo!... Pero estoy solo. Tú lo eras todo para mí y ahora estoy solo.

(Pausa. La voz de DOÑA NIEVES *se filtra por la puerta de la terraza y llega a sus oídos.* SILVERIO *levanta la cabeza y escucha. A las primeras palabras, mira a su mujer, rompe a llorar en silencio y se vence, de bruces, sobre el regazo de la muerta.)*

DOÑA NIEVES.—*(Voz de.)* Hay que esperar... Esperar siempre... La esperanza nunca termina... La esperanza es infinita...

TELÓN LENTO

El tragaluz
Experimento en dos partes

Esta obra se estrenó el 7 de octubre de 1967, en el Teatro Bellas Artes de Madrid, con el siguiente

REPARTO

(Por orden de intervención)

ELLA	Carmen Fortuny.
ÉL	Sergio Vidal.
ENCARNA	Lola Cardona.
VICENTE	Jesús Puente.
EL PADRE	Francisco Pierrá.
MARIO	José María Rodero.
LA MADRE	Amparo Martí.
ESQUINERA *(no habla)*	Mari Merche Abreu.
CAMARERO *(no habla)*	Norberto Minuesa.
VOCES Y SOMBRAS DE LA CALLE	

Derecha e izquierda, las del espectador

Decorado: Sigfrido Burman.
Dirección escénica: José Osuna.

NOTA: Los fragmentos encerrados entre corchetes fueron suprimidos en las representaciones.

Parte primera

El experimento suscita sobre el espacio escénico la impresión, a veces vaga, de los lugares que a continuación se describen.

El cuarto de estar de una modesta vivienda instalada en un semisótano ocupa la escena en sus dos tercios derechos. En su pared derecha hay una puerta. En el fondo, corto pasillo que conduce a la puerta de entrada a la vivienda. Cuando ésta se abre, se divisa la claridad del zaguán. En la pared derecha de este pasillo está la puerta del dormitorio de los padres. En la de la izquierda, la puerta de la cocina.

La pared izquierda del cuarto de estar no se ve completa: sólo sube hasta el borde superior de la del fondo, en el ángulo que forma con ella, mediante una estrecha faja, y en su parte inferior se extiende hacia el frente formando un rectángulo de metro y medio de alto.

Los muebles son escasos, baratos y viejos. Hacia la izquierda hay una mesa camilla pequeña, rodeada de dos o tres sillas. En el primer término de la derecha, silla contra la pared y, ante ella, una mesita baja. En el rectángulo inferior de la pared izquierda, un vetusto sofá. Algunas sillas más por los rincones. En el paño derecho del fondo, una cómoda. La jarra de agua, los vasos, el frutero y el cestillo del pan que sobre ella descansan muestran que también sirve de aparador. Sobre la mesita de la derecha hay papeles, un cenicero y algún libro. Por las paredes, clavados con chinchetas, retratos de artistas y escritores recortados de revistas, postales de obras de arte y reproducciones de cuadros famosos arrancadas asimismo de revistas, alternan con algunos viejos retratos de familia.

El amplio tragaluz que, al nivel de la calle, ilumina al semisótano, es invisible: se encuentra en la cuarta pared y, cuando los personajes miman el ademán de abrirlo, proyecta sobre la estancia la sombra de su reja[1].

El tercio izquierdo de la escena lo ocupa un bloque cuyo lado derecho está formado por el rectángulo inferior de la pared izquierda del cuarto de estar. Sobre este bloque se halla una oficina. La única pared que de ella se ve con claridad es la del fondo, que forma ángulo recto con la estrecha faja de pared que, en el cuarto de estar, sube hasta su completa altura. En la derecha de esta pared y en posición frontal, mesa de despacho y sillón. En la izquierda y contra el fondo, un archivador. Entre ambos muebles, la puerta de entrada. En el primer término izquierdo de la oficina y de perfil, mesita con máquina de escribir y silla. En la pared del fondo y sobre el sillón, un cartel de propaganda editorial en que se lee claramente *Nueva Literatura* y donde se advierten textos más confusos entre fotografías de libros y de escritores; algunas de estas cabezas son idénticas a otras de las que adornan el cuarto de estar[2].

Ante la cara frontal del bloque que sostiene la oficina, el velador de un cafetín con dos sillas de terraza. Al otro lado de la escena y formando ángulo con la pared derecha del cuarto de estar, la faja frontal, roñosa y desconchada, de un muro callejero.

Por la derecha e izquierda del primer término, espacio para entradas y salidas.

---

[1] José Osuna («Las dificultades de mi puesta en escena», *Primer Acto,* 90, noviembre de 1967, págs. 18-19) señaló que, entre los muchos problemas técnicos del montaje, «el mayor fue el del tragaluz», para cuyo efecto, en los ensayos generales, «pasamos más de dieciocho horas, sin podernos ocupar de otra cosa, antes de darlo por definitivamente resuelto». Al fondo de la escena se perciben, al abrirlo, la sombra de los barrotes y la «mancha» del tragaluz, puesto que éste se ubica en la «cuarta pared» (inexistente cierre del supuesto recinto que constituye el escenario).

[2] La coincidencia de alguna de estas fotografías con otras de la vivienda familiar sugieren desde el escenario inicial la relación entre los hermanos.

Boceto original de Antonio Buero Vallejo para *El tragaluz*.

En la estructura general no se advierten las techumbres; una extraña degradación de la luz o de la materia misma vuelve imprecisa la intersección de los lugares descritos; sus formas se presentan, a menudo, borrosas y vibrátiles[3].

La luz que ilumina a la pareja de investigadores es siempre blanca y normal. Las sucesivas iluminaciones de las diversas escenas y lugares crean, por el contrario, constantes efectos de lividez e irrealidad.

> *(Apagadas las luces de la sala, entran por el fondo de la misma* ELLA *y* ÉL: *una joven pareja vestida con extrañas ropas, propias del siglo a que pertenecen. Un foco los ilumina. Sus movimientos son pausados y elásticos. Se acercan a la escena, se detienen, se vuelven y miran a los espectadores durante unos segundos. Luego hablan, con altas y tranquilas voces)*[4].

ELLA.—Bien venidos. Gracias por haber querido presenciar nuestro experimento.

ÉL.—Ignoramos si el que nos ha correspondido [realizar] a nosotros dos os parecerá interesante.

ELLA.—Para nosotros lo ha sido en alto grado. *(Mira, sonriente, a su pareja.)* ¿Se decía entonces «en alto grado»?

ÉL.—Sí. *(A los espectadores.)* La pregunta de mi compañera tiene su motivo. Os extrañará nuestro tosco modo de hablar, nuevo en estas experiencias. El Consejo ha dispuesto que los experimentadores usemos el léxico del tiempo que se revive. Os hablamos, por ello, al modo del siglo veinte, y en concreto, conforme al lenguaje de la segunda mitad de aquel siglo, ya tan remoto. *(Suben los dos a la escena por una escalerilla y se vuelven de nuevo hacia los espectadores.)* Mi compañera y yo creemos haber sido muy afortunados al realizar este experimento [por una razón excepcional]; la historia que hemos

---

[3] Con esta imprecisión de los límites de espacios y formas se establece la conexión de los diferentes lugares descritos y se apunta hacia la labilidad del «experimento» que se va a producir.

[4] El contraste creado por la iluminación entre los espacios de la historia recreada y las vestiduras y modo de hablar de los investigadores evoca la distancia entre los dos tiempos.

logrado rescatar del pasado nos da, explícita ya en aquel [lejano] tiempo, *la pregunta.*

ELLA.—Como sabéis, *la pregunta* casi nunca se encuentra en las historias de las más diversas épocas que han reconstruido nuestros detectores. En la presente historia la encontraréis formulada del modo más sorprendente.

ÉL.—Quien la formula no es una personalidad notable, [nadie de quien guardemos memoria.] Es un ser oscuro y enfermo.

ELLA.—La historia es, como tantas otras, oscura y singular, pues hace siglos que comprendimos de nuevo la importancia... *(A su pareja.)* ¿Infinita?

ÉL.—Infinita.

ELLA.—La importancia infinita del caso singular. Cuando estos fantasmas vivieron solía decirse que la mirada a los árboles impedía ver el bosque. Y durante largas etapas llegó a olvidarse que también debemos mirar a un árbol tras otro para que nuestra visión del bosque [..., como entonces se decía...,] no se deshumanice. Finalmente, los hombres hubieron de aprenderlo para no sucumbir, y ya no lo olvidaron[5].

(ÉL *levanta una mano, mirando al fondo y a los lados de la sala. Oscilantes ráfagas de luz iluminan a la pareja y al telón.)*

ÉL.—Como los sonidos son irrecuperables, los diálogos se han restablecido mediante el movimiento de los labios y añadido artificialmente. Cuando las figuras se presentaban de espaldas [o su visualidad no era clara], los calculadores electrónicos... *(A su pareja.)* ¿Se llamaban así [entonces]?

ELLA.—Y también computadores, o cerebros.

ÉL.—Los calculadores electrónicos han deducido las palabras no observables. Los ruidos naturales han sido agregados asimismo.

---

[5] Como indicamos en la Introducción, al «rescatar» la historia del pasado, Buero establece una relación con su teatro histórico, señalando también la misión de éste: iluminar el presente para perfeccionarse en el futuro. Puesto que se ha llegado a no olvidar las enseñanzas, tenemos la certeza de que, en un tiempo lejano, se ha conseguido la superación.

ELLA.—Algunas palabras procedentes del tragaluz se han inferido igualmente mediante los cerebros electrónicos.

ÉL.—Pero su condición de fenómeno real es, ya lo comprenderéis, más dudosa.

ELLA.—*(Su mano recomienda paciencia.)* Ya lo comprenderéis...

ÉL.—Oiréis, además, en algunos momentos, un ruido extraño. [No pertenece al experimento y] es el único sonido que nos hemos permitido incluir por cuenta propia.

ELLA.—Es el ruido de aquella desaparecida forma de locomoción llamada ferrocarril [y lo hemos recogido de una grabación antigua.] Lo utilizamos para expresar escondidas inquietudes que, a nuestro juicio, debían destacarse. Oiréis, pues, un tren; o sea, un pensamiento[6].

(El telón se alza. En la oficina, sentada a la máquina, ENCARNA. VICENTE *la mira, con un papel en la mano, sentado tras la mesa de despacho. En el cuarto de estar,* EL PADRE *se encuentra sentado a la mesa, con unas tijeras en la mano y una vieja revista ante él; sentado a la mesita de la derecha, con un bolígrafo en la mano y pruebas de imprenta ante sí,* MARIO. *Los cuatro están inmóviles. Ráfagas de luz oscilan sobre ambos lugares.)*

ÉL.—Como base de la experiencia, unos pocos lugares que los proyectores espaciales mantendrán simultáneamente visibles, [aunque no siempre con igual nitidez.] *(Señala a la escena.)* En este momento trabajan a rendimiento mínimo y las figuras parecen inmóviles; actuarán a ritmo normal cuando les llegue su turno. [Os rogamos atención: el primer grupo de proyectores está llegando al punto idóneo...] *(Las ráfagas de luz fueron desapareciendo. En la oficina se amortigua la vibración luminosa y crece una viva luz diurna. El resto de la escena permanece en penumbra.* ENCARNA *empieza, muy despacio, a te-*

[6] Al igual que los del espacio y los del tiempo, también son indefinidos los contornos de la realidad y de la ficción, como muestra la identificación entre el sonido del tren que se ha introducido y los pensamientos que a él se unen. Pero el autor insiste en que «la historia sucedió»: los hechos ocurrieron y lo que se ficcionaliza es su actualización.

clear sobre la máquina.) La historia sucedió en Madrid, capital que fue de una antigua nación llamada España.

ELLA.—Es la historia de unos pocos árboles, ya muertos, en un bosque inmenso.

(ÉL *y* ELLA *salen por ambos laterales. El ritmo del tecleo se vuelve normal, pero la mecanógrafa no parece muy rápida ni muy segura. En la penumbra del cuarto de estar,* EL PADRE *y* MARIO *se mueven de tanto en tanto muy lentamente.* ENCARNA *copia un papel que tiene al lado. Cuenta unos veinticinco años y su físico es vulgar, aunque no carece de encanto. Sus ropas, sencillas y pobres.* VICENTE *parece tener unos cuarenta o cuarenta y un años. Es hombre apuesto y de risueña fisonomía. Viste cuidada y buena ropa de diario. En su izquierda, un grueso anillo de oro.* ENCARNA *se detiene, mira perpleja a* VICENTE, *que le sonríe, y vuelve a teclear.)*

ENCARNA.—Creo que ya me ha salido bien.
VICENTE.—Me alegro.

(ENCARNA *teclea con ardor unos segundos. Suena el teléfono.)*

ENCARNA.—¿Lo tomo?

VICENTE.—Yo lo haré. *(Descuelga.)* Diga... Hola, Juan. *(Tapa el micrófono.)* Sigue, Encarnita. No me molestas. (ENCARNA *vuelve a teclear.)* ¿Los membretes? Mientras no se firme la escritura no debemos alterar el nombre de la Editora... ¿Cómo? Creí que aún teníamos una semana [por delante... Claro que asistiré.] (ENCARNA *saca los papeles del carro.)* ¡No he de alegrarme, [hombre!] ¡Ahora sí que vamos a navegar con viento de popa!... No. De la nueva colección, el de más venta es el de Eugenio Beltrán, y ya hemos contratado para él tres traducciones... Naturalmente: la otra novela de Beltrán pasa a la imprenta en seguida. Pasado mañana nos firma el contrato. Aún no la he mandado porque la estaba leyendo Encarnita. *[(Sonríe.)* Es un escritor a quien también ella admira mucho...] *(Se lleva una sorpresa mayúscula.)* ¿Qué dices?... ¡Te atiendo, te atiendo! *(Frunce las cejas, disgustado.)* Sí, sí. Comprendo... Pero escucha... ¡Escucha, hombre!... ¡Que me escuches, te digo! Hay una serie de problemas que... Espera. *(Tapa el micrófono.)* Oye, Encarnita: ¿me has reunido las revistas y las postales?

ENCARNA.—Es cosa de un momento.

VICENTE.—Hazlo ya, ¿quieres? *(Mira su reloj.)* Nos vamos en seguida; ya es la hora.

ENCARNA.—Bueno.

(Sale por el fondo.)

VICENTE.—*(Al teléfono.)* Escucha, Juan. Una cosa es que el grupo entrante intervenga en el negocio y otra [muy distinta] que trate de imponernos sus fobias literarias, o políticas, o lo que sean. [No creo que debamos permitir... ¡Sabes muy bien a qué me refiero!... ¿Cómo que no lo sabes?] ¡Sabes de sobra que se la tienen jurada a Eugenio Beltrán?[7], [que lo han atacado por escrito, que...] *(Se exalta.)* ¡Juan, hay contratos vigentes, y otros en puertas!... ¡Atiende, hombre!... *(De mala gana.)* Sí, sí, te oigo... *(Su cara se demuda; su tono se vuelve suave.)* No comprendo por qué llevas la cuestión a ese terreno... Ya sé que no hay nadie insustituible, y yo no pretendo serlo... Por supuesto: la entrada del nuevo grupo me interesa tanto como a ti... *(Escucha, sombrío.)* Conforme... *(Da una iracunda palmada sobre la mesa.)* ¡Pues tú dirás lo que hacemos!... [¡A ver! ¡Tú mandas!...] Está bien: ya pensaré lo que le digo a Beltrán. [Pero ¿qué hacemos si hay nuevas peticiones de traducción?... Pues también torearé ese toro, sí, señor...] *(Amargo.)* Comprendido, Juan. ¡Ha muerto Beltrán, viva la Editora!... ¡Ah, no! En eso te equivocas. Beltrán me gusta, pero admito que se está anquilosando... Una lástima. (ENCARNA *vuelve con un rimero*[8] *de revistas ilustradas, pos-*

---

[7] Ya apuntamos en la Introducción la posible relación biográfica entre el autor y Eugenio Beltrán. A éste «se la tienen jurada» como en esos años sucedía con Buero, cuyos problemas profesionales se acrecentaron a causa de su recto comportamiento.

[8] *Rimero:* véase la nota 43 de *Hoy es fiesta.*

tales y un sobre. Lo pone todo sobre la mesa. Se miran. El tono de VICENTE *se vuelve firme y terminante.)* Comparto tu criterio; puedes estar seguro. No estamos sólo para ganar cuartos [como tenderos], sino para velar por la nueva literatura... Pues siempre a tus órdenes... Hasta mañana. *(Cuelga y se queda pensativo.)* Mañana se firma la nueva escritura[9], Encarna. El grupo que entra aporta buenos dineros. Todo va a mejorar, y mucho.

ENCARNA.—¿Cambiaréis personal?

VICENTE.—De aquí no te mueves, ya te lo he dicho.

ENCARNA.—Ahora van a mandar otros tanto como tú... [Y no les gustará mi trabajo.]

VICENTE.—Yo lo defenderé.

ENCARNA.—Suponte que te ordenan echarme...

[VICENTE.—No lo harán.

ENCARNA.—¿Y si lo hacen?]

VICENTE.—Ya te encontraría yo otro agujero.

ENCARNA.—*(Con tono de decepción.)* ¿Otra... oficina?

VICENTE.—¿Por qué no?

ENCARNA.—*(Después de un momento.)* ¿Para que me acueste con otro jefe?

VICENTE.—*(Seco.)* Puedo colocarte sin necesidad de eso. Tengo amigos.

ENCARNA.—Que también me echarán.

VICENTE.—*(Suspira y examina sus papeles.)* Tonterías. No vas a salir de aquí. *(Consulta su reloj.)* ¿Terminaste la carta?

ENCARNA.—*(Suspira.)* Sí.

(Va a la máquina, recoge la carta y se la lleva. Él la repasa.)

VICENTE.—¡Mujer!

---

[9] La expresión «nueva literatura» (que figuraba también en el cartel descrito en la acotación inicial) cobra un sentido irónico a la luz de las palabras de Vicente y muestra su catadura moral en el cambio que, por interés, tan rápidamente se produce en él, dispuesto a sacrificar a Beltrán como sacrificó a Elvirita.

(Toma un lápiz rojo.)

ENCARNA.—*(Asustada.)* ¡«Espléndido» es con «ese»! ¡Estoy segura!

VICENTE.—Y «espontáneo» también.

ENCARNA.—¿Expontáneo?

VICENTE.—Como tú lo dices es con equis, pero lo dices mal.

(Tacha con el lápiz.)

[ENCARNA.—*(Cabizbaja.)* No valgo.

VICENTE.—Sí que vales. *(Se levanta y le toma la barbilla.)* A pesar de todo, progresas.]

ENCARNA.—*(Humilde.)* ¿La vuelvo a escribir?

VICENTE.—[Déjala para] mañana. ¿Terminaste la novela de Beltrán?

ENCARNA.—Te la dejé aquí.

(Va al archivador y recoge un libreto que hay encima, llevándoselo.)

VICENTE.—*(Lo hojea.)* Te habrá parecido... espléndida.

ENCARNA.—Sí... Con «ese».

[VICENTE.—Te has emocionado, has llorado...

ENCARNA.—Sí.]

VICENTE.—No me sorprende. Peca de ternurista.

ENCARNA.—Pero..., si te gustaba...

VICENTE.—[Y me gusta.] Él es de lo mejor que tenemos. Pero en esta última se ha excedido. *(Se sienta y guarda el libreto en un cajón de la mesa.)* La literatura es faena difícil, Encarnita. Hay que pintar la vida, pero sin su trivialidad. [Y la vida es trivial. ¡Afortunadamente!] *(Se dispone a tomar el rimero de revistas.)* [Las postales, las revistas...] *(Toma el sobre.)* Esto, ¿qué es?

ENCARNA.—Pruebas para tu hermano.

VICENTE.—¡Ah, sí! Espera un minuto. Quiero repasar uno de los artículos del próximo número. *(Saca las pruebas.)* [Aquí está.] (ENCARNA *se sienta en su silla.)* Sí, Encarnita. La literatura es difícil. Beltrán, por ejemplo, escribe a menudo: «Fulana piensa esto, o lo otro...». Un recurso muy gastado. *(Por la prueba.)* Pero este idiota lo elogia... Sólo puede justificarse cuando un personaje le pregunta a otro: «¿En qué piensas?»...[10]. *(Ella lo mira, cavilosa. Él se concentra en la lectura. Ella deja de mirarlo y se abstrae. El primer término se iluminó poco a poco. Entra por la derecha una golfa, cruza y se acerca al velador del cafetín. Tiene el inequívoco aspecto de una prostituta barata y ronda ya los cuarenta años. Se sienta al velador, saca de su bolso una cajetilla y extrae un pitillo. Un camarero flaco y entrado en años aparece por el lateral izquierdo y, con gesto cansado, deniega con la cabeza y con un dedo, indicando a la esquinera que se vaya. Ella lo mira con zumba*[11] *y extiende las manos hacia la mesa, como si dijese: «¡Quiero tomar algo!». El* CAMARERO *vuelve a denegar y torna a indicar, calmoso, que se vaya. Ella suspira, guarda el pitillo que no encendió y se levanta. Cruza luego hacia la derecha, se detiene y, aburrida, se recuesta en la desconchada pared.* VICENTE *levanta la vista y mira a* ENCARNA.) Y tú, ¿en qué piensas? *(Abstraída,* ENCARNA *no responde.)* ¿Eh?... (ENCARNA *no le oye. Con risueña curiosidad,* VICENTE *enciende un cigarrillo sin dejar de observarla. Con un mudo «¡Hale!» y un ademán más enérgico, el* CAMARERO *conmina a la prostituta a que se aleje. Con un mudo «¡Ah!» de desprecio, sale ella por el lateral derecho. El* CAMARERO *pasa el paño por el velador y sale por el lateral izquierdo. La luz del primer término se amortigua un tanto. Irónico,* VICENTE *interpela a* ENCARNA.) ¿En qué piensas..., Fulana?

ENCARNA.—*(Se sobresalta.)* ¿Fulana?

VICENTE.—Ahora sí eras un personaje de novela. Algo pensabas.

ENCARNA.—Nada...

VICENTE.—¿Cenamos juntos?

---

[10] Con la digresión sobre este tipo de literatura el autor ironiza acerca de la justificación erudita de Vicente para su villanía y, además, establece una relación entre realidad externa y pensamientos, al articular la supuesta pregunta de un ser de ficción a otro con la que Vicente le hace después a Elvira.

[11] *Zumba:* gesto de burla.

(Vuelve a leer en la prueba.)

ENCARNA.—Ya sabes que los jueves y viernes ceno con esa amiga de mi pueblo.

VICENTE.—Cierto. Hoy es jueves. Recuérdame mañana que llame a Moreno. Urge pedirle un artículo para el próximo número.

[ENCARNA.—¿No estaba ya completo?

VICENTE.—]Éste no sirve.

(Separa la prueba que leía y se la guarda.)

ENCARNA.—*(Mientras cubre la máquina.)* ¿Cuál es?

VICENTE.—El de Torres.

ENCARNA.—¿Sobre Eugenio Beltrán?

VICENTE.—Sí. *(Se levanta.)* ¿Te acerco?

ENCARNA.—No. ¿Vas a casa de tus padres?

VICENTE.—Con toda esta broza[12]. *(Golpea sobre el montón de revistas y toma, risueño, las postales.)* Esta postal le gustará a mi padre. Se ve a la gente andando por la calle y eso le encanta. *(Examina las postales. El cuarto de estar se iluminó poco a poco con luz diurna. Los movimientos de sus ocupantes se han normalizado.* EL PADRE, *sentado a la mesa, recorta algo de una vieja revista. Es un anciano de blancos cabellos que representa más de setenta y cinco años. Su hijo* MARIO, *de unos treinta y cinco años, corrige pruebas. Ambos visten con desaliño y pobreza.* EL PADRE, *un traje muy usado y una vieja bata; el hijo, pantalones oscuros y jersey.* VICENTE *se recuesta en el borde de la mesa.)* [Debería ir más a menudo a visitarlos, pero estoy tan ocupado... Ellos, en cambio, tienen poco que hacer. No han sabido salir de aquel pozo[13]...] Menos mal que el viejo se ha vuelto divertido. *(Ríe, mientras mira las postales.)* ¿Te conté lo del cura?

---

[12] *Broza:* conjunto de cosas inútiles. Al nombrar con esta despectiva denominación las revistas que tanto interesan a su padre, Vicente deja ver su falta de aprecio hacia éste.

[13] La imagen del «pozo» está utilizada de modo más amplio, refiriéndose a todo el país, por un personaje de *El sueño de la razón,* el Doctor Arrieta, como advirtió Frank P. Casa, «The Problem of National Reconciliation in Buero Vallejo's *El tragaluz*», *Revista Hispánica Moderna,* XXXV, 3 (1969), págs. 285-294.

ENCARNA.—No.

VICENTE.—Se encontró un día con el cura de la parroquia, que iba acompañado de una feligresa. Y le pregunta mi padre, muy cumplido: ¿Esta mujer es su señora? *(Ríen.)* Iba con el señor Anselmo, que le da mucha compañía, pero que nunca le discute nada.

ENCARNA.—Pero... ¿está loco?

VICENTE.—No es locura, es vejez. [Una cosa muy corriente:] arterioesclerosis. Ahora estará más sujeto en casa: les regalé la televisión el mes pasado. *(Ríe.)* [Habrá que oír las cosas que dirá el viejo.] *(Tira una postal sobre la mesa.)* Esta postal no le gustará. No se ve gente.

(Se abstrae. Se oye el ruido de un tren remoto, que arranca, pita y gana rápidamente velocidad. Su fragor crece y suena con fuerza durante unos segundos. Cuando se amortigua, EL PADRE *habla en el cuarto de estar. Poco después se extingue el ruido en una ilusoria lejanía)*[14].

EL PADRE.—*(Exhibe un monigote que acaba de recortar.)* Éste también puede subir.

(MARIO *interrumpe su trabajo y lo mira.)*

MARIO.—¿Adónde?

EL PADRE.—Al tren.

MARIO.—¿A qué tren?

EL PADRE.—*(Señala al frente.)* A ése.

MARIO.—Eso es un tragaluz.

EL PADRE.—Tú qué sabes...

---

[14] Se produce aquí un perfecto ejemplo de la construcción dramática con límites imprecisos de *El tragaluz*. Vicente rechaza la postal sin gente porque no gustará a su padre; en ese momento el ruido del tren, «un pensamiento», provoca a un tiempo la quietud abstraída del hijo y la entrada en acción de El padre, que dice a Mario que el «monigote» puede subir al tren. Con la «ilusoria lejanía» de éste, Vicente sale de su ensimismamiento. ¿Ha ocurrido la escena en la realidad externa o sólo en su mente, «empujada» por el sonido del tren?

(Hojea la revista.)

ENCARNA.—*(Desconcertada por el silencio de* VICENTE.) ¿No nos vamos?

(Abstraído, VICENTE *no contesta. Ella lo mira con curiosidad.)*

MARIO.—*(Que no ha dejado de mirar a su padre.)* Hoy vendrá Vicente.

EL PADRE.—¿Qué Vicente?

MARIO.—¿No tiene usted un hijo que se llama Vicente?

EL PADRE.—Sí. El mayor. No sé si vive.

MARIO.—Viene todos los meses.

EL PADRE.—Y tú, ¿quién eres?

MARIO.—Mario.

EL PADRE.—¿Tú te llamas como mi hijo?

MARIO.—Soy su hijo.

EL PADRE.—Mario era más pequeño.

MARIO.—He crecido.

EL PADRE.—Entonces subirás mejor.

MARIO.—¿Adónde?

EL PADRE.—Al tren.

(Comienza a recortar otra figura. MARIO *lo mira, intrigado, y luego vuelve a su trabajo.)*

VICENTE.—*(Reacciona y coge el mazo de revistas.)* ¿Nos vamos?

ENCARNA.—Eso te preguntaba.

VICENTE.—*(Ríe.)* Y yo estaba pensando en las Batuecas[15], como cualquier personaje de Beltrán. *(Mete en su cartera las revistas, las postales y el sobre.* ENCARNA *recoge su bolso y va a la mesa, de donde toma la postal abandonada.* VICENTE va *a la puerta, se vuelve y la mira.)* ¿Vamos?

---

[15] *Pensar (o estar) en las Batuecas* (nombre de un valle de la provincia de Salamanca) equivale a estar distraído o ausente.

ENCARNA.—*(Mirando la postal.)* Me gustaría conocer a tus padres.

VICENTE.—*(Frío.)* Ya me lo has dicho otras veces.

ENCARNA.—No te estoy proponiendo nada. Puede que no vuelva a decírtelo. *(Con dificultad.)* Pero... si tuviésemos un hijo, ¿lo protegerías?

VICENTE.—*(Se acerca a ella con ojos duros.)* ¿Vamos a tenerlo?

ENCARNA.—*(Desvía la mirada.)* No.

VICENTE.—*(Le vuelve la cabeza y la mira a los ojos.)* ¿No?

ENCARNA.—*(Quiere ser persuasiva.)* ¡No!...

VICENTE.—Descuidarse ahora sería una estupidez mayúscula...

[ENCARNA.—Pero si naciera, ¿lo protegerías?

VICENTE.—Te conozco, pequeña, y sé adónde apuntas.]

ENCARNA.—¡Aunque no nos casásemos! ¿Lo protegerías?

VICENTE.—*(Seco.)* Si no vamos a tenerlo es inútil la pregunta. Vámonos.

(Vuelve a la puerta.)

ENCARNA.—*(Suspira y comenta, anodina.)* Pensé que a tu padre le gustaría esta postal. Es un tren muy curioso, como los de hace treinta años[16].

VICENTE.—No se ve gente.

(ENCARNA *deja la postal y sale por el fondo seguida de* VICENTE, *que cierra. Vuelve el ruido del tren. La luz se extingue en la oficina.* MARIO *interrumpió su trabajo y miraba fijamente a su padre, que ahora alza la vista y lo mira a su vez El ruido del tren se apaga.* EL PADRE *se levanta y lleva sus dos monigotes de papel a la cómoda del fondo.)*

EL PADRE.—*(Musita, mientras abre un cajón.)* Éstos tienen que aguardar en la sala de espera. *(Deja los monigotes y revuelve*

[16] Las palabras de Encarna tienen para el espectador un sentido irónico porque éste es el tiempo aproximado que ha transcurrido desde que sucediera en el tren la historia familiar que ella desconoce y que Vicente quiere soslayar.

el contenido del cajón, sacando un par de postales.) Recortaré a esta linda señorita. *(Canturrea, mientras vuelve* a *la mesa:)*

La Rosenda está estupenda.
La Vicenta está opulenta...

(Se sienta y se dispone a recortar.)

MARIO.—[¿Por qué la recorta?] ¿No está mejor en la postal?

EL PADRE.—*(Sin mirarlo.)* Sólo cuando hay mucha gente. Si los recortas entonces, los partes, [porque se tapan unos a otros.] Pero yo tengo que velar por todos y al que puedo, lo salvo.

MARIO.—¿De qué?

EL PADRE.—De la postal. *(Recorta. Se abre la puerta de la casa y entra* LA MADRE *con un paquete. Es una mujer agradable y de aire animoso. Aparenta unos sesenta y cinco años.* EL PADRE *se interrumpe.)* ¿Quién anda en la puerta?

MARIO.—Es madre.

(LA MADRE *entra en la cocina.)*

EL PADRE.—*(Vuelve a recortar y canturrea:)*

La Pepica está muy rica...

MARIO.—Padre.

EL PADRE.—*(Lo mira.)* ¿Eh?

MARIO.—¿De qué tren habla? ¿De qué sala de espera? Nunca ha hablado de ningún tren...

EL PADRE.—De ése.

(Señala al frente.)

MARIO.—No hay ningún tren ahí.

EL PADRE.—Es usted bobo, señorito. ¿No ve la ventanilla?

(El hijo lo mira y vuelve a su trabajo. LA MADRE *sale de la cocina con el paquete y entra en el cuarto de estar.)*

LA MADRE.—Ya he puesto a calentar la leche; Vicente no tardará.

(Va a la cómoda y abre el paquete.)

EL PADRE.—*(Se levanta y se inclina.)* Señora...
LA MADRE.—*(Se inclina, burlona.)* Caballero...
EL PADRE.—[Sírvase considerarse] como en su propia casa.
LA MADRE.—*(Contiene la risa.)* Muy amable, caballero.
EL PADRE.—Con su permiso, seguiré trabajando[17].
LA MADRE.—Usted lo tiene. *(Vuelven a saludarse.* EL PADRE *se sienta y recorta.* MARIO, *que no se ha reído, enciende un cigarrillo.)* Las ensaimadas ya no son como las de antes, pero a tu hermano le siguen gustando. Si quisiera quedarse a cenar...
[MARIO.—No lo hará.
LA MADRE.—Está muy ocupado. Bastante hace ahora con venir él a traernos el sobre cada mes.]

(Ha ido poniendo las ensaimadas en una bandeja.)

MARIO.—[Habrán despedido al botones. *(Ella lo mira, molesta.)]* ¿Sabes que ya tiene coche?
LA MADRE.—*(Alegre.)* ¿Sí? ¿Se lo has visto?
MARIO.—Me lo han dicho.
LA MADRE.—¿Es grande?
MARIO.—No lo sé.
LA MADRE.—¡A lo mejor lo trae hoy!
MARIO.—No creo que llegue con él hasta aquí.
LA MADRE.—Tienes razón. Es delicado. (MARIO *la mira con leve sorpresa y vuelve a su trabajo. Ella se le acerca y baja la voz.)* Oye... ¿Le dirás tú lo que hizo tu padre?
MARIO.—Quizá no pregunte.
LA MADRE.—Notará la falta.

---

[17] El comportamiento de El padre, que Vicente atribuye a una enfermedad propia de la vejez, tiene una doble manifestación complementaria, según dijimos en la Introducción: el personaje no advierte la inmediata realidad, pero ve en lo profundo de las cosas, vela por todos, se preocupa por su identidad y salva al que puede, actitudes propias de la divinidad, como Vicente señala después burlándose.

MARIO.—Si la nota, se lo diré.

EL PADRE.—*(Se levanta y va hacia la cómoda.)* La linda señorita ya está lista. Pero no sé quién es.

LA MADRE.—*(Ríe.)* Pues una linda señorita. ¿No te basta?

EL PADRE.—*(Súbitamente irritado.)* ¡No, no basta!

(Y abre el cajón bruscamente para dejar el muñeco.)

LA MADRE.—*(A media voz.)* Lleva unos días imposible.

EL PADRE.—¡Caramba! ¡Pasteles!

(Va a tomar una ensaimada.)

LA MADRE.—¡Déjalas hasta que venga Vicente!

EL PADRE.—¡Si Vicente soy yo!

LA MADRE.—Ya comerás luego. *(Lo aparta.)* [Anda], vuelve a tus postales, que eres como un niño.

EL PADRE.—*(Se resiste.)* Espera...

LA MADRE.—¡Anda, te digo!

EL PADRE.—Quiero darte un beso.

LA MADRE.—*(Ríe.)* ¡Huy! ¡Mira por dónde sale ahora el vejestorio!

EL PADRE.—*(Le toma la cara.)* Beso...

LA MADRE.—*(Muerta de risa.)* ¡Quita, baboso!

EL PADRE.—¡Bonita!

(La besa.)

LA MADRE.—¡Asqueroso! ¿No te da vergüenza, a tus años?

(Lo aparta, pero él reclina la cabeza sobre el pecho de ella, que mira a su hijo con un gesto de impotencia.)

EL PADRE.—Cántame la canción, bonita...

LA MADRE.—¿Qué canción? ¿Cuándo te he cantado yo a ti nada?

EL PADRE.—De pequeño.

LA MADRE.—Sería tu madre. *(Lo empuja.)* ¡Y aparta, que me ahogas!

EL PADRE.—¿No eres tú mi madre?

LA MADRE.—*(Ríe.)* [Sí, hijo. A la fuerza.] Anda, siéntate y recorta.

EL PADRE.—*(Dócil.)* Bueno.

(Se sienta y husmea en sus revistas.)

LA MADRE.—¡Y cuidado con las tijeras, que hacen pupa!

EL PADRE.—Sí, mamá.

(Arranca una hoja y se dispone a recortar.)

LA MADRE.—¡Hum!... Mamá. Puede que dentro de un minuto sea la Infanta Isabel. *(Suena el timbre de la casa.)* ¡Vicente!

(Corre al fondo. MARIO *se levanta y se acerca a su padre.)*

MARIO.—Es Vicente, padre. (EL PADRE *no le atiende.* LA MADRE *abre la puerta y se arroja en brazos de su hijo.)* Vicentito.

(MARIO *se incorpora y aguarda junto al sillón de su padre.)*

LA MADRE.—¡Vicente! ¡Hijo!

VICENTE.—Hola, madre.

(Se besan.)

LA MADRE.—*(Cierra la puerta y vuelve a abrazar a su hijo.)* ¡Vicentito!

VICENTE.—*(Riendo.)* ¡Vamos, madre! ¡Ni que volviese de la Luna!

LA MADRE.—Es que no me acostumbro a no verte todos los días, hijo.

(Le toma del brazo y entran los dos en el cuarto de estar.)

VICENTE.—¡Hola, Mario!

MARIO.—¿Qué hay?

(Se palmean, familiares.)

LA MADRE.—*(Al* PADRE.) ¡Mira quién ha venido!

VICENTE.—¿Qué tal le va, padre?

EL PADRE.—¿Por qué me llama padre? No soy cura.

VICENTE.— *(Ríe a carcajadas.)* ¡Ya veo que sigue sin novedad! Pues ha de saber que le he traído cosas muy lindas. *(Abre la cartera.)* Revistas y postales.

(Se las pone en la mesa.)

EL PADRE.—Muy amable, caballero. Empezaba a quedarme sin gente y no es bueno estar solo.

(Hojea una revista.)

VICENTE.—*(Risueño.)* ¡Pues ya tiene compañía! *(Se acerca a la cómoda.)* ¡Caramba! ¡Ensaimadas!

LA MADRE.—*(Feliz.)* Ahora mismo traigo el café. ¿Te quedas a cenar?

VICENTE.—¡Ni dos minutos! Tengo mil cosas que hacer.

(Se sienta en el sofá.)

LA MADRE.—*(Decepcionada.)* ¿Hoy tampoco?

VICENTE.—De veras que lo siento, madre.

LA MADRE.—[Si, al menos, vinieses más a menudo...

VICENTE.—Ahora vengo todos los meses.

LA MADRE.—Sí, claro.] Voy por el café.

(Inicia la marcha.)

VICENTE.—*(Se levanta y saca un sobre azul.)* Toma, antes de que se me olvide.

LA MADRE.—Gracias, hijo. Viene a tiempo, ¿sabes? Mañana hay que pagar el plazo de la lavadora.

VICENTE.—Pues ve encargando la nevera.

LA MADRE.—¡No! Eso, todavía...

VICENTE.—¡Si no hay problema! Me tenéis a mí. (LA MADRE *lo mira, conmovida. De pronto le da otro beso y corre rápida a refugiarse en la cocina.)* A ti te he traído pruebas.

(Saca el sobre de su cartera. MARIO *lo toma en silencio y va a dejarlo en su mesita. Entre tanto,* EL PADRE *se ha levantado y los mira, caviloso. Da unos pasos y señala a la mesa.)*

EL PADRE.—¿Quién es ése?
VICENTE.—¿Cómo?
EL PADRE.—Ese... que lleva un hongo.
VICENTE.—¿Qué dice?

(MARIO *ha comprendido.* EL PADRE *tira de él, lo lleva a la mesa y pone el dedo sobre una postal.)*

EL PADRE.—Aquí.
VICENTE.—*(Se acerca.)* Es la plaza de la Ópera, en París. Todos llevan hongo; es una foto antigua.
EL PADRE.—Éste.
VICENTE.—[¡Si apenas se ve!] Uno que pasó entonces, [como todos éstos]. Uno cualquiera.
EL PADRE.—*(Enérgico.)* ¡No!
[VICENTE.—¿Cómo quiere que sepamos quién es? ¡No es nadie!
EL PADRE. ¡Sí!]
MARIO.—*(Suave.)* Ya habrá muerto.
EL PADRE.—*(Lo mira asustado.)* ¿Qué dices?

(Busca entre las revistas y toma una lupa.)

VICENTE.—¿Una lupa?
MARIO.—Tuve que comprársela. No es la primera vez que hace esa pregunta.

(EL PADRE *se ha sentado y está mirando la postal con la lupa.)*

VICENTE.—*(A media voz.)* ¿Empeora?
MARIO.—No sé.
EL PADRE.—No está muerto. Y esta mujer que cruza, ¿quién es? *(Los mira.)* Claro. Vosotros no lo sabéis. Yo, sí.
VICENTE.—¿Sí? ¿Y el señor del hongo?

EL PADRE.—*(Grave.)* También.

VICENTE.—Y si lo sabía, ¿por qué nos lo pregunta?

EL PADRE.—Para probaros.

VICENTE.—*(Le vuelve la espalda y contiene la risa.)* Se cree Dios....

(EL PADRE *lo mira un segundo y se concentra en la postal.* MARIO *esboza un leve gesto de aquiescencia.* LA MADRE *sale de la cocina con una bandeja repleta de tazones.)*

LA MADRE.—*(Mientras avanza por el pasillo.)* ¿Cuándo te vas a casar, Vicente?

EL PADRE.—*(Mirando su postal.)* Ya me casé una vez.

LA MADRE.—*(Mientras el hijo mayor ríe.)* Claro. Y yo otra. (EL PADRE *la mira.)* ¡No te hablo a ti, tonto! *(Deposita la bandeja y va poniendo tazones sobre la mesa.)* ¡Y deja ya tus muñecos, que hay que merendar! Toma. Para ti una pizca, que la leche te perjudica. *(Le pone un tazón delante. Le quita la lupa y la postal. Él la mira, pero no se opone. Ella recoge postales y revistas, y las lleva a la cómoda.)* Siéntate, hijo. (VICENTE *se sienta a la mesa.)* Y yo junto al niño, porque si no se pone perdido. *(Lleva las ensaimadas a la mesa.)* ¡Coge una ensaimada, hijo!

VICENTE.—Gracias.

(Toma una ensaimada y empieza a merendar. MARIO *toma otra.)*

LA MADRE.—*(Sentada junto a su marido, le da una ensaimada.)* ¡Toma! ¿No querías una? (EL PADRE *la toma.)* ¡Moja! (EL PADRE *la moja.)* No me has contestado, hijo. ¿No te gusta alguna chica?

VICENTE.—Demasiadas.

LA MADRE.—¡Asqueroso!

EL PADRE.—¿Por dónde como esto?

LA MADRE.—¡Muerde por donde has mojado!

[EL PADRE.—¿Con qué lo muerdo?

LA MADRE.—¡Con la boca!] (EL PADRE *se lleva la ensaimada a los ojos.)* ¡La boca, la boca! No hay quien pueda contigo. *(Le quita la ensaimada y se la va dando como a un niño, tocándole los labios a cada bocado para que los abra.)* ¡Toma!

VICENTE.—¿Así está?

MARIO.—Unas veces lo sabe y otras se le olvida.

LA MADRE.—Toma otra, Vicente.

EL PADRE.—¿Tú te llamas Vicente?

VICENTE.—Sí.

EL PADRE.—¡Qué casualidad! Tocayo mío.

(VICENTE *ríe.)*

LA MADRE.—*(Al* PADRE.) Tú come y calla.

(Le brinda otro bocado.)

EL PADRE.—No quiero más. ¿Quién va a pagar la cuenta?

LA MADRE.—*(Mientras* VICENTE *ríe de nuevo.)* Ya está pagada. Y toma...

EL PADRE.—*(Rechaza el bocado y se levanta, irritado.)* [No quiero más!] ¡Me voy a mi casa!

LA MADRE.—*(Se levanta e intenta retenerlo.)* ¡Si estás en tu casa!

EL PADRE.—¡Esto es un restaurante!

(Intenta apartar a su mujer. VICENTE *se levanta.)*

LA MADRE.—Escucha...

EL PADRE.—¡Tengo que volver con mis padres!

(Va hacia el fondo.)

LA MADRE.—*(Tras él, le dice a* VICENTE.) Disculpa, hijo. No se le puede dejar solo.

EL PADRE.—*(En el pasillo.)* ¿Dónde está la puerta?

(Abre la de su dormitorio y se mete. LA MADRE *entra tras él, cerrando.* VICENTE *da unos pasos hacia el pasillo y luego se vuelve hacia su hermano, que no se ha levantado.)*

VICENTE.—Antes no se enfadaba tanto...

MARIO.—*(Trivial.)* Se le pasa pronto. *(Apura su tazón y se limpia la boca.)* ¿Qué tal va tu coche?

VICENTE.—¡Ah! ¿Ya lo sabes? Es poca cosa, aunque parece algo. Pero en estos tiempos resulta imprescindible...

MARIO.—*(Muy serio.)* Claro. El desarrollo económico.

VICENTE.—Eso. *(Se acerca.)* Y a ti, ¿qué tal te va?

MARIO.—También prospero. Ahora me han encargado la corrección de estilo de varios libros.

VICENTE.—¿Tienes novia?

MARIO.—No.

(ENCARNA *entra por el primer término izquierdo.* VICENTE *toma otra ensaimada y, mientras la muerde, vuelve al pasillo y escucha.* ENCARNA *consulta su reloj y se sienta al velador del cafetín, mirando hacia la derecha como si esperase a alguien.)*

VICENTE.—Parece que está más tranquilo.

MARIO.—Ya te lo dije.

VICENTE.—*(Mira su reloj, vuelve al cuarto y cierra su cartera.)* Se me ha hecho tarde... *(El* CAMARERO *entra por la izquierda.* ENCARNA *y él cambian en voz baja algunas palabras. El* CAMARERO *se retira.)* Tendré que despedirme...

(VICENTE *inicia la marcha hacia el pasillo.)*

MARIO.—¿Cómo encuentras a nuestro padre?

VICENTE.—*(Se vuelve, sonriente.)* Muy divertido. [Lo del restaurante ha tenido gracia...] *(Se acerca.)* ¿No se le ha ocurrido ninguna broma con la televisión?

MARIO.—Verás...

(VICENTE *mira a todos lados.)*

VICENTE.—¿Dónde la habéis puesto? La instalaron aquí...

(ENCARNA *consulta la hora, saca un libro de su bolso y se pone a leer.)*

Jesús Puente (Vicente), José María Rodero (Mario) y Francisco Pierrá (El padre), en una escena de *El tragaluz*. Dirección de José Osuna. Foto: Basabe.

José María Rodero (Mario), Francisco Pierrá (El padre) y Jesús Puente (Vicente), en una escena de *El tragaluz*. Dirección de José Osuna. Foto: Basabe.

MARIO.—¿Has visto cómo se ha irritado?

[VICENTE.—¿Qué quieres decir?

MARIO.—]Últimamente se irrita con frecuencia...

VICENTE.—¿Sí?

MARIO.—Los primeros días [no dijo nada.] Se sentaba ante el aparato y de vez en cuando miraba a nuestra madre, que comentaba todos los programas contentísima, figúrate. A veces, él parecía inquieto y se iba a su cuarto sin decir palabra... Una noche transmitieron *El misterio de Elche* y aquello pareció interesarle[18]. A la mitad lo interrumpieron bruscamente para trufarlo[19] con todos esos anuncios de lavadoras, bebidas, detergentes... Cuando nos quisimos dar cuenta se había levantado y destrozaba a silletazos el aparato.

VICENTE.—¿Qué?

MARIO.—Hubo una explosión tremenda. A él no le pasó nada, pero el aparato quedó hecho añicos... [Nuestra madre no se atrevía a decírtelo.]

(Un silencio. El CAMARERO *vuelve al velador y sirve a* ENCARNA *un café con leche.)*

VICENTE.—*(Pensativo.)* Él no era muy creyente...

MARIO.—No.

(Un silencio. ENCARNA *echa dos terrones, bebe un sorbo y vuelve a su lectura.)*

VICENTE.—*(Reacciona.)* Al fin y al cabo, no sabe lo que hace.

MARIO.—Reconocerás que lo que hizo tiene sentido.

---

[18] Eric W. Pennington, que ha dedicado atención a diversos aspectos de *El tragaluz*, analiza la presencia del *Misterio* en esta escena en el capítulo 13 («*El Misterio de Elche* as Polysemic Intertext») de *Approaching the Theater of Antonio Buero Vallejo*, Nueva York, Peter Lang, 2010, págs. 175-182.

[19] *Trufar:* rellenar con trufas los alimentos, por lo que aquí se usa en sentido figurado. La segunda acepción del DRAE es «decir mentiras», que conviene por lo que de engañoso encierra la publicidad.

VICENTE.—Lo tendría en otra persona, no en él.

MARIO.—¿Por qué no en él?

[VICENTE.—Sufre una esclerosis avanzada; algo fisiológico. Sus reacciones son disparatadas, y no pueden ser otra cosa.

MARIO.—A veces parecen otra cosa. *(Movimiento de incredulidad de* VICENTE.)] Tú mismo has dicho que se creía Dios...

VICENTE.—¡Bromeaba!

MARIO.—Tú no le observas tanto como yo.

VICENTE.—¿También tú vas a desquiciarte, Mario? ¡Es una esclerosis senil!

MARIO.—No tan senil.

VICENTE.—No te entiendo.

MARIO.—El médico habló últimamente de un posible factor desencadenante...

VICENTE.—Eso es nuevo... ¿Qué factor?

MARIO.—No sé... Por su buen estado general, le extrañó lo avanzado del proceso. Nuestro padre tiene ahora setenta y seis años, y ya hace cuatro que está así...

VICENTE.—A otros les pasa con menos edad.

MARIO.—Es que a él le sucedió por primera vez mucho antes.

[VICENTE.—¿Cómo?

MARIO.—El médico nos preguntó y entonces yo recordé algo... Pasó poco después de terminar] tú [el servicio militar, cuando] ya te habías ido de casa.

VICENTE.—¿Qué sucedió?

MARIO.—Se levantó una noche y anduvo por aquí diciendo incoherencias... Y sólo tenía cincuenta y siete años. Madre dormía, pero yo estaba desvelado.

VICENTE.—Nunca lo dijiste.

MARIO.—Como no volvió a suceder en tantos años, lo había olvidado.

(Un silencio.)

VICENTE.—*(Pasea.)* [Quizás algo hereditario; quién sabe.] De todos modos, no encuentro que sus reacciones signifiquen nada... Es como un niño que dice bobadas.

MARIO.—No sé... Ahora ha inventado nuevas manías... Ya has visto una de ellas: preguntar quién es cualquier hombrecillo de cualquier postal.

(Se levanta y va al frente, situándose ante el invisible tragaluz.)

VICENTE.—*(Ríe.)* Según él, para probarnos. Es gracioso.
MARIO.—Sí. Es curioso. ¿Te acuerdas de nuestro juego de muchachos?
VICENTE.—¿Qué juego?
MARIO.—Abríamos este tragaluz para mirar las piernas que pasaban y para imaginar cómo eran las personas.
VICENTE.—*(Riendo.)* ¡El juego de las adivinanzas! Ni me acordaba.
MARIO.—Desde que rompió la televisión, le gusta que se lo abramos y ver pasar la gente... [Es casi como entonces, porque yo le acompaño.]
VICENTE.—*(Paseando.)* Como un cine.
MARIO.—*(Sin volverse.)* Él lo llama de otro modo. Hoy ha dicho que es un tren[20].

(VICENTE *se detiene en seco y lo mira. Breve silencio.* LA MADRE *sale del dormitorio y vuelve al cuarto de estar.)*

LA MADRE.—Perdona, hijo. Ahora ya está tranquilo.
VICENTE.—Me voy ya, madre.
LA MADRE.—¿Tan pronto?
VICENTE.—¡Tan tarde! Llevo retraso.
MARIO.—*(Que se volvió al oír a su madre.)* Yo también salgo.
VICENTE.—¿Te acerco a algún lado?
MARIO.—Te acompaño hasta la esquina solamente. [Voy cerca de aquí.]
LA MADRE.—También a mí me gustaría, por ver tu coche, que todo se sabe... [¿Lo has dejado en la esquina?]

---

[20] Se establece aquí una correspondencia entre el tránsito de personas ante el tragaluz, el juego infantil y el tren, que pasó «llevándose» a Vicente, por lo que éste reacciona bruscamente ante ese recuerdo que no quiere aceptar.

VICENTE.—[Sí.] No es gran cosa.

LA MADRE.—Eso dirás tú. Otro día páralo aquí delante. No seas tan mirado... Pocas ensaimadas te has comido...

VICENTE.—Otro día me tomaré la bandeja entera. *(Señala al pasillo.)* ¿Me despido de él?

LA MADRE.—Déjalo, no vaya a querer irse otra vez. *(Ríe.)* ¿Sabes por dónde se empeñaba en salir de casa? ¡Por el armario!

VICENTE.—*(Riendo, a su hermano.)* ¿No te lo dije? ¡Igual que un niño!

(Recoge su cartera y se encamina a la salida. MARIO *recoge de la mesita su cajetilla y va tras ellos.)*

LA MADRE.—¡Que vuelvas pronto, hijo!

VICENTE.—*(En el pasillo.)* ¡Prometido!

(VICENTE *abre la puerta de la casa, barbillea*[21] *a su madre con afecto y sale.)*

MARIO.—*(Sale tras él.)* Hasta luego, madre.

LA MADRE.—*(Desde el quicio.)* Adiós...

(Cierra con un suspiro, vuelve al cuarto de estar y va recogiendo los restos de la merienda, para desaparecer con ellos en la cocina. La luz se amortigua en el cuarto de estar; mientras LA MADRE *termina sus paseos, la joven pareja de investigadores reaparece.* ENCARNA, *impaciente, consulta su reloj y bebe otro sorbo.)*

ÉL.—El fantasma de la persona a quien esperaba esta mujer tardará un minuto.

ELLA.—Lo aprovecharemos para comentar lo que habéis visto.

ÉL.—¿Habéis visto [solamente] realidades, o también pensamientos?

---

[21] *Barbillear:* acariciar la barbilla.

ELLA.—Sabéis todos que los detectores lograron hace tiempo captar pensamientos que, al visualizarse intensamente, pudieron ser recogidos como imágenes. La presente experiencia parece ser uno de esos casos; pero algunas de las escenas que habéis visto pudieron suceder realmente, aunque Encarna y Vicente las imaginasen al mismo tiempo en su oficina. [Recordad que algunas de ellas continúan desarrollándose cuando los que parecían imaginarlas dejaron de pensar en ellas.

ÉL.—¿Dejaron de pensar en ellas? Lo ignoramos. Nunca podremos establecer, ni ellos podrían, hasta dónde alcanzó su más honda actividad mental.

ELLA.—]¿Las pensaron con tanta energía que nos parecen reales sin serlo?

ÉL.—¿Las percibieron cuando se desarrollaban, creyendo imaginarlas?

ELLA.—¿Dónde está la barrera entre las cosas y la mente?

ÉL.—Estáis presenciando una experiencia de realidad total: sucesos y pensamientos en mezcla inseparable.

ELLA.—Sucesos y pensamientos extinguidos hace siglos.

ÉL.—No del todo, puesto que los hemos descubierto. *(Por* ENCARNA.) Mirad a ese fantasma. ¡Cuán vivo nos parece!

ELLA.—*(Con el dedo en los labios.)* ¡Chist! Ya se proyecta la otra imagen[22]. (MARIO *aparece tras ellos por la derecha y avanza unos pasos mirando a* ENCARNA.) ¿No parece realmente viva?

(La pareja sale. La luz del primer término crece. ENCARNA *levanta la vista y sonríe a* MARIO. MARIO *llega a su lado y*

---

[22] En esta intervención, los investigadores insisten en la indeterminación de los límites entre sucesos y pensamientos, lo que implica «una experiencia de realidad total» y nos lleva también a una temprana preocupación de Buero: el enigma del mundo. Su búsqueda evoca la que con su teatro lleva a cabo el dramaturgo: «Viene a ser, pues, el mío un teatro de carácter trágico. Está formado por obras que apenas pueden responder a las interrogaciones que las animan con otra cosa que con la reiteración conmovida de la pregunta; con la conmovida duda ante los problemas humanos que entrevé» («El teatro de Buero Vallejo visto por Buero Vallejo», *Primer Acto,* 1, abril de 1957, pág. 4; reproducido en *Obra Completa,* II, *Poesía. Narrativa. Ensayos y Artículos,* cit., pág. 410).

se dan la mano. Sin desenlazarlas, se sienta él al lado de ella.)

ENCARNA.—*(Con dulzura.)* Has tardado...
MARIO.—Mi hermano estuvo en casa.
ENCARNA.—Lo sé.

(Ella retira suavemente su mano. Él sonríe, turbado.)

MARIO.—Perdona.
ENCARNA.—¿Por qué hemos tardado tanto en conocernos? Las pocas veces que ibas por la Editora no mirabas a nadie y te marchabas en seguida... Apenas sabemos nada el uno del otro.
MARIO.—*(Venciendo la resistencia de ella, vuelve a tomarle la mano.)* Pero hemos quedado en contárnoslo.
ENCARNA.—Nunca se cuenta todo.

(El CAMARERO *reaparece. Ella retira vivamente su mano.)*

MARIO.—Cerveza, por favor. *(El* CAMARERO *asiente y se retira.* MARIO *sonríe, pero le tiembla la voz.)* Habrá pensado que somos novios.
ENCARNA.—Pero no lo somos.
MARIO.—*(La mira con curiosidad.)* Sólo confidentes..., por ahora. Cuéntame.
ENCARNA.—Si no hay otro remedio...
MARIO.—*(Le sonríe.)* No hay otro remedio.
ENCARNA.—Yo... soy de pueblo. Me quedé sin madre de muy niña. [Teníamos una tierruca muy pequeña;] mi padre se alquilaba de bracero cuando podía. Pero ya no había trabajo para nadie, [y cogimos cuatro cuartos por la tierra] y nos vinimos hace seis años.
MARIO.—Como tantos otros...
ENCARNA.—Mi padre siempre decía: tú saldrás adelante. Se colocó de albañil, y ni dormía por aceptar chapuzas. Y me compró una máquina, y un método, y libros... Y cuando me veía encendiendo la lumbre, o barriendo, o acarreando agua —porque vivíamos en las chabolas—, me decía: «Yo lo haré.

Tú, estudia». Y quería que me vistiese lo mejor posible, y que leyese mucho, y que...

(Se le quiebra la voz.)

MARIO.—Y lo consiguió.

ENCARNA.—Pero se mató. Iba a las obras cansado, medio dormido, y se cayó hace tres años del andamio. *(Calla un momento.)* Y yo me quedé sola. ¡Y tan asustada! Un año entero buscando trabajo, [haciendo copias,] de pensión en pensión... ¡Pero entonces supe defenderme, te lo aseguro!... *(A media voz.)* Hasta que entré en la Editora.

(Lo mira a hurtadillas.)

MARIO.—No sólo has sabido defenderte. Has sabido luchar limpiamente, y formarte... Puedes estar orgullosa.

ENCARNA.—*(De pronto, seca.)* No quisiera seguir hablando de esto.

(Él la mira, intrigado. El CAMARERO *vuelve con una caña de cerveza, la deposita ante* MARIO *y va a retirarse.)*

MARIO.—Cobre todo.

(Le tiende un billete. El CAMARERO *le da las vueltas y se retira.* MARIO *bebe un sorbo.)*

ENCARNA.—Y tú, ¿por qué no has estudiado? [Los dos hermanos sois muy cultos, pero tú... podrías haber hecho tantas cosas...]

MARIO.—*(Con ironía.)* [¿Cultos? Mi hermano aún pudo aprobar parte del bachillerato; yo, ni empezarlo.] La guerra civil terminó cuando yo tenía diez años. Mi padre estaba empleado en un Ministerio y lo depuraron... Cuando volvimos a Madrid hubo que meterse en el primer rincón que encontramos: en ese sótano..., de donde ya no hemos salido. Y años después, cuando pudo pedir el reingreso, mi padre ya no quiso hacerlo. Yo seguí leyendo y leyendo, pero... hubo que sacar adelante la casa[23].

ENCARNA.—¿Y tu hermano?

MARIO.—*(Frío.)* Estuvo con nosotros hasta que lo llamaron a filas. Luego decidió vivir por su cuenta.

[ENCARNA.—Ahora os ayuda...

MARIO.—Sí.

(Bebe.)]

ENCARNA.—Podrías haber prosperado como él... Quizá entrando en la editora...

MARIO.—*(Seco.)* No quiero entrar en la Editora.

ENCARNA.—Pero... hay que vivir...

MARIO.—Ésa es nuestra miseria: que hay que vivir.

ENCARNA.—*(Asiente, después de un momento.)* Hoy mismo, por ejemplo...

MARIO.—¿Qué?

ENCARNA.—No estoy segura... Ya sabes que ahora entra un grupo nuevo.

MARIO.—Sí.

ENCARNA.—Yo creo que a Beltrán no le editan la segunda novela [que entregó]. ¡Y es buenísima! [¡La acabo de leer!] ¡Y a tu hermano también le gustaba!

MARIO.—*(Con vivo interés.)* ¿Qué ha pasado?

ENCARNA.—Tu hermano hablaba con Juan por teléfono y me hizo salir. Después dijo que, en esa novela, Beltrán se había equivocado. Y de las pruebas que te ha llevado hoy, quitó un artículo que hablaba bien de él.

MARIO.—El nuevo grupo está detrás de eso. Lo tienen sentenciado.

ENCARNA.—Alguna vez lo han elogiado.

MARIO.—Para probar su coartada... Y mi hermano, metido en esas bajezas. *(Reflexiona.)* Escucha, Encarna. Vas a vigilar y

---

23 Por vez primera hay una mención directa de la guerra civil y de sus consecuencias, que están en el origen de la historia de Mario y de su familia. Véase lo indicado en la nota 85 de la Introducción a propósito del sótano.

a decirme todo lo que averigües de esa maniobra. ¡Tenemos que ayudar a Beltrán!

ENCARNA.—Tu eres como él.

MARIO.—*(Incrédulo.)* ¿Como Beltrán?

ENCARNA.—Esa manera suya de no pedir nada, allí, donde he visto suplicar a todo el mundo...

MARIO.—Él sí ha salido adelante sin mancharse. Alguna vez sucede... *(Sonríe.)* Pero yo no tengo su talento. *(Grave.)* Ni quizá su bondad. Escucha lo que he soñado esta noche. Había un precipicio... Yo estaba en uno de los lados, sentado ante mis pruebas... Por la otra ladera corría un desconocido, con una cuerda atada a la cintura. Y la cuerda pasaba sobre el abismo, y llegaba hasta mi muñeca. Sin dejar de trabajar, yo daba tironcitos... y lo iba acercando al borde. Cuando corría ya junto al borde mismo, di un tirón repentino y lo despeñé.

(Un silencio.)

ENCARNA.—Tú eres el mejor hombre que he conocido. Por eso me lo has contado.

MARIO.—Te lo he contado porque quiero preguntarte algo. *(Se miran, turbados. Él se decide.)* ¿Quieres ser mi mujer? *(Ella desvía la vista.)* ¿Lo esperabas? *(Ella asiente. El sonríe.)* Nunca ganaré gran cosa. Si me caso contigo haré un matrimonio ventajoso.

ENCARNA.—*(Triste.)* No bromees.

MARIO.—*(Grave.)* Encarna, soy un hombre quebrado. [Hundido, desde el final de nuestra guerra, en aquel pozo de mi casa.] Pero si tu tristeza y la mía se unen, tal vez logremos una extraña felicidad.

ENCARNA.—*(A punto de llorar.)* ¿De qué tristeza hablas?

MARIO.—No finjas.

ENCARNA.—¿Qué sabes tú?...

MARIO.—Nada. Pero lo sé. *(Ella lo mira, turbada.)* ¿Quieres venir ahora a casa de mis padres? *(Ella lo mira con alegría y angustia.)* Antes de que decidas, debes conocerlos.

ENCARNA.—Los conozco ya. Soy yo quien reúne para tu padre revistas y postales... Cuanta más gente ve en ellas, más contento se pone, ¿verdad?

(Sonríe.)

MARIO.—*(Asiente, pensativo.)* Y a menudo pregunta: ¿Quién es éste?... ¿O éste?...

ENCARNA.—Tu hermano apartó hoy una postal porque en ella no se veía gente. Así voy aprendiendo cosas de tus padres.

MARIO.—¡También le gustan sin gente! ¿Era algún monumento?

ENCARNA.—No. Un tren antiguo. (MARIO *se yergue, mirándola fijamente. Ella, sin mirarlo, continúa después de un momento.)* Mario, iremos a tu casa si quieres. ¡Pero no como novios!

MARIO.—*(Frío, distante.)* Déjame pensar. *(Ella lo mira, desconcertada. La* ESQUINERA *entra por la derecha y se detiene un momento, atisbando por todos lados la posible llegada de un cliente.* ENCARNA *se inmuta al verla.* MARIO *se levanta.)* ¿Vamos?

ENCARNA.—No como novios, Mario.

[MARIO.—¿Por qué no?

ENCARNA.—Puedes arrepentirte... O puede que me arrepienta yo.]

MARIO.—*(Frío.)* Te presentaré como amiga. (ENCARNA *llega a su lado. La prostituta sonríe con cansada ironía y cruza despacio.* ENCARNA *se coge del brazo de* MARIO *al verla acercarse.* MARIO *va a caminar, pero ella no se mueve.)* ¿Qué te pasa?

(La prostituta se aleja y sale, contoneándose, por la izquierda.)

ENCARNA.—Tú no quieres jugar conmigo, ¿verdad?

MARIO.—*(Molesto.)* ¿A qué viene eso?

ENCARNA.—*(Baja la cabeza.)* Vamos.

(Salen por la derecha. El CAMARERO *entró poco antes a recoger los servicios y pasa un paño por el velador mientras la luz se extingue. Los investigadores reaparecen por ambos laterales. Sendos focos los iluminan. El* CAMARERO *sale y ellos hablan.)*

ELLA.—La escena que vais a presenciar sucedió siete días después.

ÉL.—Imposible reconstruir lo sucedido en ellos. Los detectores soportaron campos radiantes muy intensos y sólo se recogían apariciones fragmentarias.

ELLA.—Los investigadores conocemos bien ese relampagueo de imágenes que [, si a veces proporciona inesperados hallazgos,] a muchos de nosotros les llevó a abandonar su labor, desalentados por tanta inmensidad...

ÉL.—Los aparatos espacializan las más extrañas visiones: luchas de pájaros, manos que saludan, [un gran reptil,] el incendio de una ciudad, hormigas sobre un cadáver, llanuras heladas...

ELLA.—Yo vi antropoides en marcha, y niños ateridos tras una alambrada...[24].

ÉL.—Y vimos otras imágenes incomprensibles, de algún astro muy lejano o de civilizaciones ya olvidadas. Presencias innumerables cuya podre[25] forma hoy nuestros cuerpos y que hemos de devolver a la nada para no perder la historia que se busca y que acaso no sea tan valiosa.

ELLA.—La acción más oculta o insignificante puede ser descubierta un día. [Hoy descubrimos antiquísimos saberes visualizando a quienes leían, tal vez con desgana, los libros destruidos.] El misterioso espacio todo lo preserva.

ÉL.—Cada suceso puede ser percibido desde algún lugar.

ELLA.—Y a veces, sin aparatos, desde alguna mente lúcida.

ÉL.—El experimento continúa.

(Las oscilaciones luminosas comienzan a vibrar sobre la oficina. ÉL *y* ELLA *salen por los laterales. La luz se estabiliza.*

---

[24] Estas palabras recuerdan unas proyecciones de *Mito* que muestran, con mayor amplitud, las maldades de nuestro mundo, frente al optimismo encubridor de la mayor parte de sus habitantes: «Sobre la negrura del fondo estallan ahora las imágenes de hongos y hongos atómicos, a las que sustituyen poco a poco numerosas visiones de exterminio: montones de cadáveres en campos de concentración, montañas de gafas, de brochas de afeitar, de zapatos; reses muertas, pájaros muertos, insectos muertos, somera cirugía de guerra en caras cosidas donde faltan ojos, narices, orejas; gentes vendadas de arriba abajo... [...] libros ardiendo, caras risueñas o gesticulantes, fusilamientos, ahorcaduras, garrote, guillotina, silla eléctrica en acción...» *(Obra Completa,* I, cit., págs. 1242-1243).

[25] *Podre:* podredumbre o corrupción moral.

La máquina de escribir está descubierta y tiene papeles en el carro. ENCARNA, *a la máquina. La puerta se abre y entra* MARIO. ENCARNA *se vuelve, ahogando un suspiro.)*

MARIO.—He venido a dejar pruebas y, antes de irme, se me ocurrió visitar... a mi hermano.

ENCARNA.—*(Temblorosa.)* Lleva tres horas con los nuevos consejeros.

MARIO.—Y su secretaria, ¿está visible?

ENCARNA.—*(Seria.)* Ya ves que sí.

MARIO.—*(Cierra y avanza.)* [¿Te molesto?

ENCARNA.—Tengo trabajo.

MARIO.—] ¿Estás nerviosa?

ENCARNA.—[Los consejeros nuevos traen sus candidatos...] No sé si continuaré en la casa.

MARIO.—¡Bah! Puedes estar tranquila.

ENCARNA.—Pues no lo estoy. Y te agradecería que... no te quedases mucho tiempo.

MARIO.—*(Frunce las cejas, toma una silla y se sienta junto a* ENCARNA, *mirándola fijamente. Ella no lo mira.)* Tres días sin verte.

ENCARNA.—Con la reorganización hemos tenido mucho trabajo...

MARIO.—Siempre se encuentra un momento. *(Breve pausa.)* Si se quiere.

ENCARNA.—Yo... tenía que pensar.

MARIO.—*(Le toma una mano.)* Encarna...

ENCARNA.—¡Por favor, Mario!

MARIO.—¡Tú sabes ya que me quieres!

ENCARNA.—¡No! ¡No lo sé!

MARIO.—¡Lo sabes!

ENCARNA.—*(Se levanta, trémula.)* ¡No!

MARIO.—*(Se levanta casi al tiempo y la abraza.)* ¿Por qué mientes?

ENCARNA.—¡Suelta!

(Él la besa vorazmente. Ella logra desasirse, denegando obsesivamente, mientras mira a la puerta. MARIO *llega a su lado y la toma de los brazos.)*

MARIO.—*(Suave.)* ¿Qué te sucede?

ENCARNA.—Tenemos que hablar.

(Va a la mesa de despacho, donde se apoya, trémula.)

MARIO.—Quizá no te gustaron mis padres.

ENCARNA.—[No es eso...] Te aseguro que los quiero ya.

MARIO.—Y ellos a ti.

ENCARNA.—*(Se aparta, buscando de qué hablar.)* Tu padre me llamó Elvirita una vez... ¿Por qué?

MARIO.—Era una hermanita que se nos murió. Tenía dos años cuando terminó la guerra.

ENCARNA.—¿Me confundió con ella?

MARIO.—Si ella viviese, tendría tu edad, más o menos.

ENCARNA.—¿De qué murió?

MARIO.—Tardamos seis días en volver a Madrid. Era muy difícil tomar los trenes, que iban repletos de soldados ansiosos de llegar a sus pueblos... Y era aún más difícil encontrar comida. Leche, sobre todo. Viajamos en camiones, en tartanas, qué sé yo... La nena apenas tomaba nada... Ni nosotros... Murió al cuarto día. De hambre. *(Un silencio.)* [La enterramos en un pueblecito. Mi padre fue al Ayuntamiento y logró en seguida el certificado de defunción y el permiso. Años después le he oído comentar que fue fácil: que entonces era fácil enterrar.

(Un silencio.)]

ENCARNA.—*(Le oprime con ternura un hombro.)* Hay que olvidar, Mario.

MARIO.—*(Cierra los ojos.)* Ayúdame tú, Encarna... ¿Te espero luego en el café?

ENCARNA.—*(Casi llorosa.)* Sí, porque tengo que hablarte.

MARIO.—*(Su tono y su expresión cambian. La mira, curioso.)* ¿De mi hermano?

ENCARNA.—Y de otras cosas.

MARIO.—¿Averiguaste algo? *(Ella lo mira, turbada.)* ¿Sí?

ENCARNA.—*(Corre a la puerta del fondo, la abre y espía un momento. Tranquilizada, cierra y toma su bolso.)* Mira lo que he encontrado en el cesto. *(Saca los trozos de papel de una carta rota y los compone sobre la mesa.* MARIO *se inclina para leer.)* ¿Entiendes el francés?

MARIO.—Un poco.

ENCARNA.—¿Verdad que hablan de Beltrán?

MARIO.—Piden los derechos de traducción de *Historia secreta,* el tercer libro que él publicó. Y como la editora ya no existe, se dirigen a vosotros por si los tuvierais..., con el ruego, en caso contrario, de trasladar la petición al interesado. *(Un silencio. Se miran.)* [Y es al cesto de los papeles adonde ha llegado.

ENCARNA.—Si tu hermano la hubiese contestado la habría archivado, no roto.]

(Recoge aprisa los trozos de papel.)

MARIO.—No tires esos pedazos, Encarna.

ENCARNA.—No.

(Los vuelve a meter en el bolso.)

MARIO.—Esperaré a Vicente y le hablaremos de esto.

ENCARNA.—¡No!

MARIO.—¡No podemos callar! ¡Se trata de Beltrán!

[ENCARNA.—Podríamos avisarle...

MARIO.—Lo haremos si es necesario, pero a Vicente le daremos su oportunidad.]

ENCARNA.—*(Se sienta, desalentada, en su silla.)* La carta la he encontrado yo. Déjame intentarlo a mí sola.

MARIO.—¡Conmigo al lado te será más fácil!

ENCARNA.—¡Por favor!

MARIO.—*(La mira con insistencia unos instantes.)* No te pregunto si te atreverás, porque tú sabes que debes hacerlo...

ENCARNA.—Dame unos días...

MARIO.—¡No, Encarna! Si tú no me prometes hacerlo ahora, me quedo yo para decírselo a Vicente.

ENCARNA.—*(Rápida.)* ¡Te lo prometo! *(Baja la cabeza. Él le acaricia el cabello con súbita ternura.)* Me echará.

MARIO.—No tienes que reprocharle nada. Atribúyelo a un descuido suyo.

ENCARNA.—¿Puedo hacer eso?

MARIO.—*(Duro.)* Cuando haya que hablarle claro, lo haré yo. Ánimo, Encarna. En el café te espero.

ENCARNA.—*(Lo mira, sombría.)* Sí. Allí hablaremos.

(La puerta se abre y entra VICENTE *con una carpeta en la mano. Viene muy satisfecho.* ENCARNA *se levanta.)*

VICENTE.—¿Tú por aquí?

MARIO.—Pase un momento a saludarte. Ya me iba.

VICENTE.—¡No te vayas todavía! *(Mientras deja la carpeta sobre la mesa y se sienta.)* Vamos a ver, Mario. Te voy a hacer una proposición muy seria.

ENCARNA.—¿Me... retiro?

VICENTE.—¡No hace falta! *(A* MARIO.) Encarnita debe saberlo. ¡Escúchame bien! Si tú quieres, ahora mismo quedas nombrado mi secretario. [Para trabajar aquí, conmigo. Y con ella.] (ENCARNA *y* MARIO *se miran.)* Para ti también hay buenas noticias, Encarna: quinientas pesetas más al mes. Seguirás con tu máquina y tu archivo. Pero necesito otro ayudante con buena formación literaria. Tú lo comprendes...

ENCARNA.—Claro.

(Se sienta en su silla.)

VICENTE.—Tú, Mario. Es un puesto de gran porvenir. Para empezar, calcula algo así como el triple de lo que ahora ganas. ¿Hace?

MARIO.—Verás, Vicente...

VICENTE.—Un momento... *(Con afecto.)* Lo puedo hacer hoy; más adelante ya no podría. Figúrate la alegría que le íbamos a dar a nuestra madre... Ahora puedo decirte que me lo pidió varias veces.

MARIO.—Lo suponía.

VICENTE.—También a mí me darías una gran alegría, te lo aseguro...

MARIO.—*(Suave.)* No, Vicente. Gracias.

VICENTE.—*(Reprime un movimiento de irritación.)* ¿Por qué no?

MARIO.—Yo no valgo para esto...

VICENTE.—*(Se levanta.)* ¡Yo sé mejor que tú lo que vales! ¡Y ésta es una oportunidad única! [¡No puedes,] no tienes el derecho de rehusarla! ¡Por tu mujer, por tus hijos, cuando los tengas! (ENCARNA y MARIO *se miran.)* ¡Encarna, tú eres mujer y lo entiendes! ¡Dile tú algo!

ENCARNA.—*(Muy turbada.)* Sí... Realmente...

[VICENTE.—*(A* MARIO.) ¡Me parece que no puedo hacer por ti más de lo que hago!]

MARIO.—Te lo agradezco de corazón, créeme... Pero no.

VICENTE.—*(Rojo.)* Esto empieza a ser humillante... Cualquier otro lo aceptaría encantado... y agradecido.

MARIO.—Lo sé, Vicente, lo sé... Discúlpame.

VICENTE.—¿Qué quiere decir ese «discúlpame»? ¿Que sí o que no?

MARIO.—*(Terminante.)* Que no.

(ENCARNA *suspira, decepcionada.)*

VICENTE.—*(Después de un momento, muy seco.)* Como quieras.

(Se sienta.)

MARIO.—Adiós, Vicente. Y gracias.

(Sale y cierra. Una pausa.)

VICENTE.—Hace años que me he resignado a no entenderle. Sólo puedo decir: es un orgulloso y un imbécil. *(Suspira.)* Nos meterán aquí a otro; [aún no sé quién será.] Pero tú no te preocupes: sigues conmigo, y con aumento de sueldo.

ENCARNA.—Yo también te doy las gracias.

VICENTE.—*(Con un movimiento de contrariedad.)* No sabe él lo generosa que era mi oferta. Porque le he mentido: no me agradaría tenerle aquí. Con sus rarezas resultaría bastante incómodo... [Y se enteraría de lo nuestro, y puede que también le pareciera censurable, porque es un estúpido que no sabe nada de la vida.] ¡Ea! No quiero pensarlo más. ¿Algo que firmar?

ENCARNA.—No.
VICENTE.—¿Ningún asunto pendiente? *(Un silencio.)* ¿Eh?
ENCARNA.—*(Con dificultad.)* No.

(Y rompe a llorar.)

VICENTE.—¿Qué te pasa?
ENCARNA.—Nada.
VICENTE.—Nervios... Tu continuidad garantizada...

(Se levanta y va a su lado.)

ENCARNA.—Eso será.
VICENTE.—*(Ríe.)* ¡Pues no hay que llorarlo, sino celebrarlo! *(Íntimo.)* ¿Tienes algo que hacer?
ENCARNA.—Es jueves...
VICENTE.—*(Contrariado.)* Tu amiga.
ENCARNA.—Sí.
VICENTE.—Pensé que hoy me dedicarías la tarde.
ENCARNA.—Ahora ya no puedo avisarla.
VICENTE.—Vamos adonde sea, te disculpas y te espero en el coche.
ENCARNA.—No estaría bien... Mañana, si quieres...

(Un silencio.)

VICENTE.—*(Molesto.)* A tu gusto. Puedes marcharte.

(ENCARNA *se levanta, recoge su bolso y se vuelve, indecisa, desde la puerta.)*

ENCARNA.—Hasta mañana...
VICENTE.—Hasta mañana...
ENCARNA.—Y gracias otra vez...
VICENTE.—*(Irónico.)* ¡De nada! De nada.

(ENCARNA *sale.* VICENTE *se pasa la mano por los ojos, cansado. Repasa unos papeles, enciende un cigarrillo y se recuesta en el sillón. Fuma, abstraído. Comienza a oírse, muy leja-*

no, el ruido del tren, al tiempo que la luz crece y se precisa en el cuarto de estar. La puerta de la casa se abre y entran LOS PADRES.)

LA MADRE.—¿Adónde vas, hombre?
EL PADRE.—Está aquí.

(Entra en el cuarto de estar y mira a todos lados.)

LA MADRE.—¿A quién buscas?
EL PADRE.—Al recién nacido.
LA MADRE.—Recorta tus postales, anda.
EL PADRE.—¡Tengo que buscar a mi hijo!

(La puerta de la casa se abre y entra MARIO, *que avanza.)*

LA MADRE.—Siéntate...
EL PADRE.—¡Me quejaré a la autoridad! ¡Diré que no queréis disponer el bautizo!
MARIO.—¿El bautizo de quién, padre?
EL PADRE.—¡De mi hijo Vicente! *(Se vuelve súbitamente, escuchando.* MARIO *se recuesta en la pared y lo observa. El ruido del tren se ha extinguido.)* ¡Calla! Ahora llora.
LA MADRE.—¡Nadie llora!
EL PADRE.—Estará en la cocina.

(Va hacia el pasillo.)

MARIO.—Estará en el tren, padre.
LA MADRE.—*(Molesta.)* ¿Tú también?
EL PADRE.—*(Se vuelve.)* ¡Claro! *(Va hacia el invisible tragaluz.)* Vámonos al tren, antes de que el niño crezca. ¿Por dónde se sube?
LA MADRE.—*(Se encoge de hombros y sigue el juego.)* ¡Si ya hemos montado, tonto!
EL PADRE.—*(Desconcertado.)* No.
LA MADRE.—¡Sí, hombre! ¿No oyes la locomotora? Piii... Piii... *(Comienza a arrastrar los pies, como un niño que juega.)* Chaca-chaca, chaca-chaca, chaca-chaca... *(Riendo,* EL PADRE *se*

coloca tras ella y la imita. Salen los dos al pasillo murmurando, entre risas, su «chaca-chaca» y se meten en el dormitorio, cuya puerta se cierra. Una pausa. MARIO *se acerca al tragaluz y mira hacia fuera, pensativo.* VICENTE *reacciona en su oficina, apaga el cigarrillo y se levanta con un largo suspiro. Mira su reloj y, con rápido paso, sale, cerrando. La luz vibra y se extingue en la oficina.* LA MADRE *abre con sigilo la puerta del dormitorio, sale al pasillo, la cierra y vuelve al cuarto de estar sofocando la risa.)* Este hombre me mata. *(Dispone unos tazones en una bandeja, sobre la cómoda.)* Al pasar ante el armario se ha puesto a mirarse en la luna, [muy serio.] Yo le digo: ¿Qué haces? Y me dice, muy bajito: Aquí, que me he encontrado con este hombre. Pues háblale. [¿Por qué no le hablas?] Y me contesta: ¡Bah! Él tampoco me dice nada. *(Muerta de risa.)* ¡Ay, qué viejo pellejo!... ¿Quieres algo para mojar?

MARIO.—*(Sin volverse.)* No, gracias. (LA MADRE *alza la bandeja y va a irse.)* ¿De qué tren habla?

LA MADRE.—*(Se detiene.)* De alguno de las revistas...

(Inicia la marcha.)

MARIO.—O de alguno real.

LA MADRE.—*(Lo mira, curiosa.)* Puede ser. Hemos tomado tantos en esta vida...

MARIO.—*(Se vuelve hacia ella.)* Y también hemos perdido alguno.

LA MADRE.—También, claro.

MARIO.—No tan claro. No se pierde el tren todos los días. Nosotros lo perdimos sólo una vez.

LA MADRE.—*(Inmóvil, con la bandeja en las manos.)* Creí que no te acordabas.

MARIO.—¿No se estará refiriendo a aquél?

LA MADRE.—Él no se acuerda de nada...

MARIO.—Tú sí te acuerdas[26].

---

[26] Los Investigadores avisan en su primera aparición de que su experimento consiste en recuperar esta historia, pero la recuperación ha de producirse también en sus protagonistas, que dejan ver contrapuestas actitudes ante el desvelamiento del pasado para llegar a la verdad. La madre se acuerda de la

LA MADRE.—Claro, hijo. No por el tren, sino por aquellos días tremendos... *(Deja la bandeja sobre la mesa.)* El tren es lo de menos. Bueno: se nos llevó a Vicentito, porque él logró meterse por una ventanilla y luego ya no pudo bajar. No tuvo importancia, porque yo le grité [que nos esperase en casa de mi prima cuando llegase a Madrid. ¿Te acuerdas?

MARIO.—No muy bien.

LA MADRE.—Al ver que no podía bajar, le dije:] Vete a casa de la tía Asunción... Ya llegaremos nosotros... Y allí nos esperó, el pobre, sin saber que, entre tanto..., se había quedado sin hermanita.

MARIO.—[El otro día,] cuando traje a aquella amiga mía, mi padre la llamó Elvirita.

LA MADRE.—¿Qué me dices?

MARIO.—No lo oíste porque estabas en la cocina.

LA MADRE.—*(Lo piensa.)* Palabras que le vienen de pronto... Pero no se acuerda de nada.

MARIO.—¿Te acuerdas tú mucho de Elvirita, madre?

LA MADRE.—*(Baja la voz.)* Todos los días.

MARIO.—Los niños no deberían morir.

LA MADRE.—*(Suspira.)* Pero mueren.

MARIO.—De dos maneras.

LA MADRE.—¿De dos maneras?

MARIO.—La otra es cuando crecen[27]. Todos estamos muertos.

(LA MADRE *lo mira, triste, y recoge su bandeja.* EL PADRE *salió de su habitación y vuelve al cuarto de estar.)*

EL PADRE.—Buenas tardes, señora. ¿Quién es usted?

LA MADRE.—*(Grave.)* Tu mujer.

EL PADRE.—*(Muy serio.)* Qué risa, tía Felisa.

---

realidad pero la oculta en su versión de lo ocurrido porque, como después dice, «hay que vivir».

[27] La pureza de la infancia se pierde con el paso del tiempo y por ello se diluye la simbólica esperanza que comporta. Véase la nota 43.

LA MADRE.—¡Calla, viejo pellejo! (EL PADRE *revuelve postales y revistas sobre la mesa. Elige una postal, se sienta y se pone a recortarla.* LA MADRE *vuelve a dejar la bandeja y se acerca a* MARIO.) Esa amiga tuya parece buena chica. ¿Es tu novia?

MARIO.—No...

LA MADRE.—Pero te gusta.

MARIO.—Sí.

LA MADRE.—[No es ninguna señorita relamida, ¡qué va! Y nosotros le hemos caído bien...] Yo que tú, me casaba con ella.

MARIO.—¿Y si no quiere?

LA MADRE.—¡Huy, hijo! A veces pareces tonto.

[MARIO.—¿Crees que podría ella vivir aquí, estando padre como está?

LA MADRE.—Si ella quiere, ¿por qué no? ¿La vas a ver hoy?

MARIO.—Es posible.

LA MADRE.—Díselo.]

MARIO.—*(Sonríe.)* Suponte que ya se lo he dicho y que no se decide.

LA MADRE.—Será que quiere hacerse valer.

MARIO.—¿Tú crees?

LA MADRE.—*(Dulce.)* Seguro, hijo.

EL PADRE.—(A MARIO, *por alguien de una postal.)* ¿Quién es éste?...

MARIO.—*(Se abraza de pronto a su madre.)* Me gustaría que ella viniese con nosotros.

LA MADRE.—Vendrá... y traerá alegría a la casa, y niños...

MARIO.—No hables a mi hermano de ella. Todavía no.

LA MADRE.—Se alegraría...

MARIO.—Ya lo entenderás. Es una sorpresa.

LA MADRE.—Como quieras, hijo. *(Baja la voz.)* Y tú no le hables a tu padre de ningún tren. No hay que complicar las cosas... ¡y hay que vivir! *(Se miran fijamente. Suena el timbre de la casa.)* ¿Quién será?

MARIO.—Yo iré.

LA MADRE.—¿La has citado aquí?

MARIO.—No...

LA MADRE.—Como ya es visita de la casa...

MARIO.—*(Alegre.)* Es cierto. ¡Si fuera ella...!

(Va a salir al pasillo.)

EL PADRE.—¿Quién es éste?...

(MARIO *lo mira un instante y sale a abrir.)*

LA MADRE.—*(Al tiempo, a su marido.)* ¡El hombre del saco! ¡Uuuh! *(Y se acerca al pasillo para atisbar.* MARIO *abre. Es* VICENTE.) ¡Vicente, hijo! (MARIO *cierra en silencio.* VICENTE *avanza. Su madre lo abraza.)* ¿Te sucede algo?

VICENTE.—*(Sonríe.)* Te prometí venir más a menudo.

LA MADRE.—¡Pues hoy no te suelto en toda la tarde!

VICENTE.—No puedo quedarme mucho rato.

LA MADRE.—¡Ni te escucho! *(Han llegado al cuarto de estar.* LA MADRE *corre a la cómoda y saca un bolsillito de un cajón.)* ¡Y hazme el favor de esperar aquí tranquilito hasta que yo vuelva! *(Corre por el pasillo.)* ¡No tardo nada!

(Abre la puerta del piso y sale presurosa, cerrando.)

MARIO.—*(Que avanzó a su vez y se ha recostado en la entrada del pasillo.)* ¿A que trae ensaimadas?

VICENTE.—*(Ríe.)* ¿A que sí? Hola, padre. ¿Cómo sigue usted?

(EL PADRE *lo mira y vuelve a sus postales.)*

MARIO.—Igual, ya lo ves. Supongo que has venido a hablarme...

VICENTE.—Sí.

MARIO.—Tú dirás.

(Cruza y se sienta tras su mesita.)

VICENTE.—*(Con afecto.)* ¿Por qué no quieres trabajar en la Editora?

MARIO.—*(Lo mira, sorprendido.)* ¿De eso querías hablarme?

[VICENTE.—Sería una lástima perder esta oportunidad; quizá no tengas otra igual en años.

MARIO.—¿Estás seguro de que no quieres hablarme de ninguna otra cosa?]

VICENTE.—¡Claro! ¿De qué, si no? *(Contrariado,* MARIO *se golpea* con *el puño la palma de la mano, se levanta y pasea.* VICENTE se *acerca.)* Para la Editora ya trabajas, Mario. ¿Qué diferencia hay?

MARIO.—*(Duro.)* Siéntate.

VICENTE.—Con mucho gusto, si es que por fin vas a decir algo sensato.

(Se sienta.)

MARIO.—Quizá no. *(Sonríe.)* Yo vivo aquí, con nuestro padre... Una atmósfera no muy sensata, ya lo sabes. *(Indica a* EL PADRE.) Míralo. Este pobre demente era un hombre recto, ¿te acuerdas? Y nos inculcó la religión de la rectitud. Una enseñanza peligrosa, porque [luego, cuando te enfrentas con el mundo, comprendes que es tu peor enemiga.] *(Acusador.)* No se vive de la rectitud en nuestro tiempo. ¡Se vive del engaño, de la zancadilla, de la componenda...! Se vive pisoteando a los demás. ¿Qué hacer, entonces? O aceptas ese juego siniestro... y sales de este pozo..., o te quedas en el pozo.

VICENTE.—*(Frío.)* ¿Por qué no salir?

MARIO.—Te lo estoy explicando... Me repugna nuestro mundo. [Todos piensan que] en él no cabe sino comerte a los demás o ser comido. Y, encima, todos te dicen: ¡devora antes de que te devoren! Te daremos bellas teorías para tu tranquilidad. La lucha por la vida... El mal inevitable para llegar al bien necesario... La caridad bien entendida... Pero yo, en mi rincón, intento comprobar si puedo salvarme de ser devorado..., aunque no devore.

VICENTE.—No siempre te estás en tu rincón, supongo.

MARIO.—No siempre. Salgo a desempeñar mil trabajillos fugaces...

VICENTE.—Algo pisotearás también al hacerlos.

MARIO.—Tan poca cosa... Me limito a defenderme. Y hasta me dejo pisotear un poco, por no discutir... Pero, por ejemplo, no me enriquezco.

Jesús Puente (Vicente) y Francisco Pierrá (El padre), en una escena de *El tragaluz*. Dirección de José Osuna. Foto: Basabe.

VICENTE.—Es toda una acusación. ¿Me equivoco?
EL PADRE.—¿Quién es éste?

(MARIO *va junto a su padre.)*

MARIO.—Usted nos dijo que lo sabía.
EL PADRE.—Y lo sé.

(Se les queda mirando, socarrón.)

MARIO.—*(A su hermano.)* Es curioso. La plaza de la Ópera, en París, el señor del hongo. Y la misma afirmación.
VICENTE.—Tú mismo has dicho que era un pobre demente.
MARIO.—Pero un hombre capaz de preguntar lo que él pregunta... tiene que ser mucho más que un viejo imbécil.
VICENTE.—¿Qué pregunta?
MARIO.—¿Quién es éste? ¿Y aquél? ¿No te parece una pregunta tremenda?
VICENTE.—¿Por qué?
MARIO.—¡Ah! Si no lo entiendes...

(Se encoge de hombros y pasea.)

EL PADRE.—¿Tú tienes hijos, señorito?
VICENTE.—¿Qué?
MARIO.—Te habla a ti.
VICENTE.—Sabe usted que no.
EL PADRE.—*(Sonríe.)* Luego te daré una sorpresa, señorito.

(Y se pone a recortar algo de una revista.)

VICENTE.—[No me has contestado.] (MARIO *se detiene.)* ¿Te referías a mí cuando hablabas de pisotear y enriquecerse?
MARIO.—Sólo he querido decir que tal vez yo no sería capaz de entrar en el juego sin hacerlo.
VICENTE.—*(Se levanta.)* ¡Pero no se puede uno quedar en el pozo!
MARIO.—¡Alguien tenía que quedarse aquí!

VICENTE.—*(Se le enfrenta, airado.)* ¡Si yo no me hubiera marchado, ahora no podría ayudaros!

MARIO.—¡Pero en aquellos años había que mantener a los padres..., y los mantuve yo! Aunque mal, lo reconozco.

VICENTE.—¡Los mantuviste: enhorabuena! ¡Ahora puedes venirte conmigo y los mantendremos entre los dos!

MARIO.—*(Sincero.)* De verdad que no puedo.

VICENTE.—*(Procura serenarse.)* Mario, toda acción es impura. Pero [no todas son tan egoístas como crees.] ¡No harás nada útil si no actúas! Y no conocerás a los hombres sin tratarlos, ni a ti mismo si no te mezclas con ellos.

MARIO.—Prefiero mirarlos.

VICENTE.—¡Pero es absurdo, es delirante! ¡Estás consumiendo tu vida aquí, mientras observas a un alienado o atisbas por el tragaluz piernas de gente insignificante!... ¡Estás soñando! ¡Despierta!

MARIO.—¿Quién debe despertar? ¡Veo a mi alrededor muchos activos, pero están dormidos! ¡Llegan a creerse tanto más irreprochables cuanto más se encanallan!

VICENTE.—¡No he venido a que me insultes!

MARIO.—Pero vienes. Estás volviendo al pozo, cada vez con más frecuencia..., y eso es lo que más me gusta de ti.

EL PADRE.—*(Interrumpe su recortar y señala a una postal.)* ¿Quién es éste, señorito? ¿A que no lo sabes?

MARIO.—La pregunta tremenda.

VICENTE.—¿Tremenda?

MARIO.—Naturalmente. Porque no basta con responder «Fulano de Tal», ni con averiguar lo que hizo y lo que le pasó. Cuando supieras todo eso, tendrías que seguir preguntando... Es una pregunta insondable.

VICENTE.—Pero ¿de qué hablas?

EL PADRE.—*(Que los miraba, señala otra vez a la postal.)* Habla de éste.

(Y recorta de nuevo.)

MARIO.—¿Nunca te lo has preguntado tú, ante una postal vieja? ¿Quién fue éste? Pasó en aquel momento por allí...

¿Quién era? A los activos como tú no les importa. Pero yo me lo tropiezo ahí, en la postal, inmóvil...

VICENTE.—O sea, muerto.

MARIO.—Sólo inmóvil. Como una pintura muy viva; como la fotografía de una célula muy viva. Lo retrataron; ni siquiera se dio cuenta. Y yo pienso... Te vas a reír...

VICENTE.—*(Seco.)* Puede ser.

MARIO.—Pienso si no fue retratado para que yo, muchos años después, me preguntase quién era. (VICENTE *lo mira con asombro.)* Sí, sí; y también pienso a veces si se podría...

(Calla.)

VICENTE.—¿El qué?

MARIO.—Emprender la investigación.

VICENTE.—No entiendo.

MARIO.—Averiguar quién fue esa sombra, [por ejemplo.] Ir a París, publicar anuncios, seguir el hilo... ¿Encontraríamos su recuerdo? ¿O acaso a él mismo, ya anciano, al final del hilo? Y así, con todos.

VICENTE.—*(Estupefacto.)* ¿Con todos?

MARIO.—Tonterías. Figúrate. Es como querer saber el comportamiento de un electrón en una galaxia lejanísima.

VICENTE.—*(Riendo.)* ¡El punto de vista de Dios!

(EL PADRE *los mira gravemente.)*

MARIO.—Que nunca tendremos, pero que anhelamos.

VICENTE.—*(Se sienta, aburrido.)* Estás loco.

MARIO.—Sé que es un punto de vista inalcanzable[28]. Me conformo por eso con observar las cosas, *(Lo mira.)* y a las personas, desde ángulos inesperados...

VICENTE.—*(Despectivo, irritado.)* Y te las inventas, como hacíamos ante el tragaluz cuando éramos muchachos.

MARIO.—¿No nos darán esas invenciones algo muy verdadero que las mismas personas observadas ignoran?

---

[28] Esta investigación «inalcanzable» (como antes la «pregunta insondable») trae a la memoria los deseos «imposibles» de Ignacio, el primer «soñador» del teatro de Buero en *En la ardiente oscuridad*.

VICENTE.—¿El qué?

MARIO.—Es difícil explicarte... Y, además, tú ya no juegas a eso... Los activos casi nunca sabéis mirar. Sólo veis los tópicos en que previamente creíais. Yo procuro evitar el tópico. Cuando me trato con ellos me pasa lo que a todos: [la experiencia es amarga.] Noto que son unos pobres diablos, que son hipócritas, que son enemigos, que son deleznables... Una tropa de culpables y de imbéciles. Así que observo... esas piernas que pasan. Y entonces creo entender que también son otras cosas... inesperadamente hermosas. O sorprendentes.

VICENTE.—*(Burlón.)* ¿Por ejemplo?

MARIO.—*(Titubea.)* No es fácil dar ejemplos. Un ademán, una palabra perdida... No sé. Y, muy de tarde en tarde, alguna verdadera revelación.

EL PADRE.—*(Mirándose las manos.)* ¡Cuántos dedos!

VICENTE.—*(A su hermano.)* ¿Qué ha dicho?

EL PADRE.—*(Levanta una mano.)* Demasiados dedos. Yo creo que estos dos sobran.

(Aproxima las tijeras a su meñique izquierdo.)

VICENTE.—*(Se levanta en el acto.)* ¡Cuidado! (MARIO, *que se acercó a su padre, le indica a su hermano con un rápido ademán que se detenga.)* ¡Se va a hacer daño!

(MARIO *deniega y observa a su padre muy atento, pronto a intervenir.* EL PADRE *intenta cortarse el meñique y afloja al sentir dolor.)*

EL PADRE.—*(Ríe.)* ¡Duele, caramba!

(Y vuelve a recortar en sus revistas. MARIO *sonríe.)*

VICENTE.—¡Pudo cortarse!

MARIO.—Lo habríamos impedido a tiempo. Ahora sabemos que sus reflejos de autodefensa le responden.

[VICENTE.—Una imprudencia, de todos modos.

MARIO.—Ha habido que coserle los bolsillos porque se cortaba los forros. Pero no conviene contrariarle. Si tú te precipitas, quizá se habría cortado.] *(Sonríe.)* Y es que hay que observar, hermano. Observar y no actuar tanto. ¿Abrimos el tragaluz?

VICENTE.—*(Burlón.)* ¿Me quieres brindar una de esas grandes revelaciones?

MARIO.—Sólo intento volver un poco a nuestro tiempo de muchachos.

VICENTE.—*(Se encoge de hombros y se apoya en el borde de la camilla.)* Haz lo que gustes.

(MARIO *se acerca a la pared invisible y mima el ademán de abrir el tragaluz. Se oye el ruido de la falleba*[29] *y acaso la luz de la habitación se amortigua un tanto. Sobre la pared del fondo se proyecta la luminosa mancha ampliada del tragaluz, cruzada por la sombra de los barrotes.* EL PADRE *abandona las tijeras y mira, muy interesado. No tarda en pasar la sombra de las piernas de un viandante cualquiera)*[30].

EL PADRE.—¡Siéntense!

VICENTE.—*(Ríe.)* ¡Como en el cine!

(Y ocupa una silla.)

MARIO.—Como entonces.

(Se sienta. Los tres observan el tragaluz. Ahora son unas piernas femeninas las que pasan, rápidas. Poco después, las piernas de dos hombres cruzan despacio en dirección contraria. Tal vez se oye el confuso murmullo de su charla.)

VICENTE.—*(Irónico.)* Todo vulgar, insignificante...

MARIO.—[¿Te parece?] *(Una pareja cruza: piernas de hombre junto a piernas de mujer. Se oyen sus risas. Cruzan las piernas de otro hombre, que se detiene un momento y se vuelve, al tiempo que se oye decir a alguien: «¡No tengas tanta prisa!». Las piernas del que*

---

[29] *Falleba:* varilla de hierro que sirve para cerrar puertas o ventanas.

[30] La acotación nos hace pensar en el mito platónico de la caverna. Véase al respecto la nota 86 de la Introducción.

habló arrojan su sombra: venía presuroso y se reúne con el anterior. Siguen los dos su camino y sus sombras desaparecen.) Eso digo yo: no tengas tanta prisa. *(Entre risas y gritos de «¡Maricón el último!», pasan corriendo las sombras de tres chiquillos.)* Chicos del barrio. Quizá van a comprar su primer pitillo en la esquina: por eso hablan ya como hombrecitos. Alguna vez se paran, golpean en los cristales y salen corriendo...

VICENTE.—Los conocías ya.

MARIO.—*(Sonríe y concede.)* Sí. *(Al tiempo que cruzan las piernas de un joven.)* ¿Y ése?

VICENTE.—¡No has podido ver nada!

MARIO.—Llevaba en la mano un papelito, y tenía prisa. ¿Una receta? La farmacia está cerca. Hay un enfermo en casa. Tal vez su padre... (VICENTE *deniega con energía, escéptico. [Cruza la sombra de una vieja que se detiene, jadeante, y continúa.)* ¿Te has fijado?

VICENTE.—¿En qué?

MARIO.—Ésta llevaba un bote, con una cuchara. Las sobras de alguna casa donde friega. Es el fracaso... Tenía varices en las pantorrillas. Es vieja, pero tiene que fregar suelos...

VICENTE.—*(Burlón.)* Poeta.

(Pasan dos sombras más.)

MARIO.—No tanto.] *(Cruza lentamente la sombra de unas piernas femeninas y una maleta.)* ¿Y ésta?

VICENTE.—¡Si ya ha pasado!

MARIO.—Y tú no has visto nada.

VICENTE.—Una maleta.

MARIO.—De cartón. Y la falda, verde manzana. Y el andar, inseguro. Acaso otra chica de pueblo que viene a la ciudad... La pierna era vigorosa, de campesina.

VICENTE.—*(Con desdén.)* ¡Estás inventando!

MARIO.—*(Con repentina y desconcertante risa.)* ¡Claro, claro! Todo puede ser mentira.

VICENTE.—¿Entonces?

MARIO.—Es un juego. Lo más auténtico de esas gentes se puede captar, pero no es tan explicable.

VICENTE.—*(Con sorna.)* Un «no sé qué».

MARIO.—Justo.
VICENTE.—Si no es explicable no es nada.
MARIO.—No es lo mismo «nada» que «no sé qué»[31].

(Cruzan dos o tres sombras más.)

VICENTE.—¡Todo esto es un disparate!
MARIO.—*(Comenta, anodino y sin hacerle caso, otra sombra que cruza.)* Una madre joven, con el cochecito de su hijo. El niño podría morir hoy mismo, pero ella, ahora, no lo piensa... *(Ante el gesto de fastidio de su hermano.)* Por supuesto, puede ser otra mentira. *(Ante otra sombra, que se detiene.)* ¿Y éste? No tiene mucho que hacer. Pasea.

(De pronto, la sombra se agacha y mira por el tragaluz. Un momento de silencio.)

EL PADRE.—¿Quién es ése?

(La sombra se incorpora y desaparece.)

VICENTE.—*(Incómodo.)* Un curioso...
MARIO.—*(Domina con dificultad su emoción.)* Como nosotros. Pero ¿quién es? Él también se pregunta: ¿Quiénes son ésos? Ésa sí era una mirada... sobrecogedora. Yo me siento... él...
VICENTE.—¿Era éste el prodigio que esperabas?
MARIO.—*(Lo considera con ojos enigmáticos.)* Para ti no es nada, ya lo veo. Habrá que probar por otro lado.
VICENTE.—¿Probar?

---

[31] «No sé qué» equivale a «intuición no racionalizable». El concepto es esencial en esta obra y responde al pensamiento de Buero sobre la labor del creador, como puede verse, por ejemplo, en su artículo «Sobre teatro» *(Cuadernos de Ágora,* 79-82, mayo-agosto de 1963, pág. 12; reproducido en *Obra Completa,* II, cit., pág. 691): «Ante el inmenso campo de lo desconocido, el autor, como todo artista, tiene el derecho y el deber de aventurar intuiciones personales».

(Los chiquillos vuelven a pasar en dirección contraria. Se detienen y se oyen sus voces: «Aquí nos pueden ver. Vamos a la glorieta y allí la empezamos». «Eso, eso. A la glorieta». «¡Maricón el último!». Corren y desaparecen sus sombras.)

MARIO.—Los de antes. Hablan de una cajetilla.
[VICENTE.—*(Intrigado a su pesar.)* ¿Tú crees?
MARIO.—]Ya ves que he acertado.
VICENTE.—Una casualidad.
MARIO.—Desde luego tampoco éste es el prodigio. Sin embargo, yo diría que hoy...
VICENTE.—¿Qué?
MARIO.—*(Lo mira fijamente.)* Nada. *(Cruzan dos o tres sombras.* VICENTE *va a hablar.)* Calla.

(Miran al tragaluz. No pasa nadie.)

VICENTE.—*(Musita.)* No pasa nadie...
MARIO.—No.
VICENTE.—Ahí hay otro.

(Aparece la sombra de unas piernas. Pertenecen a un hombre que deambula sin prisa. Se detiene justamente ante el tragaluz y se vuelve poco a poco, con las manos en la espalda, como si contemplase la calle. Da un par de pasos más y vuelve a detenerse. MARIO *espía a su hermano.)*

MARIO.—¡No puede ser!
VICENTE.—¿Qué?
MARIO.—¿No te parece que es...?
VICENTE.—¿Quién? *(Un silencio.)* ¿Alguien del barrio?
MARIO.—Si es él, me pregunto qué le ha traído por aquí. Puede que venga a observar... [Estos ambientes le interesan...]
VICENTE.—¿De quién hablas?
MARIO.—Juraría que es él. ¿No crees? Fíjate bien. El pantalón oscuro, la chaqueta de mezclilla... Y esa manera de llevar las manos a la espalda... Y esa cachaza...
VICENTE.—*(Muy asombrado.)* ¿Eugenio Beltrán? *(Se levanta y corre al tragaluz La sombra desaparece.* MARIO *no pierde de vista*

a su hermano. VICENTE *mira en vano desde un ángulo.)* No le he visto la cara. *(Se vuelve.)* ¡Qué tontería! (MARIO *guarda silencio.)* ¡No era él, Mario! (MARIO *no contesta.)* ¿O te referías a otra persona? (MARIO *se levanta sin responder. La voz de* VICENTE *se vuelve áspera.)* ¿Ves cómo son figuraciones, engaños? (MARIO *va al tragaluz)* ¡Si éstos son los prodigios que se ven desde aquí, me río de tus prodigios! ¡Si es ésta tu manera de conocer a la gente, estás aviado! *(Al tiempo que pasa otra sombra,* MARIO *cierra el tragaluz y gira la invisible falleba. La enrejada mancha luminosa desaparece.)* ¿O vas a sostener que era él? ¡No lo era!

MARIO.—*(Se vuelve hacia su hermano.)* Puede que no fuera él. Y puede que en eso, precisamente, esté el prodigio.

(Torna a su mesita y recoge de allí un pitillo, que enciende. VICENTE *se ha inmutado; ahora no lo pierde de vista. Va a hablar, pero se arrepiente. La luz vibra y crece en el primer término.* ENCARNA *entra por la izquierda, mira hacia la derecha, consulta su reloj y se sienta junto al velador.* EL PADRE *se levanta llevando en la mano un muñeco que ha recortado.)*

EL PADRE.—Toma, señorito. (VICENTE *lo mira, desconcertado.)* Hay que tener hijos y velar por ellos. Toma uno. (VICENTE *toma el muñeco.* EL PADRE *va a volver a su sillón y se detiene.)* ¿No llora otra vez? (VICENTE *lo mira, asombrado.)* Lo oigo en el pasillo.

(Va hacia el pasillo. La puerta del fondo se abre y entra LA MADRE *con un paquetito.)*

LA MADRE.—*(Mientras cierra.)* Me han hecho esperar, hijo. Ahora mismo merendamos.

EL PADRE.—Ya no llora.

(Vuelve a sentarse para mirar revistas.)

LA MADRE.—Te he traído ensaimadas. *(Exhibe el paquetito y lo deja sobre la cómoda.)* ¡En un momento caliento la leche!

(Corre al pasillo y se detiene al oír a su hijo.)

VICENTE.—*(Frío.)* Lo siento, madre. Tengo que irme.

LA MADRE.—Pero, hijo...

VICENTE.—Se me ha hecho tardísimo. *(Se acerca al* PADRE *para devolverle el muñeco de papel, que conservó en la mano.* EL PADRE *lo mira. Él vacila y al fin se lo guarda en el bolsillo.)* Adiós, madre.

LA MADRE.—*(Que, entre tanto, abrió aprisa el paquete.)* Tómate al menos una ensaimada...

VICENTE.—No, gracias. Tengo prisa. *(La besa. Se despide de su hermano sin mirarlo.)* Adiós, Mario.

(Se encamina al pasillo.)

MARIO.—Adiós.

LA MADRE.—Vuelve pronto...

VICENTE.—Cuando pueda, madre. Adiós.

LA MADRE.—*(Vuelve a besarlo.)* Adiós... *(Sale* VICENTE. MARIO *apaga bruscamente su pitillo; con gesto extrañamente eufórico, atrapa una ensaimada y la devora.* LA MADRE *lo mira, intrigada.)* Te daré a ti la leche...

MARIO.—Sólo esta ensaimada. *(Recoge su tabaco y se lo guarda.)* Yo también me voy. *(Consulta su reloj.)* Hasta luego. *(Por el pasillo, su voz parece un clarín.)* ¡Está muy rica esta ensaimada, madre!

(MARIO *sale.* LA MADRE *se vuelve hacia su marido, pensativa.)*

LA MADRE.—Si pudiéramos hablar como hace años, me contarías...

(Suspira y se va hacia la cocina, cuya puerta cierra. Una pausa. Se oye un frenazo próximo. ENCARNA *mira hacia la derecha y se turba. Para ocultar su cara se vuelve un tanto.* VICENTE *aparece por la derecha y llega a su lado.)*

VICENTE.—¿Qué haces tú aquí?

ENCARNA.—¡Hola! ¡Qué sorpresa!

VICENTE.—Eso digo yo.

ENCARNA.—Esperaba a mi amiga. *(Consulta la hora.)* Ya no viene.

VICENTE.—¿Cómo lo sabes?

ENCARNA.—Llevo aquí mucho rato...

VICENTE.—*(Señala al velador.)* ¿Sin tomar nada?

ENCARNA.—*(Cada vez más nerviosa.)* Bebí una cerveza... Ya se han llevado el vaso.

(Mira inquieta hacia el café invisible. Un silencio. VICENTE *lanza una ojeada suspicaz hacia la derecha.)*

VICENTE.—Mis padres y mi hermano viven cerca. ¿Lo sabías?

ENCARNA.—Qué casualidad...

VICENTE.—*(En tono de broma.)* ¿No sería a un amigo a quien esperabas?

ENCARNA.—*(Roja.)* No me gustan esas bromas.

VICENTE.—¿No me invitas a quedarme? Podemos esperar a tu amiga juntos.

ENCARNA.—¡Si ya no vendrá! *(Baja la cabeza, trémula.)* Pero... como quieras.

VICENTE.—*(La mira fijamente.)* Mejor será irse. Ahora sí que podrás dedicarme la noche...

ENCARNA.—¡Claro! *(Se levanta, ansiosa.)* ¿Adónde vamos?

VICENTE.—A mi casa, naturalmente.

(La toma del brazo y salen los dos por la derecha. El coche arranca. Una pausa. Se oyen golpecitos en un cristal. EL PADRE *levanta la vista de sus revistas y, absorto, mira al tragaluz.* MARIO *entra por el primer término derecho y, al ver el velador solitario, frunce las cejas. Mira su reloj; esboza un gesto de desesperanza. Se acerca al velador, vacila. Al fin se sienta, con expresión sombría. Una pausa. Los golpecitos sobre el cristal se repiten.* EL PADRE, *que los aguardaba, se levanta; mira hacia el fondo para cerciorarse de que nadie lo ve y corre a abrir el tragaluz. La claridad del primer término se amortiguó notablemente.* MARIO *es casi una sombra inmóvil. Sobre el cuarto de estar vuelve a proyectarse la luminosa*

mancha del tragaluz. Agachadas para mirar, se dibujan las sombras de dos niños y una niña.)

VOZ DE NIÑO.—*(Entre las risas de los otros dos.)* ¿Cómo le va, abuelo?

EL PADRE.—*(Ríe con ellos.)* ¡Hola!

VOZ DEL OTRO NIÑO.—¿Nos da una postal, abuelo?

VOZ DE NIÑO.—Mejor un pitillo.

EL PADRE.—*(Feliz.)* ¡No se fuma, granujas!

VOZ DE NIÑA.—¿Se viene a la glorieta, abuelo?

EL PADRE.—¡Ten tú cuidado en la glorieta, Elvirita! ¡Eres tan pequeña! *(Risas de los niños.)* ¡Mario! ¡Vicente! ¡Cuidad de Elvirita!

VOZ DEL OTRO NIÑO.—*(Entre las risas de todos.)* ¡Véngase a jugar, abuelo!

EL PADRE.—*(Riendo.)* ¡Sí, sí! ¡A jugar!...

VOZ DE NIÑO.—¡Adiós, abuelo!

(Su sombra se incorpora.)

EL PADRE.—¡Vicente! ¡Mario! ¡Elvirita! *(Las sombras inician la marcha, entre risas.)* ¡Esperadme!...

VOZ DE NIÑA.—Adiós...

(Las sombras desaparecen.)

EL PADRE.—*(Sobre las risas que se alejan.)* ¡Elvirita!...

(Solloza inconteniblemente, en silencio. Crece una oscuridad casi total, al tiempo que dos focos iluminan a los investigadores, que aparecen por ambos laterales.)

ELLA.—*(Sonriente.)* Volved a vuestro siglo...[32]. La primera parte del experimento ha terminado.

---

[32] La indicación «Volved a vuestro siglo» tiene un sentido metateatral y también irónico, puesto que lo que ha visto el espectador pertenece a ese tiempo «suyo» en el que El padre sintetiza en los nombres de los tres hijos el meollo de la historia.

(El telón empieza a caer.)

ÉL.—Gracias por vuestra atención.

TELÓN

Jesús Puente (Vicente), José María Rodero (Mario) y Lola Cardona (Encarna), en una escena de *El tragaluz*. Dirección de José Osuna. Foto: Basabe.

Parte segunda

(El telón comienza a subir lentamente. Se inician las vibraciones luminosas. Los investigadores, uno a cada lateral, están fuertemente iluminados. El escenario está en penumbra; en la oficina y en el cuarto de estar la luz crece un tanto. Inmóvil y sentada a la mesa de la oficina, ENCARNA. *Inmóviles y abrazados en la vaga oscuridad del pasillo,* LA MADRE *y* VICENTE.)

ELLA.—Comienza la segunda parte de nuestro experimento.

ÉL.—Sus primeras escenas son posteriores en ocho días a las que habéis visto. *(Señala a la escena.)* Los proyectores trabajan ya y por ello vemos presencias, si bien aún inmóviles.

ELLA.—Los fragmentos rescatados de esos días no son imprescindibles. Vimos en ellos a Encarna y a Vicente trabajando en la oficina y sin hablar apenas...

ÉL.—También los vimos en una alcoba, que sería quizá la de Vicente, practicando rutinariamente el amor físico.

ELLA.—Captamos asimismo algunos fragmentos de la intimidad de Mario y sus padres. Muñecos recortados, pruebas corregidas, frases anodinas... Minutos vacíos.

ÉL.—Pero no captamos ningún nuevo encuentro entre Encarna y Mario.

ELLA.—Sin duda no lo hubo.

ÉL.—El experimento se reanuda, con visiones muy nítidas, durante una inesperada visita de Vicente a su antigua casa.

(La luz llega a su normal intensidad en la oficina y en el cuarto de estar. ENCARNA *comienza a moverse lentamente.)*

ELLA.—Recordaréis que su hermano se lo había dicho: «Tú vuelves cada vez con más frecuencia...».

ÉL.—*(Señala al escenario.)* El resto de la historia nos revelará los motivos.

(Salen ÉL *y* ELLA *por ambos laterales. La luz crece sobre* LA MADRE *y el hijo.* ENCARNA *repasa papeles: está ordenando cartas para archivar. Su expresión es marchita.* LA MADRE y VICENTE *deshacen el abrazo. Mientras hablan,* ENCARNA *va al archivador y mete algunas carpetas. Pensativa, se detiene. Luego vuelve a la mesa y sigue su trabajo.)*

LA MADRE.—*(Dulce.)* ¡Te me estás volviendo otro! Vienes tanto ahora... (VICENTE *sonríe.)* Pasa, pasa. ¿Quieres tomar algo? Leche no queda, pero te puedo dar una copita de anís.

(Llegan al cuarto de estar.)

VICENTE.—Nada, madre. Gracias.

LA MADRE.—O un vasito de tinto...

VICENTE.—De verdad que no, madre.

(ENCARNA *mira al vacío, sombría.)*

LA MADRE.—¡Mala suerte la mía!

VICENTE.—¡No lo tomes tan a pecho!

LA MADRE.—¡No es eso! Yo tenía que subir a ayudar a la señora Gabriela. Quiere que le enseñe cómo se hacen los huevos a la besamel. Es más burra...

VICENTE.—Pues sube.

LA MADRE.—¡Que se espere! Tu padre salió a pasear con el señor Anselmo. No tardarán en volver, pero irán arriba.

VICENTE.—*(Se sienta con aire cansado.)* ¿No está Mario?

LA MADRE.—Tampoco.

(ENCARNA *deja sus papeles y oculta la cabeza entre las manos.)*

VICENTE.—¿Qué tal sigue padre?

(Enciende un cigarrillo.)

LA MADRE.—Bien, a su modo.

(Va a la mesita para tomar el cenicero de MARIO.)

VICENTE.—¿Más irritado?
LA MADRE.—*(Avergonzada.)* ¿Lo dices por lo de... la televisión?
VICENTE.—Olvida eso.
LA MADRE.—Él siempre ha sido irritable... Ya lo era antes de enfermar.
VICENTE.—De eso hace ya mucho...
LA MADRE.—Pero me acuerdo.

(Le pone el cenicero al lado.)

VICENTE.—Gracias.
LA MADRE.—Yo creo que tu padre y el señor Anselmo están ya arriba. Voy a ver.

(Va hacia el fondo.)

VICENTE.—Y del tren, ¿te acuerdas?

(LA MADRE *se vuelve despacio y lo mira. Comienza a sonar en el mismo instante el teléfono de la oficina.* ENCARNA *se sobresalta y lo mira, sin atreverse a descolgar.)*

LA MADRE.—¿De qué tren?
VICENTE.—*(Ríe, con esfuerzo.)* ¡Qué mala memoria! *(El teléfono sigue sonando.* ENCARNA se *levanta, mirándolo fijamente y retorciéndose las manos.)* Sólo perdisteis uno, que yo sepa... (LA MADRE *se acerca y se sienta a su lado.* ENCARNA *va a tomar el teléfono, pero se arrepiente.)* ¿O lo has olvidado?
LA MADRE.—Y tú, ¿por qué te acuerdas? ¿Porque tu padre ha dado en esa manía de que el tragaluz es un tren? Pero no tiene ninguna relación...

(El teléfono deja de sonar. ENCARNA *se sienta, agotada.)*

VICENTE.—Claro que no la tiene. Pero ¿cómo iba yo a olvidar aquello?

LA MADRE.—Fue una pena que no pudieses bajar. Culpa de aquellos brutos que te sujetaron...

VICENTE.—Quizá no debí apresurarme a subir.

LA MADRE.—¡Si te lo mandó tu padre! ¿No te acuerdas? Todos teníamos que intentarlo como pudiésemos. Tú eras muy ágil y pudiste escalar la ventanilla de aquel retrete, pero a nosotros no nos dejaron ni pisar el estribo...

(MARIO *entra por el primer término izquierdo, con un libro bajo el brazo y jugando, ceñudo, con una ficha de teléfono. La luz creció sobre el velador poco antes.* MARIO *se sienta al velador.* ENCARNA *levanta los ojos enrojecidos y mira al vacío: acaso imagina que* MARIO *está donde efectivamente se encuentra. Durante los momentos siguientes* MARIO *bate de vez en cuando, caviloso, la ficha sobre el velador.)*

VICENTE.—*(Entre tanto.)* La pobre nena...

LA MADRE.—Sí, hijo. Aquello fue fatal. *(Se queda pensativa.* ENCARNA *torna a levantarse, consulta su reloj con atormentado gesto de duda y se queda apoyada contra el mueble, luchando consigo misma.* LA MADRE *termina su triste recuerdo.)* ¡Malditos sean los hombres que arman las guerras![33]. *(Suena el timbre de la casa.)* Puede que sea tu hermano. *(Va al fondo y abre. Es su marido, que entra sin decir nada y llega hasta el cuarto de estar. Entre tanto* LA MADRE *sale al zaguán e interpela a alguien invisible.)* ¡Gracias, señor Anselmo! Dígale a la señora Gabriela que ahora mismo subo. *(Cierra y vuelve.* EL PADRE *está mirando a* VICENTE *desde el quicio del pasillo.)* ¡Mira! Ha venido Vicentito.

---

[33] En el acto segundo de *La tejedora de sueños,* Penélope se refiere a esa «responsabilidad masculina» cuando dice a Anfino que las mujeres están condenadas «porque los hombres [...] razonaron que había que verter sangre, en una guerra de diez años...» *(Obra Completa,* I, cit., pág. 156). La maldición que aquí profiere La madre se relaciona con el rechazo de la guerra civil española que está en el fondo de la tragedia familiar.

EL PADRE.—Claro. Yo soy Vicentito.
LA MADRE.—¡Tu hijo, bobo!

(Ríe.)

EL PADRE.—Buenas tardes, señorito. A usted le tengo yo por aquí...

(Va a la mesa y revuelve sus postales.)

LA MADRE.—¿No te importa que te deje un rato con él? Como he prometido subir...
EL PADRE.—Quizá en la sala de espera.

(Va a la cómoda y abre el cajón, revolviendo muñecos de papel.)

VICENTE.—Sube, madre. Yo cuidaré de él.
EL PADRE.—Pues aquí no lo encuentro...
LA MADRE.—De todos modos, si viene Mario y tienes que irte...
VICENTE.—Tranquila. Esperaré a que bajes.
LA MADRE.—*(Le sonríe.)* Hasta ahora, hijo. *(Sale corriendo por el fondo, mientras murmura.)* Maldita vieja de los diablos, que no hace más que dar la lata...

(Abre y sale, cerrando. VICENTE *mira a su padre.* ENCARNA *y* MARIO *miran al vacío.* ENCARNA *se humedece los labios, se apresta a una dura prueba. Con rapidez casi neurótica enfunda la máquina, recoge su bolso y, con la mano en el pestillo de la puerta, alienta, medrosa. Al fin abre y sale, cerrando. Desalentado por una espera que juzga ya inútil,* MARIO *se levanta y cruza para salir por la derecha.* EL PADRE *cierra el cajón de la cómoda y se vuelve.)*

EL PADRE.—Aquí tampoco está usted. *(Ríe.)* Usted no está en ninguna parte.

(Se sienta a la mesa y abre una revista.)

VICENTE.—*(Saca una postal del bolsillo y la pone ante su padre.)* ¿Es aquí donde estoy, padre?

(EL PADRE *examina detenidamente la postal y luego lo mira.)*

EL PADRE.—Gracias, jovencito. Siempre necesito trenes. Van todos tan repletos...

(Mira otra vez la tarjeta, la aparta y vuelve a su revista.)

VICENTE.—¿Es cierto que no me recuerda?
EL PADRE.—¿Me habla usted a mí?
VICENTE.—Padre, soy su hijo.
EL PADRE.—¡Je! De algún tiempo a esta parte todos quieren ser mis hijos. Con su permiso, recortaré a este señor. Creo que sé quién es.
[VICENTE.—Y yo, ¿sabe quién soy?
EL PADRE.—Ya le he dicho que no está en mi archivo.
VICENTE.—*(Vuelve a ponerle delante la postal del tren.)* ¿Ni aquí?
EL PADRE.—Tampoco.]

(Se dispone a recortar.)

VICENTE.—¿Y Mario? ¿Sabe usted quién es?
EL PADRE.—Mi hijo. Hace años que no lo veo.
VICENTE.—Vive aquí, con usted.
EL PADRE.—*(Ríe.)* Puede que esté en la sala de espera.
VICENTE.—Y... ¿sabe usted quién es Elvirita? (EL PADRE *deja de reír y lo mira. De pronto se levanta, va al tragaluz, lo abre y mira al exterior. Pasan sombras truncadas de viandantes.)* No. No subieron al tren.
EL PADRE.—*(Se vuelve, irritado.)* Subieron todos. ¡Todos o ninguno!
VICENTE.—*(Se levanta.)* ¡No podían subir todos! ¡No hay que guardarle rencor al que pudo subir!...

(Pasan dos amigos hablando. Las sombras de sus piernas cruzan despacio. Apenas se distinguen sus palabras.)

EL PADRE.—¡Chist! ¿No los oye?

VICENTE.—Gente que pasa. *(Cruzan otras sombras.)* ¿Lo ve? Pobres diablos a quienes no conocemos. *(Enérgico.)* ¡Vuelva a sentarse, padre! *(Perplejo,* EL PADRE *vuelve despacio a su sitio.* VICENTE *lo toma de un brazo y lo sienta suavemente.)* No pregunte tanto quiénes son los que pasan, o los que están en esas postales... Nada tienen que ver con usted y muchos de ellos ya han muerto. En cambio, dos de sus hijos viven... Tiene que aprender a reconocerlos. *(Cruzan sombras rápidas. Se oyen voces: «¡Corre, que no llegamos!». «¡Sí, hombre! ¡Sobra tiempo!».)* Ya los oye: personas corrientes, que van a sus cosas.

EL PADRE.—No quieren perder el tren.

VICENTE.—*(Se enardece.)* ¡Eso es una calle, padre! Corren para no perder el autobús, o porque se les hace tarde para el cine... *(Cruzan, en dirección contraria a las anteriores, las sombras de las piernas de dos muchachas. Se oyen sus voces: «Luisa no quería, pero Vicente se puso tan pesado, chica, que...». Se pierde el murmullo.* VICENTE *mira al tragaluz, sorprendido. Comenta, inseguro.)* Nada... Charlas de muchachas...

EL PADRE.—Han nombrado a Vicente.

VICENTE.—*(Nervioso.)* ¡A otro Vicente!

EL PADRE.—*(Exaltado, intenta levantarse.)* ¡Hablaban de mi hijo!

VICENTE.—*(Lo sujeta en la silla.)* ¡Yo soy su hijo! ¿Tiene usted algo que decirle a su hijo? ¿Tiene algo que reprocharle?

EL PADRE.—¿Dónde está?

VICENTE.—¡Ante usted!

EL PADRE.—*(Después de mirarle fijamente vuelve a recortar su postal, mientras profiere, desdeñoso.)* Márchese.

(Cruzan sombras. VICENTE *suspira y se acerca al tragaluz.)*

VICENTE.—¿Por qué no dice «márchate» en lugar de «márchese»? Soy su hijo.

EL PADRE.—*(Mirándolo con ojos fríos.)* Pues márchate.

VICENTE.—*(Se vuelve en el acto.)* ¡Ah! ¡Por fin me reconoce! *(Se acerca.)* Déjeme entonces decirle que me juzga mal. Yo era casi un niño...

EL PADRE.—*(Pendiente del tragaluz)* ¡Calle! Están hablando.

VICENTE.—¡No habla nadie!

(Mientras lo dice, la sombra de unas piernas masculinas ha cruzado, seguida por la más lenta de unas piernas de mujer, que se detienen. Se oyen sus voces.)

VOZ FEMENINA.—*(Inmediatamente después de hablar* VICENTE.) ¿Los protegerías?

VICENTE.—*(Inmediatamente después de la voz.)* ¡No hay nada ahí que nos importe!

(Aún no acabó de decirlo cuando se vuelve, asustado, hacia el tragaluz. La sombra masculina, que casi había desaparecido, reaparece.)

VOZ MASCULINA.—¡Vamos!

VOZ FEMENINA.—¡Contéstame antes!

VOZ MASCULINA.—No estoy para hablar de tonterías.

(Las sombras denotan que el hombre aferró a la mujer y que ella se resiste a caminar.)

VOZ FEMENINA.—Si tuviéramos hijos, ¿los protegerías?

VOZ MASCULINA.—¡Vamos, te he dicho!

(El hombre remolca a la mujer.)

VOZ FEMENINA.—*(Angustiada.)* ¡Di!... ¿Los protegerías?...

(Las sombras desaparecen.)

VICENTE.—*(Descompuesto.)* No puede ser... Ha sido otra casualidad... *(A su padre.)* ¿O no ha pasado nadie?

EL PADRE.—Dos novios.

VICENTE.—¿Hablaban? ¿O no han dicho nada?[34].

---

[34] A propósito de estas voces que se oyen a través del tragaluz, cabe recordar, como otros editores han hecho, estas palabras de Buero (Amando Carlos Isasi Angulo, *Diálogos del Teatro Español de la Postguerra*, Madrid, Ayu-

EL PADRE.—*(Después de un momento.)* No sé.

(VICENTE *lo mira, pálido, y luego mira al tragaluz. De pronto, lo cierra con brusquedad.)*

VICENTE.—*(Habla para sí, trémulo.)* No volveré aquí... No debo volver... No. (EL PADRE *empieza a reír, suave pero largamente, sin mirarlo.* VICENTE *se vuelve y lo mira, lívido.)* ¡No!... *(Retrocede hacia la cómoda, denegando.)* No.

(Se oyó la llave en la puerta. Entra MARIO, *cierra y llega hasta el cuarto de estar.)*

MARIO.—*(Sorprendido.)* Hola.
VICENTE.—Hola.
MARIO.—¿Te sucede algo?
VICENTE.—Nada.
MARIO.—*(Mira a los dos.)* ¿Y madre?
VICENTE.—Subió a casa de la señora Gabriela.

(MARIO *cruza para dejar sobre su mesita el libro que traía.)*

EL PADRE.—*(Canturrea.)*

La Rosenda está estupenda.
La Vicenta está opulenta...

MARIO.—*(Se vuelve y mira a su hermano.)* Algo te pasa.
VICENTE.—Sal de esta casa, Mario.
MARIO.—*(Sonríe y pasea.)* ¿A jugar el juego?

---

so, 1974, pág. 70): «El padre loco y el hijo mayor oyen unas frases de una pareja que cruza por la calle casi idénticas a las que él ha dirigido a su amante y con la misma carga de reproche moral. No se sabe si se trata de una obsesión de Vicente o si, efectivamente, la pareja ha pronunciado las palabras. Pero no se descarta la coincidencia significativa». En esa entrevista menciona el autor otras «coincidencias significativas» en sus obras, que lleva después a un desarrollo muy amplio en *Las trampas del azar,* drama en el que tienen lugar repetidas concurrencias que ponen en evidencia «el enigma del mundo».

EL PADRE.—Ven acá, señorito. ¿A que no sabes quién es ésta?

MARIO.—¿Cuál?

EL PADRE.—Ésta. *(Le da la lupa.)* Mira bien.

(ENCARNA *entra por el primer término izquierdo y se detiene, vacilante, junto al velador. Consulta su reloj. No sabe si sentarse.)*

MARIO.—*(A su hermano.)* Es una calle muy concurrida de Viena.

EL PADRE.—¿Quién es?

MARIO.—Apenas se la distingue. Está parada junto a la terraza de un café. ¿Quién pudo ser?

EL PADRE.—¡Eso!

MARIO.—¿Qué hizo?

EL PADRE.—¡Eso! ¿Qué hizo?

MARIO.—*(A su hermano.)* ¿Y qué le hicieron?

EL PADRE.—Yo sé lo que le hicieron. Trae, señorito. Ella me dirá lo que falta. *(Le arrebata la postal y se levanta.)* Pero no aquí. Ella no hablará ante extraños.

(Se va por el pasillo, mirando la postal con la lupa, y entra en su habitación, cerrando.)

VICENTE.—Vente a la Editora, Mario. En la primera etapa puedes dormir en mi casa. (MARIO *lo mira y se sienta, despatarrado, en el sillón de su padre.)* Estás en peligro: actúas como si fueses el profeta de un dios ridículo... De una religión que tiene ya sus ritos: las postales, el tragaluz, los monigotes de papel... ¡Reacciona!

(ENCARNA *se decide y continúa su marcha, aunque lentamente, saliendo por el lateral derecho.)*

MARIO.—Me doy plena cuenta de lo extraños que somos. Pero yo elijo esa extrañeza.

VICENTE.—¿Eliges?

MARIO.—Mucha gente no puede elegir, o no se atreve[35]. *(Se incorpora un poco; habla con gravedad.)* Tú y yo hemos podido elegir, afortunadamente. Yo elijo la pobreza.

VICENTE.—*(Que paseaba, se le encara.)* Se pueden tener ambiciones y ponerlas al servicio de una causa noble.

MARIO.—*(Frío.)* Por favor, nada de tópicos. El que sirve abnegadamente a una causa no piensa en prosperar y, por lo tanto, no prospera. ¡Quia! A veces, incluso pierde la vida... Así que no me hables tú de causas, ni siquiera literarias.

VICENTE.—No voy a discutir. Si es tu gusto, sigue pensando así. Pero ¿no puedes pensarlo... en la Editora?

MARIO.—¿En la Editora? *(Ríe.)* ¿A qué estáis jugando allí? Porque yo ya no lo sé...

VICENTE.—Sabes que soy hombre de ideas avanzadas. Y no sólo literariamente.

MARIO.—*(Se levanta y pasea.)* Y el grupo que os financia ahora, ¿también lo es?

VICENTE.—¿Qué importa eso? Usamos de su dinero y nada más.

MARIO.—Y ellos, ¿no os usan a vosotros?

VICENTE.—¡No entiendes! Es un juego necesario...

MARIO.—¡Claro que entiendo el juego! Se es un poco revolucionario, luego algo conservador... No hay inconveniente, pues para eso se siguen ostentando ideas avanzadas... El nuevo grupo nos utiliza... Nos dejamos utilizar, puesto que los utilizamos... ¡Y a medrar todos! Porque ¿quién sabe ya hoy a lo que está jugando cada cual? Sólo los pobres saben que son pobres.

VICENTE.—Vuelves a acusarme y eso no me gusta.

MARIO.—A mí no me gusta tu Editora.

---

[35] Patricia W. O'Connor («Censorship in the Contemporary Spanish Theater and Antonio Buero Vallejo», *Hispania,* LII, 2 (1969); reproducido en Mariano de Paco (ed.), *Estudios sobre Buero Vallejo,* Murcia, Universidad de Murcia, 1984, pág. 90) indica que a esas palabras de Mario, antes de la acotación «se incorpora un poco; habla con gravedad», seguían éstas, que la censura suprimió: «Se encuentra, de pronto, convertido en un asalariado, en un cura, en una fregona, en un golfo, en una prostituta, en un guardia...».

VICENTE.—*(Se acerca y le aferra por un hombro.)* ¡No quiero medias palabras!

MARIO.—¡Te estoy hablando claro! ¿Qué especie de repugnante maniobra estáis perpetrando contra Beltrán?

VICENTE.—*(Rojo.)* ¿De qué hablas?

MARIO.—¿Crees que no se nota? La novela que le ibais a editar, de pronto, no se edita. En las pruebas del nuevo número de la revista, tres alusiones contra Beltrán; una de ellas, en tu columna. Y un artículo contra él. ¿Por qué?

VICENTE.—*(Le da la espalda y pasea.)* Las colaboraciones son libres.

MARIO.—También tú para encargar y rechazar colaboraciones. *(Irónico.)* ¿O no lo eres?

VICENTE.—¡Hay razones para todo eso!

MARIO.—Siempre hay razones para cometer una canallada.

VICENTE.—Pero ¿quién es Beltrán? ¿Crees tú que él ha elegido la oscuridad y la pobreza?

MARIO.—Casi. Por lo pronto, aún no tiene coche, y tú ya lo tienes.

VICENTE.—¡Puede comprárselo cuando quiera!

MARIO.—Pero no quiere. *(Se acerca a su hermano.)* Le interesan cosas muy distintas de las que te obsesionan a ti. No es un pobre diablo más, corriendo tras su televisión o su nevera; no es otro monicaco detrás de un volante, orgulloso de obstruir un poco más la circulación de esta ciudad insensata... Él ha elegido... la indiferencia.

VICENTE.—¡Me estás insultando!

MARIO.—¡Él es otra esperanza! Porque nos ha enseñado que también así se puede triunfar..., aunque sea en precario... *(Grave.)* Y contra ese hombre ejemplar os estáis inventando razones importantes para anularlo. Eso es tu Editora. *(Se están mirando intensamente. Suena el timbre de la casa.)* Y no quiero herirte, hermano. Soy yo quien está intentando salvarte a ti. *(Sale al pasillo. Abre la puerta y se encuentra ante él a* ENCARNA, *con los ojos bajos.)* ¿Tú? *(Se vuelve instintivamente hacia el cuarto de estar y baja la voz.)* Vete al café. Yo iré dentro de un rato.

(Pero VICENTE *se ha asomado y reconoce a* ENCARNA.*)*

VICENTE.—¡Al contrario, que entre! Sin duda no es su primera visita. ¡Adelante, Encarna! (ENCARNA *titubea y se adelanta.* MARIO *cierra.)* Ya sabes que lo sospeché. *(Fuerte.)* ¿Qué haces ahí parada? (ENCARNA *avanza con los ojos bajos.* MARIO *la sigue.)* No me habéis engañado: sois los dos muy torpes. ¡Pero ya se acabaron todos los misterios! *(Ríe.)* ¡Incluidos los del viejo y los del tragaluz! No hay misterios. No hay más que seres humanos, cada cual con sus mezquindades. Puede que todos seamos unos redomados hipócritas, pero vosotros también lo sois. Conque ella era quien te informaba, ¿eh? Aunque no del todo, claro. También ella es hipócrita contigo. ¡Pura hipocresía, hermano! No hay otra cosa. Adobada, eso sí, con un poquito de romanticismo... ¿Sois novios? ¿Te dio ya el dulce «sí»? *(Se sienta, riendo.)* ¿A que no?

MARIO.—Aciertas. Ella no ha querido.

VICENTE.—*(Riendo.)* ¡Claro!

MARIO.—*(A* ENCARNA.) ¿Le hablaste de la carta?

(Ella deniega.)

VICENTE.—¡Siéntate, Encarna! ¡Como si estuvieras en tu casa! *(Ella se sienta.)* ¡Vamos a ver! ¿De qué carta me tenías que hablar?

(Un silencio.)

MARIO.—Sabes que estoy a tu lado y que te ayudaré.

(Un silencio.)

VICENTE.—¡Me intrigáis!

MARIO.—¡Ahora o nunca, Encarna!

ENCARNA.—*(Desolada.)* Yo... venía a decirte algo a ti. Sólo a ti. Después, le habría hablado. Pero ya...

(Se encoge de hombros, sin esperanza.)

MARIO.—*(Le pone una mano en el hombro.)* Te juro que no hay nada perdido. *(Dulce.)* ¿Quieres que se lo diga yo?

(Ella desvía la vista.)

VICENTE.—¡Sí, hombre! ¡Habla tú! Veamos qué misteriosa carta es ésa.

MARIO.—*(Después de mirar a* ENCARNA, *que rehúye la mirada.)* De una editora de París, pidiéndoos los derechos de una obra de Beltrán.

VICENTE.—*(Lo piensa. Se levanta.)* Sí... llegó una carta y se ha traspapelado. *(Con tono de incredulidad.)* ¿La tenéis vosotros?

MARIO.—*(Va hacia él.)* Ha sido encontrada, hecha añicos, en tu cesto.

VICENTE.—*(Frío.)* ¿Te dedicas a mirar en los cestos, Encarna?

MARIO.—¡Fue casual! Al tirar un papel vio el membrete y le llamó la atención.

VICENTE.—¿Por qué no me lo dijiste? Le habríamos pasado en seguida una copia al interesado. No olvides llevarla mañana. (ENCARNA *lo mira, perpleja.)* Quizá la rasgué sin darme cuenta al romper otros papeles...

MARIO.—*(Tranquilo.)* Embustero.

VICENTE.—¡No te tolero insultos!

MARIO.—Y toda esa campaña de la revista contra Beltrán, ¿también es involuntaria? ¡Está mintiendo, Encarna! ¡No se lo consientas! ¡Tú puedes hablarle de muchas otras cosas!

VICENTE.—¡Ella no hablará de nada! [Y tampoco me habría hablado de nada después de hablar contigo, como ha dicho, porque tampoco a ti te habría revelado nada especial... Alguna mentirilla más, para que no la obligases a plantearme esas manías tuyas.] ¿Verdad, Encarna? Porque tú no tienes nada que reprocharme... Eso se queda para los ilusos que miran por los tragaluces y ven gigantes donde deberían ver molinos[36]. *(Sonríe.)* No, hermano. Ella no dice nada...

[36] Como indicamos en la nota 56 a *Hoy es fiesta,* Buero sentía gran admiración hacia Cervantes y hacia su universal personaje. En estas palabras Vicente alude al conocido episodio narrado en el capítulo 8 de la Primera Parte de *Don Quijote de la Mancha;* poco después llama a su hermano «caballero andante», ironizando sobre su idealismo y generosidad.

(Mira a ENCARNA, *que lo mira.)* Ni yo tampoco. *(Ella baja la cabeza.)* Y ahora, Encarna, escucha bien: ¿quieres seguir a mi lado?

(Un silencio. ENCARNA *se levanta y se aparta, turbada.)*

MARIO.—¡Contesta!
ENCARNA.—*(Musita, con enorme cansancio.)* Sí.
MARIO.—No.

(Ella lo mira.)

VICENTE.—¿Cómo?
MARIO.—Encarna, mañana dejas la Editora.
VICENTE.—*(Riendo.)* ¡Si no puede! Eso sí lo diré. ¿Tan loco te ha vuelto el tragaluz que ni siquiera te das cuenta de cómo es la chica con quien sales? ¿No la escuchabas, no le mirabas a la cara? ¿Le mirabas sólo a las piernas, como a los que pasan por ahí arriba? ¿No sabes que escribe «espontáneo» con equis? ¿Que confunde Belgrado con Bruselas? Y como no aprendió a guisar, ni a coser, no tiene otra perspectiva que la miseria..., salvo a mi lado. Y a mi lado seguirá, si quiere, porque..., a pesar de todo, la aprecio. Ella lo sabe... Y me gusta ayudar a la gente, si puedo hacerlo. Eso también lo sabes tú.
MARIO.—Has querido ofender con palabras suaves... ¡Qué torpeza! Me has descubierto el terror que le causas.
VICENTE.—¿Terror?
MARIO.—¡Ah, pequeño dictadorzuelo, con tu pequeño imperio de empleados a quienes exiges que te pongan buena cara mientras tú ahorras de sus pobres sueldos para tu hucha! ¡Ridículo aprendiz de tirano, con las palabras altruistas de todos los tiranos en la boca!...
VICENTE.—¡Te voy a cerrar la tuya!
MARIO.—¡Que se avergüence él de tu miedo, Encarna, no tú! Te pido perdón por no haberlo comprendido. Ya nunca más tendrás miedo. Porque tú sabes que aquí, desde mañana mismo, tienes tu amparo.
VICENTE.—¿Le estás haciendo una proposición de matrimonio?

MARIO.—Se la estoy repitiendo.

VICENTE.—Pero todavía no ha accedido. *(Lento.)* Y no creo que acceda. *(Un silencio.)* ¿Lo ves? No dice nada.

MARIO.—¿Quieres ser mi mujer, Encarna?

ENCARNA.—*(Con mucha dificultad, después de un momento.)* No.

(VICENTE *resuella y sonríe, satisfecho.* MARIO *mira a* ENCARNA, *estupefacto, y va a sentarse lentamente al sillón de su padre.)*

VICENTE.—¡Ea! Pues aquí no ha pasado nada. Un desengaño sentimental sin importancia. Encarna permanece fiel a la Editora y me atrevo a asegurar que más fiel que nunca. No te molestes en ir por las pruebas; te las iré enviando para ahorrarte visitas que, sin duda, no te son gratas. Yo también te libraré de las mías: tardaré en volver por aquí. Vámonos, Encarna.

(Se encamina al pasillo y se vuelve. Atrozmente nerviosa, ENCARNA *mira a los dos.* MARIO *juguetea, sombrío, con las postales.)*

ENCARNA.—Pero no así...

VICENTE.—*(Seco.)* No te entiendo.

ENCARNA.—Así no, Vicente... (MARIO *la mira.)* ¡Así no!

VICENTE.—*(Avanza un paso.)* ¡Vámonos!

ENCARNA.—¡No!... ¡No!

VICENTE.—¿Prefieres quedarte?

ENCARNA.—*(Con un grito que es una súplica.)* ¡Mario!

VICENTE.—¡Cállate y vámonos!

ENCARNA.—¡Mario, yo venía a decírtelo todo! Te lo juro. Y voy a decirte lo único que aún queda por decir...

VICENTE.—¿Estás loca?

ENCARNA.—Yo he sido la amante de tu hermano.

(MARIO *se levanta de golpe, descompuesto. Corta pausa.)*

VICENTE.—*(Avanza un paso, con fría cólera.)* Sólo un pequeño error: no ha sido mi amante. Es mi amante. Hasta ayer, por lo menos.

MARIO.—¡Canalla!

VICENTE.—*(Eleva la voz.)* Porque ahora, claro, sí ha dejado de serlo. Y también mi empleada...

MARIO.—*(Aferra a su hermano y lo zarandea.)* ¡Bribón!

ENCARNA.—*(Grita y procura separarlos.)* ¡No!

MARIO.—¡Gusano...!

(Lo golpea.)

ENCARNA.—¡No, por piedad!

VICENTE.—¡Quieto! ¡Quieto, imbécil! *(Logra repelerlo. Quedan los dos frente a frente, jadeantes. Entre los dos, ella los mira con angustia.)* ¡Ella es libre!

MARIO.—¡Ella no tenía otra salida!

VICENTE.—¡No vuelvas a inventar para consolarte! Ella me ha querido... un poco. (ENCARNA *retrocede hasta la cómoda, turbada.)* Y no es mala chica, Mario. Cásate con ella, si quieres. A mí ya no me interesa. Porque no es mala, pero es embustera, como todas. Además que, si no la amparas, se queda en la calle..., con un mes de sueldo. Tienes un mes para pensarlo. ¡Vamos, caballero andante! ¡Concédele tu mano! ¿O no te atreves? No me vas a decir que tienes prejuicios: eso ya no se estila.

MARIO.—¡Su pasado no me importa!

VICENTE.—*(Con una leve risa contenida.)* Si te entiendo... De pronto, en el presente, ha dejado de interesarte. Como a mí. Pásate mañana por la caja, muchacha. Tendrás tu sobre. Adiós.

(Va a irse. Las palabras de MARIO *le detienen.)*

MARIO.—El sobre, naturalmente. Das uno, y a olvidar... ¡Pero tú no puedes olvidar, auque no vuelvas! Cuando cometas tu próxima trapacería[37] recuerda que yo, desde aquí, te estaré juzgando. *(Lo mira muy fijo y dice con extraño acento:)* Porque yo sé.

---

[37] *Trapacería:* maldad. Tiene aquí un sentido general de acción nociva y engañosa como más adelante, en boca de Vicente, *insidia.*

VICENTE.—*(Después de un momento.)* ¿De qué hablas?

MARIO.—*(Le vuelve la espalda.)* Vete.

VICENTE.—*(Se acerca.)* ¡Estoy harto de tus insidias! ¿A qué te refieres?

MARIO.—Antes de Encarna, ya has destrozado a otros... Seguro que lo has pensado.

VICENTE.—¿El qué?

MARIO.—Que nuestro padre puede estar loco por tu culpa.

VICENTE.—¿Porque me fui de casa? ¡No me hagas reír!

MARIO.—¡Si no te ríes! *(Va a la mesa y recoge una postal.)* Toma. Ya es tarde para traerla. (VICENTE *se inmuta.* ENCARNA *intenta atisbar la postal.)* Sí, Encarna: la misma que no quiso traer hace días, él sabrá por qué.

VICENTE.—*(Le arrebata la postal.)* ¡No tienes derecho a pensar lo que piensas!

MARIO.—¡Vete! ¡Y no mandes más sobres!

VICENTE.—*(Estalla.)* ¡Esto no puede quedar así!

MARIO.—*(Con una risa violenta.)* ¡Eso, tú sabrás!

VICENTE.—*(Manosea, nervioso, la postal.)* ¡Esto no va a quedar así![38].

(Se vuelve, ceñudo, traspone el pasillo y sale de la casa dando un tremendo portazo. MARIO *dedica una larga, tristísima mirada a* ENCARNA, *que se la devuelve con ansiedad inmensa. Luego se acerca al tragaluz y mira, absorto, la claridad exterior.)*

ENCARNA.—Mario... *(Él no responde. Ella se acerca unos pasos.)* Él quería que me callara y yo lo he dicho... *(Un silencio.)* Al principio creí que le quería... Y, sobre todo, tenía miedo... Tenía miedo, Mario. *(Baja la voz.)* También ahora lo tengo. *(Largo silencio.)* Ten piedad de mi miedo, Mario[39].

---

[38] La frase de Vicente, repetida con una gradación en el uso del verbo, encierra una trágica ironía, puesto que lo que ocurrirá es lo opuesto de lo que él expresa.

[39] El miedo es utilizado por Buero como muestra de un intenso y perturbador sentimiento que, si no las justifica, explica algunas acciones negativas

MARIO.—*(Con la voz húmeda.)* ¡Pero tú ya no eres Encarna!...

(Ella parpadea, trémula. Al fin, comprende el sentido de esas palabras. Él las susurra para sí de nuevo, mientras deniega. Ella inclina la cabeza y se encamina al pasillo, desde donde se vuelve a mirarlo con los ojos arrasados. Después franquea el pasillo rápidamente y sale de la casa. La luz decrece. ELLA *y* ÉL *reaparecen por los laterales. Dos focos los iluminan.* ÉL *señala a* MARIO, *que se ha quedado inmóvil.)*

ÉL.—Tal vez Mario pensó en aquel momento que es preferible no preguntar por nada ni por nadie.

ELLA.—Que es mejor no saber.

ÉL.—Sin embargo, siempre es mejor saber, aunque sea doloroso.

ELLA.—Y aunque el saber nos lleve a nuevas ignorancias.

ÉL.—Pues en efecto: ¿quién es ése?, es la pregunta que seguimos haciéndonos.

ELLA.—La pregunta invadió al fin el planeta en el siglo veintidós.

ÉL.—Hemos aprendido de niños la causa: las mentiras y catástrofes de los siglos precedentes la impusieron como una pregunta ineludible.

ELLA.—Quizá fueron numerosas, sin embargo, las personas que, en aquellos siglos atroces, guardaban ya en su corazón... ¿Se decía así?

ÉL.—Igual que decimos ahora: en su corazón.

ELLA.—Las personas que guardaban ya en su corazón la gran pregunta. Pero debieron de ser hombres oscuros, habitantes más o menos alucinados de semisótanos o de otros lugares parecidos.

(La luz se extingue sobre MARIO, *cuyo espectro se aleja lentamente.)*

---

de los seres humanos. Es lo que sucederá, por ejemplo, a Goya en *El sueño de la razón* o al protagonista de *Lázaro en el laberinto*.

ÉL.—Queremos recuperar la historia de esas catacumbas; preguntarnos también quiénes fueron ellos. [Y las historias de todos los demás: de los que nunca sintieron en su corazón la pregunta.]

ELLA.—Nos sabemos ya solidarios, no sólo de quienes viven, sino del pasado entero. Inocentes con quienes lo fueron; culpables con quienes lo fueron.

ÉL.—Durante siglos tuvimos que olvidar, para que el pasado no nos paralizase; ahora debemos recordar incesantemente, para que el pasado no nos envenene.

ELLA.—Reasumir el pasado vuelve más lento nuestro avance, pero también más firme.

ÉL.—Compadecer, uno por uno, a cuantos vivieron, es una tarea imposible, loca. Pero esa locura es nuestro orgullo.

ELLA.—Condenados a elegir, nunca recuperaremos la totalidad de los tiempos y las vidas. Pero en esa tarea se esconde la respuesta a la gran pregunta, si es que la tiene.

ÉL.—Quizá cada época tiene una, y quizá no hay ninguna. En el siglo diecinueve, un filósofo aventuró cierta respuesta. Para la tosca lógica del siglo siguiente resultó absurda. Hoy volvemos a hacerla nuestra, pero ignoramos si es verdadera... ¿Quién es ése?

ELLA.—Ése eres tú, y tú y tú. Yo soy tú, y tú eres yo. Todos hemos vivido, y viviremos, todas las vidas.

ÉL.—Si todos hubiesen pensado al herir, al atropellar, al torturar, que eran ellos mismos quienes lo padecían, no lo habrían hecho... Pensémoslo así, mientras la verdadera respuesta llega.

ELLA.—Pensémoslo, por si no llega...[40].

---

[40] En *La trayectoria dramática de Antonio Buero Vallejo* (Santiago de Compostela, Universidad, 1982, págs. 369-371) indicó Luis Iglesias Feijoo por qué, entre otros posibles, el filósofo aludido es Schopenhauer; en la nota 38 de su edición de *El tragaluz* añade que Buero se lo confirmó después. En el citado *Antonio Buero Vallejo en sus espejos* (Madrid, Fundamentos, 1996, pág. 325), el autor habla a Patricia O'Connor de los filósofos que, a lo largo de su vida, le interesaron y dedica especial atención a Schopenhauer, que «llegó a formular la identidad última de nuestras respectivas personalidades. Esto está, en alguna medida, recogido en *El tragaluz*».

(Un silencio.)

ÉL.—Veintiséis horas después de la escena que habéis presenciado, esta oscura historia se desenlaza en el aposento del tragaluz

(Señala al fondo, donde comienzan las vibraciones luminosas. Desaparecen los dos por los laterales. La luz se normaliza en el cuarto de estar. MARIO *y* EL PADRE *vienen por el pasillo.* EL PADRE *se detiene y escucha;* MARIO *llega hasta su mesita y se sienta para hojear, abstraído, un libro.)*

EL PADRE.—¿Quién habla por ahí fuera?

MARIO.—Serán vecinos.

EL PADRE.—Llevo días oyendo muchas voces. Llantos, risas... Ahora lloran. *(Se acerca al tragaluz.)* Aquí tampoco es.

(Se acerca al pasillo.)

MARIO.—Nadie llora.

EL PADRE.—Es ahí fuera. ¿No oyes? Una niña y una mujer mayor.

MARIO.—*(Seguro de lo que dice.)* La voz de la mujer mayor es la de madre.

EL PADRE.—¡Ji, ji! ¿Hablas de esa señora que vive aquí?

MARIO.—Sí.

EL PADRE.—No sé quién es. La niña sí sé quién es. *(Irritado.)* ¡Y no quiero que llore!

MARIO.—¡No llora, padre!

EL PADRE.—*(Escucha.)* No. Ahora no. *(Se irrita de nuevo.)* ¿Y quién era la que llamó antes? Era la misma voz. Y tú hablaste con ella en la puerta.

MARIO.—Fue una confusión. No venía aquí.

EL PADRE.—Está ahí fuera. La oigo.

MARIO.—¡Se equivoca!

EL PADRE.—*(Lento.)* Tiene que entrar.

(Se miran. EL PADRE *va a sentarse y se absorbe en una revista. Una pausa. Se oye el ruido de la llave.* LA MADRE *entra y cierra. Llega al cuarto de estar.)*

LA MADRE.—*(Mira a hurtadillas a su hijo.)* Sal un rato si quieres, hijo.

MARIO.—No tengo ganas.

LA MADRE.—*(Con ansiedad.)* No has salido en todo el día...

MARIO.—No quiero salir.

LA MADRE.—*(Titubea. Se acerca y baja la voz.)* Hay alguien esperándote en la escalera.

MARIO.—Ya lo sé.

LA MADRE.—Se ha sentado en los peldaños... [A los vecinos les va a entrar curiosidad...]

MARIO.—Ya le he dicho [a ella] que se vaya.

LA MADRE.—¡Déjala entrar!

MARIO.—No.

LA MADRE.—¡Y os explicabais!

MARIO.—*(Se levanta y pasea.)* ¡Por favor, madre! Esto no es una riña de novios. Tú no puedes comprender.

(Un silencio.)

LA MADRE.—Hace una hora me encontré a esa chica en la escalera y me la llevé a dar una vuelta. Me lo ha contado todo. [Entonces yo le he dicho que volviera conmigo y que yo te pediría que la dejases entrar.] *(Un silencio.)* ¡Es una vergüenza, Mario! Los vecinos murmurarán... No la escuches, si no quieres, pero déjala pasar. (MARIO *la mira, colérico, y va rápido a su cuarto para encerrarse. La voz de* LA MADRE *lo detiene.)* No quieres porque crees que no me lo ha contado todo. También me ha confesado que ha tenido que ver con tu hermano.

(Estupefacto, MARIO *cierra con un seco golpe la puerta que abrió.)*

MARIO.—*(Se acerca a su madre.)* Y después de saber eso, ¿qué pretendes? ¿Que me case con ella?

LA MADRE.—*(Débil.)* Es una buena chica.

MARIO.—¿No es a mi hermano a quien se lo tendrías que proponer?

LA MADRE.—Él... ya sabes cómo es...

Victoria Rodríguez (La madre) y Juan Ribó (Mario), en una escena de *El tragaluz*. Estrenada en el Teatro Maravillas de Madrid, el 15 de enero de 1997. Dirección de Manuel Canseco.

MARIO.—¡Yo sí lo sé! ¿Y tú, madre? ¿Sabes cómo es tu favorito?

LA MADRE.—¡No es mi favorito!

MARIO.—También le disculparás lo de Encarna, claro. Al fin y al cabo, una ligereza de hombre, ¿no? ¡Vamos a olvidarlo, como otras cosas! ¡Es tan bueno! ¡Nos va a comprar una nevera! ¡Y, en el fondo, no es más que un niño! ¡Todavía se relame con las ensaimadas!

LA MADRE.—No hables así.

MARIO.—¡No es mala chica Encarna, no! ¡Y, además, se comprende su flaqueza! ¡El demonio de Vicente es tan simpático! Pero no es mujer para él; él merece otra cosa. ¡Mario, sí! ¡Mario puede cargar con ella!

LA MADRE.—Yo sólo quiero que cada uno de vosotros viva lo más feliz que pueda...

MARIO.—¿Y me propones a Encarna para eso?

LA MADRE.—¡Te propongo lo mejor!...

MARIO.—¿Porque él no la quiere?

LA MADRE.—*(Enérgica.)* ¡Porque ella te quiere! *(Se acerca.)* Es tu hermano el que pierde, no tú. Allá él... No quiero juzgarlo... Tiene otras cualidades... Es mi hijo. *(Le toma de un brazo.)* Esa chica es de oro puro, te lo digo yo. Por eso te confesó ayer sus relaciones con Vicente.

MARIO.—¡No hay tal oro, madre! Le fallaron los nervios, simplemente. ¡Y no quiero hablar más de esto! *(Se desprende. Suena el timbre de la puerta. Se miran.* LA MADRE *va a abrir.)* ¡Te prohíbo que la dejes entrar!

LA MADRE.—Si tú no quieres, no entrará.

MARIO.—¡Entonces, no abras!

LA MADRE.—Puede ser el señor Anselmo, o su mujer...

EL PADRE.—*(Se ha levantado y se inclina.)* La saludo respetuosamente, señora.

LA MADRE.—*(Se inclina, suspirando.)* Buenas tardes, señor.

EL PADRE.—Por favor, haga entrar a la niña.

(LA MADRE *y el hijo se miran. Nuevo timbrazo.* LA MADRE *va a la puerta.* EL PADRE *mira hacia el pasillo.)*

MARIO.—¿A qué niña, padre?

EL PADRE.—*(Su identidad le parece evidente.)* A la niña.

(LA MADRE *abre. Entra* VICENTE.)

VICENTE.—Hola, madre. *(La besa.)* Pregúntale a Mario si puede entrar Encarna.

MARIO.—*(Se ha asomado al oír a su hermano.)* ¿A qué vienes?

VICENTE.—Ocupémonos antes de esa chica. [No pensarás dejarla ahí toda la tarde...]

MARIO.—¿También tú temes que murmuren?

VICENTE.—*(Con calma.)* Déjala pasar.

MARIO.—¡Cierra la puerta, madre!

(LA MADRE *vacila y al fin cierra.* VICENTE *avanza, seguido de su madre.)*

EL PADRE.—*(Se sienta y vuelve a su revista.)* No es la niña.

VICENTE.—*(Sonriente y tranquilo.)* Allá tú. De todos modos voy a decirte algo. Admito que no me he portado bien con esa muchacha... *(A su madre.)* Tú no sabes de qué hablamos, madre. Ya te lo explicaré.

MARIO.—Lo sabe.

VICENTE.—¿Se lo has dicho? Mejor. Sí, madre: una ligereza que procuraré remediar. Quería decirte, Mario, que hice mal despidiéndola y que la he readmitido.

MARIO.—¿Qué?

VICENTE.—*(Risueño, va a sentarse al sofá.)* Se lo dije esta mañana, cuando fue a recoger su sobre.

MARIO.—¿Y... se quedó?

VICENTE.—[No quería, pero yo tampoco quise escuchar negativas.] Había que escribir la carta a Beltrán y me importaba que ella misma la llevase al correo. Y así lo hicimos. (MARIO *lo mira con ojos duros y va bruscamente* a su *mesita para tomar un pitillo.)* Te seré sincero: no es seguro que vuelva mañana. Dijo que... lo pensaría. ¿Por qué no la convences tú? No hay que hacer un drama de pequeñeces como éstas...

LA MADRE.—Claro, hijos...

VICENTE.—*(Ríe y se levanta.)* ¡Se me olvidaba! *(Saca de su bolsillo algunas postales.)* Más postales para usted, padre. Mire qué bonitas.

EL PADRE.—*(Las toma.)* ¡Ah! Muy bien... Muy bien.

MARIO.—¡Muy bien! Vicente remedia lo que puede, adora a su familia, mamá le sonríe, papá le da las gracias y, si hay suerte, Encarna volverá a ser complaciente... La vida es bella[41].

VICENTE.—*(Suave.)* Por favor...

MARIO.—*(Frío.)* ¿A qué has venido?

VICENTE.—*(Serio.)* A aclarar las cosas.

MARIO.—¿Qué cosas?

VICENTE.—Ayer dijiste algo que no puedo admitir. Y no quiero que vuelvas a decirlo.

MARIO.—No voy a decirlo.

(Enciende con calma su cigarrillo.)

VICENTE.—¡Pero lo piensas! Y te voy a convencer de que te equivocas.

(Inquieta y sin dejar de observarlos, LA MADRE *se sienta en un rincón.)*

MARIO.—Bajar aquí es peligroso para ti... ¿O no lo sabes?

VICENTE.—No temo nada. Tenemos que hablar y lo vamos a hacer.

LA MADRE.—Hoy no, hijos... Otro día, más tranquilos...

VICENTE.—¿Es que no sabes lo que dice?

LA MADRE.—Otro día...

VICENTE.—Se ha atrevido a afirmar que cierta persona... aquí presente... ha enloquecido por mi culpa.

(Pasea.)

---

[41] El personaje de Mario está construido como un ser humano con sus debilidades y aspectos negativos, como puede verse durante esta escena en su actitud obstinada e irónica.

LA MADRE.—Son cosas de la vejez, Mario...

VICENTE.—¡Quia, madre! Eso es lo que piensas tú, o cualquiera con la cabeza en su sitio. Él piensa otra cosa.

MARIO.—¿Y has venido a prohibírmelo?

VICENTE.—¡A que hablemos!

LA MADRE.—Pero no hoy... Ahora estáis disgustados...

VICENTE.—Hoy, madre.

MARIO.—Ya lo oyes, madre. Déjanos solos, por favor.

VICENTE.—¡De ninguna manera! Su palabra vale tanto como la tuya. ¡Quieres que se vaya para que no te desmienta!

MARIO.—Tú quieres que se quede para que te apoye.

VICENTE.—Y para que no se le quede dentro ese infundio que te has inventado.

MARIO.—¿Infundio? *(Se acerca a su padre.)* ¿Qué diría usted, padre?

(EL PADRE *lo mira, inexpresivamente. Luego empieza a recortar un muñeco.)*

VICENTE.—¡Él no puede decir nada! ¡Habla tú! ¡Explícanos ya, si puedes, toda esa locura tuya!

MARIO.—*(Se vuelve y lo mira gravemente.)* Madre, si esa muchacha está todavía ahí fuera, dile que entre.

LA MADRE.—*(Se levanta, sorprendida.)* ¿Ahora?

MARIO.—Ahora, sí.

LA MADRE.—¡Tu hermano va a tener razón! ¿Estás loco?

VICENTE.—No importa, madre. Que entre.

LA MADRE.—¡No!

MARIO.—¡Hazla entrar! Es otro testigo[42].

LA MADRE.—¿De qué?

---

[42] Mario anuncia, con la condición que atribuye a Encarna por medio de este término, que lo que se va a celebrar en escena es un juicio; a continuación afirma su posición de «juez», y los investigadores manifiestan: «Si no os habéis sentido [...] juzgados...». La dramatización del «juicio», presente en obras anteriores de Buero como *Las Meninas,* es fundamental en un texto suyo, *Jueces en la noche,* en el que el protagonista es también juzgado por sus víctimas. De interés al respecto es el capítulo IV («Segundo núcleo. El compromiso social como juicio dramático») del estudio de José Paulino Ayuso, *La obra dramática de Buero Vallejo,* Madrid, Fundamentos, 2009, págs. 69-93.

(Bruscamente, VICENTE *sale al pasillo y abre la puerta.* LA MADRE *se oprime las manos, angustiada.)*

VICENTE.—Entra, Encarna. Mario te llama.

(Se aparta y cierra la puerta tras ENCARNA, *que entra. Llegan los dos al cuarto de estar.* EL PADRE *mira a* ENCARNA *con tenaz interés.)*

ENCARNA.—*(Con los ojos bajos.)* Gracias, Mario.
MARIO.—No has entrado para hablar conmigo, sino para escuchar. Siéntate y escucha.

(Turbada por la dureza de su tono, ENCARNA *va a sentarse en un rincón, pero la detiene la voz del* PADRE.)

EL PADRE.—Aquí, a mi lado... Te estoy recortando una muñeca...
LA MADRE.—*(Solloza.)* ¡Dios mío!

(ENCARNA *titubea.)*

MARIO.—Ya que no quieres irte, siéntate, madre.

(La conduce a una silla.)

LA MADRE.—¿Por qué esto, hijo?...
MARIO.—(*Por su hermano.)* Él lo quiere.
EL PADRE.—*(A* ENCARNA.) Mira qué bonita...

(ENCARNA *se sienta junto al* PADRE, *que sigue recortando.* VICENTE *se sienta en la silla de la mesita.)*

LA MADRE.—*(Inquieta.)* ¿No deberíamos llevar a tu padre a su cuarto?
MARIO.—¿Quiere usted ir a su cuarto, padre? ¿Le llevo sus revistas, sus muñecos?
EL PADRE.—No puedo.
MARIO.—Estaría usted más tranquilo allí...

EL PADRE.—*(Enfadado.)* ¡Estoy trabajando! *(Sonríe a* ENCARNA *y le da palmaditas en una mano.)* Ya verás.

VICENTE.—*(Sarcástico.)* ¡Cuánta solemnidad!

MARIO.—*(Lo mira y acaricia la cabeza de su madre.)* Madre, perdónanos el dolor que vamos a causarte.

LA MADRE.—*(Baja la cabeza.)* Pareces un juez.

MARIO.—Soy un juez. Porque el verdadero juez no puede juzgar. Aunque, ¿quién sabe? ¿Puede usted juzgar, padre?...

(EL PADRE *le envía una extraña mirada. Luego vuelve a su recorte.)*

VICENTE.—Madre lo hará por él, y por ti. Tú no eras más que un niño.

MARIO.—Ya hablaremos de aquello. Mira antes a tus víctimas más recientes. Todas están aquí.

VICENTE.—¡Qué lenguaje! No me hagas reír.

MARIO.—*(Imperturbable.)* Puedes mirar también a tus espaldas. Una de ellas sólo está en efigie. Pero lo han retratado escribiendo y parece por eso que también él te mira ahora. (VICENTE *vuelve la cabeza para mirar los recortes y fotos clavados en la pared.)* Sí: es Eugenio Beltrán.

VICENTE.—¡No he venido a hablar de él!

EL PADRE.—*(Entrega* a ENCARNA *el muñeco recortado.)* Toma. ¿Verdad que es bonito?

ENCARNA.—Gracias.

(Lo toma y empieza a arrugarlo, nerviosa. EL PADRE *busca otra lámina en la revista.)*

VICENTE.—¡Sabes de sobra lo que he venido a discutir!

EL PADRE.—(A ENCARNA, *que, cada vez más nerviosa, manosea y arruga el muñeco de papel.)* ¡Ten cuidado, puedes romperlo! *(Efectivamente, las manos de* ENCARNA *rasgan, convulsas, el papel.)* ¿Lo ves?

ENCARNA.—*(Con dificultad.)* Me parece inútil seguir callando... No quiero ocultarlo más... Voy a tener un hijo.

(LA MADRE *gime y oculta la cabeza entre las manos.* VICENTE *se levanta lentamente.)*

EL PADRE.—¿He oído bien? ¿Vas a ser madre? ¡Claro, has crecido tanto! (ENCARNA *rompe a llorar.)* ¡No llores, nena! ¡Tener un hijo es lo más bonito del mundo! *(Busca, febril, en la revista.)* Será como un niño muy lindo que hay aquí. Verás.

(Pasa hojas.)

MARIO.—*(Suave, a su hermano.)* ¿No tienes nada que decir?

(Desconcertado, VICENTE *se pasa la mano por la cara.)*

EL PADRE.—*(Encontró la lámina.)* ¡Mira qué hermoso! ¿Te gusta?

ENCARNA.—*(Llorando.)* Sí.

EL PADRE.—*(Empuña las tijeras.)* Ten cuidado con éste, ¿eh? Éste no lo rompas.

(Comienza a recortar.)

ENCARNA.—*(Llorando.)* ¡No!...

VICENTE.—Estudiaremos la mejor solución, Encarna. Lo reconoceré... Te ayudaré.

MARIO.—*(Suave.)* ¿Con un sobre?

VICENTE.—*(Grita.)* ¡No es asunto tuyo!

LA MADRE.—¡Tienes que casarte con ella, Vicente!

ENCARNA.—No quiero casarme con él.

LA MADRE.—¡Debéis hacerlo!

ENCARNA.—¡No! No quiero. Nunca lo haré.

MARIO.—*(A* VICENTE.) Por consiguiente, no hay que pensar en esa solución. Pero no te preocupes. Puede que ella enloquezca y viva feliz..., como la persona que tiene al lado.

VICENTE.—¡Yo estudiaré con ella lo que convenga hacer! Pero no ahora. Es precisamente de nuestro padre de quien he venido a hablar.

(EL PADRE *se ha detenido y lo mira.)*

MARIO.—Repara... Él también te mira.

VICENTE.—¡Esa mirada está vacía! ¿Por qué no te has dedicado a mirar más a nuestra madre, en vez de observarle a él? ¡Mírala! Siempre ha sido una mujer expansiva, animosa. No tiene nieblas en la cabeza, como tú.

MARIO.—¡Pobre madre! ¿Cómo hubiera podido resistir sin inventarse esa alegría?

VICENTE.—*(Ríe.)* ¿Lo oyes, madre? Te acusa de fingir.

MARIO.—No finge. Se engaña de buena fe.

VICENTE.—¡Y a ti te engaña la mala fe! Nuestro padre está como está porque es un anciano, y nada más.

(Se sienta y enciende un cigarrillo.)

MARIO.—El médico ha dicho otra cosa.

VICENTE.—¡Ya! ¡El famoso trastorno moral!

MARIO.—Madre también lo oyó.

VICENTE.—Y supongo que también oyó tu explicación. El viejo levantándose una noche, hace muchos años, y profiriendo disparates por el pasillo..., casualmente poco después de haberme ido yo de casa.

MARIO.—Buena memoria.

VICENTE.—Pero no lo oyó nadie, sólo tú...

MARIO.—¿Me acusas de haberlo inventado?

VICENTE.—O soñado. Una cabeza como la tuya no es de fiar. Pero aunque fuera cierto, no demostraría nada. [Quizá fui algo egoísta cuando me marché de aquí, y también he procurado repararlo. ¡Pero] nadie se vuelve loco porque un hijo se va de casa, a no ser que haya una predisposición a trastornarse por cualquier minucia! Y eso me exime de toda culpa.

MARIO.—Salvo que seas tú mismo quien, con anterioridad, creases esa predisposición.

EL PADRE.—*(Entrega el recorte a* ENCARNA.) Toma. Éste es su retrato.

ENCARNA.—*(Lo toma.)* Gracias.

VICENTE.—*(Con premeditada lentitud.)* ¿Te estás refiriendo al tren?

(LA MADRE *se sobresalta.)*

MARIO.—*(Pendiente de su padre.)* Calla.
EL PADRE.—¿Te gusta?
ENCARNA.—Sí, señor.
EL PADRE.—¿Señor? Aquí todos me llaman padre... *(Le oprime con afecto una mano.)* Cuídalo mucho y vivirá.

(Toma otra revista y se absorbe en su contemplación.)

VICENTE.—*(A media voz.)* Te has referido al tren. Y a hablar de él he venido.

(EL PADRE *lo mira un momento y vuelve a mirar su revista.)*

LA MADRE.—¡No, hijos!
VICENTE.—¿Por qué no?
LA MADRE.—Hay que olvidar aquello.
VICENTE.—Comprendo que es un recuerdo doloroso para ti..., por la pobre nena. ¡Pero yo también soy tu hijo y estoy en entredicho! ¡Dile tú lo que pasó, madre! *(A* MARIO, *señalando al* PADRE.) ¡Él nos mandó subir a toda costa! Y yo lo logré. Y luego, cuando arrancó la máquina y os vi en el andén, ya no pude bajar. Me retuvieron. ¿No fue así, madre?
LA MADRE.—Sí, hijo.

(Rehúye su mirada.)

VICENTE.—*(A* MARIO.) ¿Lo oyes? ¡Subí porque él me lo mandó!
MARIO.—*(Rememora.)* No dijo una palabra en todo el resto del día. ¿Te acuerdas, madre? Y luego, por la noche... *(A* VICENTE.) Esto no lo sabes aún, pero ella también lo recordará, porque entonces sí se despertó... Aquella noche se levantó de pronto y la emprendió a bastonazos con las paredes..., hasta que rompió el bastón: aquella cañita antigua que él usaba. Nuestra madre espantada, la nena llorando, y yo escuchándole una sola palabra mientras golpeaba y golpeaba las paredes de la sala de espera de la estación, donde nos habíamos

metido a pasar la noche... (EL PADRE *atiende.*) Una sola palabra, que repetía y repetía: ¡Bribón!... ¡Bribón!...[43].

LA MADRE.—*(Grita.)* ¡Cállate!

[EL PADRE.—*(Casi al tiempo, señala a la cómoda.)* ¿Pasa algo en la sala de espera?

MARIO.—Nada, padre. Todos duermen tranquilos.]

VICENTE.—¿Por qué supones que se refería a mí?

MARIO.—¿A quién, si no?

VICENTE.—Pudieron ser los primeros síntomas de su desequilibrio.

MARIO.—Desde luego. Porque él no era un hombre al uso. Él era de la madera de los que nunca se reponen de la deslealtad ajena.

VICENTE.—¿Estás sordo? ¡Te digo que él me mandó subir!

LA MADRE.—¡Nos mandó subir a todos, Mario!

MARIO.—Y bajar. «¡Baja! ¡Baja!», te decía, lleno de ira, desde el andén... Pero el tren arrancó... y se te llevó para siempre. Porque ya nunca has bajado de él[44].

VICENTE.—¡Lo intenté y no pude! Yo había escalado la ventanilla de un retrete. Cinco más iban allí dentro. Ni nos podíamos mover.

MARIO.—Te retenían.

VICENTE.—Estábamos tan apretados... Era más difícil bajar que subir. Me sujetaron, para que no me quebrara un hueso.

MARIO.—*(Después de un momento.)* ¿Y qué era lo que tú sujetabas?

VICENTE.—*(Después de un momento.)* ¿Cómo?

MARIO.—¿Se te ha olvidado lo que llevabas?

VICENTE.—*(Turbado.)* ¿Lo que llevaba?

---

[43] En un momento de profundo abatimiento dice Goya al doctor Arrieta en la parte segunda de *El sueño de la razón,* a propósito de los hijos: «Soñamos que se volverán dioses al crecer, y se vuelven majaderos o bribones»; este insulto, que antes dirigió también Mario a Vicente, implica para Buero una profunda negatividad.

[44] Esa acción torcida constituye el comienzo de un comportamiento rechazable continuado, como muestran otras acciones suyas en el drama (con Beltrán, con Encarna...). Mario lo indica poco después: «El saco era tu primer botín».

MARIO.—Colgado al cuello. ¿O no lo recuerdas? *(Un silencio.* VICENTE *no sabe qué decir.)* Un saquito. Nuestras escasas provisiones y unos pocos botes de leche para la nena. Él te lo había confiado porque eras el más fuerte... La nena murió unos días después. De hambre. (LA MADRE *llora en silencio.)* Nunca más habló él de aquello. Nunca. Prefirió enloquecer.

(Un silencio.)

VICENTE.—*(Débil.)* Fue... una fatalidad... En aquel momento, ni pensaba en el saquito...

LA MADRE.—*(Muy débil.)* Y no pudo bajar, Mario. Lo sujetaban..

(Largo silencio. Al fin, MARIO *habla, muy tranquilo.)*

MARIO.—No lo sujetaban; lo empujaban.

VICENTE.—*(Se levanta, rojo.)* ¡Me sujetaban!

MARIO.—¡Te empujaban!

VICENTE.—¡Lo recuerdas mal! ¡Sólo tenías diez años!

MARIO.—Si no podías bajar, ¿por qué no nos tiraste el saco?

VICENTE.—¡Te digo que no se me ocurrió! ¡Forcejeaba con ellos!

MARIO.—*(Fuerte.)* ¡Sí, pero para quedarte! Durante muchos años he querido convencerme de que recordaba mal; he querido creer en esa versión que toda la familia dio por buena. Pero era imposible, porque siempre te veía en la ventanilla, pasando ante mis ojos atónitos de niño, fingiendo que intentabas bajar y resistiendo los empellones que te daban entre risas aquellos soldadotes... ¿Cómo no ibas a poder bajar? ¡Tus compañeros de retrete no deseaban otra cosa! ¡Les estorbabas! *(Breve silencio.)* Y nosotros también te estorbábamos. La guerra había sido atroz para todos; el futuro era incierto y, de pronto, comprendiste que el saco era tu primer botín. No te culpo del todo; sólo eras un muchacho hambriento y asustado. Nos tocó crecer en años difíciles...[45]. ¡Pero ahora, hombre ya, sí eres culpable! Has hecho pocas víctimas, desde luego; hay innumerables canallas que las han hecho por miles, por millones. ¡Pero tú eres como ellos! Dale tiempo al tiempo y verás crecer el número de las tuyas... Y tu botín. (VICENTE, *que mostró, de tanto en tanto, tímidos deseos de contestar, se ha ido apagando. Ahora mira a todos con los ojos de una triste alimaña acorralada.* LA MADRE *desvía la vista.* VICENTE *inclina la cabeza y se sienta, sombrío.* MARIO *se acerca a él y le habla quedo.)* También aquel niño que te vio en la ventanilla del tren es tu víctima. Aquel niño sensible, a quien su hermano mayor enseñó, de pronto, cómo era el mundo.

EL PADRE.—*(A* ENCARNA, *con una postal en la mano.)* ¿Quién es éste, muchacha?

ENCARNA.—*(Muy quedo.)* No sé.

EL PADRE.—¡Je! Yo, sí. Yo sí lo sé[46].

(Toma la lupa y mira la postal con mucho interés.)

VICENTE.—*(Sin mirar a nadie.)* Dejadme solo con él.

MARIO.—*(Muy quedo.)* Ya, ¿para qué?

VICENTE.—¡Por favor!

(Lo mira con ojos extraviados.)

MARIO.—*(Lo considera un momento.)* Vamos a tu cuarto, madre. Ven, Encarna.

(Ayuda a su madre a levantarse. ENCARNA *se levanta y se dirige al pasillo.)*

---

[45] Patricia W. O'Connor («Censorship in the Contemporary Spanish Theater and Antonio Buero Vallejo», cit., pág. 91) señala que, en lugar de «Nos tocó crecer en años difíciles», Mario decía esta frase, que fue prohibida: «Nos tocó crecer en tiempo de asesinos y nos hemos hecho hombres en un tiempo de ladrones».

[46] Frente a sus preguntas anteriores, esta rotunda afirmación de El padre viene a significar su «investidura» como ejecutor del castigo expiatorio, una vez que se haya producido el «reconocimiento» de Vicente.

LA MADRE.—*(Se vuelve hacia* VICENTE *antes de salir.)* ¡Hijo!...

(MARIO *la conduce.* ENCARNA *va tras ellos. Entran los tres en el dormitorio y cierran la puerta. Una pausa.* EL PADRE *sigue mirando su postal.* VICENTE *lo mira y se levanta. Despacio, va a su lado y se sienta junto a la mesa, de perfil al* PADRE, *para no verle la cara.)*

VICENTE.—Es cierto, padre. Me empujaban. Y yo no quise bajar. Les abandoné, y la niña murió por mi culpa. Yo también era un niño y la vida humana no valía nada entonces... En la guerra habían muerto cientos de miles de personas... Y muchos niños y niñas también..., de hambre o por las bombas... Cuando me enteré de su muerte pensé: un niño más. Una niña que ni siquiera había empezado a vivir... *(Saca lentamente del bolsillo el monigote de papel que su padre le dio días atrás.)* Apenas era más que este muñeco que me dio usted... *(Lo muestra con triste sonrisa.)* Sí. Pensé esa ignominia para tranquilizarme. Quisiera que me entendiese, aunque sé que no me entiende. Le hablo como quien habla a Dios sin creer en Dios, porque quisiera que Él estuviese ahí... (EL PADRE *deja lentamente de mirar la postal y empieza a mirarlo, muy atento.)* Pero no está, y nadie es castigado, y la vida sigue. Míreme: estoy llorando. Dentro de un momento me iré, con la pequeña ilusión de que me ha escuchado, a seguir haciendo víctimas... De vez en cuando pensaré que hice cuanto pude confesándome a usted y que ya no había remedio, puesto que usted no entiende... El otro loco, mi hermano, me diría: hay remedio. Pero ¿quién puede terminar con las canalladas en un mundo canalla?

(Manosea el arrugado muñeco que sacó.)

EL PADRE.—Yo.

VICENTE.—*(Lo mira.)* ¿Qué dice? *(Se miran.* VICENTE *desvía la vista.)* Nada. ¿Qué va a decir? Y, sin embargo, quisiera que me entendiese y me castigase, como cuando era un niño, para poder perdonarme luego... Pero ¿quién puede ya perdonar, ni castigar? Yo no creo en nada y usted está loco. *(Suspi-*

ra.) Le aseguro que estoy cansado de ser hombre. Esta vida de temores y de mala fe fatiga mortalmente. Pero no se puede volver a la niñez.

EL PADRE.—No.

(Se oyen golpecitos en los cristales. EL PADRE *mira al tragaluz con repentina ansiedad. El hijo mira también, turbado.)*

VICENTE.—¿Quién llamó? *(Breve silencio.)* Niños. Siempre hay un niño que llama. *(Suspira.)* Ahora hay que volver ahí arriba... y seguir pisoteando a los demás. Tenga. Se lo devuelvo.

(Le entrega el muñeco de papel.)

EL PADRE.—No. *(Con energía.)* ¡No!

VICENTE.—¿Qué?

EL PADRE.—No subas al tren.

VICENTE.—Ya lo hice, padre.

EL PADRE.—Tú no subirás al tren.

(Comienza a oírse, muy lejano, el ruido del tren.)

VICENTE.—*(Lo mira.)* ¿Por qué me mira así, padre? ¿Es que me reconoce? *(Terrible y extraviada, la mirada del* PADRE *no se aparta de él.* VICENTE *sonríe con tristeza.)* No. Y tampoco entiende... *(Aparta la vista; hay angustia en su voz.)* ¡Elvirita murió por mi culpa, padre! ¡Por mi culpa! Pero ni siquiera sabe usted ya quién fue Elvirita. *(El ruido del tren, que fue ganando intensidad, es ahora muy fuerte.* VICENTE *menea la cabeza con pesar.)* Elvirita... Ella bajó a tierra. Yo subí... Y ahora habré de volver a ese tren que nunca para...

(Apenas se le oyen las últimas palabras, ahogadas por el espantoso fragor del tren. Sin que se entienda nada de lo que dice, continúa hablando bajo el ruido insoportable. EL PADRE *se está levantando.)*

EL PADRE.—¡No!... ¡No!...

(Tampoco se oyen sus crispadas negaciones. En pie y tras su hijo, que sigue profiriendo palabras inaudibles, empuña las tijeras. Sus labios y su cabeza dibujan de nuevo una colérica negativa cuando descarga, con inmensa furia, el primer golpe, y vuelven a negar al segundo, al tercero... Apenas se oye el alarido del hijo a la primera puñalada, pero sus ojos y su boca se abren horriblemente. Sobre el ruido tremendo se escucha, al fin, más fuerte, a la tercera o cuarta puñalada, su última imploración.)

VICENTE.—¡Padre!...

(Dos o tres golpes más, obsesivamente asestados por el anciano entre lastimeras negativas, caen ya sobre un cuerpo inanimado, que se inclina hacia delante y se desploma en el suelo. EL PADRE *lo mira con ojos inexpresivos, suelta las tijeras y va al tragaluz, que abre para mirar afuera*[47]*. Nadie pasa. El ruido del tren, que está disminuyendo, todavía impide oír la llamada que dibujan sus labios.)*

EL PADRE.—¡Elvirita!...

(La luz se extingue paulatinamente. El ruido del tren se aleja y apaga al mismo tiempo. Oscuridad total en la escena. Silencio absoluto. Un foco ilumina a los investigadores.)

ELLA.—El mundo estaba lleno de injusticia, guerras y miedo. Los activos olvidaban la contemplación; quienes contemplaban no sabían actuar.

ÉL.—Hoy ya no caemos en aquellos errores. Un ojo implacable nos mira, y es nuestro propio ojo. El presente nos vigi-

[47] Antonio Iniesta Galvañ *(Esperar sin esperanza: El teatro de Antonio Buero Vallejo,* Murcia, Universidad de Murcia, 2002, pág. 116), especialista en medicina forense, indica que «la escena de la muerte de Vicente reproduce, en forma llamativamente exacta, la actitud de un homicida esquizofrénico, poseído por la alucinación —el sonido insoportable de aquel tren—, que se ve imperiosamente empujado a clavar una y otra vez las tijeras mientras intenta liberarse del contenido alucinatorio de su cabeza con gestos de negación».

la; el porvenir nos conocerá, como nosotros a quienes nos precedieron.

ELLA.—Debemos, pues, continuar la tarea imposible: rescatar de la noche, árbol por árbol y rama por rama, el bosque infinito de nuestros hermanos. Es un esfuerzo interminable y melancólico: nada sabemos ya, por ejemplo, del escritor aquel a quien estos fantasmas han citado reiteradamente. Pero nuestro próximo experimento no lo buscará; antes exploraremos la historia de aquella mujer que, sin decir palabra, ha cruzado algunas veces ante vosotros.

ÉL.—El Consejo promueve estos recuerdos para ayudarnos a afrontar nuestros últimos enigmas.

ELLA.—El tiempo... La pregunta...

ÉL.—Si no os habéis sentido en algún instante verdaderos seres del siglo veinte, pero observados y juzgados por una especie de conciencia futura; si no os habéis sentido en algún otro momento como seres de un futuro hecho ya presente que juzgan, con rigor y piedad, a gentes muy antiguas y acaso iguales a vosotros, el experimento ha fracasado.

ELLA.—Esperad, sin embargo, a que termine. Sólo resta una escena[48]. Sucedió once días después. Hela aquí.

(Señala al lateral izquierdo, donde crecen las vibraciones luminosas, y desaparece con su compañero. El lateral derecho comienza a iluminarse también. Sentados al velador del café, ENCARNA *y* MARIO *miran al vacío.)*

ENCARNA.—¿Has visto a tu padre?

MARIO.—Ahora está tranquilo. Le llevé revistas, pero no le permiten usar tijeras. Empezó a recortar un muñeco... con los dedos. (ENCARNA *suspira.)* ¿Quién es mi padre, Encarna?

ENCARNA.—No te comprendo.

MARIO.—¿Es alguien?

ENCARNA.—¡No hables así!

---

[48] Con la palabra «escena» el autor hace explícita la condición metateatral del texto; en ella se relaciona el tiempo del futuro con el del presente y abre el camino de la esperanza gracias al «perspectivismo histórico», como en *El concierto de San Ovidio, Mito* o *Caimán.*

MARIO.—¿Y nosotros? ¿Somos alguien?

ENCARNA.—Quizá no somos nada.

(Un silencio.)

MARIO.—¡Yo lo maté!

ENCARNA.—*(Se sobresalta.)* ¿A quién?

MARIO.—A mi hermano.

ENCARNA.—¡No, Mario!

MARIO.—Lo fui atrayendo... hasta que cayó en el precipicio.

ENCARNA.—¿Qué precipicio?

MARIO.—Acuérdate del sueño que te conté aquí mismo.

ENCARNA.—Sólo un sueño, Mario... Tú eres bueno.

MARIO.—Yo no soy bueno; mi hermano no era malo. Por eso volvió. A su modo, quiso pagar.

ENCARNA.—Entonces, no lo hiciste tú.

MARIO.—Yo le incité a volver. ¡Me creía pasivo, y estaba actuando tremendamente!

ENCARNA.—Él quería seguir engañándose... Acuérdate. Y tú querías salvarlo.

MARIO.—Él quería engañarse... y ver claro; yo quería salvarlo... y matarlo. ¿Qué queríamos en realidad? ¿Qué quería yo? ¿Cómo soy? ¿Quién soy? ¿Quién ha sido víctima de quien?[49]. Ya nunca lo sabré... Nunca.

ENCARNA.—No lo pienses.

MARIO.—*(La mira y baja la voz.)* ¿Y qué hemos hecho los dos contigo?

ENCARNA.—¡Calla!

MARIO.—¿No te hemos usado los dos para herirnos con más violencia?

(Un silencio.)

---

[49] Estas preguntas de Mario traen a la memoria las del protagonista de *El Otro,* de Unamuno (II, 4)*:* «¿Yo? ¿Asesino yo? Pero ¿quién soy yo? ¿Quién es el asesino? ¿Quién el asesinado? ¿Quién el verdugo? ¿Quién la víctima? ¿Quién Caín? ¿Quién Abel?».

ENCARNA.—*(Con los ojos bajos.)* ¿Por qué me has llamado?

MARIO.—*(Frío.)* Quería saber de ti. ¿Continúas en la Editora?

ENCARNA.—Me han echado.

MARIO.—¿Qué piensas hacer?

ENCARNA.—No lo sé. *(La prostituta entra por la derecha. Con leve y aburrido contoneo profesional, se recuesta un momento en la pared.* ENCARNA *la ve y se inmuta. Bruscamente se levanta y toma su bolso.)* Adiós, Mario.

(Se encamina a la derecha.)

MARIO.—Espera.

(ENCARNA *se detiene. Él se levanta y llega a su lado.* LA ESQUINERA *los mira con disimulada curiosidad y, al ver que no hablan, cruza ante ellos y sale despacio por la izquierda. El cuarto de estar se va iluminando; vestida de luto,* LA MADRE *entra en él y acaricia, con una tristeza definitiva, el sillón de su marido.)*

ENCARNA.—*(Sin mirar a* MARIO.) No juegues conmigo.

MARIO.—No jugaré contigo. No haré una sola víctima más, si puedo evitarlo. Si todavía me quieres un poco, acéptame.

ENCARNA.—*(Se aparta unos pasos, trémula.)* Voy a tener un hijo.

MARIO.—Será nuestro hijo. *(Ella tiembla, sin atreverse a mirarlo. Él deniega tristemente, mientras se acerca.)* No lo hago por piedad. Eres tú quien debe apiadarse de mí.

ENCARNA.—*(Se vuelve y lo mira.)* ¿Yo, de ti?

MARIO.—Tú de mí, sí. Toda la vida.

ENCARNA.—*(Vacila y, al fin, dice sordamente, con dulzura.)* ¡Toda la vida!

(LA MADRE *se fue acercando al invisible tragaluz. Con los ojos llenos de recuerdos, lo abre y se queda mirando a la gente que cruza. La reja se dibuja sobre la pared; sombras de hombres y mujeres pasan; el vago rumor callejero inunda la esce-*

na. La mano de ENCARNA *busca, tímida, la de* MARIO. *Ambos miran al frente.)*

MARIO.—Quizá ellos algún día, Encarna... Ellos sí, algún día... Ellos...

(Sobre la pared del cuarto de estar las sombras pasan cada vez más lentas; finalmente, tanto LA MADRE, MARIO *y* ENCARNA, *como las sombras, se quedan inmóviles. La luz se fue extinguiendo; sólo el rectángulo del tragaluz permanece iluminado. Cuando empieza a apagarse a su vez,* ÉL *y* ELLA *reaparecen por los laterales.)*

ÉL.—Esto es todo.
ELLA.—Muchas gracias.

TELÓN